"사람이란 그 자신도 알 수 없는 심연"이라는 아우구스티누스의 말이 실감 나는 시대이다. 희로애락애오욕의 온갖 감정에 끄달리며 사는 게 인생이다. 심연의 어둠에 사로잡힌 채 사는 이들도 있고, 심연의 공포를 견디며 빛을 바라보는 이들도 있다. 시편의 세계는 광대하다. 하나님이 창조하신 세상의 아름다움에 대한 경탄도 있고, 삶을 지옥으로 만드는 이들로 인해 터져 나오는 탄식도 있으며, 자기 삶의 비참함을 통회하는 절규도 있다. 그것이 다 우리 삶의 풍경을 형성한다. 시편은 탄식과 절규를 넘어 하나님의 은총 안에서 자기 삶을 긍정하는 자리로 우리를 초대한다. 모든 글은 저자의 성격을 반영한다. 김영봉 목사가 들려주는 시편 이야기는 잔잔하지만 단단하고, 나직하지만 울림이 크다. 그의 안내를 따라 시편의 세계를 주유하다 보면 어느새 삶이 가지런해짐을 느낄 것이다. 오랫동안 곁에 두고 싶은 좋은 책을 만난 기쁨이 크다.

김기석 청파감리교회 담임목사

이 책은 시편에 대한 학문적 연구의 결실을 성실히 담아 본문을 해설하고, 해설 중에 발견한 깊은 영감을 묵상으로 풀어낸다. 저자는 시편 150편 전체를 빠짐없이 해설하고 묵상한다. 이 책에 펼쳐지는 핵심을 찌르는 간결한 해설과, 깊이 있는 영성과 인격으로 농익은 참신한 묵상은 독자들을 "시편의 사람"으로 이끌어 준다. 저자는 우리 모두가 "시편의 사람"으로 변모하고, "시편의 공동체"로 성숙해지기를 바란다. 예수 그리스도, 아우구스티누스, 본회퍼와 같이 시편의 영성으로 체화된 이들처럼 저자도 시편의 사람으로 살다가 시편의 사람으로 죽기를 소망한다. 이러한 고백은 『사귐의 기도』로 조국 교회를 일깨웠던 저자의 충심 어린 권고이자 절규로 들린다. 이 책을 시편과 함께 날마다 한 편씩 낭독하면서 매일의 만나처럼 영적 양식을 삼는 복된 여정에 합류하기를 바란다. 시편의 사람으로 초청하는 이 시대의 깨어 있는 영적 안내자의 간절한 손짓에 이제 우리가 응답할 차례다.

차준희 한세대학교 구약학 교수, 한국구약학연구소 소장, 『시인의 영성』 저자

김영봉 목사의 시편 해설과 묵상은 진지하고 따뜻하며, 학자적인 판단력과 목회자적인 감수성으로 교직되어 있다. 이 책의 특징은 네 가지 정도로 추릴 수 있다.

첫째, 각 시편에 대한 저자의 해설과 묵상은 고도로 절제되어 있다. 글 길이가 짧고 문장은 간결하고 직선적이다. 그럼에도 정보를 취득할 목적으로 하는 주마간산식 시편 읽기를 경계하고 있다. 시편 기자의 아우성, 탄식, 슬픔 그리고 그의 영적 분투에 공감하도록 돕는다. 자신의 신앙 벗들에게 하루 분량만의 묵상을 주려고 이렇게 짧게 시편을 해설하고 묵상하는 저자의 절제에 많은 것을 느낀다.

둘째, 시편을 산문으로 읽으려고 하거나 그리스도 예수에 대한 예언으로 읽으려고 하는 시도를 경계한다. 후자의 해석을 저자는 시편에 대한 과잉 해석이라고 칭하며 경계한다. 저자는 시편을 기도시로 읽을 것을 권고한다. 시는 언어의 절제와 생략을 통해 더 많은 것을 말하는 문학이다. 시는 공감과 동정, 연대와 동행의 감수성을 불러일으킨다. 저자는 이런 기조에서 시편을 해설하고 묵상한다.

셋째, 이 책은 영성 함양적 교재로 사용하기에 좋다. 이 책은 30대 후반 저자에게 찾아온 영혼의 밤과 씨름했던 영적 분투를 반영하고 있다. 해설은 좌뇌로, 묵상은 우뇌로 작업했다는 저자의 고백이 이해된다. 묵상은 스올과 음부, 바다 끝의 흑암으로 내몰린 성도들을 부축하고 예인하기 위해 작은 목조 구조선을 타고 밤바다를 이리저리 헤매고 다니는 목회자의 면모를 보여 준다.

마지막으로 이 책은 구체적이고 특수한 사람들을 향하여 그리고 위하여 쓰인 책이다. 그럼에도 이 책은 보편적인 독자들과 회중들에게 반향을 불러일으킨다. 이런 점에서 이 책은 찰스 스펄전의 『시편 강해』, 김정준의 『시편 명상』, 본회퍼의 『시편 명상』 그리고 버나드 앤더슨의 『시편의 깊은 세계』를 떠올리게 한다. 무엇보다도 1513년부터 3년간 시편을 묵상하고 강의한 끝에 이신칭의를 발견했던 루터를 상기시킨다. 저자는 와싱톤사귐의교회 교우들을 위해 6년간 시편 해설과 묵상을 온라인상으로 제공한 후에 마침내 이 책을 상재했다. 이 6년에는 코로나19라는 어둠과 환난이 지배한 3년이 포함되어 있다.

결론적으로 이 책은 건조한 불모지를 지나는 성도들이나 질병, 경제적 파탄 그리고 인간관계의 어려움에 봉착한 모든 신자들에게 위로와 소망을 고취시켜 준다.

김회권 숭실대학교 기독교학과 교수

시편의 사람

IVP(InterVarsity Press)는
캠퍼스와 세상 속의 하나님 나라 운동을 지향하는
IVF(InterVarsity Christian Fellowship)의 출판부로
생각하는 그리스도인을 위한 문서 운동을 실천합니다.

시편의 사람

시편 1-150편
해설과 묵상

김영봉

lvp

차례

시작하는 말 13
시편에 대해 19

제1권 시편 1-41편 25

시편 1편　말씀을 먹는 삶 27
시편 2편　누가 왕인가? 30
시편 3편　믿음으로 시작하는 하루 33
시편 4편　평강의 능력 36
시편 5편　공의의 하나님 40
시편 6편　눈감고 본다 43
시편 7편　매일 분노하시는 하나님 46
시편 8편　하나님에 대한 생각 50
시편 9편　공정하신 재판장 53
시편 10편　부조리한 현실에 대한 기도 56
시편 11편　믿음이 흔들릴 때 60
시편 12편　한마음으로, 진실하게 63
시편 13편　하나님을 더 이상 신뢰할 수 없을 때 66
시편 14편　우리가 서야 할 땅 69
시편 15편　주님의 장막에 머무는 사람 72
시편 16편　가장 빛나는 유산 75
시편 17편　주님과 함께하는 삶 78
시편 18편　성공과 번영 중에 드리는 기도 81
시편 19편　전임 예배자의 삶 85

시편 20편	기름 부음을 받은 이	89
시편 21편	왕을 위한 감사의 기도	92
시편 22편	메시아의 고난	95
시편 23편	지극한 사랑	98
시편 24편	하나님의 현존 가운데서	102
시편 25편	관계가 틀어질 때	105
시편 26편	바른 지향과 하나님의 은혜	108
시편 27편	한 가지 소원	111
시편 28편	반전의 기도	114
시편 29편	영광과 존귀를 받으실 이	117
시편 30편	내가 편히 지낼 때	120
시편 31편	믿고 사랑하라	123
시편 32편	용서받는 기쁨	126
시편 33편	찬양의 이유	129
시편 34편	하나님을 맛보아 알다	132
시편 35편	배신당한 이의 기도	135
시편 36편	죄는 힘이다	138
시편 37편	땅을 차지할 사람들	141
시편 38편	하나님 앞에서 정직하게	145
시편 39편	길손과 나그네	148
시편 40편	기다림의 능력	151
시편 41편	믿음의 길을 걷는 법	154

제2권 시편 42-72편   157

시편 42편	몸으로 모일 수 없을 때	159
시편 43편	나의 큰 기쁨의 하나님	162
시편 44편	무례한 기도	165
시편 45편	감추어진 신분	169
시편 46편	내가 하나님이다!	172
시편 47편	내 마음의 대관식	175

시편 48편	살아 있는 성전	178
시편 49편	메멘토 모리!	181
시편 50편	참된 예배	184
시편 51편	진실한 회개	188
시편 52편	하나님은 살아 계시다!	192
시편 53편	두려워하지 않을 이유	195
시편 54편	기억하라!	198
시편 55편	배신의 아픔을 겪을 때	201
시편 56편	사람이 감히…	204
시편 57편	어둠을 깨뜨리는 믿음	207
시편 58편	모든 매듭을 푸시는 하나님	210
시편 59편	기도는 결단이다	213
시편 60편	위기 앞에서	216
시편 61편	살라는 부름	219
시편 62편	하나님 앞에 잠잠히	222
시편 63편	생명보다 더 소중한 것	225
시편 64편	하나님이 보신다!	228
시편 65편	복음의 메아리	231
시편 66편	회의와 불신의 밤을 지날 때	234
시편 67편	선택의 이유	237
시편 68편	지극히 낮은 곳에 오신 지극히 높으신 분	239
시편 69편	정직한 기도	242
시편 70편	구원을 호소하는 이유	246
시편 71편	쓸모없어져도	248
시편 72편	하나님의 의, 하나님의 샬롬	251

제3권 시편 73-89편   255

시편 73편	진정한 복	257
시편 74편	희망이 없는 이유	261
시편 75편	진노의 잔	265

시편 76편	예배드리는 이유	268
시편 77편	묵상의 힘	271
시편 78편	은혜가 이긴다	274
시편 79편	우리가 기댈 언덕	277
시편 80편	진정한 회복	280
시편 81편	축제와 같은 삶	283
시편 82편	권력의 쓸모	286
시편 83편	약한 자 편에 서시는 하나님	289
시편 84편	순례길에 오른 마음	292
시편 85편	그날이 올 때까지	295
시편 86편	하나님의 성품을 따라	298
시편 87편	유배자가 아니라 예배자로	301
시편 88편	절망뿐인 기도	304
시편 89편	참담한 현실 가운데서	307

제4권 시편 90-106편   311

시편 90편	하나님의 영원과 인간의 순간	313
시편 91편	순진한 기대	316
시편 92편	예배를 기뻐하다	319
시편 93편	하나님이 다스리신다	322
시편 94편	복수하시는 하나님	324
시편 95편	지성소에 살다	328
시편 96편	그분이 오셨다!	331
시편 97편	정의와 공평의 하나님	334
시편 98편	하나님을 향한 마음	337
시편 99편	절대치의 거룩과 절대치의 사랑	340
시편 100편	하나님을 안다는 것	343
시편 101편	왕의 기도	346
시편 102편	고난당할 때	349
시편 103편	덧없는 존재에게 임하는 사랑	352

시편 104편 창조하시고 다스리시는 하나님	355
시편 105편 역사를 기억하는 이유	359
시편 106편 언약만이 희망이다	362

제5권 시편 107-150편 365

시편 107편 하나님의 선하시고 인자하심	367
시편 108편 기도의 능력	370
시편 109편 기도는 과정이다	373
시편 110편 우리가 믿는 분	376
시편 111편 영원에 눈뜨다	379
시편 112편 경외하는 사람의 복	382
시편 113편 낮은 곳에 임하시는 주님	386
시편 114편 하나님의 영토	389
시편 115편 나의 하나님은 어디에 있는가?	391
시편 116편 하시딤이 사는 법	394
시편 117편 무상함을 대하는 자세	397
시편 118편 매일이 성일	399
시편 119편 율법을 따라 사는 삶	402
시편 119:1-40 복된 삶을 위한 기도	405
시편 119:41-80 고난의 유익	408
시편 119:81-120 하나님의 말씀을 붙드는 이유	411
시편 119:121-160 그분에 대한 사랑과 이웃에 대한 사랑	414
시편 119:161-176 권력에의 욕구	418
시편 120-134편 성전에 올라가는 순례자의 노래	420
시편 120편 영적 이방 땅에서	421
시편 121편 지키시는 하나님	424
시편 122편 거룩한 성	427
시편 123편 유배자로 산다	430
시편 124편 은혜로 사는 삶	433
시편 125편 내 손에 쥔 규를 내려놓고	435

시편 126편	포기는 없다!	437
시편 127편	전능자의 손길 아래	440
시편 128편	평화가 임하는 곳	443
시편 129편	아무도 당하지 못할 사람	446
시편 130편	깊은 물속에서	448
시편 131편	젖 뗀 아이의 영성	451
시편 132편	영원한 나라, 영원한 시민권	454
시편 133편	하나됨의 축복	457
시편 134편	가장 우선하는 일	460
시편 135편	예배하는 그것을 닮는다	462
시편 136편	그저 감사할 따름!	465
시편 137편	바빌론 강가에서	467
시편 138편	높은 분이지만 낮은 자를 보시는 하나님	470
시편 139편	하나님 묵상	472
시편 140편	뱀처럼 벼린 혀	475
시편 141편	유혹에 직면할 때	477
시편 142편	영혼이 감옥에 갇힐 때	480
시편 143편	기억하고 생각하라	482
시편 144편	보고 싶은 지도자	484
시편 145편	하나님이 찬양받으셔야 하는 이유	487
시편 146편	하나님의 하향성	490
시편 147편	찬양하는 이유	492
시편 148편	우주적 찬양	494
시편 149편	찬양, 두 날 가진 칼	496
시편 150편	처음도, 마지막도, 할렐루야!	498

시편의 사람	501
시편의 공동체	508

일러두기
본문에 인용한 성경 구절은 특별한 표기가 없는 경우 새번역을 사용하였습니다.

시작하는 말

이 책은 제가 와싱톤사귐의교회 교우들과 나누었던 매일 묵상의 열매입니다. 저는 2018년부터 "사귐의 소리"라는 블로그에 하루 한 장씩 성경에 대한 해설과 묵상을 올려 왔습니다. 교우들이 새벽 기도회를 위해 예배당에 모이는 대신 각자의 집이나 직장에서 성소를 만들어 기도와 말씀 묵상을 하도록 돕기 위해서였습니다. 예배당에 모이는 새벽 기도회보다 각자의 생활 공간에 성소를 만들고 시간을 성별하여 거룩한 시간을 갖는 습관이 장기적으로 더 유익하다고 생각했기 때문입니다.

매일 묵상을 위해 매년 구약성경과 신약성경을 섞어 진도를 짰습니다. 하루치 분량이 너무 많지 않도록 구약성경은 하루 한 장을 기준으로 하고, 신약성경은 의미를 따라 단락을 나누었습니다. 매일 묵상할 본문의 계획을 세우는 데 중심축을 시편으로 잡았습니다. 한 해에 몇 개월은 시편을 읽고 묵상하도록 한 것입니다. 이 책에 실린 해설과 묵상은 6년 동안 두 차례 반복하며 완성된 것입니다. 말하자면, 이 책은 6년 동안 집필한 것이라 할 수 있습니다.

매일 묵상 진도에서 시편을 중요하게 다룬 이유는 저 자신의 경험 때문입니다. 저는 30대 후반에 깊은 영적 어둠을 겪었습니다. 목사요 신학 교수로 학교와 교회 활동에 열심을 다하고 있었는데도 깊은 영적 어둠이 찾아와 질식감을 느꼈습니다. 물속에서 헤엄치며 다니는 물고기가 물이 없어서 허덕이는 것 같은 상황이었습니다. 제 영적 생활이 근본적으로 잘못되어 있음을 깨달으면서 그냥 두었다가는 악취 풍기는 위선자가 될 것 같다는 위기감을 느꼈습니다.

그 영적 어둠을 깨뜨리기 위해 저는 모든 활동을 최소한으로 줄이고 처음부터 다시 영적 생활을 연습하기 시작했습니다. 그동안 모아 놓았던 영성 관련 책들을 읽으며 하나씩 실험했습니다. 그 결과, 시간이 얼마간 지나면서 저의 영적 어둠은 조금씩 걷히기 시작했고, 3-4년쯤 지난 후에는 그 어둠이 사라졌음을 느꼈습니다. 그 영적 고투의 결과물이 『사귐의 기도』입니다. 감사하게도, 많은 분들이 이 책의 내용에 공감해 주셨습니다. 제가 가지고 있었던 영적 갈망을 그들도 가지고 있었기 때문이고, 제가 겪었던 문제를 그들도 겪었기 때문일 것입니다.

영적 어둠과 씨름하는 과정에서 저에게 가장 큰 도움을 주었던 것이 바로 시편입니다. 그 기간 동안 저는 매일 하루에 서너 편씩 시편을 소리 내어 읽고 그것을 저 자신의 기도로 올렸습니다. 그렇게 음송하고 묵상하고 기도하면서 얼마나 자주 무릎을 치고 감탄했는지 모릅니다. 차례로 읽어 나가며 기도하는데, 그날 펼친 시편이 전날 고민하던 문제에 대한 답이 되었고, 어느 날엔 "그렇습니다, 주님! 이것이 제 기도입니다"라고 고백했습니다. 시편의 어휘와 표현이 저의 기도와 말과 글에 배어 들었습니다. 이것이 저를 영적 어둠으로부터 끌어내어 준 가장 강한 힘이 되었습니다.

매일 묵상 진도에 시편을 간주곡처럼 배치함으로써 저는 교우들에게도 이것을 경험하게 해 주고 싶었습니다. 시편을 자신의 기도로 읽고 묵상하며, 그 과정에서 기도를 배우기를 기대했습니다. 시편은 가장 위대한 기도서이기 때문입니다. 그러다 보면 '시편의 사람'('시편의 사람'에 대해

서는 권말에 따라 정리했습니다)으로 성장해 갈 것이라고 믿었습니다. 그것은 우리 자신의 인생을 가장 복되고 아름답게 만드는 일이고, 우리의 삶이 하나님의 뜻을 이루는 도구로 쓰임받는 길입니다. 믿는 이로서 이보다 더 좋은 일은 없습니다.

이 책은 시편에 대한 학문적 논의가 아닙니다. 시편에 대해 이루어진 그간의 학문적 연구에 충실하려고 했지만, 그것을 주된 목적으로 삼지 않았습니다. 학문적 연구의 결실을 담아 본문을 해설했고, 해설 중 발견한 영감으로 묵상을 이어 갔습니다.

해설과 묵상은 유사해 보이지만 차이가 있습니다. 시쳇말로 해설은 좌뇌를 사용하는 일이고, 묵상은 우뇌를 사용하는 일입니다. 저는 그날의 본문을 펼쳐 놓고 성령의 조명을 구하는 기도를 드렸습니다. 그런 다음, 본문을 읽고 나름대로 분석한 후에 신뢰할 만한 주석서들을 참고했습니다. 충분하다 싶을 때 본문에 대한 해설을 썼습니다. 독자의 이해를 돕기 위한 것이므로 최소한의 분량으로 꼭 필요한 내용을 담아내려 했습니다. 하지만 때로는 독자가 부담스럽게 느낄 만큼 길어지기도 했습니다.

그런 다음 잠시 휴식 시간을 가졌습니다. 해설을 쓸 때 사용했던 좌뇌를 쉬게 하고 묵상을 위해 우뇌로 옮겨 가기 위함이었습니다. 차를 한 잔 마시기도 하고, 뒤뜰에 나가서 화초를 돌보기도 했습니다. 그러면서 해설 중 발견한 영감에 대해 숙고했습니다. 그 본문이 오늘 나에게 어떤 의미인지를 물었습니다. 이런 점에서 보면, 해설은 본문에 대해 제가 말하는 것이라 할 수 있고, 묵상은 본문이 제게 하는 말을 듣는 것이라 할 수 있습니다. 묵상이 무르익었다 싶으면 자리에 앉아 썼습니다. 이 경우에도 분량이 많아지지 않도록 노력했습니다. 묵상을 다 쓴 다음, 조용히 앉아 그날의 해설과 묵상이 저의 마음밭에 심겨지도록 기도했습니다.

'거룩한 독서'(렉시오 디비나)에 대해 아는 독자라면 제가 그 방법으로 성경을 읽고 묵상해 왔음을 눈치챌 것입니다. '거룩한 독서'란 성령의 조명을 받으며 본문을 읽고(렉시오), 그 본문의 의미에 대해 묵상하고(메디타시오), 그 묵상을 담아 기도하고(오라시오), 자신의 존재와 삶을 그 말씀에 맡기고 살아가는(콘템플라시오) 과정을 가리킵니다. 이것은 누군가 혼자서 창안한 것이 아니라 진리를 사모하는 많은 사람들이 수 세기 동안 실천해 오면서 형성된 집단 영성의 열매라 할 수 있습니다.

이 책은 앉은 자리에서 독파할 책이 아닙니다. 독자들이 매일의 영적 생활에 동반자로 사용하도록 의도되었기 때문입니다. 다음과 같이 사용하면 유익할 것입니다. 참고로, 이 책에서 저는 '새번역' 본문을 사용하면서 필요한 경우 '개역개정' 본문을 소개했습니다. 그러므로 어느 역본을 사용해도 큰 차이는 없을 것입니다.

(1) 매일 기도와 말씀 묵상을 위해 할애할 시간을 정합니다. 하루 일과 중 언제 얼마만큼의 시간을 할애할지를 정합니다. 제가 교우들께 제시하는 기준은 한 시간입니다. 영적 생명을 가장 중요하게 여긴다면, 그 정도의 시간은 할애해야 마땅합니다.

(2) 매일 읽고 묵상할 분량을 정합니다. 짧은 시간 안에 시편 전체의 맛을 보려면 하루에 서너 편을 읽고 묵상한 후에, 다시 돌아와 한 편씩 읽고 묵상하는 것도 좋습니다.

(3) 본문을 여러 번 읽습니다. 우리는 보통 눈으로 읽지만, 성경은 소리

내어 읽도록 혹은 낭독하는 것을 듣도록 기록된 책입니다. 필사도 좋은 방법입니다.

(4) 본문을 읽고 그 의미를 헤아려 봅니다. 의문이 생기면 메모해 놓습니다. 본문이 오늘 나에게 하는 말씀이 무엇인지를 생각해 봅니다.

(5) 그런 다음, 제가 쓴 본문 해설을 읽습니다. 다시 눈으로 본문을 훑어 보면서 새롭게 발견한 것이 있는지를 확인합니다.

(6) 제가 쓴 묵상을 읽습니다. 다 읽고 나서 눈을 감고 묵상을 이어 갑니다. 묵상 중 다가오는 말씀이 있으면 그 말씀에 대한 응답으로 기도를 드립니다. 기도 중 놓치기 아까운 생각이 떠오르면 일기에 적습니다.

이 글을 책으로 묶어 내면서 저의 영적 여정에 함께해 주신 와싱톤 사귐의교회 교우들께 진심으로 감사드립니다. 또한 세계 여러 나라에서 "사귐의 소리"의 독자가 되셔서 매일 묵상의 여정에 함께해 주신 분들께도 감사드립니다. 저 혼자서라면 이어 올 수 없는 일이었습니다. 그분들의 동참으로 이어 오다 보니, 이제 이것은 저의 매일 일과에서 가장 중요한 시간이 되었습니다. 지나 보니, 이것이 팬데믹 기간 동안 저를 지켜준 가장 큰 힘이 되었습니다. 앞으로도 그럴 것입니다. 부디, 이 책이 독자들에게도 그런 의미가 되어 주기를 간절히 기도합니다.

버지니아에서
김영봉

시편에 대해

골방에서 성전까지

시편의 기도들은 대부분 개인이 골방에서 드린 기도에서 시작되었습니다. 어떤 학자들은 표제에 달린 저자 이름을 후대에 편집자가 삽입했다고 봅니다. 즉 해당 시편을 이해하기에 적당한 저자를 찾아 붙였다는 말입니다. 하지만 더 많은 학자들은 표제에 언급된 저자에게서 그 시가 나왔을 것이라고 봅니다. 둘 중 어느 것이 진실인지에 지나치게 관심을 둘 필요는 없습니다. 실제로 두 경우가 섞여 있다고 보기 때문입니다. 전승 과정에서 저자의 이름이 전해져 내려온 경우도 있고, 후대 편집자가 추정하여 저자를 특정했을 수도 있습니다. 시편을 저자별로 분류해 보면 다음과 같습니다.

다윗(총 73편)
1권: 3-9, 11-32, 34-41편
2권: 51-65, 68-70편
3권: 86편
4권: 101, 103편
5권: 108-110, 122, 124, 131, 133, 138-145편

고라 자손(총 10편)

2권: 42, 44-49편

3권: 84-85, 87편

아삽(총 12편)

2권: 50편

3권: 73-83편

솔로몬(총 2편)

2권: 72편

5권: 127편

헤만(88편), 에단(89편), 모세(90편)

익명(총 50편)

분명한 것은 대부분의 시편이 개인의 골방에서 시작되었다는 사실입니다. 성전에서의 제의적 필요를 위해 지어진 시편들도 있었음이 분명합니다. 할렐시(113-118편)와 순례자의 노래(120-134편) 그리고 편집 과정에서 지어져 첨가된 것으로 보이는 시편들(1-2, 146-150편)은 편집에 참여했던 사람들의 공동 작품이라 할 수 있습니다. 그 외에는 대부분 개인의 기도에서 시작하여 공동체 안에서 사용되다가 시편에 수록되었다고 할 수 있습니다. 그 과정에서 각 시편은 제의에 어울리도록 보완되었을 것이고, 공동체의 정황에 맞게 개편되었을 것입니다. 골방에서 시작되었을 때는 개인의 기도요 고백이었지만, 공동체 안에서 사용되어 성경의 일부로 받아들여지게 되었을 때는 공동체의 기도가 되었습니다.

이것이 시편이 특별한 이유입니다. 각 시편에는 한 개인이 인생사에서 경험할 수 있는 모든 상황이 반영되어 있습니다. 동시에 이스라엘 신앙 공동체의 경험이 반영되어 있습니다. 그런 까닭에 시편은 개인이 골방에서 읽고 묵상하여 자신의 기도로 올리기에 적합하고, 예배 공동체가 한 목소리로 기도하기에 알맞은 '공동 기도서'입니다. 예배의 자리에서 울려 퍼지는 시편 낭송은 영혼 깊은 곳에 울림을 만들어 냅니다. 그리고 그 시편은 신앙 공동체의 영성을 만들어 갑니다.

그리스도 중심적 읽기?

기독교 전통에는 "구약성경의 어느 페이지를 찢어도 보혈이 흐른다"는 믿음이 전해져 오고 있습니다. 이것을 '그리스도 중심적 해석'이라고 부릅니다. 이런 믿음을 가진 이들은 시편 전부를 예수 그리스도에 대한 예언으로 해석하려는 경향이 있습니다. 이것은 '해석의 과잉 현상'이라고 할 수 있습니다. 시편의 일부를 메시아에 대한 예언으로 해석하는 전통은 예수님도 인정하셨습니다. 신약성경의 저자들도 이런 시각으로 몇몇 시편을 읽고 해석한 예가 있습니다. 시편 2, 22, 110편 등이 그 예입니다.

하지만 저는 시편 전체를 메시아에 대한 예언으로 읽는 것은 정당하지도 않고 바람직하지도 않다고 생각합니다. 그것은 시편의 입에 재갈을 물리는 행위가 될 수 있습니다. 각 시편은 우선 하나의 시 혹은 기도로 읽어야 합니다. 시편들 중에는 표제에 그 시를 이해할 수 있는 구체적 상황이 간략하게 언급된 것들이 있습니다. 표제가 없는 시편들도 행간을 읽으며 구체적 상황을 상상하고 그 상황 안에서 의미를 찾아야 합니다.

절대 다수의 시편은 개인이 인생 여정 중에 처했던 어떤 상황에서 드린 기도입니다. 따라서 독자는 시편을 읽을 때 그것들이 '과정의 기도'라는 사실을 기억할 필요가 있습니다. 기도드린 사람들이 영적 성장의 과정 가운데 있었다는 뜻입니다. 어떤 기도는 미숙한 신앙 가운데 드린 것이고, 어떤 것은 회의 중에 드린 것이고, 어떤 기도는 절망 중에 드린 것입니다. 어떤 기도는 터질 듯한 기쁨에서 나온 것이고, 어떤 기도는 바위 같은 확신에서 나온 기도입니다. 따라서 어떤 기도를 '완성형 모델'로 여기지 않도록 노력해야 합니다.

또 하나 기억할 것은 앞에서 언급한 것처럼 시편의 기도가 '실제 드려진 기도'로서 공동체 안에 전해져 오면서 응축되었다는 사실입니다. 저자가 후대에 남길 요량으로 기도시를 쓴 것이 아니라, 한 개인이 구체적 상황에서 드린 기도가 오랜 전승 과정을 통해 요약되고 응축되어 오늘의 형태로 전해진 것입니다. 어떤 시편은 한 사람이 수개월 동안 반복하여 드린 기도가 배경이 되었을 것입니다. 그 사람은 수많은 말로 기도했는데, 그것이 응축되어 몇 절의 시로 남겨진 것입니다. 어떤 시편은 전반부에서 절망의 절규를 하다가 후반부에 갑자기 분위기가 반전되어 찬양과 감사로 끝납니다. 그것은 기도자가 오랜 기도의 시간을 통해 믿음을 회복한 과정이 반영된 것입니다.

시편 안에 저주의 기도가 포함되어 있는 이유가 여기에 있습니다. 58, 83, 109편이 그 예입니다. 시편의 기도들을 '모범 기도문'으로 여기는 사람들은 이런 기도문을 보고 적잖이 당황하고 놀랍니다. 어떤 사람들은 이 시편들을 읽지 말아야 한다고 주장합니다. 하지만 시편의 기도들이 '과정의 기도'라고 생각하면 저주시를 읽는 것은 큰 도움이 됩니다. 살다 보면, 때로 그런 상황에 처하기 때문입니다. 그런 상황에서 기도드릴 때, 감정을 숨기는 것보다는 있는 그대로 쏟아 내는 것이 좋습니다. 그렇게 할 때, 시간이 얼마간 지나면 복수를 하나님께 맡기고 원수들을 위해 기도하는 변화가 일어납니다. 이런 면에서 도움이 되는 책이 C. S. 루이스의 『시편 사색』(홍성사)입니다. 일독을 권합니다.

이런 의미에서 보자면, 시편을 읽을 때 가장 먼저 필요한 것은 '문해력'이라고 할 수 있습니다. 단어의 의미와 문장의 구조를 이해하여 본문의 의미를 파악하는 능력이 필요하다는 뜻입니다. 여기에 시적인 운율과 구조를 파악하는 '문학적 통찰력'이 더해지면 더할 나위 없을 것입니다. 하지만 이것은 히브리 시가 문학에 대해 어느 정도 공부를 해야 얻을 수 있는 능력입니다. 이 분야에 대해 도움을 얻기 원하는 독자가 있다면 다음 세 권의 책을 추천합니다. 김창대의 『한 권으로 꿰뚫는 시편: 성도의 탄식과 하나님의 응답』, 톰 라이트의 『땅에서 부르는 하늘의 노래, 시편』(이상 IVP), 차준희의 『시인의 영성』(새물결플러스)입니다.

이렇게 시편을 하나의 기도나 시로 읽고 그 의미를 파악한 후에 묵상으로 넘어가면 됩니다. 묵상 과정에서 항상 예수 그리스도의 사건과 연결시켜 본문의 의미를 생각해 보는 것이 좋습니다. 혹은 신약성경의 말씀과 연관 지어 묵상하는 것도 좋습니다. 우리가 구약성경을 읽는 것은 예수 그리스도를 통해 맺어진 새로운 언약 때문입니다. 구약에서 계시된 모든 지혜와 계시는 예수 그리스도를 향해 있고 그분을 통해 완성되었습니다. 따라서 구약성경을 읽은 후에 그 내용을 예수님의 완성된 계시의 빛 아래서 묵상하는 것은 꼭 해야 하는 일입니다.

제1권　　　　　　　　　　**시편 1-41편**

시편은 전체 150편으로 구성되어 다섯 권으로 나뉩니다.
이렇게 나눈 이유는 성경을 편집한 사람들이 모세오경과 같은
권위를 부여하기 위함이었을 가능성이 큽니다.
이 중에서 1-2편은 시편 전체에 대한 서론 역할을 하고,
146-150편은 할렐시로서 시편 전체에 대한 결론 역할을 합니다.
그래서 엄밀히 말하면 1권은 3-41편이고, 5권은 107-145편이라 할 수 있습니다.
따라서 시편의 구조를 다음과 같이 세분할 수 있습니다.

서론: 1-2편

제1권: 3-41편
제2권: 42-72편
제3권: 73-89편
제4권: 90-106편
제5권: 107-145편

결론: 146-150편

제1권에 속한 38편의 시들은 대부분 다윗이 쓴 것입니다.
내용으로 보면, 주로 고난 가운데 하나님의 구원을 호소하는 탄식시입니다.
감사시와 찬양시도 간혹 눈에 띄지만,
주로 개인적 고난의 상황에서 하나님의 개입을 호소하는 기도로 구성되어 있습니다.

시편 1편 | **말씀을 먹는 삶**

> 그는 시냇가에 심은 나무가 철 따라 열매를 맺으며 그 잎이 시들지 아니함 같으니, 하는 일마다 잘될 것이다. (3절)

해설

1편은 시편 전체에 대한 서론 역할을 합니다. 앞으로 읽게 될 시편들을 어떻게 묵상할 것인지 그리고 묵상의 삶에 어떤 유익이 있는지를 말합니다. 시편 묵상을 통해 형성되기를 바라는 이상형을 "복 있는 사람"(1절)이라고 했습니다. 이것은 '복받은 사람' 혹은 '복받을 사람'이라는 뜻이 아닙니다. 여기서 말하는 '복'은 하나님의 호의나 은총을 말합니다. 거기에는 물질적인 것이 포함되기도 하지만 늘 그렇지는 않습니다. 앞으로 시편을 읽어 가면서 확인하겠지만 "복 있는 사람"은 물질적이고 현실적인 면에서 불행한 상태에 처할 경우가 많습니다. 진정한 복은 하나님과 함께하고 하나님이 함께하시는 상태입니다.

시인은 그 사람이 '하지 않는 것'(1절)과 '하는 것'(2절)을 대조합니다. 먼저, 복 있는 사람이 '하지 않는 것'은 "악인의 꾀를 따르지 아니하며, 죄인의 길에 서지 아니하며, 오만한 자의 자리에 앉지 아니하는"(1절) 것입니다. "악인", "죄인" 그리고 "오만한 자"는 동의어로서 하나님을 등지고 자신의 욕망을 따라 살아가는 사람을 가리킵니다. "따르다", "서다", "자리에 앉다"라는 동사의 변화는 한 사람이 타락하는 과정을 묘사합니다. 처음에는 들락날락하며 죄를 탐하다가 나중에는 서성대다가 결국 주저앉습니다. 죄는 초기에 잡아야 합니다. 그렇지 않으면 죄에 속박되어 버립니다.

복 있는 사람이 '하는 것'은 "오로지 주님의 율법을 즐거워하며, 밤낮으로 율법을 묵상하는"(2절) 일입니다. 율법에는 하나님의 마음이 담겨 있습니다. 그렇기에 하나님을 사랑하는 사람은 율법을 즐거워하게 되어 있습니다. 하나님에 대한 사랑이 식으면 율법은 억누르는 멍에가 되지만, 사랑하는 사람에게는 즐거움이요 기쁨입니다. 그래서 밤낮으로 묵상하며 그분의 뜻을 찾습니다.

이어서 시인은 비유를 사용하여 복 있는 사람의 상태를 설명합니다. 그는 "시냇가에 심은 나무"(3절)와 같아서 "철 따라 열매를 맺으며 그 잎이 시들지 아니"(3절)합니다. 묵상을 통해 하나님과 연결되어 있기에 그분으로부터 생명이 흘러들어 옵니다. 생명의 근원에 든든히 연결되어 있기에 그의 삶을 통해 하나님의 생명이 드러납니다. 그렇기에 그가 "하는 일마다 잘될 것"(3절)이라고 합니다. 늘 하나님의 뜻을 찾고 그분의 인도를 따라 살기에 그의 삶에는 막힘이 없습니다. 잠시 막히는 것처럼 보일 때가 있으나 결국 하나님이 풀어 주십니다.

시인은 그 반대의 삶에 대해서도 비유를 사용합니다. 악인 혹은 죄인이라 불리는 그 사람들은 "한낱 바람에 흩날리는 쭉정이"(4절)와 같습니다. 쭉정이(개역개정: "겨")가 바람에 흩날리듯, 악인들은 부산하게 다니면서 무엇인가를 하는 것 같은데 실은 그 속이 비어 있고 방향도 목적도 없습니다. 지치도록 열심히 살았다고는 하지만 하나님이 보실 때는 허무한 삶을 산 것입니다. 그뿐 아니라 그들은 마지막 심판대에서 당당히 서지 못하고 결국 영원한 멸망의 길로 가게 될 것입니다(5-6절).

묵상

"묵상"에 해당하는 히브리어는 '작은 소리로 읊조리다'라는 뜻입니다. 읊조리기 위해서는 먼저 외워야 합니다. 성경이 문자로 보급되기 전, 히브리 사람들은 성경 말씀을 외웠습니다. 특별히 그들의 가정에서는 자녀들로 하여금 어릴 때부터 시편을 외우고 자주 암송하게 했습니다. 그렇게 하면 외운 말씀을 작은 소리로 읊조리는 것이 습관이 됩니다. 그 습관은 말씀과 함께 살아가도록 만들어 주었고, 읊조리는 중에 문득 말씀에 숨겨 있는 보화를 발견하기도 했습니다.

문자 시대에 살고 있는 우리는 구전 시대 사람들에 비해 많은 혜택을 누리고 있습니다. 하지만 더 이상 암기하지 않아도 되는 편리함이 우리의 영성에는 오히려 해를 끼쳤습니다. 말씀을 암기하여 내 속에 넣는 일을 더 이상 하지 않기 때문입니다. 말씀은 항상 내 바깥에 있습니다. 말씀이 필요하면 성경책을 펼쳐 보아야 합니다. 반면, 구전 시대 사람들은 말씀을 마음에 저장하고 있었습니다. 그래서 늘 말씀과 함께 살 수 있었습니다. 그것이 그들을 하나님의 대지에 굳건히 뿌리내려 살게 해 주었습니다.

말씀을 암송하는 영적 습관을 회복할 필요성을 느낍니다. 그것은 말씀을 먹는 일이고 또한 말씀을 소화하는 과정입니다. 그렇게 하여 말씀이 살이 되고 피가 되어야 우리의 존재가 하나님의 대지에 견고히 심기게 될 것입니다.

시편 2편 | **누가 왕인가?**

⁷"나 이제 주님께서 내리신 칙령을 선포한다. 주님께서 나에게 이르시기를 '너는 내 아들, 내가 오늘 너를 낳았다. ⁸내게 청하여라. 뭇 나라를 유산으로 주겠다. 땅 이 끝에서 저 끝까지 너의 소유가 되게 하겠다. ⁹네가 그들을 철퇴로 부수며, 질그릇 부수듯이 부술 것이다' 하셨다."
(7-9절)

해설

이 시편은 메시아에 대한 예언시로 유명합니다. 150편의 시편 중에는 메시아를 염두에 둔 것들이 많은데, 시편 2편은 그중 가장 명시적인 예언입니다.

먼저 시인은 "주님을 거역하고 주님과 그의 기름 부음 받은 이를 거역"(2절)하는 세상의 권력자들에 대해 언급합니다. 여기서 "그의 기름 부음 받은 이"는 우선 이스라엘의 왕을 가리키지만 진정한 '마쉬아크'(기름 부음을 받은 자) 즉 영원한 구원자 메시아를 가리키는 표현입니다. "뭇 나라", "뭇 민족"(1절), "세상 임금들", "통치자들"(2절)은 실제로 권력을 가진 사람들을 가리키기도 하지만 스스로 왕의 자리에 앉아 하나님의 주권을 거역하는 사람을 가리키기도 합니다. 의인은 하나님 말씀을 따라 살기를 즐거워하지만 악인은 그것을 "족쇄"(3절)로 느끼고 벗어나려 합니다.

그러한 태도에 대해 하나님은 처음에는 비웃으시지만(4절) 나중에는 분노하십니다(5절). 스스로 하나님의 자리에 앉아 교만 떠는 것을 처음에는 가소로운 일로 보시지만, 교만이 강고해지면 진노를 발하십니다. 그리고 하나님은 "내가 나의 거룩한 산 시온산에 '나의 왕'을 세웠다"(6절)고 선포하십니다. 이것은 장차 임할 메시아를 두고 하는 말입니다.

7-9절은 기름 부음 받은 왕이 하는 말입니다. 그는 하나님이 자신을 낳았으며 모든 능력과 권세를 주어 온 세상을 다스리게 하실 것이라고 말합니다. 예수님이 세례받으실 때 7절의 말씀("너는 내 아들, 내가 오늘 너를 낳았다")이 그분의 귀에 들렸습니다. 그분이 하나님이 기름 부어 세우신 메시아라는 뜻입니다.

10-12절은 스스로 왕 노릇 하며 살아온 모든 사람에게 하는 권면입니다. 그들은 "두려운 마음"과 "떨리는 마음"(11절)으로 하나님을 예배하고 그분이 기름 부어 세우신 그 아들에게 예배해야 합니다. 그렇지 않으면 "그가 진노하실"(12절) 것입니다. 반면, "주님께로 피신하는 사람"(12절) 즉 주님의 주권을 인정하고 그분의 아들을 경배하는 사람은 "모두 복을 받을 것"입니다. "복을 받을 것이다"라는 번역보다는 개역개정의 "복이 있도다"라는 번역이 더 낫습니다.

묵상

복 있는 사람은 하나님의 말씀을 즐거워하여 밤낮으로 묵상하는 사람입니다. 그런 사람은 왕의 자리에 앉아 왕 노릇 하지 않습니다. 하나님과 그분이 기름 부어 세우신 아들을 왕으로 섬깁니다. 왕도 아니면서 왕 노릇 하지 않으니 복되고, 진정한 왕을 섬기고 살아가니 또한 복됩니다. 반면, 죄인은 스스로 왕의 자리에 앉아서 참된 왕이신 하나님의 주권을 거부하고 거역하며 그 통치권을 벗어나려 합니다. 그것이 자유요 해방이며 행복이라고 오해하는 것입니다. 진실은 그 반대입니다. 진정한 주권자를 벗어나는 것은 속박이요 방종이자 타락이며 멸망입니다. 왕이 될 능력도 없으면서 왕 노릇 하는 것이 가장 큰 불행입니다.

지도자로 세움받은 사람들 중에 영원하고 참된 왕의 주권을 인정하는 사람들이 더 많아지기를 소망합니다. 모든 권세는 하나님으로부터 온 것임을 엄숙하게 받아들이고 자신에게 주어진 권세를 하나님의 뜻에 맞게 사용하게 되기를 기도합니다. 또한 스스로 왕 노릇 하지 않기를, 우리 자신을 위해 기도합니다. 주님의 다스림 안에 든든히 거하여 그분의 인도를 따라 겸손하고 신실하게 살아갈 수 있기를 기도합니다. 그럴 때 주님의 정의와 평화가 우리 삶 속에 임하여 자리 잡게 될 것입니다.

| 시편 3편 | **믿음으로 시작하는 하루**

> ⁵내가 누워 곤하게 잠들어도 또다시 깨어나게 되는 것은, 주님께서 나를 붙들어 주시기 때문입니다. ⁶나를 대적하여 사방에 진을 친 자들이 천만 대군이라 하여도, 나는 두려워하지 않으렵니다. (5-6절)

해설

새번역은 이 시편에 "이른 아침 기도"라는 제목을 붙여 놓았습니다. 또한 "다윗이 아들 압살롬에게 쫓길 때에 지은 시"라는 설명도 덧붙였습니다. 다윗의 아들 압살롬의 반란(삼하 15-18장)은 한때 성공하는 듯하면서 전세가 다윗에게 절대 불리했습니다. 이 시편은 다윗처럼 헤어날 수 없는 상황에서 올리기에 좋은 기도입니다.

먼저, 다윗은 자신의 상황에 대해 설명합니다(1-2절). 핵심은 두 가지입니다. 자신을 무너뜨리려는 사람들이 너무 많다는 것이 첫째요, 그들이 자신의 처지를 두고 하나님에게 버림받았다고 빈정대는 것이 둘째입니다. 압살롬의 군대에게 밀려 피신할 때 시므이라는 사람이 그를 따라오면서 조롱했던 일을 생각나게 합니다(삼하 16:5-14). 믿음의 사람에게 가장 참기 어려운 모욕은 하나님께 버림받아 그렇게 되었다는 조롱입니다. 다윗이 지금 그런 조롱을 받고 있습니다.

그 고통스러운 상황에서 다윗은 하나님께 눈을 돌립니다(3-6절). 그는 주님을 "방패", "영광", "머리를 들게 하시는 분"(3절)이라고 고백합니다. 이것은 그의 체험에서 나온 고백입니다. 그가 믿는 하나님은 방패처럼 그를 보호해 주셨고, 낮은 곳에 처한 그를 높여 주셨으며, 원수 앞에서 고개를 들게 해 주신 분입니다. 절망적인 상황에서도 주님을 바라보며 부르짖을 때 응답하여 주신 분입니다(4절). 그런 경험을 통해 다윗은 하나님의 절대적이고 총체적인 주권을 인정하게 되었습니다. 밤에 잠을 자는 것도, 아침에 깨어나는 것도 모두 하나님이 "붙들어 주시기 때문입니다"(5절). 이렇게 하나님의 주권에 대한 믿음이 회복되자 다윗의 마음에는 담대함이 차오릅니다. 천만 대군도 두려워하지 않을 믿음이 회복된 것입니다(6절).

이 믿음으로 다윗은 하나님께 간구합니다(7-8절). "주님, 일어나십시오"(7절)는 "나를 치려고 일어서는 자들이 어찌 이렇게도 많습니까?"(1절)에 상응하는 표현입니다. 원수들이 자신을 치려고 일어나는 것처럼 하나님도 일어서 주시기를 구하는 것입니다. 과거에 그러셨던 것처럼 이번에도 원수들을 물리쳐 달라고 기도합니다. 그러면서 다시 한번 하나님의 주권에 대한 신뢰를 표현합니다. 8절의 "구원"은 어려운 상황에서의 구출을 의미합니다. 전쟁의 성패는 하나님께 달려 있다는 고백입니다. "주님의 백성에게 복을 내려 주십시오"(8절)라는 말은 주님을 의지하는 사람을 보살펴 달라는 청입니다. 시편 1편에서 말한 복('아쉬레')은 복된 상태를 가리키지만, 여기서 말한 복('베라카')는 하나님께 받는 호의를 의미합니다.

2, 4, 8절 끝에 첨가되어 있는 "셀라"는 정확히 확인되지 않았지만 음악 용어였을 것으로 추측합니다. 우리 민요에서 "얼쑤" 혹은 "그렇지"라고 추임새를 넣는 것과 유사한 역할을 했을 것입니다.

묵상

평탄한 인생은 없습니다. 그런 인생이 있다면 그것은 복이 아니라 도리어 화가 될 수 있습니다. 인생이라는 패키지 안에는 처음부터 고난과 환난과 역경이 포함되어 있습니다. 다윗처럼 가장 가까운 사람으로부터 배신을 당할 수도 있고, 하나님으로부터 버림받은 것 같은 상황에 빠질 수도 있습니다.

믿음은 그런 것으로부터 면제되게 만드는 힘이 아니라 그런 상황들 가운데서 하나님의 사람으로 살아가게 만드는 힘입니다. 하루를 시작하면서 그 하루 동안에 당할 일들을 미리 아는 사람은 아무도 없습니다. 평안하고 복된 하루가 되기를 소망하지만 현실은 이런저런 일로 찢기고 넘어지고 흔들립니다. 때론 작은 일 앞에서도 무너집니다. 때론 일어나지도 않은 일로 인해 불안해집니다. 거대한 문제 앞에 설 때면 믿음은 온 데간데없어지고 초라하게 두려워 떱니다.

그럴 때 가장 먼저 할 일은 마음을 하나님께 돌리는 것입니다. 그리고 하나님을 묵상합니다. 눈을 감고 그동안 하나님이 나의 삶을 인도해 오신 손길을 돌아봅니다. 그러면 하나님이 모든 것을 견뎌 내고 지나오게 하셨음을 깨닫습니다. 모든 것이 그분의 은혜요 모든 것이 그분이 하신 일입니다. 그렇다면 지금 당한 일들 가운데서도 지켜 주실 것입니다. 이렇게 믿음이 회복되면 마음을 점령하고 있던 염려와 걱정이 증발되어 버리고 든든함과 평안함과 담대함이 차오릅니다. 무슨 일이든 대면할 용기가 생깁니다.

그래서 이 기도를 "이른 아침 기도"라고 이름 지었습니다. 아침마다 이 기도를 드리면서 하루를 감당할 영적 준비를 하라는 것입니다. 오늘도 하나님의 절대적이고 총체적인 주권을 인정하고 그 손길을 따라 살아가라는 것입니다. 날마다 "구원은 주님께만 있습니다. 주님의 백성에게 복을 내려 주십시오"(8절)라고 고백하고 선포함으로 하루를 시작하고 그 믿음으로 살라는 뜻입니다.

시편 4편 | **평강의 능력**

⁷주님께서 내 마음에 안겨 주신 기쁨은 햇곡식과 새 포도주가 풍성할 때에 누리는 기쁨보다 더 큽니다. ⁸내가 편히 눕거나 잠드는 것도, 주님께서 나를 평안히 쉬게 하여 주시기 때문입니다. (7-8절)

해설

이 시편에는 "저녁 기도"라는 제목이 붙어 있습니다. 잠자리에 들 때 드릴 만한 내용이기 때문에 이렇게 정해졌을 것입니다. 이 시는 다윗이 지은 것으로, 현악기에 맞추어 부르던 노래의 가사로 사용되었습니다.

1절은 하나님께 올리는 기도입니다. 새번역의 "의로우신 나의 하나님"보다는 개역개정의 "내 의의 하나님"이 원문에 더 가깝습니다. 다윗은 자신의 의의 근원과 능력이 하나님께 있다는 사실을 고백합니다. 의는 오직 하나님에 대한 믿음으로만 가능하다는 복음의 희미한 그림자가 보입니다. 다윗은 하나님 앞에 선 자로서 자신에게는 의가 없음을 인정합니다. 오직 하나님이 의롭다고 인정해 주실 때에만 그분 앞에 고개를 들 수 있습니다. 이것이 하나님 앞에 나아가 기도하는 사람의 마땅한 태도입니다. 다윗은 지금 "곤궁에 빠져" 있고 "막다른 길목"에 갇혀 있습니다. 그 상황에서 벗어날 희망은 오직 하나님께만 있습니다. 그리고 하나님이 손을 뻗어 자신을 구원하신다면 그것은 다만 그분의 '은혜' 때문입니다.

2절의 첫 단어는 개역개정의 "인생들아"보다는 새번역의 "너희 높은 자들아"(2절)라고 번역해야 원문의 의미에 더 가깝습니다. 다윗은 여기서 권세와 권력을 가진 사람을 생각하며 하나님이 하실 만한 말씀을 전합니다. 교만은 스스로 하나님의 자리에 앉는 것입니다. 그것은 영광의 하나님을 무시하고 거부하는 행동입니다. 하나님을 거부하면 결국 "헛된 일을 좋아하며 거짓 신을 섬기게"(2절) 됩니다. 3절에서 다윗은 그들을 생각하며 자신의 말을 전합니다. "주님께 헌신하는 사람"은 2절의 "높은 자들"과 달리 하나님을 신실하게 믿는 사람을 가리킵니다. "경건한 자"라는 개역개정의 번역이 더 좋습니다. 다윗은 가장 높은 권력과 권세를 가졌지만 경건한 자로서 겸손히 하나님께 의지하며 부르짖습니다.

4절에서 다윗은 분노의 감정에 대해 설명합니다. 개역개정은 "떨며"라고 번역했는데, 분노로 인해 치를 떠는 모습을 그린 것입니다. 분노는 인간에게 주어진 건강한 감정입니다. 분노하는 것 자체가 죄는 아닙니다. 다만, 그 감정이 죄로 이어지지 않게 해야 합니다. 그래서 "너희는 분노하여도 죄짓지 말아라"(4절)라고 권고합니다. 그러기 위해서는 먼저 잠시 행동을 멈춰야 합니다. 잠잠히 그 감정이 가라앉기를 기다려야 합니다. 둘째, 자신을 돌아보아야 합니다. 사람과 사람의 관계에서 일어나는 일에는 늘 어느 정도의 책임이 모두에게 있습니다. 잠잠히 거하여 정직하게 따져 보면 나에게도 잘못이 있습니다. 셋째, 하나님 앞에 "올바른 제사"(5절, 새번역) 혹은 "의의 제사"(개역개정)를 드려야 합니다. 인간관계 문제는 하나님과의 관계가 어그러진 것에서 시작합니다. 내 행동의 문제는 예배의 문제입니다.

6절부터 다윗은 다시 하나님께 기도합니다. 먼저 그는 하나님을 믿는다고 하면서도 어려움으로 인해 하나님의 존재를 의심하고 불평하는 사람들에 대해 언급합니다(6절). 다윗은, 자신은 그들과 같지 않으며 곤란과 곤경 중에서도 하나님의 도우심을 믿는다고 고백합니다. 7절의 고백은 시편에서 거듭 말하는 복이 무엇인지를 잘 요약해 놓았습니다. 사람들은 "햇곡식과 새 포도주가 풍성할 때"(7절) 복받았다고 생각하지만,

다윗은 하나님과의 바른 관계를 진정한 복으로 생각합니다. 그 관계 안에 있을 때 하나님이 모든 것을 다스리고 주관하심을 믿기 때문입니다. 그 믿음이 있기에 잠자리에서 분노나 염려로 뒤척이지 않고 평안히 잘 수 있습니다(8절).

묵상

교만의 본질은 하나님이 아니면서 하나님을 자처하는 것입니다. 그것은 마치 어린아이가 자기 마음대로 다니고 싶어서 아버지의 차에 올라 운전하려는 것과 같습니다. 우리는 자기 마음대로 살고 싶어서 혹은 자신의 힘만으로도 충분하다고 착각해 신의 자리에 앉으려 합니다. 그로 인해 그의 인생은 통제력을 잃은 자동차처럼 사람들에게 아픔과 고통을 안겨 주고, 그 자신은 근심과 염려와 공포에 짓눌립니다. 우리 인생을 안전하게 지켜 주실 분은 오직 하나님뿐인데, 우리는 자신의 힘으로 그 일을 이룰 수 있으리라고 생각합니다. 이러한 집착이 때로는 불안 장애, 수면 장애, 섭식 장애 같은 문제들을 만들어 냅니다. 이런 문제가 늘 불신앙과 교만에서 나온다는 뜻은 아닙니다. 하나님을 깊이 신뢰하는 사람도 이러한 장애를 겪을 수 있습니다. 하지만 하나님이 아니면서 하나님 노릇 하는 영적 교만이 우리의 존재 깊은 곳에 불안의 증상을 만들어 낸다는 것은 부인할 수 없는 진실입니다.

알고 보면, 매일 자고 일어나는 것이 모두 하나님의 은혜입니다. 눈 깜빡이는 것부터 숨 쉬는 것 그리고 앉고 일어서는 모든 것이 하나님의 다스림 아래 있습니다. 때로 눈에 보이는 것에 사로잡혀 "하나님이 어디 있느냐?"고 묻기도 하고 "하나님이 나를 사랑하는 것 맞느냐?"고 의심도 합니다. 하지만 그때에도 하나님은 여전히 우리를 다스리시고 돌보시고 인도하십니다. 그것을 깨달아야 합니다. 그것을 믿어야 합니다. 그럴 때 우리는 모든 것을 그분께 맡기고 하루하루 우리에게 주어진 일에 신실하게 살아갈 수 있습니다. 그런 믿음이면 잠자리에서 깊은 잠을 잘 수 있으며, 어떤 곤경이나 장애물 앞에서도 무너지지 않습니다. 분노가 마음에 차오를 때면 잠잠히 머물러 자신을 돌아보고 하나님께 기도합니다. 그런 사람을 흔들 것은 아무것도 없습니다. 그래서 다윗은 "자리에 누워 심중에 말하고 잠잠할지어다"(4절, 개역개정)라고 말합니다.

시편 5편 | **공의의 하나님**

⁷그러나 나는 주님의 크신 은혜를 힘입어 주님의 집으로 나아갑니다. 경외하는 마음으로 주님의 성전 바라보며, 주님께 꿇어 엎드립니다. ⁸주님, 나를 대적하는 원수를 보시고, 주님의 공의로 나를 인도하여 주십시오. 내 앞에 주님의 길을 환히 열어 주십시오. (7-8절)

해설

이 시편은 다윗의 기도로서 나중에 관악기에 맞추어 부르는 노래 가사로 사용되었습니다. 문학 장르로 본다면 이 시편은 '저주시'에 해당합니다. 우리는 "너희 원수를 사랑하라"(마 5:44)는 예수님의 말씀을 알고 있기에 원수들을 징벌해 달라는 기도를 읽으면서 의문을 가집니다. 하지만 시편의 기도들이 '이상적 기도문'이 아니라 구체적 상황에서 드린 '실제 기도'라는 점을 기억할 필요가 있습니다.

다윗은 먼저 자신의 기도를 들어 달라고 구합니다(1-3절). 그의 상황이 너무도 고통스러웠기에 그의 기도는 "신음 소리"(1절)와 "탄식 소리"(2절)가 되었습니다. 그는 이 기도를 새벽에(개역개정: "아침에") 드리고 있습니다(3절). 분노와 고통으로 인해 잠을 이루지 못하다가 새벽 혹은 아침 일찍 일어나 기도의 자리에 앉은 것입니다. "새벽에 드리는 나의 기도"는 그러므로 간절하고 절박한 기도입니다.

이어서 다윗은 하나님이 자신의 기도를 들어주셔야 할 이유를 말합니다(4-6절). 주님은 죄악을 좋아하시는 분이 아니며 악인과 어울리지 않으십니다(4절). 교만한 자를 물리치시고 악한 일을 저지르는 사람들을 미워하십니다(5절). 주님은 또한 거짓말쟁이들을 멸망시키시고 싸움쟁이들과 사기꾼들을 몹시 싫어하십니다(6절). 다윗은 지금 그런 사람들에게 어려움을 당하고 있습니다. 그러니 자신의 기도를 들어주셔야 마땅하다고 말하고 있는 것입니다.

그뿐 아니라, 다윗은 하나님이 기뻐하시는 삶을 살아왔습니다. 그는 늘 하나님을 즐거워했고 성막에서 제사드리기를 좋아했으며 주님 앞에 기도드리기를 즐겼습니다(7절). 그렇기에 다윗은 하나님의 "공의"(8절)의 심판에 자신을 맡깁니다. 하나님의 공의로 판단한다면 원수들은 심판받아 마땅합니다. 그들의 마음에는 악한 생각뿐이며 그들의 혀는 아첨하는 말만 뱉어 내고 그들의 입은 죽이는 말을 쏟아 내기 때문입니다(9절). 공의의 하나님은 그들을 징벌하시고 심판하시고 멸망시켜야 옳습니다(10절). 반면, "주님께로 피신하는 사람", "주님을 사랑하는 사람"(11절) 혹은 "바르게 살아가는 사람"(12절)에게는 복을 베풀어 주시고 은혜로 지켜 주셔야 옳습니다. 그래야만 하나님의 공의가 살아 있다고 할 수 있습니다. 이것이 다윗이 하나님께 기도드리며 응답해 주시기를 구하는 근거입니다. 그는 하나님이 공의로우신 분이라는 사실에 근거하여 기도드리고 있는 것입니다.

묵상

기도의 가장 중요한 요건은 자신의 감정에 정직해지는 것입니다. 원수들에 대한 억울함과 분노가 마음을 휘어잡을 때야말로 기도의 자리를 찾을 때입니다. 하나님은 중심을 보시는 분이기에 그분 앞에서 감정을 숨기고 안 그런 듯 위장하는 것은 불필요한 일이며, 기도를 통해 마음의 변화를 받을 수 없기에 어리석은 일입니다. 또한 사람이 아니라 하나님 앞에 분노의 쓴물을 쏟아 내는 것은 꼭 필요한 일입니다. 그 과정을 통해 분노를 해결하고 그 사람을 하나님의 주권에 맡길 수 있기 때문입니다.

그러므로 저주시를 읽을 때는 그렇게 기도하게 된 사정을 헤아려 보고 또한 그렇게 기도했을 때 그 기도자에게 일어났을 변화를 생각해 보는 것이 필요합니다. 기도는 과정이기 때문입니다. 그렇게 기도할 때 결국 원수를 용서하고 사랑하는 데까지 나아갈 수 있습니다.

우리 하나님은 공의의 하나님이십니다. 우리가 생각하는 정의는 지극히 자기중심적입니다. 우리 자신에게 혹은 우리 사회에 가장 좋은 것은 어느 한 편의 정의가 아니라 하나님의 정의가 이루어지는 것입니다. 어떤 일을 당할 때 우리는 자주 자신이 생각하는 정의에 따라 문제를 해결하려 합니다. 그렇게 해결되기를 바랍니다. 하지만 나의 정의는 종종 다른 누군가에게 불의가 되곤 합니다. 그런 까닭에 부당하고 억울한 일을 만났을 때 먼저 할 일은 하나님 앞에 무릎 꿇는 것입니다. 내 힘으로 내가 생각하는 정의를 이루려면 복수가 되지만, 하나님의 정의가 이루어지면 사랑과 용서와 평화가 이루어집니다.

따라서 하나님 앞에 고개 숙이고 자신이 왜 의로운지, 자신을 괴롭게 하는 사람들은 왜 불의한지를 놓고 하나님께 판단받아야 합니다. 그렇게 기도하는 중에 분노는 잦아들고 사태가 제대로 보이기 시작할 것입니다. 또한 모든 것을 바로잡으시는 하나님께 문제를 맡기고 평안한 마음으로 일어설 것입니다. 주님이 기도를 들으셨음을 믿기 때문입니다. 주님이 들으셨다면 그분의 공의대로, 그분의 시간표에 따라 문제를 해결하실 것을 믿기 때문입니다. 또한 주님은 그분을 의지하는 사람을 은혜의 방패로 지켜 주시고 복을 베풀어 주실 것을 믿기 때문입니다.

시편 6편 | 눈감고 본다

> ⁶나는 탄식만 하다가 지치고 말았습니다. 밤마다 짓는 눈물로 침상을 띄우며, 내 잠자리를 적십니다. ⁷사무친 울화로, 내 눈은 시력까지 흐려지고, 대적들 등쌀에 하도 울어서 눈이 침침합니다. (6-7절)

해설

이 시편도 다윗의 기도이며 나중에 찬송가 가사로 사용되었습니다. 이 기도 역시 다윗이 어려움에 처해 있을 때 드린 것입니다. '탄식시'의 전형이라 할 수 있습니다.

고난은 우리를 기도의 자리에 앉게 하는 기회를 만들어 줍니다. 고난 중에 드리는 기도는 우리로 하여금 하나님을 새롭게 만나게 해 줍니다. 이런 점에서 보면 고난은 영적인 기회입니다. 그런데 고난 중에 드리는 기도에 하나님은 신속하게 응답하지 않으십니다. 하나님의 시간과 내 시간이 다르기 때문입니다. 내가 원하는 방법과 하나님의 방법이 다르기 때문입니다. 그렇기에 고난 중 기도할 때 우리는 자주 하나님의 침묵을 경험합니다. 고난의 상황은 더욱 심해지고 나의 기도는 더욱 간절해지는데, 하나님은 묵묵부답이십니다. 그래서 "주님께서는 언제까지 지체하시렵니까?"(3절)라고 호소하는 것입니다.

다윗은 하나님의 침묵을 자신에 대한 하나님의 징계로 여깁니다. 하나님이 자신을 책망하고 꾸짖기 위해서 고난 가운데 그냥 내버려두시는 것이라고 여깁니다(1절). '하나님이 나를 징계할 작정이 아니라면 이렇게 침묵하실 수 있으랴?'라고 생각했던 것입니다. 그러면서 다윗은 자신의 심신이 지쳐서 더 이상 견딜 수 없는 지경에 있음을 토로합니다(2-3절).

더 이상 지체하지 말고 구원해 달라고 청합니다(4-5절). 그렇게 청하는 이유는 "주님의 자비로우심"(4절, 개역개정: "주의 사랑") 때문입니다. 히브리어로 '헤세드'는 감정적 사랑이 아니라 '언약적 사랑' 즉 변함없는 사랑을 의미합니다. 그 사랑에 의지하여 다윗은 다시금 자신의 형편을 하나님께 아룁니다(6-7절). 자신으로서는 어찌할 길이 없어 울기만 하는데, 슬픔이 그의 생명을 소진시키고 있습니다.

7절과 8절 사이에서 독자는 잠시 멈춰야 합니다. 시편의 기도들은 앉은 자리에서 단번에 올린 기도를 옆에서 받아 적은 것이 아닙니다. 오랜 시간 동안 혹은 며칠을 두고 올린 기도가 농축된 것입니다. 시편의 기도가 때로 앞뒤가 맞지 않는 것 같고 두세 개의 기도문을 합해 놓은 것처럼 느껴지는 이유가 바로 여기에 있습니다. 그래서 때로 중간에 멈추어 "왜 이렇게 기도자의 태도가 달라졌는가?"라고 물어보아야 합니다.

다윗은 1-7절까지 자신의 아픔을 호소하며 속히 구원해 달라는 간구를 오래도록 드렸습니다. 하나님의 침묵을 견디지 못하여 눈물로 호소했습니다. 그런데도 하나님의 응답은 없고 고난은 더 깊어집니다. 그럴수록 다윗은 더 간절히 호소합니다. 그렇게 기도하던 중에 그의 마음에 변화가 일어납니다. 8-10절은 기도 중 얻은 변화 후에 드린 기도입니다.

여기서 다윗은 하나님이 이미 기도에 응답하셨고 그로 인해 대적들은 황급히 쫓겨 가고 있다고 말합니다. 실제로 그렇게 된 것이 아니라 하나님이 자신의 기도를 듣고 응답하실 것에 대한 믿음으로 인해 이렇게 말한 것입니다. 1-7절에서는 하나님의 침묵으로 인해 괴로워하던 다윗이 기도를 통해 믿음을 회복한 것입니다. 그는 그 믿음으로 아직 일어나지 않은 일을 내다보고 이미 일어난 일처럼 선포합니다.

묵상

기도는 하나님의 주권에 대한 믿음을 회복하는 과정입니다. 눈에 보이는 것에 사로잡혀 있던 상태에서 벗어나 눈에 보이지 않는 하나님의 손길에 눈뜨는 것입니다. 다윗이, 하나님이 침묵하신다고 느낀 것은 눈에 보이는 것에 붙들렸기 때문입니다. 그로 인해 그는 기도의 자리에서 많은 시간 동안 눈물을 흘렸습니다. 그로 인해 심신은 피폐해지고 영혼은 시들었습니다. 하지만 그 기도와 눈물이 그의 마음을 씻어 내고 하나님을 바라보게 했습니다. 하나님의 주권에 대한 믿음이 회복되자 그는 낙심과 절망 가운데서 회복됩니다. 그 이후로 그는 더 이상 눈물로 침상을 적시지 않았을 것입니다. 식음을 전폐했던 그는 마음을 추스르고 일어나 음식을 먹기 시작했을 것입니다. 하나님이 자신의 기도를 들으시고 구원하실 것을 믿고, 상황은 아직 변하지 않았지만 이미 기도의 응답이 이루어진 것처럼 마음을 추스르고 일어납니다.

믿음은 이렇듯 눈을 감고 보는 것입니다. 그래서 바울 사도는 "우리는 믿음으로 살아가지, 보는 것으로 살아가지 아니합니다"(고후 5:7)라고 고백했습니다. 히브리서 저자는 "믿음은 바라는 것들의 확신이요, 보이지 않는 것들의 증거입니다"(히 11:1)라고 했습니다. 진실한 기도는 하나님을 새롭게 만나게 하고 그분의 주권에 대한 믿음이 회복되는 과정입니다. 아무리 기도해도 마음에 변화가 일어나지 않는다면 넋두리를 한 셈입니다. 하나님의 임재 앞에서 자신의 두려움과 가책과 염려와 근심을 진실하게 내려놓았다면, 기도하는 중에 혹은 기도한 후에 표정과 음성과 발걸음이 달라져야 합니다. 하나님이 결국 모든 것을 바로잡아 주실 것을 믿기 때문입니다. 그래서 믿음은 소망을 낳고, 그 소망은 사랑을 실천하게 해 줍니다.

시편 7편 | **매일 분노하시는 하나님**

⁶주님, 진노하며 일어나시고, 내 대적들의 기세를 꺾어 주십시오. 하나님, 깨어나셔서 판결을 내려 주십시오. ⁷뭇 민족들을 주님 앞으로 모으시고, 주님께서는 그 높은 법정으로 돌아오십시오. ⁸주님께서는 뭇 백성들을 판단하시는 분이시니, 내 의와 내 성실함을 따라 나를 변호해 주십시오. (6-8절)

해설

이 시편의 표제는 "다윗의 식가욘"입니다. "식가욘"이 무슨 의미인지에 대해서는 아직 합의된 결론이 없습니다. 어떤 문학 장르를 의미한다고 추정할 뿐입니다. "베냐민 사람 구시"에 대해서도 알려진 바가 없습니다. 누구인지 모르지만 그는 다윗에게 적들이 그를 해하기 위해 거대한 모략을 꾸미고 있다는 소식을 알려 주었습니다. 이 기도는 그 상황에서 다윗이 드린 '애가' 즉 슬픔의 노래입니다.

먼저 다윗은 하나님께 구원을 호소합니다. 하나님을 피난처로 삼겠으니 적들에게서 목숨을 지켜 달라고 호소합니다(1-2절). 이어서 그는 자신에게 눈을 돌립니다. 어려움을 당했을 때 우리가 먼저 할 일은 하나님 앞에 머물러 앉아 이러한 상황에 이르도록 자신이 잘못한 일은 없는지 묻는 것입니다. 때로는 자신의 잘못에도 불구하고 먼저 억울하다고 느끼는 것이 우리의 마음이기 때문입니다. 자신이 더 큰 잘못을 해 놓고는 자신에게는 아무 잘못이 없는 듯 하나님께 내 편을 들어 달라고 호소하는 것은 하나님께 역겨운 일입니다. 다윗은 그러지 않았습니다. 그는 하나님 앞에서 자신의 과거를 꼼꼼히 돌아보았을 것입니다. 아무리 생각해 보아도 자신에게는 그런 모함과 미움과 공격을 당할 만한 잘못이 없습니다. 하나님이 원수들의 악으로 자신을 심판하실 만큼 잘못하지 않았다는 뜻입니다(3-5절).

자신을 돌아본 후에 다윗은 다시금 하나님께 구원을 호소합니다(6-10절). 그는 "내 의와 내 성실함을 따라"(8절) 자신을 판결해 달라고 기도합니다. 주님은 "의로우신 하나님"(9절)이시며 "마음이 올바른 사람"(10절)을 돌보시는 분이기 때문입니다. 다윗은 하나님이 "사람의 마음속 생각을 낱낱이 살피시는 분"(9절)이심을 알고 있습니다. 그러니 다윗이 하나님께 드리는 고백은 진실합니다. 그는 바른 생각을 가지고 의롭고 성실하게 살기 위해 줄곧 노력해 왔습니다. 그렇기에 그는 어려움을 당하여 하나님께 이토록 담대하게 기도할 수 있었습니다.

이 지점에서 다윗은 간구를 멈추고 하나님에 대한 고백과 찬양을 이어 갑니다(11-17절). 이것이 기도의 또 다른 묘미입니다. 우리가 당한 어려움은 우리를 기도의 자리로 인도합니다. 기도 중에 우리는 하나님에 대해 새롭게 눈을 뜹니다. 그렇게 되면 상황에 대한 간구를 내려놓고 하나님께 찬양과 감사를 드리게 됩니다. 어려운 상황으로 인해 잊었던 하나님의 의와 위엄과 영광을 보기 때문입니다. 그래서 진실한 기도는 늘 하나님에 대한 찬양과 고백으로 마무리되는 것입니다.

그런데 다음 찬양은 조금 색다릅니다. 다윗은 하나님을 "공정한 재판장이시요, 언제라도 악인을 벌하는 분"(11절)이라고 고백합니다. 개역개정에는 "매일 분노하시는 하나님이시로다"라고 되어 있습니다. 그뿐 아니라, 그분은 회개하지 않는 자들을 심판하기 위해 칼을 갈고 활을 당겨 놓고 있으며 살상 무기를 준비해 두고 계시다(12-13절)고 말합니다. 이것은 하나님의 공의에 대한 반어적 표현입니다. "매일 분노하시는 분"이라는 말은 하나님이 매일 공의로 세상을 지켜보고 계시다는 뜻입니다. 온갖 살상 무기를 준비하고 언제라도 공격할 준비를 하고 있다는 말은 하나님의 심판이 엄연한 현실이라는 사실을 강조하려는 표현입니다.

하나님은 인간의 죄악을 직접적으로 심판하기도 하지만, 인간이 선택한 죄악이 그 자신에게 올무가 되게 하는 방식으로 더 자주 심판하십니다(14-16절). 하나님이 인생을 그렇게 설계해 놓으셨습니다. 죄를 선택하는 것은 곧 심판을 선택하는 것입니다. 불행하게도, 하나님을 떠난 사람들은 행복해지는 길인 줄 알고 죄악의 길을 선택합니다. 지금 다윗을 향해 음모를 꾸미는 사람들도 스스로의 불행을 음모하고 스스로의 심판을 자초하고 있음을 알지 못하고 있습니다. 참으로 딱한 사람들입니다.

다윗은 마지막으로 하나님에 대한 자신의 태도를 고백합니다. 죄악을 선택한 사람들에게 하나님의 의는 심판입니다. 반면, 다윗처럼 의롭고 성실하게 사는 사람들에게 하나님의 의는 찬송과 감사의 대상입니다(17절).

묵상

우리의 하나님은 "매일 분노하시는 분"입니다. 그분에게는 완전한 거룩과 완전한 공의가 있습니다. 우리에게도 비록 불완전하지만 거룩과 정의가 있습니다. 그래서 우리는 하루에도 여러 번 분노합니다. 우리 자신의 부족함에 대해 분노하고 사회에서 일어나는 부정과 불의에 분노합니다. 불완전한 우리도 이러한데 완전한 거룩과 공의의 하나님은 얼마나 더 그러하시겠습니까?

만일 하나님이 우리처럼 분노를 수시로 터뜨리는 분이라면, 우리 중에 살아남을 사람은 아무도 없을 것입니다. 그분은 우리의 소행을 보시고 매일 분노하지만, 그분의 사랑과 자비가 그분으로 하여금 오래 참게 하십니다. 때로 사랑과 자비를 잠시 거두고 심판하기도 하시지만, 그분에게는 사랑과 자비가 더 강합니다. 그런데 사람들은 하나님의 오래 참으심을 오해합니다. 하나님이 존재하지 않거나 그들의 악행에 관심이 없다고 생각합니다. 혹은 그들의 죄악이 하나님께 아무 문제가 되지 않는다고 생각합니다. 우리가 죄악을 버리고 돌아와 거룩하고 의롭게 살기를 기다리신다는 것을 알려 하지 않습니다.

따라서 "매일 분노하시는 분"이신 하나님은 동시에 "매 순간 사랑하시는 분"이라는 사실을 기억해야 합니다. 만일 그분이 분노하시는 표정을 보이셨다면 그 이면에 그분의 사랑이 있음을 기억해야 합니다. 그분의 사랑과 자비와 은혜를 경험하고 있다면, 불꽃 같은 눈으로 우리의 언행 심사를 보고 계신 분에게서 오는 것임을 기억해야 합니다. 그렇다면 우리는 그분의 사랑과 은혜에 더욱 감사하며 더욱 깨어서 거룩하고 의롭고 선하게 살기 위해 힘쓸 것입니다.

시편 8편 | **하나님에 대한 생각**

> 사람이 무엇이기에 주님께서 이렇게까지 생각하여 주시며, 사람의 아들이 무엇이기에 주님께서 이렇게까지 돌보아 주십니까? (4절)

해설

이 시편 역시 다윗의 것으로 되어 있습니다. "깃덧"은 의미가 확실하지 않은 음악 용어로 추정합니다. 3-7편은 어려운 상황에서 올리는 호소의 기도였던 반면, 8편은 하나님의 영광에 대한 찬양의 노래입니다.

다윗은 하나님의 영광이 땅과 하늘을 가득 채우고 있다는 사실에 눈뜹니다(1절). 우주의 주인이신 하나님은 인류의 역사까지도 다스리십니다(2절). 우주의 운행과 역사의 흐름을 볼 때 하나님의 영광과 능력과 위엄에 놀라지 않을 수 없습니다. 더욱 놀라운 것은 그분이 "어린이와 젖먹이들"(2절)을 들어 힘 있는 사람들을 부끄럽게 하신다는 사실입니다. 하나님은 강하고 높은 사람들이 아니라 약하고 낮은 사람들을 통해 일하십니다. 그런 하나님을 묵상하다 보니, 가슴에 진한 감동이 들어찹니다(3절). 4절의 "사람"은 깨어지기 쉬운 인간 존재를 의미하고, "사람의 아들"은 피조물로서의 인간의 위치를 의미합니다. 다윗은 그토록 높고 귀하고 강하신 분이 그토록 하찮은 자신을 생각해 주시고 돌보아 주신다는 사실에 감격합니다.

다윗은 이어서 인간에 대한 하나님의 창조를 기억합니다. 하나님은 인간을 "만물 위에, 하나님 아래"에 두셨습니다. "하나님보다 조금 못하게"(5절)는 개역한글처럼 "천사보다 조금 못하게"라고 번역할 수도 있습니다. 어떻게 번역하든, 하나님은 사람을 피조물 중 가장 높은 자리에 앉게 하셨다는 뜻입니다. 그러고는 하나님이 지으신 모든 생명을 다스리게 하셨습니다(6-8절). 그것이 또 다른 감사의 이유입니다.

이 모든 묵상 끝에 다윗은 처음에 드렸던 찬양의 기도를 반복합니다(9절). 하늘을 보아도, 땅을 보아도 그리고 눈을 돌려 자신을 보아도, 창조주 하나님께 감사드릴 것밖에 없습니다. 하나님을 하나님답게 아는 순간 우리는 그 앞에 엎드려 찬양과 경배를 드릴 수밖에 없습니다.

묵상

목동으로서 양 떼를 이끌고 광야를 다니던 다윗을 생각해 봅니다. 어느 날, 양들을 동굴 안에 들여보내 놓고 동굴 입구에 앉아 꾸벅꾸벅 졸다가 한밤중에 문득 잠에서 깨어납니다. 어두운 하늘에 가득 찬 별들이 눈에 들어옵니다. 이 시편은 그런 상황에서 터져 나올 법한 찬양입니다. 하나님의 영광에 눈뜨는 순간, 우리 마음에서는 그분에 대한 찬양이 나옵니다. 혹은 군인이 되어 전쟁터에서 여러 날을 보내야 했던 다윗을 생각해 봅니다. 오랜 전쟁에 지친 어느 날, 그는 잠을 이루지 못해 뒤척이다가 장막을 걷고 밖으로 나옵니다. 병영을 돌아다니며 병사들의 상황을 점검하다가 잠시 멈추어 하늘을 우러러봅니다. 어두운 하늘에서 쏟아질 듯 빛나고 있는 별들이 눈에 들어오자 잠시 잊었던 하나님의 영광이 생각납니다. 그때 그는 이런 노래로 하나님을 찬양하고 고백했을 것입니다.

우리에게도 그럴 때가 있습니다. 세상사에 매몰되어 잊고 있던 하나님이 생각나고, 그분의 위엄과 영광에 눈뜨는 때가 있습니다. 자연의 장엄한 아름다움에 눈뜰 때도 그렇고, 이름 없는 들풀의 아름다움에 사로잡힐 때도 그렇습니다. 말씀 속에서 주님의 사랑과 진리를 발견할 때도 그렇습니다. 그럴 때, 우리에게서 저절로 찬양과 감사가 터져 나옵니다. 하나님은 이런 기도를 가장 기뻐하십니다. 또한 찬양과 감사의 기도는 기도자에게도 가장 유익합니다. 그 기도를 통해 영혼이 활짝 피어나기 때문입니다. 그렇게 되면, 상황은 아무래도 상관없을 것 같은 담대함이 마음에 차오릅니다. 하나님 안에서 새롭게 발견한 자신의 모습이 거룩하고 존귀해 보입니다.

이런 기도가 더 자주 내 안에서 솟아나게 하려면 더 자주, 더 깊이 하나님에 대해 묵상해야 합니다. 우리 마음은 너무도 쉽게, 너무도 자주 세상살이의 풍진에 파묻히고 사로잡히기 때문입니다.

시편 9편 | **공정하신 재판장**

⁹주님은 억울한 자들이 피할 요새이시며, 고난받을 때에 피신할 견고한 성이십니다. ¹⁰주님, 주님을 찾는 사람을 주님께서는 결단코 버리지 않으시므로, 주님의 이름을 아는 사람들이 주님만 의지합니다. (9-10절)

해설

앞의 시편들은 곤경 가운데 하나님의 구원을 간구하는 기도였습니다. 이 시편은 하나님의 구원을 경험한 후에 드리는 감사와 찬양입니다.

그는 하나님이 자신에게 베푸신 "놀라운 행적"(1절)으로 인해 "기뻐하고 즐거워하며, 주님의 이름을 노래"(2절)합니다. "공정하신 재판장"(4절)이신 주님이 "공정하고 정직한 판결"(4절)을 내리셔서 원수들로부터 자신을 구해 주셨기 때문입니다(3절). 주님은 악을 행하는 원수들과 이방 나라들을 심판하시고 멸망시키셨습니다(5-6절).

이런 경험에 기초하여 다윗은 하나님의 의를 고백하고 찬양합니다. 주님은 영원한 왕이시며(7절) "정의"와 "공정"(8절)으로 온 세상을 다스리십니다. 그렇기에 주님은 억울한 사람들이 의지할 피난처입니다(9절). 주님은 당신을 의지하는 사람들을 결코 버리지 않으십니다(10절).

이어서 다윗은 사람들을 향하여 말합니다. 하나님을 찬양하고 그분이 하신 일을 전파하라고 권합니다(11절). 하나님은 고난받는 사람과 가난한 사람의 "부르짖음을 모르는 체하지 않으[시기]"(12절) 때문입니다.

다윗은 다시 자신의 형편으로 눈을 돌려 하나님께 기도드립니다. 그는 "죽음의 문에서"(13절) 구원을 받았지만 아직도 "미워하는 자들"(13절)에게서 고통을 받고 있기 때문입니다. 주님이 한 번 더 손을 뻗어 구원해 주시면 그 은혜를 찬양하고 전파하겠다고 말합니다(14절).

이렇게 다시금 하나님의 사랑과 은혜로 눈을 돌리니 자신을 고통스럽게 하는 원수들의 미래가 보입니다. 하나님이 결국 당신의 정의와 공의로 심판하실 것이기 때문입니다. 하나님은 그들로 하여금 "자기가 판 함정에 스스로 빠지게"(15절) 하시고, "자기가 몰래 쳐 놓은 덫에 자기 발이 먼저 걸리게"(15절) 만드십니다. 그런 일들을 통해 하나님의 "공정한 심판"이 드러납니다(16절). 하나님의 뜻을 거역하는 악인과 이방 나라들이 갈 곳은 결국 "스올"(17절)뿐입니다. 히브리어 '스올'은 깊은 웅덩이 혹은 무덤을 의미합니다.

반면, "가난한 사람이 끝까지 잊혀지는 일은 없으며, 억눌린 자의 꿈도 결코 헛되지 않을"(18절) 것이라고 고백합니다. "가난한 사람"은 하나님을 의지하고 의롭게 살려고 노력하는 사람을 말합니다. 시편에서 "가난한 자"(히브리어 '아나브')는 거룩하고 의롭게 사는 사람과 동의어로 사용됩니다. 그 사람은 이 세상에서는 잊힐 수 있어도 하나님께는 끝내 잊히지 않습니다. 또한 그가 소망하는 일도 결코 헛되지 않을 것입니다. 하나님이 다스리고 계시기 때문입니다.

마지막으로 다윗은 하나님께 구원을 호소합니다. 악한 사람들과 이방 나라들이 하나님을 향해 맞서지 않도록 심판하시기를 구합니다(19절). 그들이, 하나님이 어떤 분이신지 알고 "두려움에 떨게 하시며"(20절) "자신들이 한낱 사람에 지나지 않음을 스스로 알게"(20절) 해 달라고 구합니다. "사람"(개역개정: "인생")은 히브리어 '에노쉬'의 번역으로서 깨어지기 쉬운, 유한한 존재를 가리킵니다. 믿음의 핵심은 하나님이 누구신지 알고 자기 자신이 어떤 존재인지를 아는 것입니다.

묵상

인생은 관계입니다. 관계를 통해 인생이 주어지고, 관계 안에서 인생을 살아갑니다. 인생을 복되게 하는 것도 관계가 결정하고, 인생을 불행하게 하는 것도 관계가 결정합니다. 그런데 인간은 모두 죄성에 깊이 물들어 있습니다. 죄성으로 인해 우리는 관계 안에서 서로 상처를 주고받습니다. 때로는 잘못된 만남으로 인해 지옥 같은 나날을 보내기도 합니다. 그러다가 그 문제가 해결되면 마치 천국을 얻은 것 같은 기쁨을 경험합니다. 가정, 직장, 교회에서 혹은 다른 상황에서 우리는 이런 문제를 자주 겪고 살아갑니다.

그렇게 관계가 어그러져 고통을 겪을 때면 먼저 나 자신을 돌아보아야 합니다. 다윗이 자신을 고통스럽게 하는 사람들을 생각하면서 하나님께 심판과 징계를 구할 수 있었던 것은 하나님 앞에서 자신을 돌아보고 자신의 문제를 해결한 이후였기 때문일 것입니다. 또한 그는 신실하게 하나님의 뜻을 찾으며 하나님을 의지하고 살았기 때문에 그렇게 기도할 수 있었습니다. 따라서 이 시편을 읽으면서 나를 고통스럽게 하는 사람들을 생각하기 이전에 나 자신을 생각해 보아야 합니다. 다윗이 고백하는 것처럼 하나님이 정의와 공의로 공정하게 심판하시는 분이기에 그분 앞에 먼저 나 자신을 세워 심판받아야 합니다. 그런 다음 그분의 처분에 모든 것을 맡겨야 합니다.

그럴 때 "공정하신 재판장"이신 주님이 그 관계를 바로잡아 주십니다. 주님이 해결해 주실 때에만 우리는 이 시편에 나오는 다윗의 고백처럼 감사와 찬양의 기도를 드릴 수 있습니다. 그리고 그 경험에 근거하여 이웃에게 "내가 경험한 하나님"에 대해 증언할 수 있습니다. 하나님은 이론 속에 존재하시는 분이 아니라 현실 가운데 일하시는 분이기 때문입니다.

시편 10편 | **부조리한 현실에 대한 기도**

> ¹⁷주님, 주님께서는 불쌍한 사람의 소원을 들어주십니다. 그들의 마음을 굳게 하여 주시고, 그들의 부르짖음에 귀 기울여 주십시오. ¹⁸고아와 억눌린 사람을 변호하여 주시고, 다시는 이 땅에 억압하는 자가 없게 하십시오. (17-18절)

해설

이 시편에는 표제가 붙어 있지 않습니다. 그래서 이 시편이 9편의 일부라고 생각하는 사람들도 있습니다. 9편과 10편을 합치면 히브리어 알파벳 순서를 따라 지은 '이합체시'(Acrostic)가 시편이 되기 때문입니다. 앞에서 시인은 자신의 고난을 두고 기도했는데, 이 시편에서는 악한 자가 번성하고 의로운 사람이 고난당하는 사회적 상황을 두고 하나님께 기도합니다.

시인은 탄원시에서 자주 사용되는 질문으로 기도를 시작합니다. "주님, 어찌하여 주님께서는 그리도 멀리 계십니까? 어찌하여 우리가 고난을 받을 때에 숨어 계십니까?"(1절) 고난은 깊고 하나님으로부터의 구원이 보이지 않을 때 우리는 그분이 멀리 계시고 숨어 계신 것처럼 느낍니다. 시인은 자신을 괴롭게 하는 사람을 "악인"(2절)이라고 부릅니다. 시편에서 죄인 혹은 악인은 하나님을 무시하고 자신의 욕망대로 살아가는 사람을 말합니다. 시인은 그들이 스스로 쳐 놓은 올가미에 걸려들게 해 달라고 기도합니다.

그런 다음 시인은 악인의 상황에 대해 길게 묘사합니다. 그들은 자신의 탐욕을 따라 살면서 하나님을 모독하고 멸시합니다(3-4절). 그런데도 그들이 하는 일은 언제나 잘되고, 선하고 의롭게 살려는 사람을 비웃습니다(5-6절). 그로 인해 그들의 악은 점점 더 심해지고 그들의 본성은 더욱 부패합니다. 그들의 악은 가난하고 힘없는 사람들을 괴롭히는 무기가 됩니다(7-11절). 그들은 자신들의 소행이 당장 벌받아 마땅함에도 하늘로부터 아무런 징벌도 없는 것을 보고 더욱 거만해져서 하나님을 모독합니다. 그들은 또한 하나님을 의지하며 거룩하게 살려는 사람들을 조롱하고 모욕합니다. 시인은 악인들이 하나님을 향해 내뱉는 모욕적인 말과 생각을 세 번이나 인용합니다(4, 6, 11절). 이런 상황이 지속되면 믿음을 지키는 것이 점점 더 어려워집니다. 모욕과 조롱을 견디는 것도 어렵지만, 하나님에 대한 믿음이 흔들립니다.

이렇게 악인의 불신과 악행과 신성 모독을 고발한 다음, 시인은 하나님을 향해 간구합니다. "주님, 일어나십시오"(12절)라는 기도 역시 탄원시에 자주 나오는 기도입니다. 침묵을 깨뜨리고 떨치고 일어나 악인을 벌하고 고통받은 사람들을 구해 달라는 호소입니다. 이 지점에서 시인은 자기 자신만이 아니라 악인에 의해 고통받는 모든 '아나빔'(가난한 사람들)을 위해 기도를 드립니다. 악한 자들이 하나님을 무시하거나 거침없이 악행을 일삼지 않도록 그리고 하나님을 의지하고 신실하게 사는 사람들이 겪는 고난이 지속되지 않도록 공의의 손을 펼쳐 달라고 기도합니다(12-15절).

시인은 호소와 탄원으로 시작한 기도를 찬양과 고백으로 마칩니다. 진실한 기도는 모두 고백과 감사와 찬양으로 끝나야 합니다. 진실한 기도는 하나님을 새롭게 만나게 하고 잊고 있던 하나님의 위엄과 성품을 다시 기억하게 해 주기 때문입니다. 그래서 시인은 "주님은 영원무궁토록 왕이십니다. 이방 나라들은 주님의 땅에서 사라질 것입니다"(16절)라고 선언합니다. 악인들이 득세하는 현실로 인해 잠시 약해졌던 믿음을 회복한 것입니다. 그러고는 주님에 대한 신뢰의 고백을 더합니다. 주님은 불쌍한 사람, 가난한 사람, 외로운 사람, 힘없는 사람의 사정을 살피시고 변호하시며 도와주시는 분임을 확인하고 고백합니다(17-18절).

18절의 "억압하는 자"는 히브리어 '에노쉬 민 하아레츠'의 번역으로, 개역개정의 "세상에 속한 자"라는 번역이 더 좋습니다. 이것은 하나님을 무시하고 자신의 욕망대로 사는 사람들을 가리키는데, 그들은 세상을 전부로 알고 있으며 세상과 함께 멸망당할 존재들입니다. 반면, 하나님을 의지하고 의롭게 사는 사람들은 "하늘에 속한 자"입니다.

묵상

악인에 대한 시인의 묘사를 읽으면서 3천 년 전이나 지금이나 인간성은 달라지지 않았음을 확인합니다. 그때나 지금이나 하나님을 사모하고 신뢰하며 그분의 뜻을 따라 살려는 사람은 매우 적으며, 절대 다수는 자신의 욕망을 따라 살아갑니다. 자신의 욕망만을 따르는 사람들에게도 하나님에 대한 인식은 있습니다. 악을 행할 때마다 "혹시나?" 하면서 하나님의 징벌을 두려워합니다. 하지만 그런 일은 잘 일어나지 않습니다. 그로 인해 그들의 악행은 점점 더 심해지고 하나님에 대한 불신과 오만은 더욱 강고해집니다. 인간 세상에는 죄악이 더 편만해지고 깊어집니다. 그런 상황에서 하나님을 믿고 신실하고 거룩하게 살아가려는 사람들은 자주 고난당하고 무시당하고 밀려납니다. 하나님이 계시다면 정직하고 진실하고 거룩하게 사는 사람이 잘되고 악하게 사는 사람들이 잘 안 되는 것이 맞는데, 현실은 그렇지 않습니다. 그렇기에 믿는 사람들조차 때로 믿음이 흔들립니다.

그럴 때가 바로 기도할 때입니다. 불신을 조장하는 현실에서 눈을 돌려 잠시 눈을 감고 하나님을 향해 마음을 올려 드려야 합니다. 그러면 약해졌던 믿음이 회복됩니다. 가려졌던 영적 시야가 밝아집니다. 악인들의 번영과 신실한 이들의 고난을 보고 조급해졌던 마음에 평강이 들어찹니다. 하나님이 모든 것을 바로잡아 주실 것에 대한 믿음이 회복됩니다. 그 믿음으로 악인들의 번영을 부러워하지 않고 묵묵히 믿음의 길을 걸어갑니다. 이 세상이 전부가 아님을 알기 때문입니다. 하나님을 부정한 사람들에게는 이 세상과 물질이 전부로 보이기 때문에 좀 더 많이 가지고 더 많이 누리기 위해 악을 일삼습니다. 하지만 그들은 물질과 함께 영원히 사라져 버립니다. 반면, 하나님을 믿고 의지하는 사람들에게는 하늘이 보입니다. 물질이 전부가 아님을 압니다. 그래서 현세에서 손해를 보고 고난을 당해도 하나님을 믿고 의롭게 살기를 힘씁니다.

우리는 예수 그리스도의 부활을 통해 "하늘에 속한 사람들"(고전 15:48)이 되었습니다. 예수 그리스도께서 다시 오실 때 그분의 부활에 참여하게 될 것이라는 점에서도 그렇지만, 지금 믿음을 통해 하나님 나라 안에 있게 되었다는 점에서도 그렇습니다. 그래서 우리는 더욱 "위에 있는 것들을 추구"(골 3:1)합니다. 시인이 여기서 묘사하는 현실의 문제는 새 하늘과 새 땅이 임할 때에나 온전하게 바로잡힐 것입니다. 그때까지 우리는 "하늘에 속한 사람들"답게 선하고 의롭게 살아가기를 힘써야 합니다.

시편 11편 | **믿음이 흔들릴 때**

주님은 의로우셔서, 정의로운 일을 사랑하는 분이시니, 정직한 사람은 그의 얼굴을 뵙게 될 것이다. (7절)

해설

이 시편에서 다윗은 "주님께 피한"(1절) 사람이 겪을 수 있는 흔들림에 대해 고백합니다. 다윗은 지금 아주 어려운 지경에 처해 있습니다. 하지만 그는 하나님이 바로잡아 주실 것을 믿고 악에 손을 담그지 않으며 의로운 길을 고집합니다. 하지만 하나님의 응답은 더디고 상황은 더욱 악화됩니다.

"너는 새처럼 너의 산에서 피하여라"(1절)라고 말하는 사람들은 주변에 있는 사람들일 수도 있고, 그 자신의 생각일 수도 있습니다. 자신을 공격하는 사람들의 세력은 더욱 커지고 그 위험은 가깝습니다(2절). 그런데 그가 서 있는 "기초"는 "바닥부터 흔들리는"(3절) 상황입니다. 자신이 기대고 있는 것들이 적들의 공격 앞에 아무 소용도 없다는 두려움이 그를 압도합니다.

이 상황에서 다윗은 모든 의심과 회의를 떨치고 하나님에 대한 믿음을 바로잡습니다. 하나님은 "그의 성전에" 즉 "그의 하늘 보좌에"(4절) 앉아 계십니다. 다윗이 살고 있는 세상은 하나님의 보좌 아래 있습니다. 인간 세상에서 일어나는 일들이 모두 인간이 만들어 내는 일처럼 보이지만 실은 하나님이 다 보고 계시고 살피십니다. 그분은 악인과 의인을 가려내시고 악인을 징벌하십니다(5-6절). 지금 내 눈앞에서 그 일이 일어나지 않는다고 실망하거나 의심하지 말아야 합니다. "의로우셔서 정의로우신"(7절) 하나님은 그분의 시간에, 그분의 방법으로 모든 것을 바로잡으실 것이기 때문입니다. 그리고 "의인" 즉 "정직한 사람"은 결국 하나님의 얼굴을 뵙게 될 것입니다(7절). "하나님의 얼굴을 뵙는 것"은 하나님 앞에서 영원히 사는 것을 의미합니다. 그것이 모든 믿는 이들의 궁극적인 소망입니다.

묵상

믿음의 여정에서 다윗이 경험한 것과 같은 부정적인 감정에 사로잡히는 것은 흔하고도 당연한 일입니다. 믿음은 보이지 않는 하나님께 희망을 두고 살아가는 것입니다. 의로우신 하나님이 모든 것을 바로잡아 주실 것을 믿고 나의 손에 피를 묻히지 않는 것입니다. 손해 보고 희생을 당하더라도 하나님을 의지하고 의롭고 정직하고 거룩한 길을 가는 것입니다. 하지만 현실은 그 믿음을 자주 시험합니다. 하루에도 몇 번씩 내 손으로 응징하고 싶은 충동에 사로잡힙니다. 이러다가는 내가 서 있는 자리가 무너져 내리고 나는 속절없이 악한 사람들에게 당할 것 같습니다.

그럴 때가 바로 기도할 때입니다. 믿음의 눈을 맑게 씻어 내야 할 때입니다. 이 세상이 전부가 아님을 기억할 때입니다. 하나님이 모든 것을 보고 계시고 살피시며 결국 모든 것을 바로잡으신다는 사실을 기억할 때입니다. 당신을 믿고 의지한 사람을 결코 실망시키지 않으신다는 사실을 기억할 때입니다. 예수님은 그런 하나님을 의지하고 십자가에서의 죽음을 받아들이셨습니다. 하나님은 예수님을 죽은 자들 가운데서 부활시키셔서 당신의 존재와 능력과 신실함을 증명하셨습니다. 우리가 믿는 하나님은 그런 하나님입니다. 그 하나님을 믿고 의지하는 것 그리고 그 믿음에 서서 의롭고 거룩한 삶을 사는 것이 우리의 싸움입니다.

시련과 시험을 다 지나고 난 후 "아, 역시, 하나님이 보고 계셨고 바로잡으셨다"고 고백하는 것은 좋은 믿음입니다. 하지만 시련과 시험이 시작될 때 "이번에도 하나님이 보고 계시니 바로잡으실 것이다"라고 믿고 악한 일에 손을 담그지 않는 것은 더 좋은 믿음입니다. 그것이 우리로 하여금 하나님의 자녀답게 살도록 해 주기 때문입니다.

시편 12편 | # 한마음으로, 진실하게

> ⁷주님, 주님께서 우리를 지켜 주십시오. 지금부터 영원까지, 우리를 지켜 주십시오. ⁸주위에는 악인들이 우글거리고, 비열한 자들이 사람들 사이에서 높임을 받습니다. (7-8절)

해설

인간의 본성에 대한 다윗의 묘사(1-2절)를 읽으면서 3천 년이라는 세월의 간격이 무색하게 느껴집니다. 지금도 이 말은 여전히 진리입니다. "사람 사는 세상에서"(1절) 사람다운 사람, 즉 신실하고 진실한 사람이 멸종해 가고 있습니다. 다윗은 그들이 "두 마음을 품고서 말합니다"(2절)라고 했지만, 요즈음에는 한 사람 안에 더 많은 마음이 들어 있는 것처럼 보입니다. 거짓말을 얼마나 진실처럼 말하는지가 능력으로 인정받습니다. 말의 능력으로 악을 선으로 만들고 선을 악으로 둔갑시킵니다. 그런 사람들이 번영하는 세상입니다. 이런 상황에서 한마음으로 진실하고 신실하게 말하고 행동하는 사람은 바보 취급을 받습니다. 또 때로는 손해와 박해를 당하기도 합니다. 그래서 다윗은 하나님의 도움을 구합니다(1절).

다윗은 현실로부터 눈을 돌려 하나님을 묵상합니다. 그렇게 묵상하다 보니, 정의와 진실과 신실을 사랑하시는 하나님이 그 꼴을 언제까지나 두고 보지는 않으실 것이라는 사실을 깨닫습니다. 때가 되면 하나님이 떨치고 일어나 악한 자들을 심판하시고 진실하고 신실하게 살기를 선택한 사람들을 구원의 자리로 인도하실 것입니다(5절). 개역성경은 "안전한 지대에 두리라"라고 번역합니다. 이 세상에 진정한 안전지대는 전능자의 그늘밖에 없습니다.

이 묵상은 다윗으로 하여금 하나님의 성품을 더 깊이 생각하게 만듭니다. 주님의 말씀은 "도가니에서 단련한 은"이나 "일곱 번 걸러 낸 순은"(6절)처럼 순결하고 순수합니다. 이 비유를 연장한다면, 인간의 말은 단련하고 걸러 내야만 하는 불순물 덩어리입니다. 거짓과 술수가 말 속에 숨어 있습니다. 그런 세상이기에 "주위에는 악인들이 우글거리고, 비열한 자들이 사람들 사이에서 높임을 받습니다"(8절). 이런 상황에서 하나님을 의지하고 진실하게 살아가려는 사람들은 악한 사람들에게 짓밟히는 가련한 신세가 됩니다. 그렇기에 다윗은 주님이 그들을 지켜 주시기를 구합니다(7절).

묵상

말과 언어는 자신의 마음을 표현하는 도구로 만들어졌습니다. 그것을 통해 바깥세상과 소통하지 않으면 숨통이 막힌 것처럼 고통스럽습니다. 그런데 우리의 현실에서 말과 언어는 너무도 자주 자신을 은폐하고 미화하고 방어하는 도구로 사용됩니다. 어릴 적부터 있는 그대로 진실하게 말했다가 상처받는 일이 성장 과정에서 반복되다 보면 우리는 마음을 둘로 나누어 속마음은 숨기고 겉마음만 드러냅니다. 자신을 속이고 다른 사람을 속이는 도구로 말을 사용합니다. "말을 잘한다"는 말은 자주 "잘 속인다"는 말과 동의어가 됩니다. 그 결과, 우리의 말은 단련하기 전의 돌덩이와 같습니다. 그 돌덩이에는 지극히 적은 양의 은이 숨어 있지만 거의 전부가 돌덩이입니다. 이처럼 우리의 말에도 지극히 적은 진실이 포함되어 있지만, 거의 전부는 거짓입니다. 그로 인해 인간의 말은 더욱 비루해지고 인간성은 더욱 비열해집니다.

이런 세상에서 한마음으로, 진실하게 살아간다는 것은 위험천만한 일입니다. 속마음을 들키지 않는 것이 가장 안전한 일처럼 보입니다. 하지만 다윗은, 진실로 안전한 일은 하나님께 자신을 맡기고 한마음으로, 진실하게 살아가는 것이라고 말합니다. 한마음으로, 진실하게 말하는 것은 두 마음으로 살며 말을 무기로 사용하는 사람들에게 이용당하도록 자신을 내어 주는 일처럼 보입니다. 하지만 하나님이 보고 계십니다. 하나님은 악한 자들에게 이용당할 것을 알면서도 한마음으로, 진실하게 말하는 사람들을 사랑하시고 돌보시고 구원해 주실 것입니다. 거짓된 말로 자신을 안전하게 보호하려는 것은 가장 안전하지 않은 일입니다. 그들은 "혀는 우리의 힘, 입술은 우리의 재산"(4절)이라고 말하지만, 우리는 "주님은 우리의 힘, 주님의 말씀은 우리의 재산"이라고 고백합니다.

　이 시간, 주님께 구합니다. 내 안에 있는 여러 겹의 마음을 하나로 만들어 주시기를! 내 마음의 생각을 주님이 정련해 주셔서 내 입에서 나오는 말이 진실하게 해 주시기를! 내 언어생활의 관심사가 다른 사람을 이겨 내는 것이 아니라 하나님 앞에 진실한 것에 있기를! 그래서 언제나 안전지대 안에 머물러 살게 되기를!

| 시편 13편 | **하나님을 더 이상 신뢰할 수 없을 때**

> 나의 원수가 "내가 그를 이겼다" 하고 말할까 두렵습니다. 내가 흔들릴 때에, 나의 대적들이 기뻐할까 두렵습니다. (4절)

해설

이 시편도 다윗이 오랜 고난 중에 올린 기도입니다. 다윗이 위대한 장군이요 영화로운 왕이었다는 사실을 생각하면 그가 이토록 많은 탄원 기도를 드렸다는 사실이 놀라워 보입니다.

이 시편은 크게 두 부분으로 나뉩니다. 1-4절에서 다윗은 하나님께 속히 구원해 주시기를 간절히 호소합니다. 1-2절에서 "언제까지"라는 말을 네 번 반복함으로써 그 간절함을 표현합니다. 그는 지금 그를 해치려는 사람들로 인해 고통받고 괴로워하고 있습니다. 게다가 자신이 당하는 고난을 두고 그들이 의기양양해하는 것으로 인해 심적 고통이 극심합니다. 그로 인해 하나님께 구원을 간구해 왔지만 아무런 응답이 없습니다. 그 무응답으로 인해 그는 점점 지쳐 갑니다(2절). 그는 지금 "죽음의 잠"(3절)에 빠져들어 가고 있습니다. 기력이 쇠진했다는 뜻일 수도 있고, 삶을 포기하고 싶은 지경에 있다는 뜻일 수 있습니다. 만일 그런 일이 일어나면 그를 해치려는 사람들은 기고만장하게 될 것입니다(4절). 그것은 하나님도 원치 않으시는 일입니다.

이어서 다윗은 주님에 대한 믿음을 고백합니다(5-6절). 새번역은 "한결같은 사랑을 의지합니다"(5절)라고 번역했는데, 개역개정처럼 과거형으로("의지하였사오니") 번역해야 옳습니다. 앞에서 그가 "언제까지입니까?"

라는 말을 반복하며 기도한 것은 하나님의 사랑에 대한 의심에서 나온 것 같지만 실은 하나님을 의지했기 때문에 나온 기도입니다. 그가 믿어 온 하나님은 그를 사랑으로 돌보신 분입니다. 그는 그 사랑을 의지해 왔습니다. 다윗은 자신이 믿어 온 그 사랑으로 인해 지금 처한 곤경으로부터 구원받게 될 것을 확신합니다. 그때가 되면 그의 마음에는 기쁨이 넘칠 것이며 그는 하나님의 "은덕"(6절, 개역개정)을 찬송할 것입니다.

묵상

우리는 육신과 물질의 한계 안에 갇혀 삽니다. 반면, 우리가 믿는 하나님은 육신과 물질을 넘어선 차원에 계십니다. 그것을 우리는 '영'이라는 말로 표현합니다. 그렇기 때문에 우리 상황은 항상 하나님보다 가깝고 우리 문제는 하나님보다 더 커 보입니다. 우리 목숨이 위협받는 상황에서 하나님의 구원을 믿고 기다리는 것은 불가능한 일처럼 보입니다. 그래서 이 시편에서 다윗은 "언제까지입니까?"라는 말을 네 번이나 반복합니다. 상황은 점점 자신의 목을 조여 오는데 아무리 간구하고 호소해도 하나님은 묵묵부답이십니다. 자신의 상황을 모르실 리가 없는데 왜 이토록 오래 침묵하시는지 알 수가 없습니다.

하지만 다윗은 하나님께 호소하기를 포기하지 않습니다. 그런 일은 과거에도 여러 번 경험했습니다. 하나님의 시간표와 자신의 시간표가 다르다는 사실, 자신이 원하는 방식과 하나님의 방식이 다르다는 사실을 다윗은 거듭 경험해 왔습니다. 기도 중에 다윗은 그 사실을 기억합니다. 그러자 하나님이 이번에도 자신을 구원해 주시고 높여 주실 것이라는 믿음이 생겼습니다. 상황은 변한 것이 하나도 없습니다. 하지만 그의 믿음이 회복되었고 그의 마음이 회복되었습니다. 그는 위기 상황에서 버틸 힘을 얻습니다. 그리고 모든 것이 바로잡힐 때 기뻐하고 찬송할 것을 생각하며 마음을 추스릅니다.

기도는 이렇게 우리의 내면을 변화시키는 힘입니다. 하나님을 더 이상 신뢰할 수 없을 때 믿음을 되살려 내는 것이 기도의 능력입니다.

시편 14편 | # 우리가 서야 할 땅

> 하나님, 시온에서 나오셔서, 이스라엘을 구원하여 주십시오! 주님께서 당신의 백성을 그들의 땅으로 되돌려 보내실 때에, 야곱은 기뻐하고, 이스라엘은 즐거워할 것이다. (7절)

해설

"어리석은 사람"(1절)에 해당하는 히브리어 '나발'은 지능이 모자라는 사람을 가리키지 않습니다. 하나님을 부정하고 죄악을 탐하며 살아가는 사람을 가리키는 말입니다. 어리석음 중 가장 큰 어리석음은 하나님을 부정하는 것입니다. 그래서 하나님을 경외하는 것이 지식의 근본이라고 합니다(잠 1:7). 하나님을 부정하는 사람은 결국 바르고 의롭고 선한 길에서 벗어나게 됩니다.

인간이 하나님을 부정한다고 해서 그분이 존재하지 않는 것은 아닙니다. "주님께서는 하늘에서 사람을 굽어보시면서"(2절) 모든 것을 살펴보십니다. 인간이 자신의 짧은 지혜로 하나님을 판단하지만, 진정으로 판단하시는 분은 하나님이십니다. 하나님이 보실 때 그들은 모두 "다른 길로 빗나가서 하나같이 썩었으니, 착한 일을 하는 사람이 하나도"(3절) 없습니다. 그들은 하나님 두려운 줄도 모르고 이웃에게 악을 행합니다. 그것이야말로 진실로 "무지한" 일입니다(4절). 결국 하나님이 일어나셔서 모든 것을 바로잡으실 것이기 때문입니다. 그때가 되면 죄악을 밥 먹듯 행하던 사람들은 두려워하게 될 것입니다(5절). 악한 사람들은 "가난한 사람"(6절) 즉 하나님을 의지하고 신실하게 살아가는 사람을 업신여기고 유린하지만, 하나님은 그들을 보호하시기 때문입니다.

여기까지는 다윗의 성찰입니다. 하나님을 부정하면 그 사람의 마음은 부패하여 악을 행하게 되고, 그런 사람들이 많아지면 이 세상은 생지옥이 됩니다. 악한 사람들은 번영하고, 의롭게 사는 사람들은 그들에게 짓밟힙니다. 다윗도 그의 개인사에서 이런 상황을 자주 경험했습니다.

이러한 성찰 후에 다윗은 하나님께 기도드립니다. "시온"(7절)은 예루살렘 성전을 두고 하는 말입니다. 하나님은 예루살렘 성전에 당신의 이름을 두시기로 하셨습니다. 성전에만 계시겠다는 뜻은 아니었는데, 많은 이들이 그렇게 여겼습니다. 그래서 다윗은 "시온에서 나오셔서" 이스라엘 백성이 있는 곳이면 어디든 찾아가셔서 구원해 달라고 기도합니다. 그럴 때 이스라엘 백성은 "그들의 땅으로" 돌아가게 될 것입니다. 그 땅은 물리적인 땅이 아니라 그들이 마땅히 서야 할 영적인 자리를 말합니다. 제사장 나라로서 하나님을 인정하고 그분의 뜻을 따라 살아가는 것이 그들이 설 땅입니다. 나중에 유대인들이 바빌로니아에 포로로 잡혀가 있는 동안 그들은 7절을 유다 땅으로 돌아가게 해 달라는 기도로 읽었을 것입니다.

묵상

우리는 어디에 살고 있습니까? "우리의 땅"에 서 있습니까? 어느 나라, 어느 도시에 사느냐를 묻는 것이 아닙니다. 어떤 집에 살고 있는지를 묻는 것도 아닙니다. 어리석은 자('나발')의 자리에서 살고 있는지, 아니면 가난한 자('아나브')의 자리에서 살고 있는지를 묻는 것입니다. 하나님을 부정하는 자리에 살고 있는지, 그분을 경외하는 자리에 살고 있는지를 묻는 것입니다.

우리는 어리석은 자를 지혜롭다 하는 세상에서 살고 있습니다. 하나님을 믿고 신뢰하며 그 뜻을 따라 바르고 의롭고 선하게 살려는 사람이 무시당하고 손해 보고 때로 박해를 당합니다. 다윗 시대도 그랬고, 우리가 사는 시대도 그렇습니다. 그런 까닭에 믿음의 길에 서서 흔들리지 않고 살아가는 것이 쉽지 않습니다. 때로는 "다른 길로"(3절) 빗나가고 싶은 충동과 유혹을 만나기도 합니다.

아담과 하와가 선악과를 따먹고 하나님의 낯을 피해 숨었을 때, 하나님이 아담에게 "네가 어디에 있느냐?"(창 3:9)고 물으셨습니다. 하나님과의 사랑의 관계 안에 살던 그들이 사탄의 유혹에 이끌려 그 사랑의 자리를 떠났습니다. 그로 인해 인류에게는 죄성이라는 유전병이 생겨났고 하나님의 선한 피조 세계 안에 악이 들어오게 되었습니다. 우리의 죄성은 하나님의 사랑 안에 거하는 것을 불편하게 느끼게 만듭니다. 그분의 사랑을 짓누르는 것이나 구속하는 것으로 여깁니다. 진실은, 그 사랑은 우리를 자유하게 하고 모든 짐을 벗겨 줍니다. 그래서 하나님은 성령을 통해 우리의 마음에 "어서 돌아오라!"라고 말씀하십니다. 우리가 자유롭고 행복하게 살 수 있는 땅은 오직 하나님의 품밖에 없기 때문입니다.

오늘 내가 서 있는 땅을 내려다보면서 감사드립니다. 무슨 일이 있어도 이 땅에서 떠나지 않으리라 다짐합니다. 하지만 그 다짐은 언제든 깨어질 수 있는 것이기에 주님의 도우심을 구합니다. 전능의 손으로 나를 붙잡으사 이 자리에 머물러 살다가 주님 품에 이르게 해 주시기를!

시편 15편 | **주님의 장막에 머무는 사람**

주님, 누가 주님의 장막에서 살 수 있겠습니까? 누가 주님의 거룩한 산에 머무를 수 있겠습니까? (1절)

해설

14편에서 다윗은 "어리석은 사람"에 대해 말하면서 이스라엘 백성 모두가 "그들의 땅"(7절)으로 돌아오기를 기도했습니다. 15편에서는 "그들의 땅" 즉 "주님의 장막", "주님의 거룩한 산"(1절)에서 머물러 사는 사람의 삶을 노래합니다. 하나님을 부정한 사람들은 결국 "다른 길"로 빠져 죄악을 행하며 살아가는 반면, "가난한 사람" 즉 하나님을 의지하고 그분의 그늘 아래 사는 사람은 그 반대의 삶을 살아갑니다. 하나님과의 관계는 그의 언행심사 모든 면에서 차이를 만들어 냅니다.

다윗이 2-5절에 나열한 열두 가지 덕행은 하나님을 믿는 사람에게 드러나는 여러 가지 차별성 중에서 몇 가지 예를 든 것입니다. 하나님을 의지하고 살아가는 사람들은 스스로를 지켜 진실하고 거룩하게 살아갈 뿐 아니라 이웃과의 관계에서도 덕을 끼치기 위해 노력합니다. 자신에게 해가 되더라도 옳은 길을 고집합니다. 개인의 삶에서, 가정에서, 친구 관계에서 그리고 직장에서 누구를 만나고 무엇을 하든지 옳고 바르고 선하고 아름다운 것을 찾습니다. 사업적 거래나 금전 관계에서도 부정한 이득을 탐하지 않습니다.

이렇게 사는 사람들은 현실 생활에서 자주 손해를 봅니다. 그들은 다른 사람들이 알아주지도 않아도 바르게 살려고 힘씁니다. 좋은 게 좋은 거라고 생각하면 편할 텐데 늘 자신을 살피며 지켜야 할 선을 넘지 않습니다. 세속적으로 보면 가망 없어 보이는 사람입니다. 하지만 다윗은 "이러한 사람은 영원히 흔들리지 않을 것입니다"(5절)라고 선언합니다. 그가 선 자리가 "주님의 장막"이며 "주님의 거룩한 산"이기 때문입니다. 주님이 살아 계시기 때문입니다.

묵상

14-15편에는 대조적인 인간상이 나옵니다. 14편에는 하나님을 무시하고 자신의 욕망대로 살아가는 삶의 방식이 나오고, 15편에는 하나님을 의지하고 그분의 뜻을 찾아 살아가는 삶의 방식이 나옵니다. 14편에 서 있는 사람들은 15편에 서 있는 사람들을 어리석다고 하고, 15편에 서 있는 사람들은 14편에 서 있는 사람들을 어리석다고 합니다. 14편에 서 있는 사람은 15편에 서 있는 사람들의 삶이 위태롭다고 생각합니다. 하지만 정말 위태로운 사람들은 그들입니다. 영원한 안전지대는 "전능자의 그늘"(시 91:1, 개역개정) 아래 사는 것입니다.

"전능자의 그늘 아래 산다"는 말은 창조주 하나님의 사랑과 돌봄 아래에서 산다는 뜻입니다. 동시에 그 말은 하나님의 뜻을 따라 의롭고 거룩하고 선하게 살아가는 것을 말합니다. 하나님을 경외하는 마음은 그 사람의 마음의 생각과 입술의 말과 손발의 행동을 통해 드러나야 하고 또한 드러나게 되어 있습니다. 그러한 변화는 이웃과의 관계를 변화시키고 나아가 세상을 변화시킵니다. 14편에서 살펴본 것처럼, 하나님을 부정하면 그 사람의 존재가 타락하게 되고, 그로 인해 그가 맺은 관계들이 왜곡되고 이 세상은 생지옥으로 변합니다. 지금 우리가 이 땅에서 생지옥의 현실을 자주 경험하는 이유는 "하나님의 땅"에 머물러 살며 그분의 뜻을 따라 사는 사람들이 사라져 가기 때문이라 할 수 있습니다.

"주님, 누가 주님의 장막에서 살 수 있겠습니까?"(1절)라는 질문이 "주님, 주님의 장막에서 사는 사람들이 어디에 있습니까?"라는 질문으로 들립니다. 이 질문에 대해 겸손히 머리 숙여 "주님, 제가 주님의 장막에서 살기 원합니다. 저를 붙들어 주십시오"라고 기도합니다.

시편 16편 | **가장 빛나는 유산**

> 주님께서 몸소 생명의 길을 나에게 보여 주시니, 주님을 모시고 사는 삶에 기쁨이 넘칩니다. 주님께서 내 오른쪽에 계시니, 이 큰 즐거움이 영원토록 이어질 것입니다. (11절)

해설

15편에서 다윗은 하나님을 의지하고 그분의 뜻에 따라 사는 사람의 열두 가지 덕에 대해 말했습니다. 그런 사람은 영원히 흔들리지 않는다고 했습니다. 16편에서 다윗은 그런 사람이 누릴 복에 대해 노래합니다.

시편에 자주 나오는 "피하다"(1절)라는 말은 사냥이나 전쟁 상황에서 주로 사용되는 말입니다. 날아드는 화살을 피하기 위해 안전한 바위 뒤에 숨는 것처럼 다윗은 하나님을 피난처로 삼습니다. 하나님을 피난처로 찾는 이유는 "주님을 떠나서는 내게 행복이 없다"(2절)는 사실을 알기 때문입니다. 진정한 행복은 우리를 지으시고 사랑하시는 하나님 안에 거하는 삶에 있습니다. 그뿐 아니라 다윗은 "성도들은 존귀한 사람들이요, 나의 기쁨이다"(3절)라고 고백합니다. 전쟁터 같은 세상에서 하나님을 의지하고 의롭게 살려는 사람들을 만나는 것은 큰 기쁨입니다. 반면, 하나님을 등지고 다른 신을 택하는 것은 "고통"을 택하는 것입니다(4절). 그것을 잘 알기에 다윗은 자신의 입에 다른 신들의 이름도 올리지 않겠다고 다짐합니다.

이어서 다윗은 "주님이야말로 내가 받을 유산의 몫입니다"(5절)라고 고백합니다. 진정한 축복은 하나님에게서 받는 '무엇'이 아니라 하나님 '자신'입니다. 그분의 자녀가 되고 그분의 사랑과 보호를 받는 것입니다.

그것이 믿는 사람들이 바라고 추구할 가장 큰 유산입니다. 주님은 "나에게 필요한 모든 복"(5절)을 주시기 때문입니다. 또한 주님이 나의 미래를 책임져 주십니다. 그렇기에 그분께 자신을 맡기고 의지하며 그분 안에서 자족합니다. "줄로 재어서 나에게 주신 그 땅"(6절)은 하나님께로부터 받은 '분복'에 대한 비유입니다. 나의 존재, 나의 소유, 나의 재능은 모두 하나님이 정확하게 재어서 나에게 필요한 만큼 주신 '분복'입니다. 많다고 교만할 것도 아니고 적다고 불평할 것도 아닙니다.

그뿐 아니라 주님은 "날마다 좋은 생각을 주시며, 밤마다 나의 마음에 교훈"(7절)을 주십니다. 주님을 의지하고 그분의 말씀을 묵상하는 사람에게는 밤낮으로 지혜와 계시와 영감을 주십니다. 하나님과 그런 친밀한 관계 안에 머물러 사는 사람은 결코 흔들리지 않습니다. 설사 죽음의 위협 앞에 선다 해도 영원하신 하나님이 붙들어 주실 것을 믿기에 "아무 해를 두려워하지"(9절) 않습니다. 주님이 보호해 주실 것이기 때문입니다(10절). 10절의 "죽음의 세계"는 영원한 멸망을 가리키고, 11절의 "생명"은 영원한 생명을 가리킵니다. 하나님을 믿고 따르는 것은 때로 현실에서 손해 보고 희생하고 고통을 겪는 일이 되지만, 하나님이 함께하시기에 그 삶에 진정한 기쁨이 있고 영원한 즐거움이 있습니다.

묵상

15편에서 다윗은 주님의 장막에 사는 사람들이 드러내야 할 차별성에 대해 서술했습니다. 죄악이 판치는 이 세상에서 그렇게 사는 것은 손해 보는 일이며 희생하는 일입니다. 믿지 않는 사람들은 그렇게 사는 사람들을 조롱하고 때로는 이용하기도 합니다. 그럴 때 믿는 사람들은 흔들릴 수 있습니다. 그래서 다윗은 16편에서 하나님을 의지하는 삶의 복에 대해 서술합니다. 믿지 않는 사람들은 상상할 수 없는 은밀한 기쁨과 복이 믿음의 길에 있음을 밝힙니다. 알고 보면, 믿는 사람이야말로 가장 빛나는 유산을 물려받은 사람들이고, 가장 든든한 미래를 보장받은 사람들입니다. 어린아이에게 가장 큰 복은 부모가 베푸는 사랑의 돌봄 안에 있는 것입니다. 부모를 얻으면 다 얻는 셈입니다. 믿는 이들에게도 마찬가지입니다. 하나님을 얻으면 다 얻는 것이고, 하나님을 잃으면 다 잃는 것입니다.

개역개정은 9절을 "이러므로 나의 마음이 기쁘고 나의 영도 즐거워하며 내 육체도 안전히 살리니"라고 번역해 놓았습니다. 하나님 안에 머물러 있으면 한 사람의 전 존재(육신과 정신과 영혼)가 제자리를 찾고 안식과 기쁨을 누린다는 뜻입니다. 그것이 하나님과의 친밀한 사귐을 통해 얻는 유익입니다. 이렇게 전 존재가 하나님 안에 깊이 뿌리내린 사람을 흔들 것은 아무것도 없습니다. 그뿐 아니라, 하나님이 영원하시므로 그분 안에 뿌리내린 사람도 영원합니다. 그 사람은 영원한 죽음의 세계에 버려지지 않습니다. 이런 까닭에 다윗은 하나님을 알고 그분의 사랑을 받는 상태를 "빛나는 유산"(6절)이라고 노래합니다.

때로 우리는 하나님의 구원을 호소합니다. 나에게 필요한 무엇인가를 그분께 구합니다. 하지만 우리에게 정말 필요한 것은 그분의 얼굴이요 그분의 사랑임을 기억합니다. 그래서 날마다 그분의 품을 파고듭니다.

시편 17편 | **주님과 함께하는 삶**

나는 떳떳하게 주님의 얼굴을 뵙겠습니다. 깨어나서 주님의 모습 뵈올 때에 주님과 함께 있는 것만으로도 내게 기쁨이 넘칠 것입니다. (15절)

해설

이 시편은 다윗이 어려움에 처했을 때 하나님께 드린 기도 중 하나입니다. 이 기도에서 두드러지는 점은 다윗이 자신의 죄 없음을 거듭 강조한다는 것입니다. 그는 "거짓 없이 드리는 나의 기도에 귀를 기울여 주십시오"(1절, 개역개정: "의의 호소를 들으소서")라고 기도를 시작합니다. 그는 또한 주님이 자신을 샅샅이 조사하여 보셨지만 마음에서도, 입술에서도 잘못을 찾지 못하셨다고 말합니다(3절). 그는, 하나님이 자신을 "밤새도록 심문하시며 샅샅이 캐어 보셨다"(3절)고 말하는데, 이것은 그가 밤새도록 하나님 앞에서 자신을 면밀히 돌아보며 반성했다는 뜻입니다. 하나님 앞에서 정직하게 자신을 살펴본 결과, 자신이 그런 어려움을 당할 만한 잘못을 하지 않았다는 결론에 이른 것입니다(4-5절).

이런 근거에서 다윗은 하나님께 구원을 호소합니다(6-9절). 그는 "주님의 미쁘심"(7절, 개역개정: "주의 기이한 사랑")을 드러내 달라고 청합니다. 자신을 구원하여 주심으로써 하나님은 당신을 믿고 의지하는 사람을 결코 버리지 않으신다는 사실을 드러내 달라는 뜻입니다. 이어서 다윗은 자신을 괴롭게 하는 사람들에 대해 묘사합니다(10-12절). 그들은 죄악을 일삼으며 의로운 사람들을 해치려 합니다. 그래서 다윗은 하나님께 일어나 그들을 응징해 달라고 청합니다(13절). 그들은 "이 세상에서 받을 몫을 다 받고 사는 자들"(14절)이며 대대손손 부를 물려 가며 악하게 사는 사람들입니다. 그들 앞에서 의로운 사람들은 속절없이 피해를 당할 수밖에 없습니다. 이 모든 일을 바로잡으실 분은 하나님밖에는 없습니다.

이렇게 기도한 후, 다윗은 "나는 떳떳하게 주님의 얼굴을 뵙겠습니다"(15절)라고 기도합니다. 이 기도는 두 가지로 해석할 수 있습니다. 첫째는 이 땅에서 손해와 고난을 당하더라도 주님의 얼굴을 떳떳이 뵙는 편 즉 의롭게 사는 편을 택하겠다는 뜻일 수 있습니다. 둘째는 "깨어나서 주님의 모습을 뵈올 때" 즉 죽음 이후에 하나님의 심판대 앞에 떳떳하게 서는 것을 의미할 수 있습니다. 이 땅에서 때로는 손해와 고난을 견디면서도 하나님의 길에서 벗어나지 않는 이유는 "주님과 함께 있는 것"이 진정한 기쁨이기 때문입니다. 이 땅에서 떳떳하게 살아 하나님 앞에 떳떳하게 서는 것이 믿는 이들의 목표입니다.

묵상

존 웨슬리는 운명하면서 "가장 좋은 것은 하나님이 함께하시는 것이야!"라는 말을 남겼습니다. 하나님을 알고 하나님과 동행하며 하나님의 손길을 느끼며 사는 것은 참으로 좋은 일입니다. 모든 근심과 걱정을 내려놓게 만들고, 깊은 안식과 위로와 용기를 얻게 해 줍니다. 물질적이거나 현세적인 어떤 목적을 이루는 것은 잠시 동안 기쁨을 맛보게 하지만 곧 무감각해집니다. 하지만 하나님과 함께하는 데서 오는 기쁨은 고갈되지 않습니다. 하나님 안에 머물러 사는 한, 그 기쁨은 계속됩니다. 그리고 그 기쁨으로 선하고 의롭고 바른 길을 선택합니다. 때로는 그것이 손해요 고난이 된다 해도 기쁨으로 그 길을 선택합니다.

그렇다고 해서 하나님 앞에서 죄 없다고 인정받을 사람은 아무도 없습니다. 다윗은, 하나님이 자신을 밤새도록 심문하셔도 자신의 잘못을 찾지 못하셨다고 말하는데(3절), 그것은 자신에게 죄가 없다는 뜻이 아닙니다. 지금 당면한 상황에서 잘못한 일이 없다는 뜻입니다. 다윗은 거룩하고 의롭게 살아 하나님 앞에 떳떳하게 설 수 있기를 소망합니다. 하지만 인간의 노력으로 그렇게 할 수는 없습니다. 하나님의 절대적 기준 앞에 서면 우리 모두는 죄인으로 정죄당할 수밖에 없습니다. 우리는 모두 속속들이 죄에 물들어 있고 죄악을 행하며 살고 있기 때문입니다.

우리가 하나님 앞에 떳떳하게 설 수 있는 것은 오직 그분의 "미쁘심" 혹은 "기이한 사랑"(7절)을 알기 때문입니다. 그 사랑이 예수 그리스도를 통해 우리에게 전해졌습니다. 그 사랑만이 우리가 하나님의 얼굴을 쳐다볼 수 있는 유일한 근거입니다. 그 사랑 안에 살다가 그 사랑에 깨어나는 것이 우리의 가장 큰 소망입니다.

시편 18편 | # 성공과 번영 중에 드리는 기도

²⁵주님, 주님께서는 신실한 사람에게는 주님의 신실하심으로 대하시고, 흠 없는 사람에게는 주님의 완전하심을 보이시며, ²⁶깨끗한 사람에게는 주님의 깨끗하심을 보이시며, 간교한 사람에게는 주님의 절묘하심을 보이십니다. ²⁷주님께서는 연약한 백성은 구하여 주시고, 교만한 눈은 낮추십니다. (25-27절)

해설

이 시편의 표제는 "주님께서 다윗을 그의 모든 원수의 손과 사울의 손에서 건져 주셨을 때" 다윗이 이 시편을 지었다고 말합니다. 그러므로 이 시편은 하나님의 은혜로 인해 어떤 문제를 해결받았을 때 읽고 드릴 만한 기도입니다.

먼저 다윗은 하나님에 대한 믿음의 고백을 드립니다(1-3절). 그는 여러 가지 비유를 사용하여 자신에게 하나님의 존재가 얼마나 중요한지를 설명합니다. 그런 다음 그는 자신이 처했던 상황에 대해 서술합니다(4-6절). 인간적으로는 헤어날 길이 보이지 않았는데 하나님이 구원하여 주셨습니다. 하나님의 구원의 능력에 대한 이러한 고백은 그로 하여금 하나님의 능력과 위엄과 권세에 대한 고백으로 나아가게 만듭니다(7-15절). 하나님은 온 우주에 대한 권세를 가지신 분입니다. 세상 모든 것이 그분의 통치 아래 있습니다. 그분이 흔드시면 흔들리지 않을 것이 없고, 그분이 붙드시면 그 무엇도 흔들 수가 없습니다.

이어서 다윗은 하나님이 자신에게 행하신 구원의 은혜를 기억합니다(16-24절). 여기서 다윗은 자신이 의롭게 살기 위해 노력했던 것을 하나님이 잊지 않으셨다는 사실을 거듭 강조합니다(20, 24절). 우리가 선하고 의롭게 살기를 힘썼다고 하여 하나님 앞에 그것을 공으로 내세울 수는 없습니다. 하지만 하나님은 그렇게 살려는 노력을 기억하시고 그에 따른 보응을 해 주십니다. 정의와 공평의 하나님이시기 때문입니다. 선하고 의롭게 살기 위한 노력과 희생을 빌미로 하나님의 은혜를 요구할 수는 없지만, 그렇게 살아가려는 노력에 대해 하나님은 은혜를 베푸십니다. 다윗은 그 진리를 체험으로 깨달았습니다(25-27절). 하나님은 살아 계시며 우리의 언행심사를 살펴보십니다. 그 모든 것을 기억하시고 그에 따라 우리를 처분하십니다.

28-45절에서 다윗은 하나님이 자신에게 안겨 주신 승리에 대해 서술합니다. 전쟁으로 잔뼈가 굵은 다윗으로서는 이 승리를 얼마든지 자신의 공으로 돌릴 수 있었습니다. 그는 전쟁에서 승리하기 위해 많은 밤을 지새웠을 것이고 많은 희생을 치렀을 것입니다. 전쟁에서 승리했을 때 군사들과 백성들은 그를 높였을 것입니다. 백성은 전쟁을 승리로 이끈 것은 다윗이라고 생각했을 것입니다. 그 상황에서 다윗은 하나님 앞에 무릎을 꿇었습니다. 다윗은 전쟁이 끝날 때까지 수많은 고비를 겪을 때마다 용기를 주시고 지혜를 주시며 살길을 열어 주신 분은 바로 하나님이셨음을 겸손히 인정했습니다. 인간 다윗의 위대함이 바로 여기에 있습니다. 그는 자신에게 맡겨진 일에 전부를 쏟아부었지만 그 어떤 공에 대해서도 자신의 권리를 주장하지 않았습니다. 자신의 모든 노력을 마친 후 그는 "모든 것을 주님께서 하셨습니다"라고 겸손히 고백합니다.

마지막으로 다윗은 자신에게 승리를 안겨 주신 주님에 대한 헌신을 새롭게 다짐합니다(46-50절). 창조주 하나님이야말로 진실로 찬양받기에 합당하신 분입니다. 그분은 당신을 의지하는 사람들을 버리지 않으시는 분입니다. 당신이 뽑아 세운 왕을 끝까지 책임지시는 분입니다. 그런 분이기에 그분은 홀로 찬양받으시기에 합당하며 믿고 의지할 진정한 하나님이십니다.

묵상

한 사람의 믿음의 실상은 고난 중에서도 드러나지만 성공과 번영 중에서도 잘 드러납니다. 진실한 믿음은 고난 중에 영혼이 짓눌리지 않게 만드는 반면, 성공과 번영 중에는 교만해지지 않게 만듭니다. 다윗은 고난 중에 짓눌리지 않고 하나님께 의지했고, 성공과 번영 중에 자신을 낮추어 하나님 앞에 머리 숙였습니다. 다윗의 믿음이 처음부터 그러하지는 않았을 것입니다. 인생 여정에서 여러 우여곡절 가운데 고난과 번영의 위험을 겪어 가면서 체득한 결과일 것입니다. 그로 인해 그는 고난에 짓눌리지 않고 번영에 부패하지 않는 믿음의 도를 깨달아 그 도를 실천하며 살았을 것입니다. 그런 체험에서 빚어진 기도이기에 구구절절 마음에 와닿습니다.

고난과 번영 중에서 영적으로 더 위험한 것은 번영입니다. 고난은 때로 우리의 인격을 망가뜨리고 믿음을 버리게 만들지만, 믿음 안에서 겪는 고난은 하나님을 새롭게 만나게 하고 그 만남 안에서 우리는 새롭게 빚어집니다. 하나님을 진실하게 믿는 사람들은 하나같이 고난을 통해 그 믿음에 이르렀다고 말합니다. 반면, 번영은 우리 마음에 교만과 자만을 심고 영적으로 해이해지게 만듭니다. 하나님에 대한 열심도 식어 들고 하나님 없이도 얼마든지 잘 살 수 있을 것처럼 착각하게 만듭니다. 그래서 바울 사도는 "그러므로 서 있다고 생각하는 사람은 넘어지지 않도록 조심하십시오"(고전 10:12)라고 했습니다.

육체적으로 건강하고 물질적으로 넉넉하며 모든 관계가 평안한 것은 모두가 바라는 일입니다. 하지만 거기에는 우리 마음을 부풀게 하여 믿음을 썩게 하는 독소가 숨어 있습니다. 그래서 잘될 때 오히려 더 진실하게 무릎을 꿇어야 합니다.

시편 19편 | **전임 예배자의 삶**

> 나의 반석이시요 구원자이신 주님, 내 입의 말과 내 마음의 생각이 언제나 주님의 마음에 들기를 바랍니다. (14절)

해설

이 시편은 내용상 세 부분으로 나뉩니다. 첫 번째 부분(1-6절)은 피조 세계에 대한 묵상입니다. 한 화가의 성품과 마음은 그가 그린 그림에 반영되는 법입니다. 이와 마찬가지로 피조 세계는 하나님의 영광과 신비와 위엄을 말없이 드러냅니다. 눈을 들어 하늘을 바라보아도, 눈 아래 작은 들꽃을 들여다보아도, 우리는 창조자의 영광과 신비와 위엄에 사로잡히곤 합니다. 오늘 우리 모두는 인간이 만들어 놓은 문명에 함몰된 바람에 하나님의 피조 세계에 눈이 어두워졌고 그로 인해 하나님의 존재를 잊고 삽니다. 열린 마음으로 피조 세계를 관조한다면 "그 이야기 그 말소리, 비록 아무 소리가 들리지 않아도 그 소리 온 누리에 울려 퍼지고, 그 말씀 세상 끝까지 번져 간다"(3-4절)는 고백에 고개를 끄덕일 것입니다.

이어서 다윗은 하나님의 말씀에 대한 묵상으로 넘어갑니다(7-11절). 하나님은 우주와 모든 생명을 창조해 놓고 멀리 물러나 팔짱을 끼고 지켜보고 계시는 분이 아닙니다. 당신의 형상대로 창조한 인간과 소통하면서 당신의 창조 사역을 이어 가십니다. 여기서 다윗은 "교훈", "증거"(7절), "계명"(8절), "말씀", "법규"(9절) 등 여러 용어를 사용합니다. 당시에 하나님의 말씀에 대해 사람들이 사용하던 모든 용어를 망라한 것입니다. 하나님의 말씀은 단순한 문자가 아닙니다. 그 자체가 살아 움직이는 생명입니다. 그 말씀은 "완전하고 참되며"(7절) "정직하고 순수하며"(8절) "맑고 견고"(9절)합니다. 그렇기에 그 말씀은 우리가 살아가는 데 충분한 안내자가 됩니다. 말씀의 맛을 보고 나면 그것 없이는 도저히 살아갈 수 없습니다(10절). 이렇듯 우리는 피조 세계를 관조함으로 하나님의 존재와 영광과 위엄을 깨닫고, 말씀을 묵상함으로 우리를 향한 그분의 뜻을 깨닫습니다.

이러한 묵상에 기초하여 다윗은 하나님께 기도드립니다(12-14절). 피조 세계에 드러난 하나님의 영광과 위엄 그리고 말씀을 통해 깨달은 하나님의 뜻을 대면하고 나면 가장 먼저 자신의 죄성을 자각하게 되어 있습니다. 다윗은 마치 거대한 MRI 기계 앞에 서 있는 듯, 하나님의 불꽃 같은 눈이 자신의 내면을 샅샅이 감찰하시는 것을 깨닫습니다. 그 순간 자신은 하나님 앞에 나설 수 없는 죄인임을 깨닫습니다. 그래서 자신이 "미처 깨닫지 못한 죄까지도 깨끗하게 씻어 주십시오"(12절)라고 기도합니다. 또한 "죄의 손아귀에 다시는 잡히지 않게 지켜 주십시오"(13절)라고 간구합니다.

하나님 앞에 서고 나서야 우리는 자신이 어떤 존재인지를 깨닫습니다. 때로 다윗은 하나님 앞에서 자신의 의로움을 변호하기도 했지만, 하나님의 현존 앞에 서고 나니 진상을 알았습니다. 자신의 노력으로는 결코 하나님 앞에서 의롭다 함을 얻을 수 없다는 사실을 말입니다. 그래서 그는 "그때에야 나는 온전하게 되어서, 모든 끔찍한 죄악을 벗어 버릴 수 있을 것입니다"(13절)라고 고백합니다. 그러고는 하나님 앞에 드릴 만한 최고의 기도를 드립니다. "나의 반석이시요 구원자이신 주님, 내 입의 말과 내 마음의 생각이 언제나 주님의 마음에 들기를 바랍니다"(14절). "주님의 마음에 들기를 바랍니다"라는 번역보다는 개역개정의 "주님 앞에 열납되기를 원하나이다"라는 번역이 더 좋습니다. 우리 마음의 생각과 입술의 말도 하나님께 올리는 제물임을 기억할 필요가 있습니다.

묵상

피조물인 인간은 창조주인 하나님을 더듬어 찾을 수는 없습니다. 창조주이신 하나님이 당신을 드러내 주셔야만 알 수 있습니다. 그래서 우리에게는 '계시'(revelation)가 필요합니다. 우리는 유한한 존재이기 때문에 그분이 보여 주시는 만큼만 알 수 있습니다. 사실 보여 주시는 것조차 충분히 깨닫지 못합니다.

　신학자들은 '일반 계시'와 '특별 계시'를 구분합니다. 믿는 사람이나 믿지 않는 사람이나 모두에게 드러난 것이 일반 계시입니다. 다윗이 1-6절까지 고백한 것이 하나님의 일반 계시에 대한 것입다. 믿지 않는 사람이라도 마음의 눈을 열고 보면 피조 세계 안에서 창조주의 모습을 봅니다. 사진사는 사진 속에 보이지 않습니다. 하지만 사진이 있다는 말은 그 사진을 찍은 사람이 있다는 증거입니다. 또한 사진의 수준을 보면 사진 찍은 그 사람이 보통 사람인지 아니면 사진작가인지를 알 수 있습니다. 마찬가지로 피조 세계는 창조주가 계시다는 증거입니다. 피조 세계의 아름다움과 조화와 신비는 창조주가 얼마나 대단한 분이신지를 알게 합니다.

　특별 계시는 하나님이 특별한 방식으로 당신을 드러내 주신 것을 말합니다. 하나님은 이스라엘 백성에게 율법을 주셔서 당신의 뜻을 구체적으로 보여 주셨습니다. 그분은 또한 때가 찼을 때 당신의 아들을 보내사 당신의 마음을 보여 주셨습니다. 특별 계시는 하나님을 인정하고 믿는 사람에게만 의미가 있습니다. 믿지 않는 사람들에게 율법은 이스라엘 백성이 만들어 낸 전통에 불과하고, 예수 그리스도의 복음도 일부 광신도의 전유물일 뿐입니다. 하지만 하나님을 믿고 의지하는 사람들에게 율법은 그분의 뜻을 보여 주고 예수 그리스도는 그분의 성품을 보여 줍니다.

일반 계시와 특별 계시를 모두 보는 사람은 언제나 하나님의 현존 앞에 서 있음을 압니다. 예배드릴 때나 기도할 때뿐 아니라 언제나, 항상, 늘 하나님 앞에 있음을 압니다. 그렇기에 마음의 생각과 입술의 말까지도 하나님께 올리는 제물이 되기를 소원합니다. 그런 사람은 하나님 앞에 '전임 예배자'(full-time worshipper)로 살아갑니다.

시편 20편 | # 기름 부음을 받은 이

[6]나는 이제야 알았습니다. 주님께서는 기름을 부으신 왕에게 승리를 주시고, 그 거룩한 하늘에서 왕에게 응답하여 주시고, 주님의 힘찬 오른손으로 왕에게 승리를 안겨 주시는 분이심을 알았습니다. [7]어떤 이는 전차를 자랑하고, 어떤 이는 기마를 자랑하지만, 우리는 주 우리 하나님의 이름만을 자랑합니다. (6-7절)

해설

이 시편은 왕을 위한 기도입니다. 그래서 '제왕시'라 불립니다. 이 왕은 영원한 왕이신 메시아를 의미할 수도 있고, 지상의 왕을 의미할 수도 있습니다. 개역개정에 사용된 2인칭 대명사 "너"는 왕을 가리킵니다. 새번역은 그것을 "임금님"으로 번역해 놓았습니다.

　한 나라의 운명을 어깨에 짊어진 왕의 책임은 막중합니다. 백성의 운명이 그의 선택과 결정에 달려 있기 때문입니다. 그런 까닭에 하나님을 믿는 백성이라면 왕을 위해 기도해야 마땅합니다. 왕을 위한 가장 중요한 기도 제목은 그가 하나님을 두려워하는 사람이 되는 것입니다. 그에게 주어진 권력이 잠시 동안 '맡겨진 것'임을 기억하고 '맡겨 주신 분'의 뜻을 분별하며 통치할 수 있기를 기도해야 합니다. "성소에서 임금님을 도우시고, 시온에서 임금님을 붙들어 주시기를 원합니다"(2절)라고 기도하는 이유가 여기에 있습니다. 그렇게 하나님의 뜻을 분별하고 그 뜻에 신실할 때 하나님이 그의 모든 소원을 허락하실 것이기 때문입니다(3-4절). 그럴 때에만 백성은 왕의 성취와 승리를 기뻐할 수 있습니다(5절). 그것은 곧 하나님이 허락하신 은혜이기 때문입니다.

　다윗은 왕으로서의 경험을 빌려 자신이 이루었던 모든 성취와 승리는 하나님이 허락하신 것이었음을 고백합니다. 자신이 왕인 줄 알았는데, 진짜 왕은 따로 계셨다는 사실을 깨달은 것입니다. 지상의 왕은 천상의 왕의 다스림 아래 있습니다(6절). 그 진실을 알지 못하는 권력자들은 "전차를 자랑하고", "기마를 자랑하지만"(7절), 그 진실을 아는 왕은 "주 우리 하나님의 이름만을 자랑합니다"(7절). 결국 마지막까지 설 수 있는 사람은 하나님을 의지하는 사람입니다(8절).

이 고백에 근거하여 다윗은 기도합니다. "우리의 왕에게 승리를 안겨 주십시오. 우리가 주님을 부를 때에, 응답하여 주십시오"(9절). 이 기도를 뒤집으면 "우리의 왕들로 하여금 교만하지 않게 하시고 천상의 왕이신 주님을 의지하고 그 뜻을 따르게 하소서"라는 의미입니다.

묵상

이 기도는 크고 작은 권력을 맡고 있는 모든 사람을 위한 중보입니다. 한 나라의 대권을 맡은 사람도, 한 조직의 책임을 맡은 사람도, 하나님께로부터 권력을 위임받았다는 사실에서는 동일합니다. 한 나라의 대통령이 자신의 힘으로 권력을 쟁취했다고 생각하지 말아야 하듯, 한 조직의 책임을 맡은 사람도 자신의 실력으로 올라온 자리라고 생각하지 말아야 합니다. 이 땅의 모든 자리는 하나님이 믿고 맡겨 주신 자리여야 합니다. 그렇기에 하나님을 믿는 사람들은 자신을 그 자리에 앉히신 뜻이 무엇인지를 늘 분별하며 그분의 뜻을 찾고 따라야 합니다. 책임 맡은 사람이 가장 노력할 일은 늘 성소에 머무는 것입니다. 늘 하나님과의 관계 안에 머물며 자신에게 책임을 맡기신 하나님의 뜻을 찾는 것입니다. 그것이 우리 자신을 위한 기도가 되어야 하고 또한 책임 맡은 사람들을 위한 중보 기도가 되어야 합니다.

이 시편은 영원한 왕이신 메시아(6절, "기름을 부으신 왕")를 생각하게 합니다. 메시아로 오신 예수님은 고난 가운데 하나님 아버지께 기도드리셨습니다(1절). 그분은 당신의 생명으로 하나님께 제물을 바치셨고, 하나님은 그 번제를 기뻐 받으셨습니다(3절). 그로 인해 하나님은 메시아의 모든 소원을 들어주셨습니다(5절). 그분은 장차 다시 오셔서 새 하늘과 새 땅을 보게 하실 것입니다. 그때 예수 그리스도께서는 영원하고도 완전한 승리를 얻으실 것입니다(9절).

　예수 그리스도를 믿는 사람들은 지금도 온 우주와 역사를 다스리시는 영원한 왕에게 속해 있습니다. 예수님이 빌라도에게 "내 나라는 이 세상에 속한 것이 아니오"(요 18:36)라고 답하신 것처럼, 우리의 시민권은 영원한 하나님 나라에 있습니다(빌 3:20). 따라서 이 땅에 사는 동안에 우리는 잠시 동안 권세를 맡은 이들을 존중하고 그 소임을 다하도록 협조해야 하지만(벧전 2:13-17), 궁극적 충성은 영원한 왕이신 주님께 속해 있어야 합니다. 우리가 자랑할 것은 물리적인 권세가 아니라 보이지 않게 온 세상을 다스리시는 영원한 왕이십니다.

시편 21편 | **왕을 위한 감사의 기도**

> 왕이 오직 주님을 의지하고, 가장 높으신 분의 사랑에 잇닿아 있으므로, 그는 결코 흔들리지 않을 것입니다. (7절)

해설

시편 20편에 이어 21편도 왕을 위한 기도 즉 '제왕시'입니다. 기도자는 먼저 왕의 기도를 들어주신 하나님께 감사를 드립니다(1-7절). 20편의 기도가 왕을 위한 중보 기도였다면, 21편의 기도는 그 기도를 들어주신 하나님에 대한 감사 기도입니다. 왕의 기도와 왕의 소원을 들어주시고 승리와 영광을 안겨 주신 하나님께 감사를 드립니다. 하나님이 왕에게 그러한 호의를 베푸신 이유는 "왕이 오직 주님을 의지하고, 가장 높으신 분의 사랑에 잇닿아 있기"(7절) 때문입니다. 그런 왕이기에 백성은 그를 위해 마음 다해 중보하고 하나님은 그에게 승리와 번영을 안겨 주십니다. 그로 인해 왕과 백성은 모두 기뻐합니다.

왕이 성소에서 하나님을 찾으며 그분의 사랑에 잇닿아 있기를 힘쓰며 하나님의 마음으로 백성을 사랑한다면 그는 아무것도 두려워할 것이 없습니다(8-12절). 하나님이 그 왕을 지켜 주실 것이며 온 백성은 그 왕을 사랑하고 그에게 충성할 것이기 때문입니다. 왕이 두려워할 것은 원수의 공격이 아니라 하나님 앞에서 겸손하고 신실하며 백성을 충심으로 사랑하는 마음을 잊는 것입니다. 그 마음을 지킨다면 두려워할 것이 없습니다. 하나님이 살아 계셔서 그를 도우실 것이기 때문입니다.

마지막으로 기도자는 다시 하나님께 눈을 돌려 주님을 사랑하는 왕을 지켜 주시기를 기도하면서 자신들은 "주님의 힘을 기리며, 노래하겠습니다"(13절)라고 고백합니다. 개역개정은 "노래하고 찬송하게 하소서"라고 번역했습니다. 왕이 아무리 큰일을 이루었다고 해도 그 모든 것은 하나님이 허락하시는 것입니다. 그렇기에 왕은 경배와 찬송의 대상이 아닙니다. 왕은 백성과 같은 자리로 내려와 오직 하나님만을 높이고 찬송해야 합니다.

묵상

자신의 지도자로 인해 이렇게 감사 기도를 드릴 수 있는 백성은 행복합니다. 그것이 한 나라의 대통령일 수도 있고, 한 회사의 대표일 수도 있으며, 한 공동체의 지도자일 수도 있습니다. 우리 모두에게는 자신만의 영역을 구축하고 그 안에서 왕 노릇 하고 싶어 하는 욕망이 있습니다. 우리 모두에게 진정한 왕이 있다는 사실을 인정하지 않는 사람은 왕 노릇에 도취하여 자신의 영향력 아래 있는 사람들에게 고통을 줍니다. 하지만 영원하신 왕을 인정하는 사람은 왕의 자리에서 내려와 하나님 앞에 섭니다. 그리고 그분의 뜻을 따라 자신에게 주어진 힘을 사용합니다. 그렇게 되면 그 힘은 그의 영향권 안에 있는 사람들에게 단비와 햇볕처럼 은혜의 도구로 작용합니다.

오늘의 시편을 읽으며 우리는 두 가지를 기도합니다. 하나는 나 자신을 위한 기도입니다. 나에게도 왕 노릇 하려는 본성이 남아 있습니다. 나에게 주어진 자리가 어떻든지 "오직 주님을 의지하고, 가장 높으신 분의 사랑에 잇닿아" 있도록 힘쓰기를 기도해야 합니다. 그럴 때 나의 영향권 안에 있는 이들이 나로 인해 은혜를 입을 것입니다. 그럴 때 그들은 나로 인해 하나님께 감사 기도를 드릴 것입니다. 나의 작은 행동으로 인해 누군가가 하나님께 눈물겨운 감사 기도를 드리고 있는 광경을 상상해 보십시오. 그처럼 좋은 일이 또 어디에 있겠습니까? 또 하나는 나보다 큰 혹은 높은 권세를 가진 이들을 위한 중보 기도입니다.

시편의 편집자가 20편과 21편을 묶어 놓은 이유는 지도자를 위한 중보 기도가 응답받는다는 것을 믿으라는 뜻이 아닐까 싶습니다. 그렇게 믿고 지도자를 위해 중보하라는 메시지를 전하고 싶었을 것입니다.

시편 22편 | **메시아의 고난**

¹나의 하나님, 나의 하나님, 어찌하여 나를 버리십니까? 어찌하여 그리 멀리 계셔서, 살려 달라고 울부짖는 나의 간구를 듣지 아니하십니까? ²나의 하나님, 온종일 불러도 대답하지 않으시고, 밤새도록 부르짖어도 모르는 체하십니다. (1-2절)

해설

이 시편은 예수님이 십자가에서 올리신 기도로 유명합니다. 십자가 위에 달려 사망의 음침한 골짜기를 지나실 때 예수님은 "나의 하나님, 나의 하나님, 어찌하여 나를 버리십니까?"('엘리 엘리 라마 사박다니')라는 기도를 올리십니다. 예수님은 경건한 유대인들이 그랬던 것처럼 많은 시편을 암송하며 기도하셨을 것입니다. 1절을 기도하셨다는 말은 그 시편 전체를 마음에 두셨다는 뜻입니다.

이 시편은 크게 두 부분으로 나뉩니다. 첫째 부분(1-21절)에서 다윗은 자신이 당하고 있는 절망적 상황에 대해 묘사하며 하나님의 도우심을 구합니다. 그는 하나님께 버림받은 것 같은 상황에 처해 있습니다. 그런 상황에서 "온종일" 혹은 "밤새도록"(2절) 부르짖어도 하나님은 듣지 않으시는 것 같습니다. 다윗은 하나님 앞에서 정직하게 자신의 감정을 토로합니다. 그렇게 기도하다가 그는 하나님이 조상들에게 하신 일들을 기억합니다(3-5절). 조상들이 고통 가운데 부르짖었을 때 하나님이 응답해 주신 것을 생각하니 다시금 기도할 용기가 생겨납니다. 다윗은 자신이 처한 상황이 얼마나 절망스러운지를 설명하면서(6-8, 12-18절) 하나님께 구원을 간구합니다(9-11, 19-21절).

22절부터 기도의 정서가 전환됩니다. 21절 끝에서 다윗은 "주님께서 나의 기도를 들어주셨습니다"라고 고백합니다. 오래도록 하나님 앞에 앉아서 하나님의 구원을 호소한 끝에 다윗은 하나님이 자신의 기도를 들어주실 것이라는 확신에 이릅니다. 하나님의 구원이 아직 이루어지지는 않았지만 믿음의 눈으로 그것이 이루어졌음을 본 것입니다. 이것이 기도의 신비요 비밀입니다. 기도는 하나님에 대한 믿음을 회복시키고 그 믿음의 눈으로 아직 일어나지 않은 미래를 이미 일어난 것처럼 살아가게 만듭니다. 그래서 "믿음은 바라는 것들의 실상"(히 11:1, 개역개정)이라고 말한 것입니다. 우리 기도는 이렇듯 믿음의 눈을 뜨게 해 주는 데까지 이르러야 합니다.

하나님의 응답을 확신한 다윗은 "주님의 이름을 나의 백성에게 전하고, 예배드리는 회중 한가운데서, 주님을 찬양하렵니다"(22절)라고 결단합니다. 또한 그는 "주님을 경외하는 사람들"(23절)에게 자신과 함께 하나님을 찬양하자고 권합니다(23-28절). 마지막으로 다윗은 하나님을 찬양하며 살리라는 고백과 함께(29절) 그의 자손들도 그렇게 살아갈 것이라고 선포합니다(30-31절).

묵상

예수님이 십자가에서 이 시편의 첫 구절('엘리 엘리 라마 사박다니')을 기도로 올리신 이유는 하나님으로부터 버림받은 절망감을 표현하기 위함이 아니었습니다. 첫 구절을 기도할 때 그분의 마음에 이 시편 전체가 울리고 있었다면, 그분은 이 기도로써 하나님에 대한 신뢰를 표현하신 것이라 할 수 있습니다. 그분은 하나님 아버지께서 자신의 기도를 들으셔서 구원해 주실 것이라고 믿으셨습니다. 그 믿음이 그분으로 하여금 십자가 위에서 모든 고통을 감내하게 해 주었습니다.

예수님이 이 시편을 기도하신 또 다른 이유는 이것이 당신의 사역에 대한 예언을 담고 있었기 때문입니다. 메시아로서 그분이 당할 고난과 그 고난 이후에 일어날 일들이 이 시편에 예언되어 있습니다(6-8, 14-16, 18, 27, 30-31절). 그래서 학자들 중에는 초대교회의 누군가가 시편 22편을 기초로 하여 예수님의 수난 이야기를 창작해 냈다고 주장하는 이들이 있습니다. 우연으로 보기에는 너무도 세밀하게 시편 22편의 내용이 예수님의 생애와 죽음의 과정에서 이루어졌기 때문입니다.

우리는 그 고난과 희생이 바로 나의 죄 문제를 해결하기 위함이라는 사실을 믿고 고백합니다. 하나님의 아들이 나와 같은 하찮은 존재를 위해 극한의 고통을 겪으셨다는 사실을 도무지 이해할 수 없습니다. 이해할 수 없기에 믿음이 필요합니다. 이해할 수 있는 것은 수긍의 대상이지 믿음의 대상이 아닙니다. 물리적인 진실은 이해하고 받아들일 대상이지만, 영적인 진실은 믿어서 이해에 이를 대상입니다. 그 믿음은 성령께서 우리 마음을 만지실 때 생겨납니다. 십자가의 복음은 오직 믿음으로만 체험하여 "진실로 그렇다!"고 수긍할 대상입니다. 그래서 진실한 믿음에 이른 이들은 복됩니다.

| 시편 23편 | **지극한 사랑**

> 진실로 주님의 선하심과 인자하심이 내가 사는 날 동안 나를 따르리니, 나는 주님의 집으로 돌아가 영원히 그곳에서 살겠습니다. (6절)

해설

시편 23편은 구약성경을 경전으로 삼고 있는 유대교인들과 그리스도인들 모두에게서 가장 사랑받는 시편입니다. 신앙이 없는 사람들도 이 시편을 좋아합니다. 이 시편의 내용이 그만큼 폭넓고 깊은 공감의 힘을 가지고 있다는 뜻입니다.

시편 22편에서 다윗은 절망적인 상황 가운데서 하나님을 바라보면서 그분께서 구원하시고 보호하실 것을 내다보고 감사드립니다. 시편 23편은 자신이 신뢰하기로 선택한 하나님에 대한 믿음의 고백입니다. 다윗은 여기서 하나님을 '목자'에 비유합니다. 목자가 양을 돌보는 것처럼 하나님이 자신을 돌보신다는 고백입니다. 그렇기에 "부족함"(1절)이 없습니다. 하나님이 모든 필요를 채우시기 때문입니다. 목자가 양을 푸른 풀밭에 누이듯 하나님은 우리를 먹이시고, 목자가 양을 쉴 만한 물가로 인도하듯 우리의 깊은 갈증을 채우십니다(2절). 그렇게 함으로써 우리가 새 힘을 얻어 바른길로 가도록 인도하십니다(3절).

여기서 두 가지를 주목합니다. 먼저 우리가 "바른길"을 걷기 원하시는 하나님은 먼저 우리에게 필요한 것을 공급해 주시고 바른길을 갈 만한 힘을 얻도록 하신다는 사실입니다. 하나님은 우리의 연약함과 부족함을 아십니다. 그렇기에 우리보다 먼저 우리의 필요를 아시고 공급해 주십니다. 그런 다음 우리를 바른길, 의의 길, 거룩한 길로 인도하십니다. 그러므로 우리는 항상 목자이신 하나님께로부터 계속 공급받아야 할 은혜가 있다는 것과 그 은혜는 우리의 거룩한 삶으로 이어져야 한다는 것을 기억해야 합니다. 은혜가 고갈된 채 의롭게 살려 하면 율법주의자가 되고, 의롭게 살려는 열망 없이 은혜만 구하면 신비주의자가 되어 버립니다.

다른 하나는 "당신의 이름을 위하여"(3절)라는 구절입니다. 하나님이 행하시는 모든 일은 그분의 이름을 위한 것입니다. 하나님의 '이름'은 곧 하나님 자신을 뜻합니다. 하나님이 당신 자신의 영광을 위하여 모든 일을 행하십니다. 그분이 우리 인간들을 사랑하시고 돌보시고 일을 행하시는 이유 역시 그분의 영광을 위한 것입니다. 하나님의 영광을 위한 일이 모든 피조물에게 가장 좋은 일이 됩니다.

이어서 다윗은 고난 중에 경험한 하나님에 대해 목자의 비유를 이어갑니다(4절). 하나님의 돌보심을 받는 사람도 "죽음의 그늘 골짜기"에 처할 때가 있습니다. 시편 22편은 그런 처지에서 드린 기도였습니다. 믿는 사람의 차이는 죽음의 그늘 골짜기에서조차 하나님을 바라고 의지한다는 것입니다. 목자에게는 "막대기"와 "지팡이"가 있습니다. 막대기는 야수를 쫓아 버리기 위한 것이고 지팡이는 양들을 인도하기 위한 것입니다. 목자이신 하나님은 우리가 고난에 처했을 때 막대기로 악한 세력을 쫓으시고 지팡이로 인도해 주십니다. 그것을 알기에 죽음의 목전에서도 두려워하지 않습니다.

5절에서 다윗은 목자의 비유를 내려놓고 전쟁의 비유를 사용합니다. 전쟁터에서 원수들을 모두 결박시켜 놓고 그 앞에서 잔칫상을 차린 뒤 병사들에게 먹게 하는 장군처럼, 하나님은 그렇게 원수들 앞에서 당신을 의지하는 사람들을 높여 주신다고 말합니다. 머리에 기름 붓는 행위는 그를 씻어 주고 원기를 회복시키며 영광스럽게 해 주는 행동입니다. 하나님이 이렇게 해 주시는 것을 경험하면 "내 잔이 넘칩니다"라고 고백할 수밖에 없습니다.

6절에서 다윗은 이 모든 고백과 찬양을 요약하고 결론짓습니다. "진실로"는 자신의 고백이 마음 깊은 곳에서 나오는 것임을 강조하는 말입니다. "선하심과 인자하심"은 하나님의 성품을 말합니다. 어떤 상황에서도 변하지 않는 한결같은 사랑을 의미합니다. "나를 따르리니"에 사용된 히브리어는 '추적하다'라는 뜻입니다. 형사가 범인을 끝까지 추적하는 것처럼, 하나님의 한결같은 사랑이 마지막 숨을 거두는 순간까지 나를 추적한다는 말입니다. 그것이 다윗이 평생 경험한 하나님의 성품입니다. 그런 하나님이심을 알기에 그는 하나님의 품에서 영원히 머물러 살기를 소망하는 것으로 이 기도를 맺습니다.

묵상

'양들을 사랑으로 돌보는 목자'는 성경에서 하나님에 대한 비유로 자주 사용되었습니다. 하나님은 예언자 에스겔을 통해, 당신의 양 떼를 맡겼던 지도자들에 대해 비판하면서 당신이 직접 이스라엘 백성의 목자가 되겠다고 하셨습니다(겔 34장). 예수님은 하나님이 그 사명을 당신에게 맡기셨다고 믿었습니다. 그래서 그분은 당신 자신을 "선한 목자"(요 10:11)라고 부르셨습니다. 악한 목자는 자신의 욕망을 채우기 위해 양들을 착취하지만, 선한 목자는 양들을 위해 자신을 희생합니다. 어찌 보면 착한 목자가 아니라 어리석은 목자라고 할 수 있습니다. 세상에 양을 위해 목숨을 버릴 목자가 어디 있습니까? 하지만 양들에 대한 사랑이 지극하면 때로 위험을 무릅쓰고 양들을 위해 행동합니다.

"선한 목자"이신 예수 그리스도는 이렇듯 어리석은 목자이셨습니다. 하나님의 아들로서 당신의 모든 것을 비우시고 인간이 되셨고, 인간 중에서도 가장 낮은 종의 모습으로 섬기셨고, 마침내 십자가에서 당신의 모든 것을 희생하셨기 때문입니다(빌 2:6-8). 목자가 양들을 위해 목숨을 바치는 것도 어리석어 보이지만, 하나님의 아들이 나 같은 하찮은 존재를 위해 죽으신 것은 더더욱 어리석어 보입니다. 예수님이 그렇게 하신 이유는 단 하나, 우리를 향한 다함없는 사랑 때문입니다. 우리 인생들에 대한 성부 하나님의 지극한 사랑을 아셨기에 예수님은 목숨을 버리기까지 우리를 사랑하셨습니다. 그렇게 하심으로써 "내가 직접 내 양 떼를 먹이고, 내가 직접 내 양 떼를 눕게 하겠다. 나 주 하나님의 말이다"(겔 34:15)라는 하나님의 약속을 이루셨습니다.

시편 23편은 누구나 좋아하는 시편입니다. 하지만 우리는 "선한 목자"이신 예수 그리스도에 대한 믿음의 고백으로 이 시편을 읽습니다. 다윗이 여기서 고백한 하나님의 사랑을 예수님이 실증해 보이셨기 때문입니다. 그분 자신이 사망의 음침한 골짜기를 지난 후에 하나님이 그분의 머리에 기름을 부어 주시는 승리를 경험하셨습니다. 그분이 경험하셨던 하나님의 사랑(그 변함없는 사랑)이 그분을 통해 우리에게 열렸습니다. 예수 그리스도의 보혈은 그 증거입니다. 그 사랑 안에 머물러 살며 우리는 선한 목자이신 하나님의 사랑에 눈뜹니다.

| 시편 24편 | **하나님의 현존 가운데서** |

> 누가 주님의 산에 오를 수 있으며, 누가 그 거룩한 곳에 들어설 수 있느냐? (3절)

해설

23편에서 다윗은 하나님을 목자에 비유하면서 그분의 신실하신 사랑을 노래했습니다. 24편에서 그는 세상 만물을 다스리시는 영원한 왕이신 하나님을 찬양합니다.

다윗은 먼저 이 세상 모든 것에 대한 하나님의 주권을 선포합니다(1-2절). 하나님은 창조주이십니다(2절). 그렇기에 땅과 그 안에 가득 찬 모든 것이 주님의 소유입니다(1절). 한 폭의 그림을 볼 때 그 작가는 우리 눈에 보이지 않습니다. 하지만 그 작품이 존재한다는 사실 자체가 작가의 존재를 증명합니다. 우리가 살고 있는 피조 세계는 하나님의 작품이며 그분의 다스림 아래 있습니다. 따라서 호흡이 있는 모든 생명은 하나님의 주권을 인정하고 그 뜻을 따라 살아가야 합니다.

"주님의 산"과 "그 거룩한 곳"(3절)은 성전이 있는 시온산을 가리키지만, 의미상 하나님의 현존을 가리킵니다. 다윗 시대에는 시온산이 곧 하나님 계신 거룩한 곳이라고 믿었지만, 예수님 이후에는 성령과 함께하는 곳이면 어디나 주님의 산이며 거룩한 곳입니다. 하나님의 현존을 인정하고 그분의 주권을 인정하는 사람이라면 생각과 말과 행동에서 그 믿음이 드러나야 합니다. 다윗은 하나님의 현존 안에 살아가는 사람의 몇 가지 특징을 열거합니다(4절). 이 구절은 시편 15편의 내용과 유사합니다.

하나님의 주권을 인정하는 사람이라면 그 사람의 모든 영역에서 차별성을 드러내야 합니다. 그는 먼저 하나님을 찾으며 그 은혜를 구합니다. 하나님은 그 사람을 의롭다고 인정하시고 거룩한 삶을 살도록 도우십니다(5-6절).

이어서 다윗은 예루살렘성과 성전을 향하여 노래합니다. "문들아, 너희 머리를 들어라"(7절)에서 '문'은 예루살렘성과 성전의 문을 의미합니다. 성전이 거룩한 처소가 되는 이유는 하나님의 현존 때문입니다. 영광의 왕 하나님이 들어가시도록 성전 문이 활짝 열리라고 선포합니다(8-10절). 성전에서 하나님의 현존을 경험할 때 비로소 예배자들은 변화를 받을 수 있기 때문입니다.

묵상

시편 23편에서 다윗은 목자이신 하나님의 돌보심과 은혜에 대해 고백하면서 그분의 집에 영원히 거하겠다고 노래했습니다. 믿음은 이렇게 먼저 하나님을 찾고 그분 안에서 위로와 안식과 치유와 회복을 얻는 것입니다. 그 은혜를 경험하고 나면 그 은혜가 우리의 생각과 말과 행실에 변화를 만들어 냅니다. 하나님은 "내 모습 이대로" 받아 주시지만, "내 모습 이대로" 내버려두지는 않으십니다. 그분의 의로 우리를 옷 입혀 주시고 변화시켜 주십니다.

다윗은 예루살렘 성문과 성전 문을 향해 "문들아, 너희 머리를 들어라. 영광의 왕께서 들어가신다"(7, 9절)라고 명령합니다. 영광의 왕이 계셔야만 성전은 하나님의 현존을 경험하는 장소가 될 수 있기 때문입니다. 예수님은 우리에게 참되고 영원한 성전으로 오셨고(요 2:21), 그로 인해 지상의 성전은 파괴되어 사라졌습니다. 이제는 지상의 성전이 아니라 예수 그리스도를 통해 우리는 영광의 왕이신 하나님을 뵙습니다. 그분은 우리의 마음을 두드리시면서 문을 열라고 하십니다(계 3:20). 그럴 때 우리는 하나님의 현존 안에서 살아갈 수 있습니다.

히브리서 저자는 예수 그리스도를 믿는 사람들은 성전 안에서도 가장 거룩한 곳인 "지성소"(히 10:19)에 들어가게 되었다고 말합니다. 지성소는 하나님의 임재가 가장 밀도 있게 드러나는 곳입니다. 그래서 1년에 단 한 번, 대제사장만 그곳에 들어갈 수 있었습니다. 예수 그리스도께서 영원하고 완전한 제사를 드리심으로 인해 그분을 믿는 사람들은 모두 지성소에 들어가게 되었습니다. 언제 어디에 있든 영광의 왕의 현존 앞에 있다는 뜻입니다. 그것을 기억한다면, 우리는 거룩한 생각을 마음에 품고 입술에 거짓과 악한 말을 올리지 않으며 손발로 사랑하고 섬기기를 기뻐할 것입니다.

시편 25편 | **관계가 틀어질 때**

> ⁴주님, 주님의 길을 나에게 보여 주시고, 내가 마땅히 가야 할 그 길을 가르쳐 주십시오. ⁵주님은 내 구원의 하나님이시니, 주님의 진리로 나를 지도하시고 가르쳐 주십시오. 나는 종일 주님만을 기다립니다. (4-5절)

해설

이 시편은 히브리어 알파벳을 따라 지은 시입니다. 우리 식으로 하자면, 첫 절은 초성이 기역(ㄱ)인 단어로, 둘째 절은 초성이 니은(ㄴ)인 단어로 시작한다는 뜻입니다. 시편에는 이렇게 지어진 시가 여럿 있습니다. 시인은 이런 방식을 통해 자신의 문학적 능력을 발휘하고, 독자에게는 암송하며 묵상하는 데 도움을 줍니다.

  이 시편에서 다윗은 하나님에 대한 '간구'와 '고백'을 반복하면서 기도를 드립니다. 먼저, 다윗은 하나님께 의지한 자신을 돌보아 주시기를 구합니다(1-3절). 하나님을 의지한 까닭에 수치를 당하지 않게 해 달라는 것입니다. 또한 그는 하나님이 자신을 바른길로 인도해 주시기를 구합니다(4-5절). 그렇게 구하는 근거는 하나님의 "한결같은 사랑"(6절)입니다. 하나님의 사랑에 의지하여 그는 자신이 과거에 저지른 죄를 용서하시고 의의 길로 인도해 달라고 기도합니다(7절). 우리가 하나님께 나아가 기도할 수 있는 유일한 근거는 그분의 한결같은 사랑입니다.

  이어서 다윗은 하나님에 대한 고백으로 넘어갑니다(8-10절). 주님은 선하시고 올바르시기에 그를 의지하는 사람들을 선하고 올바른 길로 인도하십니다. 또한 주님은 신실하시기에 신실한 사람들을 찾으십니다. 이것은 다윗이 자신의 경험을 통해 거듭 확인한 하나님의 성품입니다.

이 고백에 근거하여 다윗은 자신의 죄를 용서해 달라고 기도합니다 (11절). "주님의 이름을 생각하셔서라도 내가 저지른 큰 죄악을 용서하여 주십시오"라고 말하는 다윗의 심정을 이해할 만합니다. 자신에게는 죄를 용서해 달라고 구할 만한 아무런 자격이 없음을 알고 있는 것입니다. 사람들은 다윗이 하나님을 의지하는 사람임을 압니다. 따라서 다윗이 구원받는 것은 믿지 않는 사람들 가운데서 하나님의 이름이 높아지는 것입니다. 계속하여 다윗은 하나님에 대한 고백을 이어 갑니다(12-15절). 주님은 그를 의지하는 사람들이 가야 할 길을 알려 주시고 인도해 주십니다. 그렇기에 주님을 의지하는 사람은 "한 생애를 편안히"(13절) 살 것입니다. 주님이 그를 보호해 주시고 영원한 유업을 주실 것이기 때문입니다. 그것을 알기에 다윗은 "언제나 주님을 바라봅니다"(15절).

그러면서 다윗은 하나님께 호소를 이어 갑니다(16-22절). 이 지점에 이르러서야 다윗은 자신이 어떤 상황에 있는지를 밝힙니다. 그는 지금 원수들로 인해 외로움과 괴로움을 당하고 있습니다. 특별히 그는 마음의 고통을 호소합니다. 다윗은 그런 상황에 처한 것에 대해 자신에게도 잘못이 있음을 밝힙니다(18절). 그래서 그는 자신의 죄를 용서해 주시고 바른길로 인도해 주시기를 구합니다(21절). 마지막으로 그는 자신에게 이스라엘 백성의 운명이 걸려 있음을 기억하면서 "이스라엘을 그 모든 고난에서 건져 주십시오"(22절)라고 기도합니다.

묵상

23편에서 다윗은 하나님이 목자처럼 자신을 돌보신다고 고백했고, 24편에서는 그 돌보심 안에서 의롭고 거룩하게 살아갈 것을 다짐합니다. 두 시편만 읽으면 다윗이 거룩하고 의로운 삶에 대해 자신만만한 것처럼 보입니다. 언제까지고 하나님을 의지하면서 의롭게 살아갈 것처럼 보입니다. 하지만 세상은 그렇게 호락호락하지 않고 삶은 그렇게 녹록하지 않습니다. 인간의 죄성은 질기고 집요합니다. 하나님을 사랑하며 그분의 뜻을 따라 살기로 결단하고 항상 깨어 있으려고 애써도, 때로 실수하고 때로 오판하고 때로 죄악을 범하는 것이 인간입니다. 다윗도 그랬습니다. 앞에서 하나님의 사랑과 자신의 의로운 삶에 대해 자신만만했던 다윗은 25편에서 자신의 죄를 자각하며 회개하고 있습니다.

다윗은 지금 많은 사람들로부터 증오를 받고 있습니다. 사울에게 쫓기고 있을 때였는지, 압살롬의 반란으로 인해 도피할 때였는지 혹은 다른 어느 때였는지 정확히 알 수는 없습니다. 어쨌거나 그는 그를 해치려는 사람들로 인해 위협당하고 있습니다. 그로 인해 그는 혹독한 심적 고통을 겪고 있습니다. 이런 상황에서 다윗은 원수들을 물리쳐 달라고 기도하기 이전에 자신의 죄를 용서해 달라고 기도합니다. 그런 상황에 처한 데에는 자신의 잘못도 있다는 것을 인정하기 때문입니다. 그는 또한 "마땅히 가야 할 그 길"(4절)을 알려 달라고 기도합니다. 그렇지 않으면 더 많은 죄를 짓게 될 것이기 때문입니다.

인간관계에 문제가 생겼다면, 가장 먼저 할 일은 하나님 앞에서 자신을 돌아보는 일입니다. 자신은 전적으로 옳고 상대방에게만 잘못이 있다고 생각하는 사람에게는 아무런 소망이 없습니다. 그런 태도는 상황을 악화시키고 더 큰 죄악을 불러옵니다. 문제가 발생하면 먼저 자신을 돌아보고 자신의 죄에 대해 회개해야 합니다. 그리고 얽히고설킨 상황에서도 바른길을 찾을 수 있도록 힘써야 합니다. 그럴 때 하나님이 그 문제를 해결해 주실 것입니다.

시편 26편 | **바른 지향과 하나님의 은혜**

> ¹¹그러나 나는 깨끗하게 살려고 하오니, 이 몸을 구하여 주시고, 은혜를 베풀어 주십시오. ¹²주님, 내가 선 자리가 든든하오니, 예배하는 모임에서 주님을 찬양하렵니다. (11-12절)

해설

시편 25편에서 다윗은 하나님 앞에서 자신의 죄를 자각하고 회개하는 기도를 올립니다. 반면, 시편 26편에서 다윗은 하나님 앞에서 자신의 무죄함을 알아 달라고 기도합니다. 여기서 다윗이 말하는 무죄함은 절대적 의미의 의로움이 아니라 일관되게 하나님의 뜻을 찾고 순종해 온 태도를 의미합니다. 그것으로 하나님의 사랑을 살 수는 없습니다. 우리가 하나님께 기도할 수 있는 이유는 우리의 의로움 때문이 아니라 하나님의 사랑 때문입니다. 다만, 다윗은 하나님의 사람답게 살려는 자신의 노력을 가상히 보아 주시기를 구하는 것입니다(1-2절).

이어서 다윗은 하나님의 뜻대로 살기 위해 자신이 해 온 노력을 열거합니다(3-10절). 그의 삶의 원칙은 "주님의 한결같은 사랑을 늘 바라보면서 주님의 진리를 따라서 살았습니다"라는 3절에 잘 요약되어 있습니다. 그는 하나님의 한결같은 사랑에 의지해 살았습니다. 늘 그 사랑을 공급받고 살았습니다. 그리고 그 사랑의 능력으로 주님의 진리를 따라 살았습니다. 그의 예배는 그의 삶과 분리되지 않았습니다. 예배가 그에게는 늘 최우선의 자리에 있었고 예배는 그의 삶의 질을 바꾸어 놓았습니다. 다윗은 신앙의 본질을 꿰뚫어 보았던 사람임이 틀림없습니다.

그렇기에 그는 "헛된 것을 좋아하는 자들", "음흉한 자들"(4절)과 가까이야기를 거부했습니다. "한자리에 있지도 않았습니다"(5절)라는 말은 그들의 생각과 뜻에 동참하지 않았다는 뜻입니다. 그들은 "음란한 우상"을 섬기며 "뇌물"(10절)을 좋아하는 사람들입니다. 다윗은 그들을 멀리하면서 "주님께서 계시는 집" 곧 "주님의 영광이 머무르는 그곳"(8절)을 사랑하며 늘 그곳에 머물러 살기를 힘썼습니다. 그것이 자신을 지켜 준다는 사실을 알았기 때문입니다.

이런 고백 후에 다윗은 하나님께 마지막 간구를 드립니다. 그의 한 가지 바람은 "깨끗하게 [사는 것]"(11절)입니다. 하지만 그는 자신의 능력으로는 그 소망과 바람을 지킬 수 없다는 사실을 인정합니다. 그렇기에 자신이 지향하는 바가 이루어질 수 있도록 "이 몸을 구하여 주시고 은혜를 베풀어 주십시오"(11절)라고 기도합니다. 그는 바른 지향을 가지고 있었으나 연약함으로 인해 여러 번 넘어졌던 사람입니다. 그로 인해 그는 하나님의 사랑과 자비와 은혜가 없이는 희망이 없음을 알고 있었습니다. 그 은혜와 자비를 경험할 때에야 비로소 "내가 선 자리가 든든하오니"(12절)라고 고백할 수 있습니다. 진정한 안전지대는 하나님의 그늘뿐입니다. 하나님의 은혜를 경험한 사람들은 예배로 모여 그분의 이름을 찬양합니다. 예배는 하나님을 아는 이들에게서 저절로 솟아나는 응답입니다.

묵상

육신 안에 사는 한 우리는 완전한 수준의 거룩함과 의로움에 이를 수 없습니다. 우리 자신의 노력으로 정진하여 그런 수준에 이르는 것은 원초적으로 불가능합니다. 고칠 수 없는 우리의 죄성 때문입니다. 성령의 은혜 안에서 새사람이 되었다는 말은 완전한 상태로 변화되었다는 뜻이 아니라 죄의 굴레에서 해방되어 거룩함을 향해 나아갈 수 있게 되었다는 뜻입니다. 성령의 은혜를 입어 한순간 완전한 상태를 경험할 수는 있지만, 그 상태를 항구적으로 만들 수는 없습니다. 그것은 새 하늘과 새 땅에서 예수 그리스도의 부활에 참여할 때에나 가능한 일입니다. 그 이전까지 우리는 성령의 능력으로 매일 새로워지기를 소망해야 합니다. 그렇게 하기를 멈추면 속사람은 약해지고 숨어 있던 옛사람이 흉한 모습을 드러냅니다.

하나님의 은혜와 사랑을 입은 사람에게 필요한 것은 바른 지향입니다. 마음과 의지가 하나님의 뜻을 향해야 합니다. 하나님의 사랑 안에 살면서 주님의 진리를 따라 살아가려는 뜻이 분명해야 합니다. 그럴 때 하나님이 은혜와 자비를 베푸사 그 뜻을 이룰 수 있게 해 주십니다. 마음이 죄 된 것을 향하고 온몸으로 그것을 좇아가면서도 하나님을 믿는다는 사람들이 있습니다. 그러면서도 열심히 기도하고 헌신하면 하나님이 이루어 주신다고 생각합니다. 하나님은 그런 기도에 응답하지 않으십니다. 그런 기도가 이루어졌다면 하나님이 아니라 기도자의 집요함이 이룬 것입니다. 만일 하나님이 주신 것이라면 그를 그의 욕심에 버려두신 것입니다.

하나님이 우리에게 구하시는 것은 그분의 자녀답게 거룩하게 살아가는 것입니다. 오늘 우리의 마음이 그렇게 방향 잡혀 있는지 그리고 성령의 은혜에 의지하고 있는지 잠잠히 돌아볼 일입니다.

시편 27편 | **한 가지 소원**

> 주님, 나에게 단 하나의 소원이 있습니다. 나는 오직 그 하나만 구하겠습니다. 그것은 한평생 주님의 집에 살면서 주님의 자비로우신 모습을 보는 것과, 성전에서 주님과 의논하면서 살아가는 것입니다. (4절)

해설

이 시편은 하나님에 대한 신뢰의 고백이며 그분의 보호를 구하는 기도입니다. 먼저 다윗은 자신이 의지하는 하나님이 어떤 분이신지를 묵상하면서 그분 때문에 자신에게는 아무 두려움이 없다고 고백합니다(1-3절). 그를 두렵게 하는 일이 없는 것이 아닙니다. 그런 일을 만나도 자신이 의지하는 분이 어떤 분이신지를 알기에 두려워하지 않는다는 것입니다. 하나님은 "내 생명의 피난처"(1절)이시기 때문입니다.

　이어서 다윗은 하나님에 대한 전적인 신뢰를 고백합니다(4-6절). 하나님 앞에서 그가 구하는 것은 단 한 가지, 하나님의 현존 가운데 머물러 살아가는 것입니다(4절). 그런 사람을 하나님은 구원하시고 보호해 주실 것이기 때문입니다. 그런 고백에 기초하여 다윗은 자신의 기도를 들어 달라고 하나님께 호소합니다(7-12절). 하나님의 한결같은 사랑을 거듭 경험했던 다윗은 "나의 아버지와 나의 어머니는 나를 버려도, 주님은 나를 돌보아 주십니다"(10절)라고 고백합니다. 인간에게 주어진 사랑 중에서 부모의 사랑이 하나님의 사랑을 가장 닮았지만, 그 깊이는 하나님의 사랑에 비교가 되지 않습니다. 그 사랑에 근거하여 다윗은 하나님께 "주님의 길을 나에게 가르쳐 주십시오"(11절)라고 간구합니다.

　마지막으로 다윗은 "이 세상에 머무는 내 한 생애에, 내가 주님의 은

덕을 입을 것을 나는 확실히 믿는다"(13절)라고 고백합니다. 그 믿음에 근거하여 그는 자신에게 "너는 주님을 기다려라. 강하고 담대하게 주님을 기다려라"(14절)라고 선포합니다. 기다리는 행동은 소극적이고 수동적인 것처럼 보입니다. 하지만 하나님의 바로잡아 주심을 믿고 그분의 행동을 기다리는 것은 대단한 용기와 인내심을 필요로 하는 일입니다. 하나님의 행동을 기다리는 것이 자신의 손으로 응징하는 것보다 훨씬 더 어려운 일입니다. 그래서 "강하고 담대하게" 기다리라고 말하는 것입니다. 하나님의 존재와 사랑에 대한 철저한 믿음이 없으면 인내심은 이내 고갈되어 버리기 때문입니다.

묵상

믿음의 햇수가 깊어 가면서 점점 커지는 확신이 있습니다. 모든 것은 결국 하나님의 다스림 아래 있다는 것입니다. 결국 하나님이 일을 이루시고, 하나님이 이루시는 일만 의미가 있고 가치가 있습니다. 하나님은 오늘도 살아 계시고 역사하시며 우리 '각자'와 우리 '모두'에 대해 한결같은 사랑으로 대하십니다. 그것을 알고 믿는다면 우리 손으로, 우리 방법으로, 우리가 원하는 대로 문제를 해결하려 들지 않을 것입니다. 하지만 하나님의 주권에 대한 우리의 믿음은 자주 이론에 그칩니다. 막상 현실에서 문제를 마주하면, 그분의 주권에 맡기지 못하고 조바심에 사로잡힙니다. 하나님은 멀어 보이고 우리의 손은 가까워 보입니다. 하나님이 하시는 일은 때로 너무 느립니다. 그래서 우리는 팔을 걷어붙입니다. 하지만 그로 인해 문제는 더 어려워지고 꼬인 실타래는 더욱 헝클어집니다.

전에는 믿는 것이 연약한 것인 줄 알았는데, 이제 보니 믿는 것이야말로 진실로 강한 것입니다. 전에는 하나님의 때를 기다리는 것이 수동적인 행동인 줄 알았는데, 이제 보니 그분의 처분을 바라고 기다리는 것이야말로 진정한 용기와 결단과 인내가 필요한 일임을 알겠습니다. 전에는 내 계획과 뜻을 이루는 것이 좋았는데, 이제는 하나님이 일을 만들어 가시는 것을 보고 싶습니다. 그것이 최선이라는 사실을 거듭 경험합니다.

오늘 다윗처럼 오직 한 가지 즉 "한평생 주님의 집에 살면서 주님의 자비로우신 모습을 보는 것과, 성전에서 주님과 의논하면서 살아가는 것"(4절)을 소원하게 해 달라고 기도합니다. 언제 어디서나 주님과 동행하며 그분의 뜻을 따라 살아가기를 소망합니다. 내 존재 전부가 주님 안에 흡수되어 온전히 그분만 남을 때까지 그분과 하나 되기를 소망합니다.

| 시편 28편 | **반전의 기도**

> 주님의 지성소를 바라보며, 두 손을 치켜들고 주님께 울부짖을 때에, 나의 애원하는 소리를 들어 주십시오. (2절)

해설

이 시편도 다윗이 고난 중에서 하나님께 올린 간구의 기도입니다. 그는 "지성소를 바라보며, 두 손을 치켜들고 주님께 울부짖어"(2절) 기도를 올립니다. 지성소를 바라보는 이유는 그의 마음이 하나님을 향하게 하려는 것입니다. 두 손을 치켜들고 울부짖어 기도하는 것은 그의 상황이나 이스라엘의 처지가 그만큼 절박했다는 뜻입니다. 그럼에도 불구하고 하나님은 "귀를 막고" "입을 다무시고"(1절) 계시는 것 같습니다. 그토록 간절히 기도하는데 하나님은 응답하지 않으십니다.

다윗은 "사악한 자들"과 함께 자신을 멸망하도록 내버려두지 말아 달라고 청합니다(3절). "사악한 자들"은 다윗과 이스라엘을 공격하는 사람들을 말합니다. 그들은 "이웃에게 평화를 말하지만 마음에는 악을 품고 있습니다"(3절). 또한 그들은 "주님께서 하신 놀라운 일들을 대수롭지 않게 여기고 손수 하신 일들을 하찮게 여기는"(5절) 사람들입니다. 다윗은 그들을 행위대로 심판해 달라고 기도합니다(4절). "그들이 다시는 일어서지 못하게 멸하십시오"(5절)라고 간구합니다. 그들에게 너무도 오래, 너무도 심히 시달려 왔기 때문입니다.

다윗이 드린 간구의 기도를 보면 기도 중간에 갑자기 분위기가 반전되는 지점이 나오곤 합니다. 절망 가운데서 부르짖다가 이미 응답받은 사람처럼 감사와 찬양의 기도로 전환합니다. 깊은 기도 중에 믿음이 회복되고 그 믿음으로 하나님이 주실 미래를 보았기 때문입니다. 6절에서 그와 같은 반전이 일어납니다. "애원하는 나의 간구를 들어주셨으니"라는 말은 하나님의 응답을 믿음으로 미리 보고 한 말입니다. 기도 중에 하나님에 대한 믿음이 회복된 것입니다. 그러자 애원의 기도는 찬양의 기도로 바뀌고 눈물은 기쁨으로 바뀌었습니다(7절).

다윗은 회복된 믿음에 근거하여 하나님께 고백합니다(8절). 하나님은 당신이 골라 세우신 백성에게 힘이 되시며 기름 부어 세우신 왕에게 구원의 요새가 되십니다. 그 고백에 근거하여 다윗은 하나님이 이스라엘 백성을 영원히 보살펴 주시기를 기도합니다(9절).

묵상

이 시간, 다윗처럼 지성소를 바라보며 두 손을 치켜들고 울부짖어 기도해야 하는 상황에 처해 있는 이들을 생각합니다. 때로 그런 상황에 몰릴 수밖에 없는 것이 우리의 인생입니다. 인생은 그토록 연약하고 세상은 심히 위험하기 때문입니다. 안전과 평안을 위협하는 요소들은 삶의 곳곳에 숨어 있습니다. 때로는 질병으로, 때로는 사랑하는 사람이 당한 문제로, 때로는 관계 문제로, 때로는 직장 문제로 깊은 구덩이에 빠지는 것 같은 상황을 만납니다. 그럴 때가 기도할 때입니다. 절절히, 간절히, 마음 다해 기도해야 할 때입니다. 그런 기도만이 짓눌린 우리의 마음을 회복시키고 무너진 믿음을 회복시킵니다. 그리고 믿음으로 하나님이 하실 일을 내다볼 수 있습니다. 눈물로 기도하는 모든 이에게 주님이 은혜를 내려 주시기를 기도합니다.

그런 상황에 있지 않다면, 지금 누리고 있는 평안과 안전에 감사하며 주님을 찬양해야 합니다. 우리가 잘나거나 무언가를 잘해서 그렇게 된 것이 아닙니다. 우리에게는 그런 호사를 누릴 자격이 없습니다. 모든 것이 하나님이 무상으로 주시는 은혜입니다. 그러므로 하나님 앞에 겸손히 고개 숙이고 그 은혜에 감사해야 합니다. 그리고 더 깊이 주님과의 교제에 힘써야 합니다. 인생 여정에 곤고한 날은 누구에게나 오기 마련입니다. 평안할 때 몸에 익힌 경건의 훈련은 환난의 때에 값진 자산이 됩니다. 그뿐 아니라, 평안하고 안전할 때 어려운 형편에 처한 이들을 생각하며 중보해야 합니다. 다른 사람의 아픔을 내 것으로 품고 드리는 기도는 하나님 앞에 가장 귀한 기도입니다.

다가오는 인생의 나날들 안에 어떤 일이 일어날지 아무도 모릅니다. 하지만 분명, 좋은 날도 있을 것이고 나쁜 날도 있을 것입니다. 맑은 날도 있을 것이고 비바람이 몰아치는 날도 있을 것입니다. 꽃밭을 거니는 날도 있을 것이고, 황야를 지나야 할 때도 있을 것입니다. 이 모든 나날을 한결같이 걸어갈 수 있는 힘은 하나님의 임재 안에 든든히 서서 그분과 함께 매일을 사는 것입니다.

시편 29편 | **영광과 존귀를 받으실 이**

¹하나님을 모시는 권능 있는 자들아, 영광과 권능을 주님께 돌려드리고 또 돌려드려라. ²그 이름에 어울리는 영광을 주님께 돌려드려라. 거룩한 옷을 입고 주님 앞에 꿇어 엎드려라. (1-2절)

해설

"하나님을 모시는 권능 있는 자들"(1절)은 천사 같은 영적 존재들을 가리키는 말일 수도 있고 왕이나 제사장 같은 사람들을 가리킬 수도 있습니다. 하지만 의미상 "영광과 권능"을 부여받을 만한 위치에 있는 모든 사람을 가리킨다고 볼 수 있습니다. 다윗은 그런 위치에 있는 존재들에게, 영광과 권능은 오직 하나님께 있음을 잊지 말라고 말합니다. 사람들이 자신에게 부여하는 모든 영광과 존경을 사양하고 오직 "그 이름에 어울리는 영광을 주님께 돌려드려라"(2절)라고 말합니다. 온 세상에서 영광과 존귀를 받을 만한 존재는 하나님뿐이기 때문입니다.

이어서 다윗은 주님의 영광과 능력과 위엄을 서술합니다. 그는 파도 소리와 우렛소리를 통해 하나님의 음성을 듣습니다(3-4절). 또한 단번에 백향목을 쪼개는 번개와 지진과 화산 현상을 통해 하나님의 능력을 상상합니다(5-6절). 광야에 부는 모래바람과 우거진 숲에 몰아치는 폭풍을 통해서 하나님의 위엄을 생각합니다(7-9절). 피조 세계에서 일어나는 일들을 통해 하나님의 목소리를 듣는 사람들은 성전에 모여 하나님을 향해 "영광!" 하고 외칩니다(9절). 영광과 존귀를 받으실 분은 하나님밖에 없음을 인정하는 고백입니다.

다윗은 하나님의 주권과 통치를 다시 한번 고백합니다(10-11절). 그분은 자연을 다스리시며 역사를 인도하시는 분이십니다. 또한 그분은 "당신을 따르는 백성에게"(11절) 힘을 주시고 평화의 복을 내리십니다. 온 우주를 다스리시는 전능자의 백성이 되었다는 것만큼 더 큰 위로와 평안은 없습니다.

묵상

다윗은 피조 세계에서 일어나는 일들을 통해 하나님의 음성을 듣고 그분의 손길을 봅니다. 이 시편에서 다윗은 특별히 피조 세계에서 일어나는 온갖 소리에 주목합니다. 그것은 자연 현상이 빚어내는 소리이지만 다윗은 그 소리를 통해 하나님의 목소리를 듣습니다. 피조 세계 안에서 일어나는 일들을 통해 하나님의 위엄과 권세와 전능의 능력을 목도합니다. 천둥이 칠 때 그가 경외감에 사로잡히는 것은 그것이 하나님의 진노의 위엄을 생각나게 하기 때문이며, 지진이 날 때 그가 두려워 떠는 것은 그분의 심판의 엄위함을 기억하기 때문입니다. 그래서 그는 성전에 찾아가 하나님의 영광을 노래하고 찬송합니다. 그리고 권세를 가진 사람들에게 오직 하나님께만 영광과 권능을 올려 드리라고 말합니다.

이 시편을 통해 다윗은 하늘의 천사들이나 다른 왕들에게 말하고 있는 것처럼 보이지만, 실은 가장 먼저 자기 자신에게 말하고 있었을 것입니다. 백성들은 하나님에게나 어울리는 영광과 경배를 다윗에게 돌리려고 했을 것입니다. 다윗의 마음 한편에서는 백성들이 보내는 영광과 경배를 즐기고 싶었을 것입니다. 하지만 그는 자신이 누구인지 잘 알고 있었고 하나님이 누구신지 또한 알고 있었습니다. 그래서 백성이 자신에게 돌리는 영광과 경배를 사양하고 오직 하나님께만 경배를 돌리기를 결단하고 있습니다. 눈을 뜨고 보면 진실로 경배와 찬양을 받으실 만한 분은 하나님밖에 안 계시기 때문입니다.

우리에게도 그런 욕망이 있습니다. 높아지고 인정받고 영광받고 싶어 하는 열망이 우리 마음속 깊은 곳에 있습니다. 우리도 스스로 왕이 되고 싶어 하고 그 영광을 누리고 싶어 합니다. 그러므로 우리는 날마다 나의 왕좌에서 내려와 겸손히 주님 앞에 무릎 꿇어야 합니다. 진정한 통치자, 진정한 주관자는 오직 주님뿐이심을 고백하고 인정해야 합니다. 그것이 흔들리지 않는 평안을 누리는 길입니다.

시편 30편 | **내가 편히 지낼 때**

> ¹¹주님께서는 내 통곡을 기쁨의 춤으로 바꾸어 주셨습니다. 나에게서 슬픔의 상복을 벗기시고, 기쁨의 나들이옷을 갈아입히셨기에 ¹²내 영혼이 잠잠할 수 없어서, 주님을 찬양하렵니다. 주, 나의 하나님, 내가 영원토록 주님께 감사를 드리렵니다. (11-12절)

해설

이 시편의 표제는 "성전 봉헌가"라고 되어 있습니다. 성전을 봉헌할 때 불렀던 노래라는 뜻입니다. 하지만 그 내용은 죽을병에서 구원받은 것에 대한 감사의 찬양입니다. 믿는 이들이 성전에 모여 예배를 드리는 이유는 예배자 각자의 삶에서 경험한 하나님의 역사 때문입니다. 죽을병에서 구원받는 것 같은 체험은 예배를 살아나게 하는 힘이 됩니다. 따라서 이 시편은 성전 봉헌가로 사용되기에 적합합니다.

먼저 다윗은 죽을 뻔한 상황에서 살려 주신 하나님께 감사를 드립니다(1-3절). "수렁"(1절)에 빠진 것 같고 "스올"(3절, 원래 '바닥이 없는 깊은 구덩이'를 뜻하는 말인데, 죽음 혹은 지옥을 의미하는 말로 사용되었다)에 던져진 것만 같았던 상황에서 그는 하나님께 울부짖었고(2절) 하나님은 응답해 주셨습니다. 그는 자신이 그런 위기 가운데 처했던 이유가 자신의 죄에 대한 "주님의 진노"(5절) 때문이었다고 믿습니다. 하지만 하나님은 그 진노를 곧 푸시고 구원해 주셨습니다.

이어서 다윗은 하나님에 대한 찬양으로 나아갑니다. 그는 성도들에게 주님을 찬양하라고 권면합니다(4절). "주님의 진노는 잠깐이요, 그의 은총은 영원"하기 때문입니다(5절). 깊은 고난 중에 있을 때 우리는 주님의 진노는 영원하고 그분의 은총은 잠깐인 것처럼 느낍니다. 하지만 진실은 그 반대입니다. 우리를 향한 하나님의 기본 정서는 사랑입니다. 진노는 상황과 조건에 따라 잠깐 일어났다가 사라지는 것입니다. 그렇기에 "밤새도록 눈물을 흘려도, 새벽이 오면 기쁨이 넘친다"(5절)고 고백하는 것입니다. 하나님의 사랑 안에 있는 사람에게 밤은 영원하지 않습니다. 그분에게 있는 빛은 영원하기 때문입니다.

문제는 변덕이 심한 우리의 마음에 있습니다. 우리는 상황이 좋을 때면 "이제는 영원히 흔들리지 않겠지"(6절)라고 안심합니다. 마치 자신의 통제력으로 모든 것을 제어할 수 있을 것처럼 생각합니다. 하지만 진정한 통치자는 하나님이십니다. 하나님은 "태산보다 더 든든하게 은총으로 나를 지켜 주시는"(7절) 분입니다. 그렇기에 그분이 잠시라도 손을 놓으시면 우리 삶은 수렁에 떨어지고 맙니다. 그런 상황에서 우리가 할 일은 하나님께 호소하고 간구하는 것뿐입니다(8-10절). 그럴 때 주님은 응답하십니다. 다윗은 하나님이 하신 일을 "내 통곡을 기쁨의 춤으로 바꾸어 주셨다"고, "슬픔의 상복을 벗기시고 기쁨의 나들이옷을 갈아입히셨다"(11절)고 표현합니다.

그런 은혜를 경험한 사람은 잠잠할 수 없습니다(12절). 마음 깊은 곳에서 찬양과 감사가 터져 나오기 때문입니다. 그래서 성도들이 모여 예배할 성전이 필요한 것이고, 성전에 모여 예배를 드리는 이유입니다.

묵상

예수님의 말씀대로, 인생에서 마음은 육신의 눈과 같습니다(마 6:22-23). 눈이 흐려지면 몸을 제대로 움직일 수 없는 것처럼, 마음이 건강해야 인생도 건강할 수 있습니다. 마음이 인생의 운전석입니다. 그런데 마음의 운전석에 앉아 있는 나는 얼마나 자주 속고 속이는지요! 상황이 조금

좋다 싶으면 자신이 스스로 하나님이 되어 우쭐했다가, 어려운 상황에 처하면 마치 그 어둠과 고통이 전부이거나 영원한 것처럼 생각하고 절망합니다. 우리 모두는 이 자격 없는 운전자를 마음의 운전석에 앉혀 놓고 그의 감정에 따라 일희일비를 거듭해 왔습니다. 다윗이 죽음의 문턱에 이르렀던 것도 하나님 없이 자신의 힘만으로 충분히 잘할 수 있다고 자만했기 때문입니다.

우리가 다짐할 일 중 하나는 내 마음의 운전석에 주님을 모셔 들이는 것입니다. 이미 모셔 들인 사람들도 매일 매 순간 자기 자신을 돌아보아야 합니다. 우리는 너무도 자주, 너무도 쉽게 스스로 운전대를 잡으려하기 때문입니다. 평안하고 형통할 때 특히 조심해야 합니다. 그럴 때면 굳이 주님께 의지할 필요가 없어 보입니다. 자신의 능력으로도 충분할 것 같아 보입니다. 그 거짓말에 속아 넘어가지 말아야 합니다. 우리가 운전대를 잡으면 필경 사고를 일으키게 됩니다. 때로는 간단한 접촉 사고로 끝나지만 가끔은 대형 사고로 이어집니다. 그럴 때에라도 하나님 앞에 나아가 기도하는 게 다행스러운 일이지만, 그런 일이 애당초 일어나지 않게 하면 가장 좋을 것입니다.

오늘 잠잠히 고개 숙여 마음을 들여다봅니다. 아, 주님이 운전대를 잡으시고 나를 향해 웃고 계십니다. 아무 염려 말라고 말씀하시는 것 같습니다. 온종일 주님을 의지하고 그분의 인도를 따라 살기를 기도합니다.

시편 31편

믿고 사랑하라

> 누가 뭐라고 해도 나는 주님만 의지하며, 주님이 나의 하나님이라고 말할 것입니다. (14절)

해설

고난 가운데 하나님의 구원을 호소하는 이 시편은 예수님의 고난을 생각나게 합니다. 실제로 5절 "주님의 손에 나의 생명을 맡깁니다"(개역개정: "내가 나의 영을 주의 손에 부탁하나이다")는 예수님이 십자가에 달려 하신 말씀 중 하나입니다(눅 23:46). 예수님이 이 시편을 당신에 대한 예언으로 받아들이셨다는 뜻입니다. 예수님은 이 시편을 늘 묵상하며 당신의 고난을 준비하셨을 것입니다. 이런 점에서 본다면, 이 시편은 22편과 함께 우리 그리스도인들에게는 매우 중요한 시편이라 할 수 있습니다.

다윗은 먼저 자신이 처한 곤경에서 구해 주시기를 하나님께 호소합니다(1-8절). 그가 처한 곤경은 육신적 질병이 아니라 사람들의 모함과 공격입니다. 그 상황에서 그는 자신의 힘으로 대적하여 싸우지 않고 하나님을 피난처로 삼습니다. 다윗은 "주님의 이름을 위하여 나를 인도해"(3절) 달라고 기도합니다. 비록 그가 하나님만 의지하고 거룩하게 살려고 노력했지만, 그것이 하나님의 도움을 구할 만한 충분한 조건은 되지 못합니다. 그가 의지할 것은 오직 그분의 "한결같은 그 사랑"(7절)입니다. 그 사랑 때문에 주님은 우리를 지켜보십니다. 우리가 고난 중에 겪는 아픔을 함께 겪으십니다. 그리고 마침내 그 고난에서 건지셔서 "평탄한 곳"(8절)에 세워 주십니다.

이어서 다윗은 자신의 곤경에 대해 서술합니다(9-13절). 머리카락까지도 다 헤아리고 계시는 하나님은 다윗이 당했던 모든 일을 다 알고 계셨을 것입니다. 그러니 다윗이 자신의 곤경에 대해 서술하는 것은 하나님께 알려 드리려는 뜻이 아닙니다. 우리의 마음은 과도한 고통을 담고 있을 수 없기에 누군가에게 쏟아 놓아야 합니다. 다윗은 하나님 앞에 절절한 심정으로 마음을 쏟아 냅니다. 다윗은 마치 세상 모든 사람으로부터 외면당한 것 같은 처지에 몰려 있습니다. 이런 처지에서 그는 자신이 의지할 분은 하나님밖에 없다고 고백합니다.

그렇게 마음을 쏟아 놓은 후에 다윗은 다시금 하나님께 구원을 호소합니다(14-18절). 그는 "누가 뭐라고 해도 나는 주님만 의지하며, 주님이 나의 하나님이라고 말할 것입니다"(14절)라고 고백합니다. 하지만 그것을 조건으로 내세우지 않습니다. 그가 하나님께 구원을 호소하는 이유는 오직 하나님의 성품 때문입니다. 그래서 그는 "주님의 환한 얼굴로 주님의 종을 비추어 주십시오. 주님의 한결같은 사랑으로 나를 구원하여 주십시오"(16절)라고 기도합니다. 동시에 악한 자들을 징계해 달라고 기도합니다(17-18절).

이렇게 기도하는 중에 다윗의 마음에는 하나님의 응답에 대한 확신이 들어찹니다. 그럴 때면 다윗은 이미 하나님의 응답을 받은 것처럼 전혀 다른 정서로 기도를 이어 갑니다(19-22절). 그래서 그는 간구 기도를 그치고 찬양과 감사 기도를 올립니다(19, 21절). 또한 아직 일어나지 않은 일을 이미 일어난 일처럼 과거형으로 표현합니다(20, 22절). 그러고는 하나님을 믿는 성도들에게 권면합니다. 하나님을 사랑하라고(23절) 그리고 힘과 용기를 내어 그분을 기다리라고(24절). 때로 하나님의 응답이 늦어지는 것 같아도 결국은 응답하실 것을 믿으라는 뜻입니다. 그것이 다윗의 경험에서 나온 결론이며 고백입니다.

묵상

이 세상 모든 사람이 나에게 등 돌리더라도 하나님 한 분만 그 "환한 얼굴"(16절)을 나에게 비추어 주신다면 나는 진실로 복된 사람일 것입니다. 이 세상 누구에게도 찾아갈 수 없는 상황에 처할 때 하나님을 찾아 그분께 기댈 수 있다면 나는 진실로 행복한 사람일 것입니다. 반면, 세상 모든 사람이 나를 향해 갈채를 보내더라도 하나님이 얼굴을 돌리신다면 나는 불행한 사람일 것입니다. 세상 모든 사람의 마음을 얻는다 해도 하나님 한 분의 마음을 얻지 못한다면 나는 가장 불행한 사람일 것입니다.

어떻게 하면 그분의 마음을 얻고 그분의 환한 얼굴을 마주하며 살 수 있을까요? 우리가 어떤 공을 세우고 의를 쌓아서 그분의 호의를 살 수는 없습니다. 우리가 의지할 것은 오직 그분의 "한결같은 사랑"(7, 16절)이며 "주를 두려워하는 자를 위하여 쌓아 두신 은혜"(19절, 개역개정)입니다. 하나님은 그 사랑과 은혜를 믿고 그분께 의지하고 그분께 피하는 자들을 돌보시고 구원해 주십니다. 그 은혜를 경험하고 나면 그분을 사랑하게 됩니다(23절). 하나님을 사랑하면 그분의 뜻을 따라 의롭고 선하고 거룩하게 살아가기 위해 힘씁니다. 하나님의 호의를 얻기 위해서가 아니라 이미 받은 호의에 보답하기 위함입니다.

악한 자들이 득세하는 세상에서 의롭게 사는 사람은 때로 어려움을 당할 수 있습니다. 다윗이 경험한 것처럼 세상 사람들로부터 죽은 사람처럼 취급당할 수도 있습니다. 의인은 그런 상황에서 끝까지 하나님의 구원을 기다립니다. 하나님께 생명을 맡기고 그분의 처분을 기다립니다. 하나님이 주시는 승리만이 진정한 승리이기 때문입니다.

시편 32편 | ## 용서받는 기쁨

³내가 입을 다물고 죄를 고백하지 않았을 때에는, 온종일 끊임없는 신음으로 내 뼈가 녹아내렸습니다. ⁴주님께서 밤낮 손으로 나를 짓누르셨기에, 나의 혀가 여름 가뭄에 풀 마르듯 말라 버렸습니다. (셀라) (3-4절)

해설

이 시편은 다윗의 고백입니다. 표제에 "다윗의 마스길"이라고 되어 있는데, "마스길"은 지혜의 가르침 또는 묵상에 초점을 맞춘 찬양시입니다. 이 시편은 '회개시' 중 하나로서, 회개한 이후에 경험한 용서의 기쁨을 노래한다는 점에서 다른 회개시(6, 38, 51, 102, 130, 142편)와 차별성을 지닙니다.

먼저 다윗은 하나님께 용서를 받는 것이 가장 복된 일이라는 사실을 고백합니다(1-2절). 인간의 모든 죄는 근본적으로 하나님을 "거역하는"(1절) 것입니다. 그렇기에 가장 먼저 하나님께 용서를 받아야 합니다. 하나님은 자신의 죄를 진실하게 뉘우치고 회개하는 사람을 용서해 주십니다. 다윗은 하나님께로부터 용서를 경험한 사람의 기쁨과 행복을 누구보다 잘 아는 사람이었기에 이렇게 고백할 수 있었습니다. 이 두 구절에서 우리는 바울이 외치는 복음의 메아리를 듣습니다. 하나님께 죄 없다는 선고를 받는 것, 즉 칭의의 은혜는 오직 회개와 믿음을 통해서만 얻을 수 있습니다.

이어서 다윗은 하나님께 죄를 고백하지 않았을 때 경험한 고통을 솔직하게 묘사합니다. 이것 역시 다윗 자신이 뼈저리게 경험했던 일입니다. 해결되지 않은 죄책감을 마음에 품고 살 때 그는 온종일 끊임없는 신음으로 뼈가 녹아내리는 것과 같았고 혀는 가뭄에 풀이 마르는 것처럼 말라 버리는 것 같았습니다(3-4절). "주님께서 밤낮 손으로 나를 짓누르셨다"(4절)는 말은 실제로 하나님이 그렇게 하셨다는 뜻이 아니라 다윗이 그렇게 느꼈다는 뜻입니다. 죄책감을 안고 사는 것은 영적으로 질식하게 만드는 일입니다. 결국 다윗은 하나님께 회개하였고, 하나님은 다윗의 죄를 용서해 주십니다(5절).

6절부터 다윗은 믿는 이들에게 말합니다. 경건한 사람이 고난을 받을 때 자신처럼 기도하게 해 달라고 기도합니다(6절). "경건한 사람"은 하나님을 의지하고 거룩하게 사는 사람을 뜻합니다. 그런 사람이 이 세상에서 자주 고난을 당하는 것이 현실입니다. 그런 고난 가운데서 경건한 사람이 할 일은 기도로써 하나님께 의지하는 것입니다. 다윗 자신도 그런 상황 가운데서 하나님의 구원을 자주 경험했습니다. 그래서 그는 "주님은 나의 피난처"라고 고백합니다. 고난 가운데 하나님이 지켜 주시고 보호해 주시기 때문입니다(7절). 그렇게 하나님을 의지하고 경건하게 살아가는 사람에게 하나님은 "네가 가야 할 길을 내가 너에게 지시하고 가르쳐 주마. 너를 눈여겨[본다]"고 말씀하십니다(8절). 또한 분별없는 노새나 말처럼 되지 말고 하나님께 순종하는 자가 되라고 말씀하십니다(9절).

끝으로 다윗은 악한 자에게는 고통이 많지만 하나님을 의지하는 사람에게는 은혜가 넘친다고 결론짓습니다(10절). 따라서 하나님을 생각하며 즐거워하고 기뻐하라고 권면합니다(11절). "의인들", "정직한 사람들"(11절), "경건한 사람"(6절) 그리고 "주님을 의지하는 사람"(10절)은 모두 같은 뜻입니다. 하나님을 의지하고 경건하게 살려는 사람들은 이 세상에서 때로 고통을 당하지만 결국 하나님이 지켜 주신다는 경험적 고백입니다.

묵상

세상에는 두 종류의 사람이 있습니다. 나는 결코 죄인이 아니라고 생각하는 사람과, 하나님 앞에서 나는 죄인이라고 인정하는 사람입니다. 둘 다 죄인입니다. 자신의 참모습을 보느냐 보지 못하느냐의 차이만 있을 뿐입니다. 죄인이면서 죄인이 아니라고 생각하는 것을 '자기의'라고 부릅니다. 이를 다윗은 마음의 속임수에 넘어간 것이라고 봅니다(2절). 사탄은 우리 마음을 미혹하여 스스로 의인인 양 생각하게 합니다. 자기의는 심각한 죄입니다. 회개의 가능성을 뿌리부터 잘라 버리기 때문입니다. 예수님은 바리새파와 율법학자들의 자기의를 신랄하게 비판하셨습니다.

5절에서 다윗은 죄를 뜻하는 세 가지 히브리어를 모두 사용합니다. 첫째는 "잘못"(개역개정: "허물")으로 번역된 '하타트'입니다. 이 단어는 죄를 화살이 과녁을 빗나가는 것에 비유합니다. 둘째는 "죄"로 번역된 '페샤'로서 구부러지거나 뒤틀린 것에 죄를 비유합니다. 셋째는 "죄악"으로 번역된 '아본'으로서 하나님과의 관계를 깨뜨리는 구체적 행동을 가리킵니다. 죄는 우리 존재가 하나님의 뜻에 어긋나고 뒤틀려 있는 상태를 의미합니다. 존재 상태가 왜곡되면 눈빛과 말과 행동으로 죄악을 행합니다.

하나님 앞에 선다는 것은 자신의 존재 상태에 눈뜨는 것을 뜻합니다. 그때 우리는 하나님 앞에서 회개하고, 깨어진 마음을 기뻐하시는 하나님은 회개의 눈물을 향기로운 제물로 받으셔서 용서해 주십니다. 자신의 죄성을 자각하고도 하나님의 얼굴을 피하고 회개를 미루는 것은 스스로 영적 숨통을 조이는 일입니다. 반면, 자신의 모든 죄를 인정하고 하나님 앞에 모두 쏟아 놓고 용서를 받으면, 무거웠던 존재가 새의 깃털처럼 가벼워지고 환한 빛이 내리쪼이는 것을 경험합니다. 사람에게 가장 복된 일은 하나님과의 관계가 바로잡히는 것이라는 사실을 깨닫습니다.

시편 33편 | **찬양의 이유**

> ⁴주님의 말씀은 언제나 올바르며, 그 하시는 일은 언제나 진실하다. ⁵주님은 정의와 공의를 사랑하시는 분, 주님의 한결같은 사랑이 온 땅에 가득하구나. (4-5절)

해설

이 시편은 앞의 시편 32편과 한 묶음으로 읽도록 쓰였습니다. 그래서 표제가 따로 없습니다. 다윗은 1절에서 앞의 시편 마지막 절(32:11)을 반복한 뒤, 찬양은 하나님의 백성이 마땅히 해야 할 일이라고 말합니다. 그러면서 수금과 거문고를 타면서 "새 노래"로 하나님을 찬양하고 아름답게 연주하라고 말합니다(2-3절). 하나님은 알면 알수록 새로운 분이시기에 영적으로 깨어 있는 사람은 하나님을 찬양하면서 옛 노래를 무덤덤하게 부를 수가 없습니다.

이어서 다윗은 하나님을 찬양해야 하는 이유를 두 가지로 설명합니다. 우리가 하나님을 찬양해야 하는 첫째 이유는 하나님의 성품 때문입니다. 하나님의 말씀은 진리이고 하나님이 하시는 일은 언제나 진실합니다(4절). 하나님은 정의와 공의를 사랑하시는 분이며, 그의 한결같은 사랑은 온 땅에 충만합니다(5절). 그 성품을 알아보는 사람이라면 누구나 그분을 찬양하지 않을 수 없습니다.

우리가 하나님을 찬양해야 하는 두 번째 이유는 하나님이 행하신 일 때문입니다. 하나님은 말씀으로 하늘을 지으셨고 모든 별과 바다를 만드셨습니다(6-7절). 따라서 모든 사람은 하나님을 두려워하며 경외해야 합니다(8절). 하나님의 말씀에는 권능이 있고, 하나님은 인간이 계획하고 도모하는 것을 이루기도 하시고 헛되게 만드실 수도 있습니다(9-10절). 오직 하나님의 계획과 뜻만이 영원합니다(11절). 그러므로 다윗은, 하나님이 "그들의 하나님이 되시기로 한 나라"는 복이 있다고 말합니다. 하나님이 "그의 기업"(유산)으로 택하신 백성은 복이 있습니다(12절).

온 우주와 역사의 주관자인 하나님은 놀랍게도 인간 한 사람 한 사람의 삶을 낱낱이 살펴보십니다(13절). 그분은 하늘 높은 곳에 계시지만, 땅에 사는 인간사를 세밀하게 살펴보십니다(14절). 하나님은 인간의 마음을 지으신 분이므로 모든 행위를 알고 계십니다(15절). 다윗은 또한 인간의 능력 없음에 대해 서술합니다. 인간이 아무리 애를 쓴다고 할지라도, 설령 어떠한 능력이 있다고 해도, 그것으로도 안 되는 일이 있습니다. 인간의 한계는 분명합니다(16-17절). 그러나 하나님은 당신을 경외하는 사람을 주목하시고 그를 보호하시고 도와주십니다(18-19절).

다윗은 마지막으로 하나님을 향한 마음의 고백으로 시편을 마무리합니다. 그분은 진정 우리의 구원자이시요 방패이십니다(20절). 그래서 우리는 그분을 의지하고 기다립니다. 그때 우리 마음에 기쁨이 있습니다. 그래서 그는 하나님의 변함없는 사랑을 간구합니다(21-22절). 그것만 있으면 다 되기 때문입니다.

묵상

우리는 하나님을 얼마나 알고 있습니까? 그분이 어떤 분이신지, 그분이 어떤 일을 하셨는지를 곰곰이 묵상해 보았습니까? 하나님이 어떤 분이신지를 제대로 안다면 우리의 내면에서 찬양과 감사가 터져 나올 것입니다. 우주의 창조와 운행 그리고 인류의 역사를 그분이 어떻게 인도하고 계시는지를 묵상하다 보면 벌떡 일어나 두 손을 들고 찬양하고 싶은 마음이 생겨납니다. 우리의 하나님은 그토록 위대하시고 영광스러운 분이십니다. 그 영광과 위엄을 다 알게 되면 숨 막혀 죽을 것입니다. 그래서 그분께 드리는 우리의 찬양은 항상 "새 노래"가 됩니다. 옛 노래를 부르더라도 처음 부르는 것같이 부르기 때문입니다.

더 놀라운 사실은 그렇게 크고 위대하신 분이 나 같은 하찮은 존재에게 관심을 두고 계시다는 것입니다. 온 우주와 인류의 역사를 주관하는 영원하신 하나님이 한순간 이 세상에 있다가 사라져 버릴 나 같은 존재의 이름을 기억하시고 돌보신다는 것입니다. 아무리 생각해도 믿기지 않는 사실입니다. 이것은 머리로 납득하고 이해할 수 있는 일이 아닙니다. 체험하여 알 때 비로소 받아들일 수 있는 진실입니다. 십자가는 그 진실을 경험하게 해 줍니다. 태초부터 계셨던 말씀이 세상 만물을 창조하셨고 때가 되어 육신을 입고 우리 가운데 오셔서 하나님이 어떤 분이신지를 몸소 보여 주셨습니다(요 1:1-14). 십자가는 나를 향한 하나님의 사랑의 증거입니다. 온 우주를 지으신 영원하신 하나님이 십자가를 통해 나에게 오셨습니다.

따라서 찬양은 하나님을 아는 사람이 가장 먼저, 가장 즐거이, 가장 자주 하게 되는 일입니다. 하나님을 찬양하는 일은 그분을 아는 사람들에게서 저절로 터져 나오는 반응입니다. 오늘 내 마음에 주님을 향한 찬양이 가득 넘치기를 기도합니다.

| 시편 34편 | **하나님을 맛보아 알다**

> 의로운 사람에게는 고난이 많지만, 주님께서는 그 모든 고난에서 그를 건져 주신다. (19절)

해설

시편 34편은 두 가지 특징이 있습니다. 먼저, 이 시편은 각 절의 첫 글자를 히브리어 알파벳 22개의 순서대로 배열하여 썼습니다. 둘째, 이 시는 다윗이 아비멜렉 앞에서 미친 체하다가 쫓겨나서 지은 시입니다. 이 사건은 사무엘상 21:11-16에 나오는데, 다윗은 자기를 죽이려고 하는 사울을 피해서 골리앗의 고향인 가드로 갑니다. 그곳에서 가드왕 아비멜렉이 자신을 붙잡으려고 하자 다윗은 침을 질질 흘리며 미친 사람 시늉을 하여 겨우 목숨을 건집니다. 이 시편은 그가 아둘람 동굴로 피신한 후에 지었을 것입니다.

다윗은 먼저 자신이 늘 하나님을 찬양할 것이며 오직 하나님만 자랑할 것이라고 고백합니다(1-2절). 나아가 그는 다른 사람들에게 자신과 함께 하나님을 높이자고 말합니다(3절). 다윗이 이렇게 감격하여 외치는 것은 그가 살아 계신 하나님을 경험했기 때문입니다. 인생의 위기 속에서 하나님을 간절히 찾았을 때, 하나님은 다윗에게 응답하셨고 모든 두려움에서 건져 주셨습니다(4절). 그래서 다윗은 하나님을 바라보라고 말합니다(5절). 하나님이 비천한 자신을 돌아보신 것처럼, 하나님은 하나님을 경외하는 사람을 도우실 것이기 때문입니다(6-7절).

이어서 다윗은 하나님의 신실하심을 믿고 하나님을 경외하는 것의 중요성에 대해서 말합니다(8-9절). 개역개정에는 "여호와의 선하심을 맛보아 알지어다"(8절)라고 번역되어 있습니다. 오감으로 느껴질 정도로 하나님을 가까이하라는 뜻입니다. 하나님을 경외하는 사람은 아무런 부족함이 없을 것입니다(10절). 그렇게 하나님을 인격적으로 경험한 사람들은 악한 말이나 거짓말을 하지 않으며 악한 일을 피하고 선한 일을 추구합니다(11-14절). 하나님으로부터 받은 은혜에 보답하기 위함입니다.

다윗은 "주님의 눈", "주님의 귀", "주님의 얼굴" 등의 표현을 통해 하나님이 당신을 경외하는 사람을 돌보신다는 사실을 강조합니다(15-16절). 의인이 하나님을 찾을 때 하나님은 반드시 응답하십니다(17절). 하나님은 특별히 마음이 상한 사람을 가까이하십니다(18절). 의인에게는 고난이 많습니다. 하나님을 의지하고 정직하고 진실하며 거룩하게 살려 하기 때문입니다. 그러나 하나님은 그 모든 고난에서 건져 주십니다(19-20절). 악인은 그 악함으로 인해 끝내 멸망합니다. 개역개정은 "악이 악인을 죽일 것이라"(21절)고 번역했습니다. 그들은 즐기려고 죄악을 추구하지만, 실은 그들이 택한 죄악이 그들을 심판합니다. 반면, 하나님은 당신을 피난처로 삼는 사람을 보호하십니다(21-22절).

묵상

모든 사람이 고난을 피하고 싶어 합니다. 할 수 있는 한, 편안하고 행복하게 살기를 원합니다. 하지만 인생이라는 종합 선물 세트에는 고난이라는 선물도 반드시 포함되어 있습니다. 질병으로 인한 고난, 관계 문제로 인한 고난, 장애로 인한 고난, 경제 문제로 인한 고난, 노쇠함으로 인한 고난, 자연재해로 인한 고난 들이 인생 여정에 복병처럼 숨어 있다가 우리를 공격합니다. 그뿐 아니라, 하나님의 뜻을 따라 의롭게 살아가기 위해서는 고난을 자초해야 합니다. 죄악이 당연하게 여겨지는 세상에서 하나님의 뜻을 원리로 삼는 것은 손해 보는 일이요 거부당하는 일이며 때로 박해당하는 일이기 때문입니다. 그래서 "의로운 사람에게는 고난이 많다"(19절)고 말한 것입니다.

고난은 우리를 망가뜨릴 수도 있고 연단할 수도 있습니다. 다윗은 사울을 피하여 도피하던 중 무덤 입구에 처하게 되었습니다. 그 위기로부터 벗어날 수 있는 길은 미친 사람처럼 행동하는 수밖에 없었습니다. 그는 실성한 사람인 양 연극을 하면서 마음으로 하나님께 구원해 주시기를 간구했을 것입니다. 얼마 후, 그는 기적처럼 그 상황에서 벗어났고, 그 과정에서 하나님의 신실하심을 "맛보아 알게"(8절, 개역개정) 되었습니다. 자신이 미친 사람처럼 행동할 때 하나님의 눈과 귀와 얼굴이 자신을 향해 있었다는 사실을 알았습니다(15-16절). 이 체험은 그의 믿음을 더욱 강하게 만들었고, 그 체험에 근거하여 다윗은 사람들에게 하나님을 피난처로 삼고 그분만을 의지하라고 권합니다.

고난이 아니고는 체험할 수 없는 진리가 있고, 고난이 아니고는 닿을 수 없는 경지가 있습니다. 그 진리를 깨닫고 그 경지를 경험하고 나면, "고난을 당한 것이, 내게는 오히려 유익하게 되었습니다"(시 119:71)라고 고백하게 됩니다. 내가 겪어야 할 모든 고난과 내가 믿음으로 감수해야 하는 모든 고난을 믿음으로 대하게 되기를, 그래서 하나님의 신실하심을 더 깊이 맛보아 알게 되기를 기도합니다.

시편 35편 | **배신당한 이의 기도**

> 거짓말쟁이 원수들이 나를 이겼다면서 기뻐하지 못하게 해 주십시오. 까닭 없이 나를 미워하는 자들이 서로 눈짓을 주고받으며 즐거워하지 못하게 해 주십시오. (19절)

해설

시편 34편에서 다윗은 죽음의 문턱에서 자신을 구원해 주신 하나님을 찬양했는데, 35편에서는 자신을 괴롭게 하는 자들을 징계해 달라고 기도합니다. 지금 다윗을 고통스럽게 하는 사람들은 과거에 다윗으로부터 은혜를 입었던 자들입니다. 그들이 병들었을 때 다윗은 굵은 베옷을 걸치고 금식하며 기도했습니다(13절). 그들의 아픔을 함께 아파하고 애도했습니다(14절). 그런데 다윗이 환난을 당하자 그들은 모여서 기뻐 떠들고 조롱하고 비웃었습니다(15-16절).

이런 상황에서 다윗은 자신을 대신하여 하나님이 싸워 달라고 호소합니다(1절). 자신을 해치려는 자들에게서 구해 주시고 그들이 멸망하여 수치를 당하게 해 달라고 기도합니다(2-8절). 주님은 "약한 사람을 강한 자에게서 건지시며 가난한 사람과 억압받는 사람을 약탈하는 자들에게서 건지시는"(10절) 분임을 알기 때문에 다윗은 이렇게 기도합니다. 그는 "이것은 나의 뼈 속에서 나오는 고백입니다"(10절)라고 말합니다. 뼛속에까지 스며드는 절절한 고통 중에 하나님의 구원을 경험했다는 뜻입니다.

다윗은 그들이 얼마나 배은망덕한 사람들인지를 묘사한 후(11-16절), 속히 그들을 징계해 달라고 호소합니다. 그는 자신이 고통 속에서 영영 망하게 될 때 그들이 기뻐하며 즐거워할 모습을 상상합니다(19절). 하나님을 두려워할 줄 모르며 거룩하게 살아가려는 사람들을 거침없이 모욕하는 그들이 기고만장하는 모습을 상상하니 치가 떨립니다. 하나님이 그 모습을 보지 못하셨을 리가 없습니다. 그래서 다윗은 "주님, 주님께서 친히 보셨으니, 가만히 계시지 마십시오"(22절)라고 호소합니다. 그들이 기고만장하는 일이 없게 해 달라고 기도합니다.

　이렇게 기도한 후에 다윗은 하나님이 응답해 주실 것을 믿음으로 내다봅니다. 상황으로 본다면 달라진 것은 아무것도 없지만, 하나님께 간절히 기도한 후에 그의 믿음이 회복되었습니다. 26-28절의 기도는 믿음이 회복된 후에 드린 고백이며 찬양입니다. 자신의 불행을 보고 기뻐하는 사람들은 결국 수치를 당할 것이 분명합니다(26절). 반면, 하나님께 피하고 의지한 사람들은 기뻐하게 될 것입니다(27절). 마지막으로 다윗은 구원의 체험을 가지고 "주님의 의를 선포"하고 "온종일 주님을 찬양"(28절)하겠다고 결단합니다.

묵상

별 상관이 없는 사람으로부터 당한 아픔은 견디기 어렵지 않습니다. 하지만 믿었던 사람의 배신은 견디기 어렵습니다. 어려울 때 은혜를 베풀어 주었던 사람이 그 은혜를 망각하고 배신으로 갚을 때면 참을 수가 없습니다. 인간의 심성은 죄에 물들어 있어서 다른 사람의 기쁨을 시기하고 다른 사람의 아픔을 즐거워하는 못된 경향이 있습니다. 다윗은 지금 그런 상황에 처해 있습니다. 헤어나기 힘든 깊은 어려움에 처하자 과거에 그에게 도움을 받았던 사람들이 즐거워하며 그가 환난 속에서 망하기를 기대합니다. 그로 인해 다윗의 마음은 금세라도 폭발할 것 같았습니다. 오죽하면 "오, 내 기도가 응답되지 않았더라면 더 좋았을 텐데!"(13절)

라고 말하겠습니까? 과거에 그들이 어려움을 당할 때 기도해 준 것을 후회할 정도로 그들의 배신은 다윗에게 큰 아픔을 주었습니다.

이럴 때가 기도해야 할 때입니다. 분노와 앙심이 커질수록 인간은 더 큰 악으로 기울어질 가능성이 커지기 때문입니다. 자신의 손으로 복수하고 싶은 마음을 접어놓고 하나님 앞에 나아가 마음을 쏟아 놓아야 합니다. 이럴 때는 바른 말, 좋은 말, 고운 말만으로 기도하기는 힘듭니다. 있는 그대로 마음을 내어놓아야 합니다. 다윗은 그런 기도를 드릴 줄 아는 사람이었습니다. 그래서 때로는 입에 담기 어려운 저주의 기도까지 쏟아 놓았습니다. 그렇게 감정에 정직하게 기도할 때 우리는 비로소 분노와 앙심에서 풀려나 하나님의 주권에 모든 것을 맡길 수 있습니다. 내가 내 힘으로 응징하려 하면 필경 후회할 일이 생깁니다. 하지만 하나님이 바로잡으실 때는 모두에게 은혜가 넘칩니다.

이 시간 하나님의 임재 앞에 내 마음을 엽니다. 그리고 내 마음 안에 있는 모든 부정적인 감정을 하나님 앞에 내어놓습니다. 주님이, 주님의 방법으로, 주님의 시간에 행하시기를 기도합니다. 아멘.

| 시편 36편 | **죄는 힘이다**

> 악인의 마음 깊은 곳에는 반역의 충동만 있어, 그의 눈에는 하나님을 두려워하는 기색이 조금도 없습니다. (1절)

해설

이 시편은 "주님의 종 다윗의 노래"입니다. 다윗을 가리켜 "주님의 종"이라고 부른 것은 구약에서 두 번뿐인데, 시편 18편과 이 시편입니다. 또한 이 시편은 34, 35편과 함께 '악인에 관한 시'로 서로 연관성을 가집니다. 34편은 악인에게서 구원받은 후에 쓴 감사 기도이고, 35편은 악인을 징계해 달라는 탄원 기도입니다. 36편은 악의 본성에 대한 성찰과 하나님에 대한 헌신의 결단을 담고 있습니다.

먼저 다윗은, 악인은 그 마음에 반역의 충동만 있고 하나님을 두려워하는 기색이 전혀 없다고 말합니다(1절). 개역개정은 "악인의 죄가 그의 마음속으로 이르기를…"이라고 번역합니다. 죄 자체가 살아 있는 힘으로 묘사되고 있습니다. 처음에는 사람이 죄를 택하지만 나중에는 죄가 그 사람을 사로잡습니다. 그렇게 되면 하나님의 존재를 부정하고 경외심을 내버립니다. 그로 인해 그 사람의 "눈빛"과 "생각"(2절), "입"과 "일"(3절)이 모두 죄로 물들어 버립니다. 그는 "잠자리에 들어서도"(4절) 악을 도모합니다. 악이 그의 전인격을 오염시키고 그의 삶의 영역 전체로 침투해 들어가는 것입니다.

이어서 다윗은 하나님께 눈길을 돌립니다. 하나님의 한결같은 사랑은 하늘에 가득 차 있습니다(5절). 하나님의 의는 산 같으며, 그분의 공평하심은 깊은 바다와 같습니다(6절). 악은 한 사람을 속속들이 오염시키지만, 하나님의 한결같은 사랑은 온 우주에 충만합니다. 그것을 아는 사람은 "주님의 날개 그늘 아래로 피하여 숨습니다"(7절). 그 그늘 아래 우리의 필요를 채워 줄 만한 것들이 충만하기 때문입니다(8-9절). 주님은 믿는 자들에게 "생명의 샘"(9절)이 되십니다. 믿는 이들의 미래는 오직 하나님께 달려 있습니다.

이런 고백에 기초하여 다윗은 하나님께 기도를 올립니다. 하나님을 사랑하는 자들에게 하나님의 변함없는 사랑을 베풀어 주시고, 정직한 자들에게 의를 베풀어 주시기를 기도합니다(10절). 또한 교만한 자들과 악한 자들로부터 해를 당하지 않게 해 달라고 간구합니다(11절). "그때에" 즉 하나님이 기도에 응답하실 때에 악한 자들은 하나님의 권능 아래 무너지게 될 것이기 때문입니다(12절).

묵상

하나님은 두려워해야 할 대상입니다. 우리 인간이 어떤 존재이고 하나님이 어떤 분이신지를 안다면 그분 앞에 서기가 두려운 일임을 압니다. 하나님이 두려운 분이라는 사실을 아는 것이 가장 근본적인 지식입니다(잠 1:7). 그 두려움이 우리를 인간답게 살도록 만들어 줍니다. 그 하나님은 또한 사랑하고 의지해야 할 대상입니다. 그분의 "한결같은 사랑"('헤세드', 5, 7, 10절)은 온 우주에 가득합니다. 그분의 의로우심은 산맥처럼 우람하고 바다처럼 깊습니다. 그것을 아는 사람은 그분의 날개 그늘 아래 피합니다. 죽어도 그 날개 아래에서 죽기를 바랍니다. 그곳이 가장 안전하기 때문입니다. 그곳에 우리에게 필요한 모든 것이 있기 때문입니다.

우리 주변에는 하나님을 두려워하지 않고 속속들이 악에 물든 사람이 많습니다. 죄는 어떤 개념이 아니라 우리 내면에서 작용하는 힘입니다. 악한 영이 죄를 수단으로 우리를 유혹합니다. 우리의 타락한 본성은 죄인 줄 알면서도 그것을 탐합니다. 그러다가 죄악에 사로잡힙니다. 그렇게 되면 영혼은 눈멀고 마음은 굳어져서 하나님의 존재를 인정하지도 않고 그분을 두려워하지도 않습니다. 악한 자들은 세상을 지배할 듯한 막강한 힘을 과시하기도 합니다. 그럴 때면 그들에게 줄을 대고 그들의 보호를 받는 것이 안전해 보입니다. 하지만 우리는 오직 하나님만을 의지하고 그분께 도움을 구합니다. 잠시 동안 악인들이 득세하는 것 같아도 결국 하나님이 모든 것을 바로잡으실 것이기 때문입니다.

이 시간, 하나님을 의지하고 나의 삶을 온전히 하나님께 맡겨 드립니다. 손을 털고 깨끗이 살기를 다짐합니다. 주님의 날개 그늘 아래 우리를 품어 주실 하나님께 감사와 찬양을 드립니다. 아멘!

시편 37편 | # 땅을 차지할 사람들

> ¹⁰조금만 더 참아라. 악인은 멸망하고야 만다. 아무리 그 있던 자취를 찾아보아도 그는 이미 없을 것이다. ¹¹겸손한 사람들이 오히려 땅을 차지할 것이며, 그들이 크게 기뻐하면서 평화를 누릴 것이다. (10-11절)

해설

이 시편은 형식상 25편이나 34편처럼 히브리어의 알파벳을 초성으로 삼아 순서대로 쓰였습니다. 내용 면에서는 34편부터 이어지는 '악에 대한 묵상'의 연장이라 할 수 있습니다. 34편은 악인의 위협 가운데 구원받은 기쁨을 노래했고, 35편은 악한 자를 징벌해 달라는 기도이며, 36편은 악인의 세력과 하나님의 권능을 대조하면서 하나님에 대한 신뢰를 고백하는 기도입니다. 37편은 악인에 대한 경험에 근거해 쓰인 지혜시라 할 수 있습니다.

다윗은 "악한 자들이 잘된다고 해서 속상해하지 말며, 불의한 자들이 잘 산다고 해서 시새워하지 말아라"(1절)라는 말로 시작합니다. 예나 지금이나 현실은 동일합니다. 현세에서 악한 자들이 징벌을 받고 의로운 사람들이 보상을 받는 일은 잘 일어나지 않는 것 같습니다. 언제나 악인이 이기는 것 같고 의인은 손해를 보는 것 같습니다. 악인들은 "가는 길이 언제나 평탄하다고 자랑"하고 "악한 계획도 언제나 이룰 수 있다"(7절)고 거들먹거립니다. 반면, 하나님을 신뢰하며 거룩하고 정직하게 살아가려는 사람들은 현세에서 손해 보고 고난당하는 일이 비일비재합니다. 그래서 악인들의 번영을 보고 "마음 상해"(7절) 합니다. "노여움"과 "격분"과 "불평"(8절)이 솟구쳐 나옵니다. 그런 감정을 그대로 방치하면 "악으로 기울어질"(8절) 뿐입니다.

다윗은 이 시편에서 의로운 사람들에게 말합니다. 그는 "의인"에 대한 동의어로 "겸손한 사람들"(11절), "비천하고 가난한 사람들"(14절), "흠 없는 사람"(18절), "정직한 사람"(37절), "평화를 사랑하는 사람"(37절) 등의 표현을 사용합니다. 하나님만 의지하고 그분의 뜻을 따라 사는 사람들은 겸손하고 흠 없이 정직하게 살기를 힘쓰면서 평화를 도모합니다. 그들은 때로 악한 사람들로 인해 가난하게 되고 세상에서 비천하게 여겨집니다. 다윗은 그들에게 악인들의 번영과 형통을 보고 분노하거나 실망하거나 유혹받지 말라고 권면합니다.

두 가지 이유 때문입니다. 하나는 악한 사람들은 결국 그들이 행한 악에 대한 보응을 받기 때문입니다. 인간의 시각으로 볼 때는 그 보응이 너무 늦어지는 것 같아 보입니다. 그래서 다윗은 "조금만 더 참아라"(10절)라고 말합니다. 결국 하나님이 손을 들어 징벌하실 날이 올 것이기 때문입니다. 그래서 다윗은 "악인의 큰 세력을 내가 보니, 본고장에서 자란 나무가 그 무성한 잎을 뽐내듯 하지만, 한순간이 지나고 다시 보니, 흔적조차 사라져, 아무리 찾아도 그 모습 찾아볼 길 없더라"(35-36절)라고 말합니다. 때로 악인의 번영이 오래 지속되는 것처럼 보이고 하나님이 침묵하는 것처럼 보이지만 결국 하나님이 바로잡으신다는 뜻입니다.

다른 하나는 의인들이 결국 하나님께로부터 보상을 받기 때문입니다. 다윗은 "나는 젊어서나 늙어서나, 의인이 버림받는 것과 그의 자손이 구걸하는 것을 보지 못하였다"(25절)고 말합니다. "의인의 구원은 주님께로부터 오며, 재난을 받을 때에, 주님은 그들의 피난처가 되어 주시기"(39절) 때문입니다. 그러므로 악인들의 번영을 시샘하지도 말고 그것에 대해 분노하지도 말 일입니다. 오직 "네 갈 길을 주님께 맡기고, 주님만을 의지할"(5절) 일입니다. "잠잠히 주님을 바라고 주님만을 애타게 찾을"(7절) 일입니다. 그리고 "악한 일 피하고 선한 일 힘쓰면"(27절) 주님이 미래를 책임져 주실 것입니다.

묵상

이 시편은 예수님의 팔복 중 세 번째 복에 대한 말씀(마 5:5, "온유한 사람은 복이 있다. 그들이 땅을 차지할 것이다")을 생각나게 합니다. 예수님이 시편 37:11을 염두에 두고 이 말씀을 하셨을 것이 분명합니다. 이 시편의 맥락에서 "온유한 사람"(혹은 "겸손한 사람")은 악인들이 승승장구하는 것 같은 이 세상에서 하나님을 신뢰하고 그분의 뜻을 따라 거룩하고 의롭고 진실하고 정직하게 살기 위해 힘쓰는 사람들입니다. 그런 사람들은 자신의 이익을 지키기 위해 악다구니하며 싸우지 않습니다. 하나님이 모든 것을 바로잡으실 것을 알기에 양보할 줄도 알고 손해 볼 줄도 압니다. 때로는 무력해 보이기도 합니다. 하지만 그들이 진실로 강한 사람들입니다. 전능하신 하나님이 붙들고 계시기 때문입니다.

시편 37편에서 다윗은 "땅을 차지하다"라는 말을 다섯 번 사용합니다(9, 11, 22, 29, 34절). "땅을 차지하다"라는 말은 토지를 소유하게 된다는 뜻이 아니라 흔들리지 않는 토대 위에 서게 될 것이라는 뜻입니다. "결국 그가 땅을 차지할 것이다"라는 말은 결국 그가 이길 것이라는 뜻입니다. 그 자신의 힘이 강해서가 아니라 하나님이 모든 것을 바로잡으시기 때문입니다. 자신의 힘으로 싸워 이기는 것이 아니라 하나님이 이기게 하신다는 뜻입니다. 온유함(혹은 겸손함)의 근거는 하나님에 대한 진실한 믿음입니다. 겉으로만 유연하게 말하고 행동하는 것이 아니라 하나님이 모든 것을 바로잡으신다는 믿음 위에서 말하고 행동하는 것입니다.

다윗은 두 가지 악을 모두 경험했습니다. 자신의 내면에 도사리고 있는 악의 힘에 무너지기도 했고, 하나님을 부정하는 사람들의 악행으로 인해 고난당하기도 했습니다. 그런 경험에 근거하여 그는 이와 같은 통찰과 지혜를 얻었습니다. 그를 통해 울리는 지혜의 말씀에 "아멘!" 하고 응답하면서 진실한 믿음을 구합니다.

| 시편 38편 | **하나님 앞에서 정직하게** |

> 아, 주님, 나의 모든 탄원, 주님께서 다 아십니다. 나의 모든 탄식, 주님 앞에 숨길 수 없습니다. (9절)

해설

이 시편은 시편에 있는 일곱 편의 참회시(6, 32, 38, 51, 102, 130, 143편) 중 세 번째 시입니다.

먼저 다윗은 현재 자신의 죄로 인해 겪고 있는 고통을 호소하며 하나님께 긍휼을 구합니다. 1절에 나타난 "주님의 분노", "주님의 진노" 그리고 2절에 나타난 "주님의 화살", "주님의 손" 등은 하나님을 향한 다윗의 경외심을 보여 줍니다. 그는 지금 심각한 병을 앓고 있는데, 그것이 자신의 죄에 대한 하나님의 징벌이라고 받아들입니다. 하나님은 사랑이시지만 죄에 대해서는 묵인하지 않으십니다. 그분은 거룩하신 분이기 때문입니다. 자신에게 어떤 불행이 닥쳤을 때 혹시 자신의 죄로 인해 받은 징벌이 아닌지 돌아보는 것은 아주 중요한 영적 훈련입니다.

이어서 다윗은 자신이 당한 고통의 실상을 묘사합니다(3-8절). 그는 자신의 죄를 인정하며 하나님의 노하심으로 인한 고통을 호소합니다. 그의 몸과 마음은 피폐해졌습니다. 다윗은 극심한 슬픔 가운데 하나님을 향해 신음하며 울부짖습니다. 다윗은 죄성을 가진 어쩔 수 없는 인간이었지만, 하나님 앞에서 정직하려 애썼습니다. 그는 자신이 당하는 고통이 얼마나 큰지를 묘사하는 동시에 그러한 고통을 초래한 자신의 죄와 어리석음이 얼마나 큰지를 겸손히 시인합니다. 따라서 이 시편은 절규인 동시에 회개입니다.

9절에서 다윗은 하나님께 호소한 다음, 다시금 자신이 당하는 고통의 실상을 묘사합니다(10-14절). 그의 고통은 심신에 국한되지 않고 관계까지도 손상시킵니다. 자기가 사랑하는 자와 친구들, 심지어 가족들마저 자신을 멀리한다고 고백합니다(11절). 그를 죽이려는 자들은 덫을 놓고 온종일 그를 해칠 궁리를 합니다(12절). 그럼에도 그는 병약하여 아무런 대응도 하지 못하고 있습니다(13-14절). 이렇게 자신의 처지를 고백한 후 다윗은 다시금 하나님께 호소합니다(15절). 철저히 버려진 것 같은 현 상황에서 그가 의지할 분은 하나님밖에 없기 때문입니다.

그런 다음 다윗은 또다시 자신이 당한 고통의 실상을 묘사합니다(16-20절). 과거에 그는 재난에 빠져 있을 때 구해 달라고 하나님께 기도한 적이 있습니다(16절). 그런데 지금 또다시 재앙을 만났습니다(17절). 회개하며 기도하면 응답해 주신다고 해서 그렇게 하는데(18절) 하나님의 응답은 오지 않습니다(19-20절). 마치 기도가 소용없는 것 같고 하나님께 버림받은 것 같습니다. 하지만 회의와 불신을 떨치고 다윗은 다시금 하나님께 호소합니다. "주님, 나를 버리지 말아 주십시오. 나의 하나님, 나를 멀리하지 말아 주십시오. 빨리 나를 구원하여 주십시오. 나를 구원하시는 주님!"(21-22절)

묵상

살다 보면 극심한 고난을 당할 때가 있습니다. 그럴 때면 다윗이 여기서 고백하는 것처럼 육신과 정신이 모두 무력해집니다. 온 세상 사람들로부터 비난받고 버림받은 것 같습니다. 이런 상황에 처하면 하나님께 불평하고 항의하는 사람도 있고, 절망 가운데 극단적인 선택을 하는 사람도 있습니다. 가장 바람직한 것은 하나님 앞에 나아가 정직하게 스스로를 돌아보는 것입니다. 그럴 때 의식적으로 혹은 무의식적으로 무시하고 있던 숨겨진 죄가 보입니다. 그렇게 되면 그 고난이 자초한 것이며 하나님이 우리를 죄에서 돌이키시려고 허락하신 '사랑의 매'라는 사실을 깨닫게 됩니다. 그럴 때 비로소 진실한 회개의 기도를 드릴 수 있습니다.

자신의 죄를 깨달았을 때 다윗은 하나님 앞에 정직하게 섭니다. 하나님이 모든 것을 알고 계시다면, 그분 앞에서 정직하지 않을 이유가 없습니다. 그러나 이것은 쉬운 일이 아닙니다. 믿음의 사람들조차 하나님 앞에서 정직하지 않을 때가 있습니다. 자기의(self-righteousness)에 빠져서 그럴 수도 있고, 영적으로 무감각해져서 그럴 수도 있습니다. 그것이 예수님이 바리새인을 향해 분노하신 이유였고, 성경이 "스스로 속이지 말라"(갈 6:7, 개역개정)라고 말하는 이유입니다. 하나님 앞에 정직하게 서서 자신을 성찰하고 회개하는 것이 진정한 믿음의 출발점입니다.

하나님 앞에 정직한 모습으로 서기 원합니다. 하나님 앞에서 인정하고 회개할 것이 없는지 자문합니다. 오늘도 성령의 인도 안에서 거룩하게 살아가기를 기도합니다.

| 시편 39편 | **길손과 나그네**

> 주님, 내 기도를 들어주십시오. 내 부르짖음에 귀를 기울여 주십시오. 내 눈물을 보시고, 잠잠히 계시지 말아 주십시오. 나 또한 나의 모든 조상처럼 떠돌면서 주님과 더불어 살아가는 길손과 나그네이기 때문입니다. (12절)

해설

표제에 언급된 "여두둔"은 다윗에 의해 임명되어 성막 예배에서 음악을 담당했던 사람입니다(대상 16:41-42). 이 시편은 37편과 연관 지어 읽을 필요가 있습니다. 지금 다윗은 악한 자들의 번영과 폭행으로 인해 심적 고통을 받고 있습니다. 의롭고 선하게 살기를 결심한 사람에게 악한 자들의 번영과 폭행은 큰 시험거리입니다. 악한 자들에 대한 불평과 불만, 분노가 마음을 흔들어 악으로 기울어지게 하기 때문이며, 자신이 선택한 의로운 삶에 대한 확신이 흔들릴 수 있기 때문입니다. 게다가 다윗은 지금 중병에 걸려 고통받고 있습니다.

이런 상황에서 그는 "나의 길을 내가 지켜서, 내 혀로는 죄를 짓지 말아야지"(1절)라고 다짐합니다. "입에 재갈을 물려"서라도 불평과 악담과 저주의 말을 내뱉지 않겠다고 다짐합니다. 그렇게 다짐하고 침묵했더니 속에서 불이 타는 듯합니다. 근심은 더욱더 깊어만 갔고(2절) 울화가 치밀어 올라 견딜 수가 없습니다. 참다못해 다윗은 하나님 앞에 나아가 마음을 쏟아 놓습니다(3절).

4절과 5절은 분리해서 읽어야 합니다. 4절은 오랫동안 드린 기도를 요약한 것입니다. 악인들의 번영과 폭행으로 인해 마음에 쌓인 분노와 회의를 하나님 앞에 다 쏟아 놓고 나자, 다윗의 마음은 맑아지고 어두워졌던 눈이 밝아집니다. 그 마음으로 하나님을 바라보자 자신의 인생이 얼마나 짧고 덧없는 것인지를 깨닫습니다(5절). 이 세상에서 명성을 쌓는 것도 덧없는 일이요, 재산을 모으는 일도 허사입니다(6절). 그렇기에 참된 희망은 하나님께 있습니다(7절). 그렇게 시각이 바뀌고 보니 악인들의 번영에 대해 분노했던 자신이 부끄러워졌습니다. 그들의 번영도 알고 보면 잠시 이는 바람일 뿐이기 때문입니다. 영원의 시각을 얻으면 현재의 시간 안에서 일어나는 일들은 덧없어 보이는 법입니다.

이 지점에서 다윗의 기도는 악인들의 번영에 대한 불평에서 구원에 대한 호소로 바뀝니다(8-11절). 하나님과의 살아 있는 대화로써 기도할 때면 기도 제목이 달라집니다. 기도는 우리의 생각과 감정과 시각을 바꾸어 주기 때문입니다. 다윗의 경우, 기도하기 전에는 악인들의 폭행만 보였는데, 기도하다 보니 자기 자신의 죄가 더 크게 보였습니다. 자신이 정작 해결해야 할 문제는 다른 사람들의 악이 아니라 자신의 죄 문제임을 깨달은 것입니다. 그는 주님이 작심하신다면 자신은 하나님 앞에 설 수 없는 죄인임을 고백하면서 그 죄를 용서하시고 현재의 고난으로부터 구원해 주시기를 구합니다. 자신도 역시 조상들처럼 "떠돌면서 주님과 더불어 살아가는 길손과 나그네"(12절)일 뿐이기 때문입니다. 그는 다시 한번 구원을 호소하며 기도를 마칩니다(13절).

묵상

불가에서는 '인생무상'을 이야기합니다. 이 시편에서 다윗이 말하는 것도 인생무상입니다. 인생은 너무도 짧고 인생에서 무엇을 이룬다는 것도 덧없는 일이라고 고백합니다. 하지만 그는 인생무상에 대한 깨달음에서 체념으로 넘어가지 않습니다. 무상한 인생으로부터 눈을 돌려 '영원한'

하나님을 바라봅니다. 그리고 하나님께 자신의 인생을 맡깁니다. 희망은 한 뼘 길이의 인생에 있는 것도 아니고 한 줌의 물질에 있지도 않습니다. 진정한 희망은 창조주이신 하나님께 있습니다. 그분과 잇대어 있지 않은 인생은 그림자와 같고 바람과 같습니다. 80년 인생이 꿈만 같습니다.

진실이 그렇다면, 이 땅에서 당하는 일들에 목숨 걸지 말아야 합니다. 그것이 전부인 양 오해하지 말아야 합니다. 우리는 "떠돌면서 주님과 더불어 살아가는 길손과 나그네"입니다. 정처 없이 떠도는 나그네가 아니라 영원한 고향을 향해 가는 순례자입니다. 우리의 영원한 고향은 하나님 품입니다. 그래서 이 땅에 사는 동안 그분을 신뢰하고 그분과 더불어 살아가기를 힘씁니다.

하나님에게 눈뜨지 못하면 인생은 무상합니다. 하지만 하나님에게 눈뜨면 인생은 영원한 의미를 가집니다. 영원을 바라보는 눈으로 인생을 볼 때 비로소 제대로 보이고 견실하게 살아갈 수 있습니다.

이 시간, 눈을 감고 하나님을 묵상합니다. 그분의 영원한 나라를 묵상합니다. 그분께서 한 뼘도 되지 않는 나의 인생을 알아주신 것에 감사드립니다. 오늘도 이 나그네 삶에 정성을 다할 것을 다짐합니다.

시편 40편 | **기다림의 능력**

> 나는 불쌍하고 가난하지만, 주님, 나를 생각하여 주십시오. 주님은 나를 돕는 분이시요, 나를 건져 주는 분이시니, 나의 하나님, 지체하지 말아 주십시오. (17절)

해설

이 시편은 크게 세 부분으로 구성되어 있습니다. 먼저 다윗은 하나님이 자신의 기도에 응답해 주셨다는 사실을 간증합니다(1-4절). 그런 다음 그는 하나님에 대한 찬양의 고백을 이어 갑니다(5-10절). 마지막으로 다윗은 하나님의 끊임없는 긍휼과 도우심을 구합니다(11-17절). 전반부는 찬양시에 속하고, 후반부는 탄원시에 속합니다.

시편 39편에서 다윗은 고통 중에 하나님께 구원을 호소했습니다. 시편 40편은 그 기도가 응답된 직후에 쓰인 것으로 보입니다. 다윗은 "간절히 기다렸더니" 하나님이 자신의 기도에 응답하셨다고 고백합니다(1-2절). 한숨과 탄식과 통곡으로 지내던 그에게서 이제는 "새 노래"와 "찬송"(3절)이 흘러나옵니다. 그 모습으로 인해 많은 사람들이 하나님의 살아 계심을 보고 그분에게 돌아왔습니다. 다윗은 오직 하나님만 신뢰하며 그분의 응답을 믿고 기다려 왔던 자신을 생각하며 "주님을 신뢰하여 우상들과 거짓 신들을 섬기지 않는 사람은 복되어라"(4절)라고 증언합니다.

그런 다음 다윗은 하나님께 말머리를 돌립니다. 먼저 그는 인간을 위해 세우신 하나님의 계획이 헤아릴 수 없이 많고 놀랍다고 고백합니다(5절). "내 두 귀를 열어 주셨습니다"(6절)라는 말은 원래 "당신이 나를 위해 파 주신 귀"라는 뜻입니다. 하나님은 형식적인 제사나 예물을 기뻐하시지 않고, 종이 자신의 귀를 뚫어 주인을 섬긴 것처럼 진정으로 하나님을 섬기는 것을 기뻐하신다는 뜻입니다. 그러한 하나님의 마음을 알기에 그는 율법을 따라 그분의 뜻을 즐거이 행하고 있다고 고백합니다(7-8절). 또한 그는 자신이 체험한 하나님을 많은 사람들 앞에서 증언하겠다고 약속드립니다(9-10절).

이어서 다윗은 하나님께 간구를 올립니다. 그는 우선 하나님이 변함없는 사랑으로 자신을 지키시고 돌보아 주시기를 기도합니다(11절). 여전히 그의 삶에는 수많은 재앙과 극심한 어려움이 있기 때문입니다(12절). 그는 자신이 겪는 고난의 이유를 두 가지로 이해합니다. 첫째, 그는 자신의 고난이 주로 자신의 죄로 인한 것이라는 사실을 인정합니다. 머리털보다도 많은 자신의 죄만 생각하면 절망할 수밖에 없습니다(12절). 하지만 그는 눈을 들어 하나님을 바라봅니다. 그분의 사랑에 의지하여 구원해 주시기를 호소합니다(13절). 하나님의 사랑은 인간의 죄를 이기고도 남기 때문입니다. 둘째, 악의를 가지고 그를 공격하는 사람들 때문입니다. 그는 하나님이 그들을 징벌해 주시기를 구합니다(14-15절).

마지막으로 그는 "주님을 찾는 모든 사람" 즉 "주님께서 구원하여 주시기를 바라는 사람"(16절)은 결국 응답을 받을 것이라고 고백하면서 지체하지 말고 자신을 구해 주시기를 구합니다(17절).

묵상

신앙의 여정은 하나님을 신뢰하고 의지하는 법을 배우는 과정입니다. 우리는 어려움 중에 있을 때 하나님께 기도하며 응답을 기다립니다. 하지만 하나님은 우리가 원하는 방식이나 우리가 원하는 속도로 응답하지 않으십니다. 우리의 기도를 들으시고 우리에게 가장 좋은 것을 주시는 분이시지만, 그것이 항상 우리가 원하고 기대하는 대로 일어나지는 않습니다. 가장 좋은 것이 무엇인지를 아시는 분은 하나님뿐이기 때문입니다. 우리의 생각은 너무 제한적이어서 무엇이 가장 좋은지, 언제가 가장 좋은 때인지 알지 못합니다. 그래서 때로 우리는 "주님, 어느 때까지입니까?"라고 기도하며 한숨짓습니다. 그런 상황에 있으면 하나님은 너무 멀리 계신 것 같고, 우리의 사정에 무관심하신 것 같습니다.

하지만 하나님은 우리의 고통을 지켜보고 계시며 함께 아파하십니다. 그리고 그분의 때에, 그분의 방식으로 응답하십니다. 따라서 '기다림'은 하나님을 신뢰하고 의지하는 법을 배우는 데 매우 중요합니다. 지금 나의 상황에 아무 변화가 없어도 하나님이 응답하실 때까지 버티고 기다리는 법을 배워야 합니다. 그것은 하나님이 결국 응답하신다는 믿음이 없이는 불가능한 일입니다. 그렇게 기다림 끝에 하나님의 응답을 체험할 때면 세상을 다 얻은 듯한 기쁨을 얻습니다. 그 체험은 우리로 하여금 하나님 앞에서 "새 노래"로 찬양하게 하고, 사람들 앞에서 하나님에 대해 간증하게 합니다.

기다림의 능력이 곧 믿음의 능력입니다. 그럴 때 우리는 "주님은 위대하시다"(16절)라고 진실하게 고백하고 선포할 수 있습니다. 이 시간, 우리 삶 가운데 일하시는 하나님의 손길을 기억합니다. 오늘도 그분께 의지하여 살아가기를 기도합니다.

시편 41편 | # 믿음의 길을 걷는 법

> 가난하고 힘없는 사람을 돌보는 사람은 복이 있다. 재난이 닥칠 때에 주님께서 그를 구해 주신다. (1절)

해설

이 시편으로 시편 제1권이 끝납니다. 따라서 이 시편을 제대로 이해하려면 앞에 나온 여러 시편들과 연결 지어 보아야 할 뿐 아니라 시편 1편과도 연결 지어 보아야 합니다. 시편 1편은 "복 있는 사람"에 대해 노래합니다. 복 있는 사람은 하나님의 말씀을 따라 거룩하고 신실하게 사는 사람입니다. 하지만 이 세상에는 하나님의 존재를 부정하고 죄악을 즐기며 살아가는 사람들이 더 많습니다. 그런 까닭에 복 있는 사람은 악한 사람들 가운데서 자주 손해를 보고 모욕을 당하며 박해를 당합니다. 그럼에도 그는 하나님을 의지하고 그분이 모든 것을 바로잡으시는 때를 기다립니다. 하나님은 그 신뢰를 배반하지 않으시고 결국 응답해 주십니다. 그것이 3-40편까지의 시편에서 드러나는 '복 있는 자의 삶'입니다.

마지막 시편에서 다윗은 먼저 '복 있는 자의 삶'을 간단하게 요약합니다. 하나님을 신뢰하며 "가난하고 힘없는 사람을 돌보는 사람은 복이 있다"(1절)고 말합니다. 하나님이 그를 지키시며 살게 하시기 때문입니다(2-3절). 그렇기에 그를 지켜보는 사람들은 그를 "복 있는 사람"으로 여길 것입니다. 실제 삶에서는 때로 복 없는 사람처럼 보이지만 하나님이 그를 책임져 주신다는 점에서 본다면 진실로 복 있는 사람입니다.

그런 다음 다윗은 자신의 경험을 반추합니다. 과거에 그는 죄를 지음으로써 큰 병을 얻었습니다(4절). 그러자 그를 미워하는 사람들은 그 병으로 인해 그가 멸망하기를 바라면서 조롱과 저주의 말을 퍼부었습니다(5-8절). 심지어 그와 함께 식탁을 같이 했던 친구조차도 등을 돌렸습니다(9절). 예수님은 가룟 유다의 배반을 말씀하시면서 9절을 예언으로 사용하셨습니다. 어려움에 빠졌을 때 가장 가까운 친구조차 배신하는 상황은 실제 누구나 겪을 수 있는 일입니다. 그런 상황에서 다윗이 기대한 것은 하나님의 구원이었습니다. 그리하여 그는 하나님께 구원을 호소합니다(10-12절).

하나님은 그 기도에 응답하셔서 다윗을 구해 주셨습니다. 그렇기에 다윗은 이 기도를 하나님에 대한 찬양으로 마무리합니다(13절). 13절은 이 시편의 결론인 동시에 1권 전체의 결론입니다. 이 찬양은 각 권이 끝날 때마다(72:18-19; 89:52; 106:48; 145:21) 반복됩니다. 복 있는 사람은 하나님을 철저히 의지하는 사람이고, 하나님은 그 사람을 끝까지 책임지십니다. 그래서 하나님은 영원히 찬양받으실 분입니다.

묵상

제1권에 포함되어 있는 41편의 기도문을 통해 우리는 복 있는 사람이 어떻게 사는 사람이고 이 세상에서 어떤 상황을 만날 수 있는지를 살펴보았습니다. 복 있는 사람은 하나님을 사랑하고 신뢰하며 그분의 뜻을 따라 살아가려는 사람입니다. 하나님은 그런 사람을 사랑하시고 돌보시며 책임지십니다. 하지만 그 사람도 죄악을 일삼는 사람들과 다름없이 질병을 앓기도 하고 장애를 겪기도 하며 사람들로부터 어려움을 당하기도 합니다. 복 있는 사람으로 사는 것이 현실 세계에서는 손해 보는 것 같고 가망 없는 것처럼 보일 때가 많습니다. 그래서 거룩한 길에서 벗어나고 싶은 유혹을 자주 받습니다. 하지만 끝까지 하나님을 믿고 기다릴 때 하나님은 모든 것을 바로잡으십니다. 그렇기에 의지할 분은 오직 하나님밖에 없으며, 하나님을 생각할 때 우리는 오직 찬양과 영광을 돌릴 수밖에 없습니다.

그렇게 하나님만을 의지하고 거룩하고 의롭게 살아가기 위해서는 믿음의 공동체는 매우 중요합니다. 그래서 다윗은 "가난하고 힘없는 사람을 돌보는 사람은 복이 있다"(1절)라고 말한 것입니다. 이것은 사회적 약자를 가리키는 말일 수 있습니다. 율법에서 보듯, 하나님은 사회적 약자들을 세심하게 배려하셨습니다. 믿는 이들이 사회적 약자들을 돌아보고 보호하는 것은 꼭 필요한 일입니다. 시편에서 "가난한 사람"은 거룩하고 의롭게 사는 사람들을 가리킵니다. 그들이 사회적 약자가 된 것은 하나님을 의지하고 우직하게 그분을 따라 산 결과입니다. 믿는 사람들은 그들과 연대하고 공동체를 이루어 서로의 아픔을 위로하고 격려해 주어야 합니다. 인간은 한솥밥을 먹던 친구도 상황에 따라 등을 돌리고 배신하는 존재이기 때문입니다.

옆으로는 믿음의 사람들이 손을 맞잡고 위로는 하나님을 우러른다면, 우리는 믿음의 여정에서 넘어지지 않을 것입니다.

제2권　　　　　　　　　시편 42-72편

시편의 첫 번째 묶음(3-41편)에는 주로 다윗의 시가 담겨 있는 반면,
두 번째 묶음(42-72편)에는 다윗의 시가 18편만 수록되어 있습니다.
그 외에는 고라 자손(42-49편), 아삽(50편), 솔로몬(72편)
그리고 작자 미상의 시들입니다.
1권에 속한 시들은 주로 개인적인 상황에 대한 기도였는데,
2권의 시들 중에는 공동체를 위한 기도들이 포함되어 있습니다.
또한 2권에 포함된 시편들은 하나님의 다스리심을 강조합니다.
결국 하나님이 응답해 주실 것을 믿고 인내하라는 뜻입니다.
기도의 품이 개인에서 공동체로 확장되고 있다는 뜻입니다.

시편 42편 | **몸으로 모일 수 없을 때**

> 내 영혼아, 네가 어찌하여 그렇게 낙심하며, 어찌하여 그렇게 괴로워하느냐? 너는 하나님을 기다려라. 이제 내가, 나의 구원자, 나의 하나님을, 또다시 찬양하련다. (5, 11절)

해설

이 시편은 "고라 자손의 노래"라고 되어 있습니다. 고라는 레위 지파에 속한 사람으로서 모세와 아론의 지도력에 반역을 일으켰던 사람입니다(민 16장). 그 일로 인해 그의 가족은 처형을 당했지만, 그의 자손들은 살아남아 성전 제사에서 찬양을 담당하게 되었습니다(대하 20:18-19), 이 시편은 그들이 부른 노래 중 하나였습니다.

기도자는 지금 성전으로부터 멀리 떨어져 살고 있습니다. "요단 땅과 헤르몬과 미살산"(6절)은 이스라엘의 영토에서 벗어난 지역을 가리킵니다. 유다가 패망한 후에 도피자나 유배자로 이방 땅에 살면서 시온 성전을 그리며 드린 기도입니다.

그는 먼저 하나님을 향한 영적 갈증을 고백합니다. 개역개정에는 "사슴이 시냇물을 찾기에 갈급함같이"(1절)라고 나오는데, "사슴이 시냇물 바닥에서 물을 찾아 헐떡이듯이"라는 새번역이 원문에 더 가깝습니다. 사슴이 물을 찾아 시냇가로 찾아왔는데 물이 말라 버렸습니다. 그로 인해 사슴의 갈증은 더욱 심해집니다. 기도자의 영적 갈증이 그와 같다는 말입니다(2절). 그는 과거에 성전에서 성도들과 함께 예배드리던 광경을 상상합니다. 그러면 그럴수록 가슴은 미어질 뿐입니다(4절). 그들과 함께 사는 이방인들은 "너의 하나님이 어디 있느냐?"고 빈정댑니다(3절).

그런 상황에서 기도자는 낙심하여 불안에 빠집니다. 하나님에 대한 믿음이 흔들립니다. 기도자는 자신의 영혼을 향해 흔들리지 말라고 타이릅니다(5절). 그러고는 하나님을 묵상합니다. 새번역의 "생각합니다"라는 번역보다는 개역개정의 "기억하나이다"가 더 좋습니다(6절). 과거에 그분이 행하신 놀라운 일들을 하나하나 기억해 보았다는 것입니다(7절). 그렇게 묵상하다 보니, 하나님에 대한 믿음이 회복됩니다. 낮에는 그분의 사랑이 보이고 밤에는 마음에 찬양이 차오릅니다(8절).

이렇게 하나님을 묵상하며 그분에 대한 믿음이 회복되니 기도자는 하나님께 다시 호소합니다(9절). 이방인들은 하나님이 어디에 있느냐고 계속 빈정대지만, 하나님은 결국 손을 펼치셔서 구원해 주실 것입니다(10절). 기도자는 하나님이 결국 구원하실 것이니 안심하고 용기를 내라고 자신을 다독입니다(11절).

묵상

목이 말라 시냇가를 찾아왔는데 물이 말라 버려 어쩔 줄 몰라 하는 사슴의 모습을 상상합니다. 그 상황은 갈증을 더욱 심하게 할 것입니다. 갈증을 해결할 물의 근원이 말라 버렸기 때문입니다. 이 시편의 저자가 그런 상황에 있습니다. 그는 조국이 패망하자 타의로 이방 땅에 살게 되었습니다. 그로 인해 그는 더 이상 성전에서 드리는 제사와 축제에 참여하지 못하고 있습니다. 성전에 가야만 하나님을 만날 수 있다고 생각했기에 그는 시온으로 돌아갈 날만을 기다리고 있었을 것입니다. 하지만 폐허가 된 조국은 회복되지 못했고, 기도자의 영성은 점점 고갈되어 갑니다. 몸 붙여 사는 땅의 주민들은 그에게 조롱을 퍼붓습니다.

그런 상황에서 그는 하나님께 눈을 돌리고 그분에 대해 묵상합니다.

그분이 이스라엘 백성에게 행하신 일들을 기억하고, 그동안 자신에게 행하신 일들을 기억합니다. 그 기억은 상상 속에서 그를 시온 성전으로 옮겨 주었습니다. 비록 몸은 성전에서 멀리 떨어져 있지만, 마음으로 성소에 서서 예배하는 것 같습니다. 그렇게 묵상하는 중에 그를 에워싸고 있는 하나님의 사랑이 느껴집니다. 그 사랑으로 인해 그는 한밤중에 일어나 하나님을 찬양합니다. 그분이 결국 자신의 기도를 들어주실 것을 믿기 때문입니다. 실제 상황은 변한 것이 하나도 없지만, 그는 하나님에 대한 묵상을 통해 믿음을 회복하고 유배의 땅에서 하나님을 찬양합니다.

우리는 육신을 가진 존재들이기 때문에 몸으로 성소에 모여 함께 찬양하고 교제하는 것은 꼭 필요한 일입니다. 하지만 그것이 허락되지 않을 때가 있습니다. 그럴 때 우리는 '기억'으로 그 공백을 채울 수 있습니다. 하나님이 그동안 해 오신 일들을 기억하고 묵상하는 것은 마음으로 하나님의 성소에 들어가는 것입니다. 그럴 때 우리의 영성이 회복되어 낮에는 하나님의 사랑을 맛보고 밤에는 찬양으로 예배드릴 수 있습니다.

코로나 팬데믹 기간을 지나면서 목마른 사슴처럼 영성이 파리하게 야위어 버린 사람들이 많습니다. 그들이 하나님을 기억하고 묵상하는 법을 배웠다면, 낮에는 하나님의 사랑을 맛보고 밤에는 찬양으로 마음을 채우는 기쁨을 맛보았을 것입니다.

| 시편 43편 | **나의 큰 기쁨의 하나님**

> 하나님, 그때에, 나는 하나님의 제단으로 나아가렵니다. 나를 크게 기쁘게 하시는 하나님께로 나아가렵니다. 하나님, 나의 하나님, 내가 기뻐하면서, 수금 가락에 맞추어 주님께 감사하렵니다. (4절)

해설

이 시편은 앞의 시편 42편과 연결된 시입니다. 마지막 절(5절)은 앞의 시편에서 두 번 반복되었습니다(5, 11절). 아마도 하나의 시편이 편집 과정에서 둘로 나뉜 것 같습니다.

새번역은 "비정한 무리"라고 했지만 개역개정은 "경건하지 아니한 나라"라고 했습니다(1절). 유다를 멸망시킨 바빌로니아를 염두에 두었을 것입니다. "내 송사를 변호하여 주십시오"라는 말은 그 나라를 징벌해 달라는 자신의 기도를 들어 달라는 뜻입니다(1절). 기도자는 하나님을 요새로 삼고 있는데, 하나님은 그의 기도에 응답하지 않으십니다. 그래서 그는 하나님께 버림받은 것 같은 심정에 빠집니다(2절).

3절에서는 기도자의 정서가 달라집니다. 42편에서 본 것처럼 그는 현실에 잠시 눈감고 하나님을 바라보고 그분이 행하신 일들을 기억합니다. 그렇게 묵상하는 중에 낙심했던 마음이 회복되고 믿음이 되살아납니다. 묵상을 통해 "주님의 빛과 주님의 진리"(3절)가 그에게 임하자, 그는 상상 속에서 주님의 산으로 가서 주님이 계시는 장막에 들어가 제단 앞에 섭니다. 그곳에서 그는 수금 가락에 맞추어 기뻐 춤추는 상상을 합니다(3-4절). 주님이 살아 계시니 언젠가 유배 생활을 청산하고 몸으로 시온 산에 이르러 성전에서 춤을 추며 기뻐할 날이 올 것입니다.

이 소망으로 그는 자신을 다시 격려합니다. 낙심할 때 자신의 마음을 향해 "내 영혼아, 어찌하여 그렇게도 낙심하며, 어찌하여 그렇게도 괴로워하느냐?"고 묻는 것은 큰 힘이 됩니다. 스스로를 다독이고 믿음을 회복하려는 노력이기 때문입니다. 그럴 때 하나님을 다시 찬양할 때가 올 것입니다(5절).

묵상

기도자는 하나님을 생각하며 "나를 크게 기쁘게 하시는 하나님"(4절)이라고 말합니다. 개역개정에는 "나의 큰 기쁨의 하나님"이라고 되어 있습니다. 영어 성경들은 주로 "my exceeding joy" 혹은 "my greatest joy"라고 번역해 놓았습니다. 반면, NLT(New Living Translation)는 "the source of all my joy"라고 번역해 놓았습니다. 즉 기도자는 여기서 "하나님은 내가 기뻐하는 모든 것들 중에서 최고이십니다"라고 말하거나 "하나님은 내 모든 기쁨의 원천이십니다"라고 고백하는 것입니다. 아마도 기도자의 마음에는 두 가지 의미가 모두 포함되어 있었을 것입니다. 기도자는 하나님 앞에 나아갈 때 가장 큰 기쁨을 느낄 뿐 아니라 자신이 경험하는 모든 기쁨은 하나님께로부터 나오는 것이라는 사실을 고백합니다.

하나님을 인격적으로 만난 사람만이 이런 고백을 할 수 있습니다. 인격적인 만남을 통해 하나님이 어떤 분이신지를 알고 그분의 사랑 안에 머물러 살아가는 경험을 한 사람이라면, 그분 안에 있을 때 온전한 만족을 얻게 된다는 것을 압니다. 그분의 품 안에 거할 때 우리는 충만한 안식과 위로와 사랑을 맛보게 됩니다. 우리는 하나님 안에서 온전한 만족을 얻기 전까지 온전한 만족감을 느끼지 못합니다. 그분 안에서 완전한 기쁨을 경험하면 우리는 고갈되지 않는 기쁨에 젖어 살게 됩니다. 그렇기 때문에 우리는 하루 중 가장 좋은 시간을 성별하여 하나님 앞에 나아가기를 힘씁니다.

　유배지에서 기도와 묵상을 통해 하나님의 임재를 경험했던 기도자처럼 우리도 언제 어디서든 예배와 기도와 묵상을 통해 지성소로 나아갑니다. 그분 안에 있을 때 우리의 존재는 흔들림 없는 터전 위에 서 있는 것이기 때문입니다. 그분 안에 머물러 사는 것은 기쁨의 샘물을 품고 사는 것과 같습니다.

| 시편 44편 | **무례한 기도** |

> 우리가 날마다 죽임을 당하며, 잡아먹힐 양과 같은 처지가 된 것은,
> 주님 때문입니다. (22절)

해설

이 시편은 앞의 시편 42, 43편과 마찬가지로 고라 자손의 시입니다. 기도자는 국가적인 고난을 두고 하나님께 기도드립니다.

    기도자는 먼저 하나님이 그의 조상에게 행하신 일을 기억합니다(1절). 하나님은 그들의 대적을 친히 몰아내시고 그들을 가나안 땅에 정착하게 하시고 번창하게 하셨습니다(2절). 이것은 그들의 힘과 능력으로 된 것이 아니라, "오직, 하나님의 오른손과 오른팔과 하나님의 빛나는 얼굴이 이루어 주셨으니, 참으로 이것은 하나님께서 그들을 사랑하셨기 때문입니다"(3절).

    이어서 기도자는 하나님에 대한 개인적인 고백으로 넘어갑니다. 주어가 "우리 조상"에서 "나" 혹은 "우리"로 바뀝니다. 이스라엘 백성의 한 사람으로서 기도자는 하나님께 기도하고 있습니다. 과거 조상들의 하나님은 또한 지금 그들의 하나님이기도 하십니다. 그래서 그는 하나님을 "나의 왕, 나의 하나님"이라고 부르고(4절), 주님이 조상들에게 하셨던 것처럼 자신에게도 승리를 주셨다고 고백합니다(5절). 그가 의지한 것은 자신의 능력이 아닙니다(6절). 그들에게 승리를 안겨 준 것은 하나님이시기에(7절) 언제나 하나님만 자랑하고 하나님의 이름을 찬양하겠다고 고백합니다(8절).

9절에서 기도자는 "그러나 이제는…"이라고 말하면서 자신과 이스라엘이 현재 당하는 고난을 아뢰고 하나님의 도우심을 구합니다. 이스라엘은 지금 적군의 공격을 받아 치욕을 당하고(9절), 약탈당했으며(10절), 백성들은 여러 나라로 뿔뿔이 흩어졌습니다(11절). 기도자는 이스라엘을 위해 하나님 앞에서 탄식합니다. 하나님의 백성이 이웃 나라와 주위 사람들로부터 얼마나 큰 조롱과 조소를 받고 있는지를 토로합니다(12-14절). 그는 감당하기 어려운 치욕 속에서(15절) 원수들의 조롱과 욕설을 감내하고 있습니다(16절). 여기서 기도자는 거듭하여 "주님께서…"라는 주어를 사용하여 이스라엘이 당하고 있는 모든 재난을 하나님이 하신 일로 묘사합니다.

이어서 기도자는 이스라엘 백성이 그 엄청난 재난을 당해야 할 정도로 큰 죄를 짓지 않았다고 강변합니다. 그는 "우리는 주님을 잊지 않았고, 주님의 언약을 깨뜨리지 않았습니다.…우리가 마음으로 주님을 배반한 적이 없고, 우리의 발이 주님의 길에서 벗어난 적도 없습니다"(17-18절)라고 말합니다. 절대적인 의미에서 무죄하다는 뜻이 아니라 그런 재앙으로 징계받을 정도로 큰 죄를 짓지 않았다는 뜻입니다. 그는 하나님이 그 사실을 입증하지 못하셨다고 말합니다(21절). 그러므로 모든 일은 "주님 때문입니다"(22절)라고 그는 하나님을 고발합니다.

마지막으로 기도자는 이유 없이 당하는 모진 고난으로부터 구해 달라고 하나님께 간구합니다. 과거에 자신의 조상들을 구원하셨고 또한 자신을 구원하셨던 그 하나님은 지금 주무시고 계시는 듯합니다. 혹은 하나님이 이스라엘을 영영 버린 것처럼 보입니다. 그래서 기도자는 "주님, 깨어나십시오.…깨어나셔서, 영원히 나를 버리지 말아 주십시오. 어찌하여 얼굴을 돌리십니까?…어찌하여 잊으십니까?"(23-24절)라고 절규합니다. 그는 자신의 처참한 상황을 다시 한번 묘사하면서(25절) 하나님이 구원의 손을 펼쳐 주시기를 간구합니다(26절).

묵상

인생 여정에는 원치 않는 고난의 때가 있습니다. 때로는 그 고난이 너무 깊고 오래 지속되기까지 합니다. 우리 자신에게는 그만한 벌을 받을 만한 죄가 없어 보이고, 있다고 해도 대가를 충분히 치렀다고 생각하는데, 고난은 계속 깊어지기만 합니다. 그럴 때면 우리는 하나님으로부터 버림받은 것 같고 마치 하나님이 주무시는 것처럼 느낍니다. 또한 하나님께 분노가 치밀고 하나님을 고발하고 싶어집니다. "이 모든 것은 주님 때문입니다"라고 외치고 싶습니다. 이 시편은 기도 중에 때로 하나님 앞에 그토록 무례한 말을 퍼부을 수도 있음을 보여 줍니다. 이럴 때 하나님은 마치 사랑 깊은 어머니가 아이의 투정을 받아 주는 것처럼 기도자의 무례한 말을 들어 주십니다.

이러한 기도는 하나님에 대한 불신처럼 보이지만 실은 믿음의 역설적인 표현입니다. 기도자는 하나님을 향해 항의하고 고발하지만 여전히 하나님을 의지하고 있습니다. 그는 하나님이 과거에 이스라엘 조상들에게 행하신 일을 기억합니다. 17절을 개역개정은 "이 모든 일이 우리에게 임하였으나 우리가 주를 잊지 아니하며 주의 언약을 어기지 아니하였나이다"라고 번역했습니다. 하나님이 안 계신 것 같고 그분으로부터 버림받은 것 같을 때, 우리가 할 일은 과거에 주님이 행하신 일을 기억하고 그분의 언약을 기억하는 것입니다. 그럴 때, 하나님이 그분의 때에 그분의 방식으로 응답해 주시리라는 희망이 되살아납니다. 이 시편이 여기에 수록되어 있다는 말은 하나님이 결국 이 기도에 응답하셨다는 증거입니다.

지금 깊은 고난의 늪 가운데서 하나님이 자신에게서 얼굴을 돌리신 것 같고 자신의 고난에 대해서는 전혀 관심이 없는 것처럼 느껴지는 이들이 있을 것입니다. 부디, 고요한 묵상 중에 과거에 하나님이 행하신 일을 기억하기를 기도합니다. 그 묵상을 통해 하나님에 대한 믿음과 희망이 회복되기를 그리고 머지않아 하나님의 환한 얼굴을 볼 수 있기를 기도합니다.

시편 45편 | **감추어진 신분**

> ¹⁰왕후님! 듣고 생각하고 귀를 기울이십시오. 왕후님의 겨레와 아버지의 집을 잊으십시오. ¹¹그리하면 임금님께서 그대의 아름다움에 사로잡힐 것입니다. 임금님이 그대의 주인이시니, 그대는 임금님을 높이십시오. (10-11절)

해설

이 시편은 왕실의 혼인 잔치를 위해 성전에서 드려진 예배 중 성가대가 부른 노래였을 것입니다. 그래서 "사랑의 노래"라는 표제가 붙어 있으며 '결혼 축가'라고도 할 수 있습니다. 시편의 분류법에 따르면 '제왕시'에 속합니다.

　이 시편은 또한 영원하고 참되신 왕 메시아를 위한 예언시로 읽을 수도 있습니다. "메시아"는 "기름 부음을 받은 자"라는 뜻인데, 7절에서 시인은 "그러므로 하나님, 곧 임금님의 하나님께서 기름 부어 주셨습니다. 임금님의 벗들을 제치시고 임금님께 기쁨의 기름을 부어 주셨습니다"(7절)라고 말합니다. 이스라엘과 유다의 임금들은 대제사장의 기름 부음을 받아 왕위에 올랐지만, 하나님이 직접 기름을 부어 세운 임금은 오직 한 분이십니다.

　먼저 기도자는 왕을 찬양하는 노래를 지어 부르는 기쁨을 고백합니다(1절). 왕은 사람이 낳은 사람들 중 가장 아름다운 사람이며, 그에게서 은혜가 쏟아집니다(2절). 그는 또한 위대한 용사이기도 합니다. 그의 싸움은 "진리와 정의"를 위한 싸움입니다. 이 땅에 그를 당할 적이 없습니다(3-5절). 하나님은 하늘에서 정의로 통치하시고(6절), 하나님의 기름 부음을 받은 왕은 이 땅에서 정의로 통치할 것입니다(7절).

이어서 기도자는 왕후에 대한 묘사로 넘어갑니다. 임금은 결혼식을 위해 성대하게 차려입었고 온갖 악기가 아름다운 음악을 연주합니다(8절). 그 옆에는 귀한 것으로 단장한 왕후가 서 있습니다(9절). 그는 다른 나라 왕의 공주입니다. 기도자는 왕후에게 "왕후님의 겨레와 아버지의 집을 잊으십시오"(10절)라고 권고합니다. 이제는 "임금님이 그대의 주인"(11절)이기 때문입니다. 이제부터 왕후는 임금의 사랑을 받으며 복을 누리게 될 것입니다(12-15절). 그의 태에서 나온 왕자들은 계속 왕위를 이어 갈 것입니다(16절).

기도자는 왕에 대한 충성 서약으로 노래를 마칩니다. 그는 모든 사람이 임금의 이름을 영원히 기억하도록 돕겠다고 약속합니다(17절).

묵상

이스라엘과 유다 백성은 새로운 왕이 세워질 때마다 이 축가를 부르며 그 임금이 이상적인 지도자가 되기를 기도하고 열망했습니다. 하지만 그 소망이 이루어진 적은 한 번도 없었습니다. 이스라엘만이 아니라 인류 전체 역사에도 이런 임금은 없었습니다. 하지만 우리는 뜻이 하늘에서 이루어진 것처럼 이 땅에서도 하나님의 뜻이 이루어지도록 통치할 지도자를 보고 싶어 합니다. 은혜를 구하면서도 위엄과 권능이 넘치는 지도자를 갈망합니다. 오직 "진리와 정의"만을 위해 통치할 지도자를 구합니다. 이 소망은 우리의 영원하고 완전한 왕이신 예수 그리스도가 다시 오실 때라야 온전히 이루어질 것입니다. 그때가 오기 전까지 우리는 불완전한 지도자들을 견딜 수밖에 없습니다. 그들이 비록 불완전하더라도 진리와 정의에 입각하여 통치하도록 협조하며 견제해야 합니다.

이 시편을 메시아에 대한 예언으로 읽으면, 왕후는 메시아의 신부인

교회를 의미합니다. 바울 사도는 교회를 그리스도의 신부라고 비유했습니다(고후 11:2). 실권 하나 없는 영국 왕실의 세자빈이 되는 것이 세인의 부러움을 사는 일이라면 영원하신 임금 그리스도의 신부가 되었다는 것은 상상할 수 없는 영광이요 영예입니다. 그것은 오직 영적으로만 알 수 있고, 인정할 수 있는 일입니다. 우리는 위엄 있게 차려입고 계신 영원한 임금 그리스도 옆에 서 있는 신부입니다. 그 자리에 설 자격이 우리에게는 없습니다. 그것은 전적으로 은혜로 받은 선물입니다.

그것은 실로 감당할 수 없는 영예입니다. 그것을 안다면, 은혜로 주어진 신분에 맞게 살아가야 합니다. 그것은 영적인 사건이기에 우리가 인정하고 고백하고 확인해야만 합니다. 날마다 말씀 앞에 서는 이유는 우리에게 일어난 신분의 변화를 기억하고 고백하고 선포하며 그 신분에 맞게 살아가기 위함입니다.

시편 46편 | 내가 하나님이다!

> 너희는 잠깐 손을 멈추고, 내가 하나님인 줄 알아라. 내가 뭇 나라로부터 높임을 받는다. 내가 이 땅에서 높임을 받는다. (10절)

해설

이 시편은 고라 자손의 시입니다. 형식으로 보자면, 성전이 서 있는 시온성에 대한 축복과 기원을 담은 일곱 편의 '시온시'(46, 48, 76, 84, 87, 122, 132편) 중 하나입니다.

먼저 기도자는, 하나님은 "우리의 피난처"(1절)시라고 고백합니다. 적에게 쫓겨 당해 본 적이 없는 사람은 피난처가 얼마나 절실한 것인지 알지 못합니다. 옛날 이스라엘 사람들은 수많은 전쟁을 겪었기에 피난처가 얼마나 중요한지를 잘 알고 있었습니다. 하나님이 우리의 피난처시라는 고백이 세 번 반복하여 나옵니다(1, 7, 11절). 기도자는 어려움을 당할 때 안전하게 피할 수 있는 분이 바로 하나님이시라고 고백하고 있습니다. 또한 하나님은 우리의 "힘이시며" "구원자"(1절)라고 그는 고백합니다.

이렇게 하나님을 하나님으로 믿고 의지하는 사람은 어떠한 상황에도 두려워하지 않습니다. 기도자는 자신의 삶을 위협하는 요소로서 두 가지를 언급합니다. 하나는 자연재해이고(2-3절), 다른 하나는 전쟁입니다(6절). 하나님은 우주의 창조자이시며 통치자이십니다. 또한 그분은 인류 역사의 주관자이십니다. 그렇기에 그분께 의지하는 사람은 자연재해 앞에서도 두려워하지 않고 전쟁을 만나도 떨지 않습니다.

기도자는 예루살렘성과 성전을 생각하면서(4-5절) "만군의 주님이 우리와 함께 계시다"(7절)라고 고백합니다. 4절에서 말한 "강"은 비유입니다. 예루살렘에는 강이 없습니다. 여기서 말하는 강은 하나님에게서 흐르는 생명수의 강을 의미합니다. 그 생명수는 예루살렘에서 세상 끝까지 흘러갑니다(겔 47:1-12; 계 22:1-2). 이스라엘 백성에게 예루살렘성과 성전은 하나님이 그들을 사랑하시고 돌보신다는 가시적 증거였습니다. 그분은 "땅을 황무지로 만드시고"(8절) "땅끝까지 전쟁을 그치게 하시는"(9절) 분입니다. 자연재해와 전쟁의 승패가 모두 그분께 달려 있다는 뜻입니다.

    이 지점에서 구약성경에서 가장 사랑받는 말씀 중 하나가 나옵니다. "너희는 잠깐 손을 멈추고, 내가 하나님인 줄 알아라"(10절). 이 말씀은 자연재해나 전쟁으로 인해 두려워 떠는 사람들에게 주시는 말씀입니다. 두려움에 사로잡히면 마음이 요동치고 사지가 떨립니다. 불안하여 가만히 있지를 못합니다. 그러면 그나마 있던 믿음도 증발해 버립니다. 그럴 때 가장 먼저 할 일은 잠시 손을 멈추는 것입니다. 그러고는 하나님이 하나님이시라는 사실을 기억해야 합니다. 그 믿음이 회복되면 하나님 안에서 평안을 찾을 수 있습니다. 그럴 때 비로소 "만군의 주님이 우리와 함께 계신다. 야곱의 하나님이 우리의 피난처시다"(11절)라는 고백을 할 수 있습니다.

묵상

오늘 우리도 주변 상황으로부터 끊임없는 도전을 받습니다. 자연재해, 범죄, 사고, 질병, 상실의 아픔 등이 끊임없이 우리의 믿음을 뒤흔듭니다. 두려움과 불안은 현대인이 가장 자주 그리고 가장 많이 겪는 문제입니다. 그로 인해 믿음이 흔들릴 때, 우리가 가장 먼저 할 일은 하던 일을 멈추고 잠잠히 거하는 일입니다. 그럴 때 하나님이 하나님이신 것을 기억하게 됩니다. 우주를 통치하시는 분, 역사를 인도하시는 분 그리고 내 인생을 다스리는 분은 바로 하나님이시라는 사실을 기억하게 됩니다. 그러면 우리는 하나님을 피난처로 삼고 그분에게 의지합니다. 그럴 때 우리의 마음에는 평안이 자리를 잡고 겸손과 담대함으로 삶에 당면한 도전들을 마주할 수 있습니다.

그렇기 때문에 묵상은 몸에 익혀야 할 가장 중요한 습관이요 훈련입니다. 하루의 가장 중요한 시간을 떼어 내는 것은 쉬운 일이 아닙니다. 상황은 끊임없이 우리 마음을 장악하려 하고, 몸에 배인 관성은 우리로 하여금 쉼 없이 움직이게 만듭니다. 알람 소리에 화들짝 깨어 일어나 지쳐서 침대에 누울 때까지 향방 없이 휘둘리는 것이 우리의 일상입니다. 그렇게 살다 보면 평안할 때조차 이유를 알 수 없는 두려움과 불안에 시달리게 됩니다. 그것을 '실존적 불안'이라고 부릅니다. 인간이면 누구나 실존적 불안의 질병을 앓고 있습니다. 부모를 잃어버린 아이처럼 우리는 창조주를 잃어버린 존재들이기 때문입니다. 묵상은 우리의 영원한 부모를 찾아 그분의 품 안에 거하는 일입니다. 그 품에서 우리는 비로소 불안을 극복할 수 있습니다.

하나님을 하나님으로 인정하지 않는 것, 그분 없이도 얼마든지 잘할 수 있다고 생각하는 것, 그편이 더 자유롭고 즐거운 인생을 사는 길이라고 착각하는 것, 그것이 바로 불신앙이요 실존적 불안의 원인입니다.

시편 47편 | **내 마음의 대관식**

> 환호 소리 크게 울려 퍼진다. 하나님이 보좌에 오르신다. 나팔 소리 크게 울려 퍼진다. 주님이 보좌에 오르신다. (5절)

해설

이스라엘 백성들은 매년 한 번씩 '하나님의 대관식'을 행하곤 했습니다. 대관식 중에 백성들은 한목소리로 "주님이 보좌에 오르신다"(5절)라고 소리치며 찬송을 올렸습니다. 그렇게 함으로써 하나님이 그들의 왕이시라는 믿음을 확인하고 고백하고 선포한 것입니다. 이 시편은 '하나님의 대관식'에서 불리던 찬송 중 하나로 추정됩니다.

이 시편은 크게 두 부분으로 나뉩니다. 전반부는 1-5절이고, 후반부는 6-9절입니다. 각 부분의 첫 절(1, 6절)에서 시인은 하나님을 찬양하라고 외칩니다. 이어지는 부분(2-5, 7-9절)에서는 하나님을 찬양해야 하는 이유를 설명합니다.

1-5절은 하나님이 왕의 자리에 오르시는 과정을 묘사합니다. 이스라엘 백성은 함께 모여 예배드리면서 하나님이 어떤 분이신지를 기억합니다. 그분은 가장 높으신 분이시며 온 세상을 다스리는 왕이십니다(2절). 또한 주님은 이스라엘을 선택하셔서 제사장 나라로 삼으셨습니다(3-4절). 그것을 기억하면서 그들은 손뼉을 치고 기쁨의 함성을 지르면서 그분을 찬양합니다(1절). 그들은 세상살이에 파묻혀 지내는 동안 하나님을 잊고 살았습니다. 그로 인해 그들 마음의 보좌는 하나님이 아닌 다른 것에 의해 점령당했습니다. 이제 함께 모여 예배드리고 찬양하는 중에 그들은

하나님의 위대하심과 영광에 눈뜨게 되고 마음의 보좌에 하나님을 다시 모셔 들입니다(5절).

6-9절은 마음의 보좌에 오르신 하나님에 대한 찬양입니다. 하나님은 온 땅의 왕이시며(7절), 뭇 나라를 다스리는 왕이십니다(8절). 그분은 자연 세계를 다스리실 뿐 아니라 인류의 역사도 통치하시는 분입니다. 그분이 마음의 보좌에 올라 왕이 되셨습니다(8절). "온 백성의 통치자들"(9절)까지도 자신의 진정한 왕은 하나님이시라는 사실을 인정하고 자신을 낮추어 "아브라함의 하나님의 백성이 되어"(9절) 함께 예배를 드립니다. 하나님을 참된 왕으로 모시고 보니 "열강의 군왕들"도 "모두 주님께 속하였다"(9절)는 사실이 분명해집니다. 하나님이 그들의 왕이 되고 그들이 그분의 백성으로 사는 한, 두려울 것이 없습니다.

묵상

하나님은 우리의 왕이십니다. 온 우주의 통치자이시며 인류 역사의 주관자이신 그분이 나의 왕이십니다. 그분은 우리로서는 이해할 수 없는 뜻을 가지고 우주와 역사와 개인의 삶을 주관하십니다. 그런 까닭에 우리는 그분을 마음의 중심에 모시고 그분의 인도하시는 손길을 따라 순종하며 살기를 힘씁니다. 하지만 우리는 너무도 자주 그 사실을 잊어버립니다. 하나님이 당신의 시간에, 당신의 방법으로 모든 것을 바로잡으실 것을 믿는다면 참고 기다리면서 그분의 뜻이 이루어지는 것을 지켜보아야 합니다. 그런데 우리는 자주 하나님 자리에 다른 것을 올려놓고 우리의 시간에, 우리의 방법대로 일을 이루려고 애를 씁니다. 그것은 우리 마음의 보좌에서 하나님을 밀어내는 일입니다.

'하나님의 대관식'은 매일 행해야 할 예전입니다. 일상생활 중에 자주 멈추어 서서 하나님이 어떤 분이신지를 기억하고(46:10) 마음과 정성을 모아 그분을 경배하며 찬양해야 합니다. 그로써 우리는 하나님을 우리 마음의 보좌에 모셔 들입니다. 온 우주의 통치자이시며 역사의 주관자이신 하나님이 나의 왕이시라면, 나는 더 이상 두려울 것이 없습니다. 결국 하나님이 모든 것을 다스리시고 이 세상의 모든 생명이 그분 앞으로 돌아갈 것이기 때문입니다.

| 시편 48편 | **살아 있는 성전** |

> 우리가 들은 바 그대로, 우리는 만군의 주님께서 계신 성, 우리 하나님의 성에서 보았다. 하나님께서 이 성을 영원히 견고하게 하신다. (셀라) (8절)

해설

이 시편은 46편과 함께 '시온시'에 속합니다. 시온은 도시 예루살렘이 건설된 산 이름이며 그 도시 안에는 성전이 있습니다. 성전은 하나님이 그들과 함께하신다는 증거입니다. 그래서 이스라엘 사람들은 정기적으로 시온산과 성전을 찬양하는 노래를 불렀습니다.

  이 시편은 먼저 하나님만이 찬양받으실 분임을 고백합니다(1절). 시온산은 그 자체로 하나님이 어떤 분이신지를 상징하기에 충분합니다. 2절의 "자폰산"(개역개정: "북방에 있는 시온산")은 가나안 토착민들이 그들의 신 바알을 섬기던 산을 말합니다. 기도자는 하나님이 바알보다 더 크신 분이라는 사실을 강조합니다. 시온산의 여러 요새는 마치 하나님의 전능하신 품처럼 그들을 안전하게 보호해 줍니다(3절).

  이방 왕들이 시온산을 점령하기 위해 공격했다가 번번이 패하고 돌아갔습니다(4-5절). 이것은 역사가 증명하는 사실입니다. 역사에 기록된 것만 따져도 시온산은 50회가 넘는 공격을 받았으나 단 세 번만 패했을 뿐입니다. 그것은 시온산의 험한 산세 때문이 아니라 시온산에 하나님이 임재하시기 때문이라고 기도자는 고백합니다. 하나님의 임재로 인해 이방 왕들은 의기양양하여 침공해 왔다가 해산하는 여인처럼 고통을 겪었고(6절), 동풍에 파산되는 다시스의 배와 같이 흩어졌습니다(7절). 하나님이 시온산을 지키셨기 때문입니다(8절).

기도자는 시온의 성전 안에서 "하나님의 한결같은 사랑"(9절)을 되새겨 봅니다. 과연 주님을 찬양하는 소리는 땅끝까지 퍼지고 있고, 하나님의 오른손에는 구원의 선물이 가득 차 있습니다(10절). 그로 인해 "시온산이 즐거워하고, 유다의 딸들이 기뻐서 외칩니다"(11절). 기도자는 "시온성을 돌면서, 그 성을 둘러보고, 그 망대를 세어 보라"(12절)고 권합니다. 또한 그 성벽과 궁궐을 자세히 보고, 본 것 즉 "그 영광을 전해 주어라"(13절)고 권합니다. "그 영광"이란 곧 "하나님께서 영원토록 우리의 하나님이시니, 영원토록 우리를 인도하여 주신다"는 믿음입니다(14절). 그것이 시온산에서 제사를 드린 사람이 품고 돌아가야 할 믿음이었습니다.

묵상

옛 이스라엘 사람들은 성전을 통해 하나님의 현존과 위엄을 생각했습니다. 그들은 최고급 재료로 성전을 건축하고 장식했습니다. 성전의 외양이 하나님의 위엄을 드러내야 한다고 믿었습니다. 그 성전은 이스라엘 사람들의 가장 큰 자랑이었습니다. 그들은 어려움에 빠졌을 때 어디에서든 성전을 바라보며 "성전이여, 성전이여, 성전이여!" 하고 기도하면 하나님이 응답해 주실 것이라고 믿었습니다(렘 7:4). 그들에게 성전은 하나님이 이스라엘을 제사장 나라로 선택했다는 증거이며, 영원히 돌보아 주실 것이라는 언약의 증표였습니다.

예수님이 예루살렘에 가셨을 때 사람들은 성전의 위용에 감탄했습니다. 그때 예수님은 "너희가 보고 있는 이것들이, 돌 한 개도 돌 위에 남지 않고 다 무너질 날이 올 것이다"(눅 21:6)라고 하셨습니다. 그 예언대로 주후 70년에 예루살렘 성전은 로마군에 의해 파괴되었고 지금까지 회복되지 못하고 있습니다. 성전의 회복을 갈망하는 유대교인들은 지금도 남겨진 성전 벽('통곡의 벽')에 머리를 찧으면서 메시아가 오기를 기도합니다. 그들에게 메시아는 예루살렘에서 모든 이방인을 몰아내고 솔로몬이 지었던 성전을 회복하실 분입니다.

예수님은 "이 성전을 허물어라. 그러면 내가 사흘 만에 다시 세우겠다"(요 2:19)라고 말씀하셨습니다. 요한은, 예수님이 당신 자신의 몸을 성전에 비유하신 것이라고 설명을 덧붙입니다(요 2:21). 성전은 하나님이 당신의 이름을 두셔서 당신의 백성들을 만나게 하신 곳입니다. 예수 그리스도는 하나님이 당신의 백성들을 직접 만나기 위해 오신 임마누엘("우리와 함께하시는 하나님")이십니다. 그러므로 메시아로 오신 예수님 자신이 성전이십니다. 예수님 안에 있는 사람에게는 더 이상 손으로 지은 성전이 필요 없습니다. 그분 안에서 우리는 언제 어디서나 하나님의 은혜의 보좌 앞으로 나아갈 수 있기 때문입니다(히 4:16).

시편 49편 | **메멘토 모리!**

> 사람이 제아무리 위대하다 해도, 죽음을 피할 수는 없으니, 미련한 짐승과 같다. (20절)

해설

이 시편은 2권 서두에서부터 이어진 고라 자손의 마지막 시로, 크게 두 부분으로 나뉩니다. 먼저 1-14절은 인간의 피할 수 없는 실존 문제 즉 죽음을 이야기합니다. 15-20절에는 하나님을 믿는 사람에게 주는 권면이 이어집니다. 내용으로 볼 때 이 시편은 '지혜시'에 속합니다.

시인은 먼저 온 세상 사람들에게 자신의 말을 들으라고 말합니다(1-2절). 자신이 지혜와 명철, 비유 등을 사용하여 인생의 가장 어려운 문제를 해명해 주겠다고 말합니다(3-4절). 그는 환난의 날을 두려워하지 않고 돈의 힘을 믿고 자랑하는 사람도 두려워하지 않는다고 말합니다(5-6절). 아무리 부유하다 한들 돈으로 생명을 살 수 없고, 하나님께 "속전"(생명을 구원하기 위해 치러야 할 몸값)을 지불할 만큼 부유한 사람은 없기 때문입니다(7절). 생명을 속량하는 것은 값으로 매길 수 없으며(8절), 그 어떤 인간도 죽음의 문제를 피할 수 없습니다(9절). 사람은 누구나 죽는다는 것은 자명한 사실입니다(10절). 제아무리 부귀영화를 누린다고 해도 인간은 결국 한 줌 흙으로 돌아가게 되어 있습니다(11-14절). 죽음 앞에서 모든 인간은 동등합니다.

이런 배경에서 시인은 하나님께 눈을 돌립니다. 돈도, 권력도, 유명세도, 건강도 죽음 앞에서는 무력합니다. 단 하나, 죽음이 흔들 수 없는 대상이 있습니다. 바로 하나님이십니다. 죽음으로부터의 구원은 오직 하나님께만 있습니다(15절). 따라서 하나님을 믿는 사람은 다른 사람의 부와 번영, 성공 등을 부러워하지 않습니다(16, 18절). 죽을 때에 아무도 그것을 가지고 가지 못하며(17절), 결국 모든 사람은 죽기 때문입니다(19-20절). 하나님을 모르고 이 세상에서 누리는 것이 전부라고 생각하는 사람은 "미련한 짐승"(20절)과 같습니다.

묵상

옛날 로마에서는 전쟁에서 승리하고 돌아와 개선 행진을 할 때, 노예 하나를 뒤따르게 하여 "메멘토 모리"라고 외치게 했다고 합니다. 라틴어 '메멘토 모리'는 '죽음을 기억하라'는 뜻입니다. 지금은 승리감과 사람들의 환호성, 박수갈채에 취해 있지만, 언젠가 반드시 죽는다는 것을 기억하라는 의도였습니다. 그러면 기고만장하지 않게 될 것입니다.

   우리는 모두 죽습니다. 우리의 인생에서 내가 언젠가 죽는다는 사실보다 더 확실한 것은 없습니다. 또한 인생사에서 죽음처럼 공평한 것도 없습니다. 따라서 우리는 자주 죽음을 생각해야 합니다. 하루하루 사는 것이 나의 죽음에 점점 가까워지는 것임을 알고, 오늘 하루를 더욱 소중히 여기고 하나님의 뜻을 따라 살도록 힘써야 합니다. 그럴 때 우리는 이 세상에서 소유하고 누리고 즐기는 것에 대해 집착하지 않게 됩니다. 번영하고 성공한다고 해서 세상을 전부 가진 것처럼 좋아하지도 않고, 실패하고 가난하다고 하여 심하게 좌절하거나 절망하지 않습니다. 우리에게 주어진 분복에 만족하며 자족할 줄 알게 됩니다. 하나님을 믿는 사람의 목표는 성공이 아니라 성실이고 부를 이루는 것이 아니라 거룩함에 이르는 것이기 때문입니다.

개역개정을 보면, 시인은 "사람은 존귀하나 장구하지 못함이여 멸망하는 짐승 같도다"(12절)라고 탄식하고는 "존귀하나 깨닫지 못하는 사람은 멸망하는 짐승 같도다"(20절)라고 반복합니다. 인간은 존귀한 존재입니다. 하나님이 당신의 형상을 따라 지으셨기 때문입니다. 그 존귀함을 지키는 것은 우리가 유한한 존재임을 깨닫는 데 있습니다. 우리가 피조물이며 유한한 존재임을 깨달을 때 우리는 비로소 진실하게 하나님 앞에 고개 숙이고 그분의 뜻을 따라 거룩하게 살아갈 수 있습니다. 그것이 존귀함 즉 인간의 존엄성을 지키는 길입니다.

| 시편 50편 | **참된 예배** |

> 이 모든 일을 너희가 저질렀어도 내가 잠잠했더니, 너희는 틀림없이, '내가' 너희와 같은 줄로 잘못 생각하는구나. 이제 나는 너희를 호되게 꾸짖고, 너희의 눈앞에 너희의 죄상을 낱낱이 밝혀 보이겠다. (21절)

해설

이 시편은 아삽의 시로서 크게 세 부분으로 구성되어 있습니다. 먼저 1-6절은 심판자이신 하나님을 소개하고, 7-15절에서는 심판자 하나님이 제사의 의미에 대해 말씀하십니다. 이어서 16-23절에서 하나님은 제사의 의미를 왜곡하는 사람들에 대해 책망하십니다. 제사의 의미에 관한 시가 '시온시'(46, 48편) 뒤에 편집된 것은 적절해 보입니다.

시인은 전능하신 하나님이 심판을 위하여 온 세상을 불러 모으시는 모습을 그립니다(1절). 하나님은 이스라엘만의 하나님이 아니라 모든 민족의 하나님이십니다. 그 하나님은 시온에서부터 영광과 권능, 엄위로 나타나셔서 모든 민족 앞에서 당신의 백성을 심판하십니다(2-6절).

하나님은 "나는 하나님, 너희의 하나님이다"라는 말씀으로 심판을 시작하십니다(7절). 이 심판은 이스라엘 백성에 대한 애정에서 나오는 것이라는 뜻입니다. 하나님은 그들이 바친 제물에 대해 문제 삼으시려는 것이 아닙니다(8절). 하나님이 무언가 부족해서 제사를 요구하시는 것이 아닙니다(9절). 그분은 온 우주와 모든 생명의 창조주이시며 소유주이십니다. 그분에게는 아무런 부족함이 없습니다(10-13절). 그분은 홀로 완전하신 분입니다. 그분이 당신의 백성에게 요구하는 것은 감사의 제사입니다(14절). 하나님은 우리 마음에서 우러나오는 감사와 찬양을 받기 원하십니다. 하나님은 재난의 날에 당신을 부르라고 말씀하십니다. 하나님이 도우실 것이요 하나님은 그들로 인해 영광을 받으실 것입니다(15절).

이스라엘 백성은 물질로 드리는 제물에 대해서는 정성을 다했으나 정작 마음은 하나님을 떠나 있었습니다. 그들의 제사는 풍성했으나 그들의 삶은 부패했습니다. 16절의 "악인들"은 하나님을 믿지 않는 사람들을 가리키는 말이 아니라, 하나님께 풍성한 제물을 바치기는 하지만 마음이 하나님을 떠나 부패한 삶을 살던 이스라엘 백성들을 가리킵니다. 그들은 하나님의 법도를 전파하며 언약의 말을 입에서 읊조립니다(16절). 하지만 그들은 "내 교훈을 역겨워하고, 나의 말을 귓전으로 흘리고 [마는]"(17절) 사람들입니다. 그들은 도둑과 친구가 되고 간음하는 자와 한패가 됩니다(18절). "입으로는 악을 꾸며 내고, 혀로는 거짓을 지어내었[습니다]"(19절). 동기간조차 사랑하고 돌보지 않았습니다(20절).

하나님은 이러한 죄악을 지켜보면서 그들이 회개하고 돌아서기까지 참고 기다리십니다(21절). 그런데 이스라엘 백성은 하나님의 오래 참으심을 오해하고 그분을 만홀히 여깁니다. "'내가' 너희와 같은 줄로 잘못 생각하는구나"(21절)라는 말씀은 하나님이 죄악에 대해 무관심하기 때문에 아무런 행동도 하시지 않는 줄로 착각하고 있다는 뜻입니다. 그로 인해 이스라엘이 쌓은 죄의 분량이 차고 넘치게 되었습니다. 이제 하나님이 행동을 시작하시면 무서운 심판이 내릴 것입니다.

하나님은 심판의 팔을 드시기 전에 한 번 더 권면합니다. 하나님은 그들에게 "하나님을 잊은 자들아"(22절) 하고 부르십니다. 그들은 안식일마다 그리고 절기 때마다 영광스러운 제사를 드리고 주야로 율법을 묵상하고 부지런히 율법을 가르치는 사람들이었습니다. 그런데 하나님은 그들이 당신을 잊었다고 말씀하십니다. 그 모든 것이 형식에 그쳤기 때문입니다. 제사는 풍성했지만 마음은 떠나 있었고 삶은 부정했기 때문입니다. 하나님은 "감사하는 마음으로 제물을 바치"고 "올바른 길을 걷는 사람"(23절)을 찾으십니다. 마음 없는 제물은 역겹고 거룩한 삶이 따르지 않는 제사는 위선입니다.

묵상

예배는 하나님께 부족한 무언가를 드리기 위한 것이 아닙니다. 삼위의 하나님은 영원토록 모든 것이 충만하신 분입니다. 이것을 신학적으로는 '하나님의 자기 충족성'이라고 부릅니다. 우리가 시간과 물질을 성별하여 예배드리는 이유는 "나는 하나님, 너희의 하나님이다"(7절)라고 하시는 그분 앞에서 "당신은 하나님, 우리의 하나님이십니다"라고 고백하기 위함입니다. 그분이 베풀어 주신 은혜를 인정하고 그 은혜에 반응하는 행동입니다. 감사의 마음이 넘치면 무엇인가 내게 귀한 것을 드리고 싶어집니다. 따라서 진정한 예배는 억지로, 형식적으로, 무덤덤하게, 반복적으로 행할 것이 아닙니다. 우리 내면에서 터져 나오는 기쁨과 열정으로 드려야 합니다. 그런 예배만이 우리의 영성을 깨어 있게 하고, 깨어 있는 영성은 우리로 하여금 거룩하고 의롭고 선하게 살아가게 합니다.

오늘의 시편을 읽으며 두렵고 떨리는 마음으로 우리의 신앙을 돌아봅니다. 우리의 예배가, 기도가, 묵상이 혹시 마음 없는 형식은 아닌지 반성합니다. 우리의 예배와 삶이 분리되어 있지는 않은지 두려운 마음으로 우리 자신을 돌아봅니다. 그렇다면 우리도 "악인들"(16절)에 속합니다. 우리 역시 "하나님을 잊은 자들"(22절)이라는 책망을 들을 사람들입니다. 우리의 예배에 진실한 감사가 담겨 있는지 되돌아봅니다. 위로받고 복을 받기 위한 자기중심적 예배가 아니라 하나님의 하나님 되심을 깨닫고 내면에서부터 터져 나오는 감사에 기초한 예배를 드리고 있는지 자문해 봅니다. 예배에 쏟는 정성만큼이나 "올바른 길을 걷는 사람"이 되기 위해 애쓰고 있는지 자신에게 물어봅니다.

우리의 말씀 묵상이 우리의 양심을 위로하는 것에 그치는지, 아니면 우리의 말과 행실을 통해 열매 맺고 있는지 스스로 돌아봅니다.

시편 51편 | # 진실한 회개

> 주님께만, 오직 주님께만, 나는 죄를 지었습니다. 주님의 눈앞에서, 내가 악한 짓을 저질렀으니, 주님의 판결은 옳으시며 주님의 심판은 정당합니다. (4절)

해설

시편 편집자는 표제에 이 시편의 사연을 밝혀 놓았습니다. 다윗이 충신 우리야의 아내 밧세바를 범한 후 자신의 범죄를 은폐하기 위해 우리야를 전장에 내보내 죽게 합니다(삼하 11장). 다윗이 완전 범죄를 확신하고 안심할 때 예언자 나단이 찾아와 그의 죄를 고발합니다(삼하 12장). 이 시편은 다윗이 나단의 고발 이후에 자신의 죄를 인정하고 하나님 앞에 참회하며 드린 회개 기도입니다. 이 시편은 성경 전체에서 가장 사랑받는 회개시로, 죄의 본질에 대한 깊은 통찰이 담겨 있습니다.

먼저 다윗은 하나님의 사랑을 의지해 자비와 긍휼을 구합니다(1절). 하나님이 자신의 죄를 씻어 주시고 깨끗하게 해 주시기를 간구합니다(2절). 그는 진심으로 자신의 죄를 인정하면서 "내가 지은 죄가 언제나 나를 고발합니다"(3절)라고 말합니다. 이 말은 한시도 죄책감에서 벗어나지 못하고 있다는 뜻입니다. 그는 "주님께만, 오직 주님께만, 나는 죄를 지었습니다"(4절)라고 고백합니다. 이 말은 우리야와 밧세바에게는 잘못이 없다는 뜻이 아닙니다. 우리의 죄는 가장 먼저 하나님께 짓는 것이고, 하나님에 대한 죄의 무게는 인간에게 범한 죄의 무게와는 비교할 수 없이 크다는 뜻입니다. 죄는 하나님 앞에 그만큼 엄중한 사안입니다.

그가 지은 죄는 "주님의 눈앞에서"(4절) 저지른 것입니다. 죄의 유혹 앞에 있을 때 "지금 내가 주님의 눈앞에 있다"는 사실을 기억한다면 결코 넘어지지 않을 것입니다. 다윗은 죄를 범하고 나서야 그 사실을 깨닫습니다. 하나님이 어떤 징벌을 내리신다 해도 그에게는 할 말이 없음을 인정합니다. 다윗은 자신이 "죄 중에 태어났고, 어머니의 태 속에 있을 때부터 죄인이었습니다"(5절)라고 고백합니다. 이것은 인간의 뿌리 깊은 죄성을 강조하는 표현입니다. 인간은 죄에 빠지고 나서야 자신이 어쩔 수 없이 죄성에 물들어 있다는 사실을 깨닫습니다.

다윗은 이어서 "마음속의 진실을 기뻐하시는 주님"께서 자신의 마음 깊은 곳에 "주님의 지혜"를 가르쳐 주셨다고 고백합니다(6절). 그렇기에 그는 죄책감의 사슬에 갇혀 있지 않고 하나님께 나아와 자신을 죄로부터 깨끗하게 해 달라고 간구합니다(7절). "우슬초"는 제물의 피를 찍어 뿌리는 데 사용했던 풀을 가리킵니다. 다윗은 하나님이 깨끗하게 하시면 자신이 눈보다 더 하얗게 될 것이라고 말합니다(7절). 자신의 죄를 스스로 깨끗하게 할 수 없다는 사실을 고백하고 있는 것입니다. 다윗은 하나님의 용서와 회복의 은총을 간절히 사모합니다(8-9절).

다윗은 이미 지은 죄로부터 자신을 깨끗하게 해 주시기를 구하는 데서 만족하지 않습니다. 하나님이 그를 새롭게 지어 주셔서 더 이상 그런 죄를 범하지 않게 해 달라고 기도합니다. 그것을 위해 자신 안에 "깨끗한 마음을 창조하여 주시고" 자신의 내면을 "견고한 심령으로 새롭게 하여" 달라고 기도합니다(10절). "창조하다"에 사용된 히브리어 '바라'는 창세기 1:1에서 사용된 단어입니다. 하나님이 전적으로 새로운 것을 만들어 내시는 행동을 가리키는 단어입니다. 그뿐 아니라 다윗은 하나님과의 관계를 회복시켜 주시기를 구합니다(11절). 죄는 하나님과의 관계를 깨뜨리는 힘이기 때문입니다. 그렇게 되면 자신은 구원의 기쁨을 회복할 것이고(12절)

죄인들에게 하나님의 율법을 가르칠 수 있을 것입니다(13절).

다윗은 하나님께 자신을 보호해 주시어 다시는 살인죄를 짓지 않게 해 주시기를 구합니다. 그리하면 자신은 주님의 의로우심을 노래하고 주님을 찬양하겠다고 고백합니다(14-15절). 이제 그의 찬양과 예배는 "찢겨진 심령"(17절)이 담긴 예배가 될 것입니다. 그가 흉악한 죄에 빠졌던 이유는 시편 50편에 나오는 것처럼 그의 제사가 형식뿐이었기 때문입니다. 이제 그는 "찢겨지고 짓밟힌 마음"(17절)으로 기도할 것입니다. 다윗은 자신이 드리는 제사뿐 아니라 시온과 예루살렘에서 드려지는 모든 제물이 하나님이 기뻐 받으실 감사의 제물이 되기를 기도합니다(18-19절).

묵상

인간은 심하게 깨져 보아야 자신이 어떤 존재인지를 깨닫습니다. 하나님께 "내 마음에 합한 사람"(행 13:22, 개역한글)이라는 칭찬을 들었던 다윗은 밧세바 사건을 통해 자신이 죄의 유혹 앞에 얼마나 초라한 존재인지를 깨닫습니다. 그제야 그는 자신이 죄성에 속속들이 물들어 있는 존재임을 깨닫습니다. 바울이 고백한 것처럼(롬 7:18) 자신의 내면에는 선한 것이 하나도 없음을 인정합니다. 하나님의 성령으로 새롭게 지음받지 않으면 소망 없는 존재임을 깨닫습니다. 그는 또한 죄의 결과에 대해서도 절실하게 깨닫습니다. 죄는 무엇보다 하나님과의 관계를 깨뜨리는 것입니다. 그것을 알게 되니 죄의 무게가 숨통을 조여 옵니다. 생의 기쁨과 즐거움이 모두 증발되어 버립니다. 그런 자각이 그로 하여금 하나님 앞에 무너져 이토록 절절하게 호소하게 만들었습니다.

이것은 모두에게 동일한 진실입니다. 죄는 어떤 행동이기 이전에 우리를 속박하는 힘입니다. 그래서 바울은 우리가 "죄 아래"(롬 3:9) 있으며

"죄의 종"(롬 6:16)이라고 했습니다. 죄는 끈질기게 우리를 위협합니다. 하나님의 뜻대로 사는 것은 어렵고 내 마음을 따라 사는 것은 너무도 쉽습니다. 우리 속에는 무서운 죄의 본능이 도사리고 있고 사탄이 그 죄의 본능을 꼬드기기 때문입니다. 그래서 예수님은 "우리를 시험에 들지 않게 하시고 악에서 구하여 주십시오"라고 기도하라고 가르치셨습니다(마 6:13). 그 기도는 우리가 죄에 얼마나 취약한 존재인지를 잊지 말라는 뜻입니다. 죄의 힘으로부터 우리를 지켜 주시는 주님의 손길에 의지하고 살라는 뜻입니다.

그렇게 살아도 우리는 언제나 넘어질 수 있습니다. 하지만 우리는 더 이상 죄의 노예가 아닙니다. 성령의 사람으로서 우리는 "의의 종"(롬 6:18)입니다. 죄의 세력은 우리를 넘어뜨릴 수는 있지만 노예로 결박하지는 못합니다. 죄에 넘어질 때면 하나님 앞에 진실하고 정직하게 회개해야 합니다. 상하고 깨어진 마음으로 겸손히 하나님의 얼굴을 구할 때, 하나님은 우리를 용서하시고 치유하시며 회복시켜 주십니다. 그렇게 회복되고 나면 우리는 새로운 심령으로 예배에 임하게 되고 더욱 거룩하게 변화되어 나갑니다.

시편 52편

하나님은 살아 계시다!

> ⁸그러나 나는 하나님의 집에서 자라는 푸른 잎이 무성한 올리브 나무처럼, 언제나 하나님의 한결같은 사랑만을 의지하련다. ⁹주님께서 하신 일을 생각하며, 주님을 영원히 찬양하렵니다. 주님을 믿는 성도들 앞에서, 선하신 주님의 이름을 우러러 기리렵니다. (8-9절)

해설

시편의 편집자는 표제에서 이 시편이 쓰인 상황을 밝힙니다. 도엑은 사울왕의 부관으로서 잔인무도한 사람이었습니다(삼상 21-22장). 다윗이 사울의 살해 위협 때문에 도피해 다닐 때, 도엑은 잠시 다윗을 받아 주었던 아히멜렉 제사장을 사울에게 고발하여 85명의 제사장과 그들이 살던 마을 주민 모두를 살해했습니다. 다윗은, 권력욕에 눈멀어 무고한 사람들을 살해한 도엑을 생각하며 이 시편을 썼습니다. 따라서 이 시편은 자신의 욕망을 따라 하나님의 뜻을 거슬러 살아가는 사람에 대한 경고이며, 악한 사람에게 위협당하는 의인들을 향한 격려입니다.

다윗은 먼저 악한 일을 도모하고 실행할 뿐 아니라 그것을 자랑삼아 떠드는 행동에 대해 책망합니다(1절). 그 사람의 혀는 "날카로운 칼날처럼"(2절) 사람들을 해칠 일만 생각합니다. 그는 "착한 일보다 악한 일을 더 즐기고, 옳은 말보다 거짓말을 더 사랑"(3절)합니다. "남을 해치는 말이라면, 무슨 말이든지 좋아"(4절)합니다. 그는 속속들이 죄악에 물들어 있어서 자신이 하고 있는 일이 무엇인지 모르고 있습니다. 죄악에 자신을 내어 주면 결국 이렇게 회복할 수 없을 만큼 물들게 됩니다.

이어서 다윗은 그 악한 사람에 대한 하나님의 심판을 선언합니다. 악한 자들이 날뛰는 동안에는 하나님이 안 계신 것 같고 무력하신 것 같고 무관심하신 것 같아 보입니다. 하지만 결국 하나님은 심판의 팔을 들어 모든 것을 바로잡으십니다. 하나님의 침묵은 그분의 오래 참으심을 말합니다. 그분의 참으심이 지연될수록 심판은 더욱 강력해지는 것입니다. 지금 당장은 도액을 막을 자가 없어 보이지만 결국 하나님은 그를 "사람 사는 땅에서 영원히 뿌리 뽑아 버리실 것"(5절)입니다. 하나님을 의지하여 거룩하고 경건하게 살며 때로 악인들에게 무고하게 고난을 당하는 의인은 그 모습을 보고 "하나님을 자기의 피난처로 삼지 않고, 제가 가진 많은 재산만을 의지하며, 자기의 폭력으로 힘을 쓰던"(7절) 사람의 최후가 어떤지를 확인합니다.

그런 다음 다윗은 자신의 선 자리를 다시금 확인합니다. 악인이 잘되고 의인이 고난받는 상황이 길어지더라도 자신은 "하나님의 한결같은 사랑만을 의지"(8절)하겠다고 다짐합니다. 그렇게 되면 "하나님의 집에서 자라는 푸른 잎이 무성한 올리브 나무처럼"(8절) 될 것입니다. 올리브 나무의 평균 수명은 5백 년입니다. 하나님이 지켜 주시는 사람은 영원히 안전할 것이라는 뜻입니다. 동시에 그는 주님이 하신 일을 생각하며 홀로 그리고 성도들과 함께 하나님을 찬양할 것을 다짐합니다(9절).

묵상

오늘의 시편은 우리에게 경고가 되기도 하고 위로가 되기도 합니다. 경고가 되는 이유는 우리도 언제든지 죄악에 빠질 수 있기 때문입니다. 우리 안에는 성인과 악마의 가능성이 공존합니다. 성령의 능력 안에서 성인의 모습으로 잘 빚어지던 사람도 한순간 죄악으로 마음의 눈이 어두워질 수 있습니다. 방비를 게을리하고 죄악에 우리 자신을 내어 주면, 나중에는 회복할 수 없도록 깊이 물들어 버립니다. 모든 지체를 무기로 삼아 악을 행합니다. 그렇게 죄악을 일삼고 살아도 하나님의 징계와 심판은 즉각적으로 임하지 않습니다. 마음이 어두워지면 그것을 하나님의 부재나 하나님의 무관심으로 간주합니다. 하지만 하나님은 살아 계시고 결국 심판의 팔을 드십니다. 그때면 돌이킬 수 없이 늦어 버립니다. 그 전에 하나님의 오래 참으심을 감사히 여기고 회개해야 합니다.

이 시편이 위로가 되는 이유는 의롭게 살고자 하는 우리의 열망에 불을 지펴 주기 때문입니다. 의롭게 살기 위해 힘쓸 때 시험과 유혹과 환난이 자주 찾아옵니다. 하나님을 사랑하기 위해 죄를 멀리하고 희생과 헌신의 제사를 바치는 것이 모두 무익한 것처럼 보입니다. 그런 회의가 찾아오면 낙심하기 쉽습니다. 하지만 결국 하나님이 모든 것을 바로잡으십니다. 그렇기에 우리는 상황이 어떻든 하나님의 "변함없는 사랑"('헤세드') 안에 거해야 합니다. 그럴 때 우리는 무성한 올리브 나무처럼 될 것입니다.

| 시편 53편 | **두려워하지 않을 이유**

> 죄악을 행하는 자는 다 무지한 자냐? 그들이 밥 먹듯이 내 백성을
> 먹으면서 나 하나님을 부르지 않는구나. (4절)

해설

시편 53편은 시편 14편과 매우 유사합니다. 히브리어 원문으로 보면, 14편에서는 하나님에 대해 '야훼'라는 단어를 사용하는데, 53편에서는 '엘로힘'이라는 단어를 사용합니다. '야훼'는 모세를 통해 당신 자신을 계시하신 하나님의 이름입니다. 반면 '엘로힘'은 일반 명사로서 '신'이라는 뜻입니다. 다윗이 '엘로힘'이라는 단어를 사용할 때 그의 마음에는 '야훼'를 생각했을 것이므로 근본적인 차이는 없다고 보아야 합니다.

이 시편은 바로 앞에 있는 52편과 연관 지어 읽어야 합니다. 52편에서 다윗은 도엑과 같이 악한 사람에 대한 하나님의 심판을 선언했습니다. 마음속으로 "하나님은 없다"고 말하는 "어리석은 사람"(1절)은 도엑처럼 하나님을 무시하고 악행을 일삼는 사람입니다. 14편 해설에서도 언급한 것처럼 "어리석은 사람"이라는 말은 지능이 모자라다는 뜻이 아니라 마음이 부패하여 하나님을 인정하지 않는 사람을 가리킵니다. 지혜 중 으뜸가는 지혜는 하나님을 경외하는 것이라는 말씀처럼(잠 1:7), 어리석음 중 최고의 어리석음은 하나님을 인정하지 않는 것입니다.

하나님은 이 땅에 지혜로운 사람이 있는지 찾으십니다만(2절), 사람들은 "다른 길로 빗나가서 하나같이 썩었으니"(3절) 선하게 사는 사람이 하나도 없어 보입니다. 그들은 "밥 먹듯이"(4절) 죄악을 행하면서도 하나님

을 부르지 않습니다. 하나님에 대한 감각이 완전히 마비된 것입니다. 그래서 하나님은 결국 그들을 흩으시고 물리치실 것입니다. 그렇게 되면 그들은 "두려움이 없는 곳에서도 크게 두려워할 것"입니다(5절). 반면, 하나님을 믿고 의지하는 사람은 '두려움이 있는 곳에서도 두려워하지 않을 것'입니다. 이것이 믿음이 만들어 내는 차이입니다.

다윗은 끝으로 자신의 백성을 위해 하나님께 중보합니다. 그러고는 "하나님께서 당신의 백성을 그들의 땅으로 되돌려 보내실 때에, 야곱은 기뻐하고, 이스라엘은 즐거워할 것이다"(6절)라고 선언합니다. "그들의 땅"은 지리적 장소만을 의미하지 않습니다. 그들이 마땅히 서 있어야 할 자리를 의미한다고 볼 수 있습니다. 그들이 마땅히 서 있어야 할 자리는 하나님을 믿는 자리이며 거룩한 삶의 자리입니다. 다윗은 이스라엘이 정치적으로 해방될 뿐 아니라 영적으로도 마땅히 있어야 할 자리에 있기를 기도합니다.

묵상

하나님의 존재를 부정하는 사람들 혹은 하나님의 존재를 인정하지만 의지하지 않는 사람들을 가리켜 다윗은 "어리석은 사람"이라고 부릅니다. 그 사람에 대해 말하면서 다윗은 "그들은 두려움이 없는 곳에서도 크게 두려워할 것이다"(5절)라고 합니다. 도엑처럼 자신의 욕망을 따라 죄악을 일삼는 사람은 두려워할 것이 하나도 없는 상황에서도 무엇인가를 두려워하게 되어 있다는 뜻입니다. 하나님을 떠난 사람은 우주의 미아가 된 것으로 인해 마음 깊은 곳에 두려움이 있습니다. 그 두려움은 하나님의 사랑을 만나지 않고는 지워지지 않습니다. 그래서 사도 요한은 "사랑에는 두려움이 없습니다. 완전한 사랑은 두려움을 내쫓습니다"(요일 4:18)라고 말했습니다.

반면, 하나님을 의지하는 사람들은 두려워하지 않습니다. 어떤 사람의 계산에 의하면, "두려워하지 말라"는 명령이 성경에 366번 나온다고 합니다. 매일 한 번씩 기억해야 할 말씀이기 때문입니다. 365번이 아니고 366번이 나오는 이유는 4년마다 한 번씩 돌아오는 윤년을 위한 배려라고 합니다. 누군가 농담처럼 만들어 낸 이야기이긴 하지만, 나름의 메시지가 들어 있습니다. 5절을 패러디한다면, 예수 그리스도를 통해 하나님의 사랑을 경험한 사람 그리고 자신이 전능자의 그늘 아래 살고 있다고 믿는 사람은 "두려움이 있는 곳에서도 두려워하지 않을 것이다"라고 할 수 있습니다. 그런 믿음 안에서 살았기에 바울 사도는 환난도, 곤고도, 박해도, 굶주림도, 헐벗음도, 위협도, 칼도 두려워하지 않는다고 했습니다(롬 8:35).

세상은 하나님을 등지고 사는 것을 지혜로운 선택으로 여깁니다. 실은 어리석은 선택입니다. 반면, 하나님을 의지하는 것을 세상은 어리석다 하겠지만, 실은 가장 지혜로운 선택입니다. 아무것도 두려워하지 않고 살아갈 수 있기 때문입니다.

시편 54편 | **기억하라!**

> 내가 즐거운 마음으로 주님께 제물을 드립니다. 주님, 내가 주님의 선하신 이름에 감사를 드립니다. (6절)

해설

이 시편의 표제는 사무엘상 23장 이야기를 펼치게 만듭니다. 사울왕의 추적을 피해 도피하던 다윗이 십 광야로 피신했을 때 그곳 사람 몇이 사울을 찾아가 그 사실을 알립니다. 십 사람들은 다윗과 아무런 원한이 없었습니다. 사울왕에게 잘 보이려는 욕심 때문에 죄 없는 다윗을 밀고한 것입니다. 이 시편은 이처럼 이유 없이 사람들로부터 어려움을 당할 때 드릴 만한 기도입니다.

다윗은 먼저 하나님께 구원을 호소합니다(1-3절). 그는 "무법자들"과 "폭력배들"에게 쫓기고 있습니다(1절). 십 사람들이 그의 거취를 사울에게 알린 이유는 다윗을 미워해서가 아니라 사울에게 잘 보이려는 욕심 때문이었습니다. 그들에 대해 다윗은 "하나님을 안중에도 두지 않는 자들"(3절)이라고 표현합니다. 개역개정은 "하나님을 자기 앞에 두지 아니[한 자들]"이라고 번역했습니다. 불신앙은 곧 불의한 행동으로 이어지게 마련입니다.

4절부터 다윗은 전혀 다른 기도를 올립니다. 다윗은 하나님이 자신을 필경 도와주실 것이며 자신의 원수들을 징계해 주실 것이라는 확신을 고백합니다(4-5절). 그렇기에 자신은 하나님께 "즐거운 마음으로"(6절) 제물을 드리며 감사를 드리겠다고 말합니다. 개역개정에는 "낙헌제"라고 되어 있습니다. 이것은 화목제와 유사한 것으로서 하나님의 은혜에 감사하여 드리는 자원 제사입니다. 과거에 주님이 자신을 모든 재난에서 건져 주셨으므로 이번에도 그리하실 것을 믿기 때문입니다(7절).

묵상

1-3절까지 하나님께 구원을 호소하던 다윗이 4절부터 전혀 다른 정서로 기도합니다. 이렇게 기도의 정서가 바뀐 까닭은 다음과 같은 이유로 추정됩니다.

첫째, 하나님께 구원을 호소하는 기도를 통해 믿음을 회복했기 때문일 것입니다. 1-3절의 기도는 다윗이 오랜 시간 동안 드린 기도의 내용을 요약한 것입니다. 이러한 내용의 기도를 몇 시간 혹은 며칠 동안 기도했을 것입니다. 시편의 기도가 대부분 그렇습니다. 앉은 자리에서 단번에 써 내려간 기도가 아니라 한 사람의 삶의 자리에서 오래도록 드려졌던 기도가 나중에 한 편의 기도문으로 정리된 것입니다. 그렇게 오랜 시간 동안 절절히 기도한 끝에 다윗은 자신을 에워싼 위험에서 눈을 들어 하나님을 바라보게 된 것이며, 그로써 하나님이 결국 모든 것을 바로잡으실 것이라는 믿음을 회복한 것입니다.

둘째, 하나님이 과거에 자신에게 행하셨던 일을 기억했기 때문입니다. 7절에서 고백하는 것처럼, 그는 과거의 삶의 여정에서 하나님이 살아 계시다는 사실을 여러 번 경험했습니다. 지금 당한 위험보다 더 큰 위험에서도 구원해 주셨습니다. 그것을 기억하자 그의 믿음이 회복되었습니다. 과거에 지키시고 인도하신 하나님이 이번에도 그렇게 하실 것을 믿게 된 것입니다.

지금 고난을 당하고 있다는 사실은 하나님에게서 버림받았다는 뜻이 아닙니다. 하나님이 외면하셨다는 뜻도 아닙니다. 때로는 지금 우리로서는 알 수 없는 이유로 하나님은 우리가 고난받는 것을 허락하십니다. 하지만 그분은 당신을 믿고 의지하는 사람을 위하여 그 고난을 통해 새로운 일을 빚어내실 것입니다. 그것이 믿어지면 환난과 고난 중에서도 기뻐할 수 있습니다.

시편 55편 | **배신의 아픔을 겪을 때**

¹²나를 비난하는 자가 차라리, 내 원수였다면, 내가 견딜 수 있었을 것이다. 나를 미워하는 자가 차라리, 자기가 나보다 잘났다고 자랑하는 내 원수였다면, 나는 그들을 피하여서 숨기라도 하였을 것이다. ¹³그런데 나를 비난하는 자가 바로 너라니! 나를 미워하는 자가 바로, 내 동료, 내 친구, 내 가까운 벗이라니! (12-13절)

해설

이 시편은 다윗이 지은 것으로, 함께 예배드리며 교제하던 친구의 배신(12-13절)으로 인해 극심한 심적 고통을 겪는 중에 드린 기도입니다.

먼저 그는 자신의 기도를 들으시고 응답해 달라고 하나님께 간구합니다(1-2절). 그는 자신이 얼마나 심한 고통 중에 있는지를 묘사합니다(3-5절). 그는 지금 친구들의 배신으로 인해 "두려움과 떨림" 그리고 "몸서리치는 전율"(5절)에 짓눌려 살고 있습니다. 이런 상황에 처하면 도피하고 싶어집니다. 다윗도 그랬습니다. 그는 비둘기처럼 멀리 광야로 날아가 버리고도 싶고 아무도 없는 은신처로 피하고도 싶다고 하나님 앞에서 하소연합니다(6-8절). 사람에게 심한 상처를 받으면 아무도 보지 않고 살면 좋겠다 싶은 마음이 듭니다.

이어서 다윗은 악을 행하는 사람들을 고발합니다. 악인들로 인해 고난당하는 것은 혼자만의 문제가 아닙니다. 지금 그가 살고 있는 성에는 폭력과 분쟁, 죄악과 고통, 억압과 속임수만 가득해 보입니다(9-11절). 악을 일삼는 사람들 가운데는 한때 그와 함께 우정을 나누며 같이 예배 처소를 드나들던 친구도 있습니다(12-14절). 가까운 친구로부터 당하는 배신과 고통의 무게는 몇 배 더 큽니다. 얼마나 괴로웠던지 다윗은 "죽음아, 그들을 덮쳐라. 산 채로 그들을 음부로 데리고 가거라!"(15절)라고 절규합니다.

시편의 기도가 자주 그렇듯이, 15절과 16절 사이에는 정서적 차이가 있습니다. 1-15절의 기도는 다윗이 극심한 심적 고통 중에 울부짖은 기도입니다. 거기에는 정제되지 않은 거친 감정이 담겨 있습니다. 그렇게 기도하다 보면 감정이 정화되고 마음이 안정을 되찾습니다. 앞의 기도가 마음에 뒤엉킨 감정을 쏟아 놓는 기도라면, 16절 이후의 기도는 감정을 쏟아 낸 후에 올린 기도라고 할 수 있습니다.

그래서 다윗은 "나는 오직 하나님께 부르짖을 것이니, 주님께서 나를 건져 주실 것이다"(16절)라고 기도합니다. 도피하고 싶었던 마음도, 저주했던 마음도 내려놓고 이제는 오직 하나님을 의지하게 된 것입니다. 그는 자신이 부르짖는 소리를 하나님이 들으신다는 사실을 믿습니다(17절). 자신을 대적하는 사람이 아무리 많아도 주님과 맞설 수 없다는 사실을 또한 기억합니다(18절). 온 세상의 창조주께서 자신의 기도를 듣고 응답하셔서 악한 자들을 징계하실 것을 내다봅니다(19절). 그들은 가까운 친구 사이에 맺은 언약도 우습게 여기는 사람들입니다(20절). 마음에 숨긴 칼을 부드러운 말로 위장하는 일에 능한 사람들입니다(21절).

마지막으로 다윗은 회중을 향해, 하나님이 모든 것을 바로잡아 주신다는 사실을 믿고 그분께 모든 짐을 맡기라고 권합니다(22절). 자신도 그렇게 하겠다는 결단과 함께 말입니다(23절).

묵상

살다 보면 그럴 수 있습니다. 사람이기에 그럴 수 있습니다. 가장 믿었고 가장 아꼈던 친구, 함께 믿음의 길을 가면서 서로 기도해 주었던 친구,

죽음 외에는 갈라놓을 것이 없어 보였던 친구가 어느 날 전혀 다른 사람이 되어 등을 돌리는 일이 일어납니다. 그럴 때면 사람에게 환멸을 느끼고 사람이 두려워집니다. 아무도 만나고 싶지 않습니다. 아무도 없는 곳으로 가서 홀로 살고 싶습니다. 분노가 치밀어 오를 때면 마음에 있는 모든 악을 끌어모아 저주를 퍼붓고 싶습니다. 그것이 인간의 마음입니다. 그것이 하나님 앞에서 마음을 쏟아 놓기 전 우리의 마음입니다.

하지만 하나님 앞에 마음을 쏟아 놓고 나면 도피도, 환멸도, 저주도 길이 아님을 알게 됩니다. 배신을 당하면 인간에 대한 환멸을 느끼는 것은 당연한 일이지만, 그것은 인간에 대한 환상이 깨어지는 과정이기도 합니다. 인간은 믿음의 대상이 아니라 사랑의 대상입니다. 우리 모두 언제든지 깨어질 수 있는 연약한 그릇이기에 그렇습니다. 우리가 의지할 대상은 오직 하나님이십니다. 하나님 앞에 우리의 엉클어진 마음을 쏟아 놓으면 비로소 그 진실이 보입니다. 그리고 하나님께 모든 것을 맡기고 잠잠히 하나님이 하시는 일을 기다립니다. 그럴 때면 하나님이 하시는 일이 보입니다. 그제야 우리는 마음의 평안을 얻습니다.

그리고 사랑할 수 없는 사람을 사랑하라는 도전을 겸손히 받아들입니다. 우리 자신의 성품으로는 도저히 할 수 없는 일임을 알기에 주님의 마음을 구합니다.

| 시편 56편 | **사람이 감히…** |

> 나는 하나님의 말씀만 찬양합니다. 내가 하나님만 의지하니, 나에게는 두려움이 없습니다. 육체를 가진 사람이 나에게 감히 어찌하겠습니까? (4절)

해설

이 시편의 표제는 다윗이 사울을 피하여 다니던 중에 가드의 블레셋 사람들에게 포로가 되었을 때를 배경으로 제시합니다(삼상 21:10-15). 이 시편은 자신을 해치려는 사람들에 의해 사면초가의 상황에 빠졌을 때 다윗이 올렸던 기도입니다.

다윗은 자신이 원수들에게 에워싸여 고통당하고 있으니 불쌍히 여겨 달라고 하나님께 기도합니다(1-2절). 상황에서 오는 두려움의 감정이 그를 압도하려 하지만 자신은 오직 하나님께만 희망을 두고 있다고 고백합니다(3절). 하나님께 희망을 두고 의지하면 두려움에 짓눌리지 않을 수 있습니다. 그리하여 그는 "육체를 가진 사람이 나에게 감히 어찌하겠습니까?"(4절)라고 담대하게 고백합니다.

다윗은 다시금 자신의 상황을 하나님께 설명합니다. 그를 공격하려는 사람들은 한순간도 그에게서 눈을 떼지 않고 책잡을 일을 찾고 함께 모여 음모를 꾸밉니다(5-6절). 다윗은 하나님께 그들을 징벌해 달라고 기도합니다(7절). 아울러 그는 자신이 당하고 있는 고난의 무게를 달아 보시기를 청합니다. 그들의 공격을 피하여 방황한 나날을 헤아리고 흘린 눈물의 양을 재어 봐 달라고 청합니다(8절). 그는 자신이 주님의 이름을 불러 간구하면 원수들이 물러가게 될 것을 믿습니다(9절). 그래서 그는 오직 하나님만 의지하고 하나님만 찬양하겠다고 고백합니다(10절). 그럴 때 두려움에 사로잡히지 않는다는 것을 그는 알고 있습니다. 그래서 그는 "사람이 나에게 감히 어찌하겠습니까?"(11절)라고 고백합니다.

    11절 이전과 12절 이후의 다윗의 정서는 사뭇 다릅니다. 11절까지의 탄원 기도를 통해 그가 믿음을 회복했기 때문에 12-13절에서 그는 하나님께 서원한 대로 감사의 제사를 드리겠다고 기도합니다. 제대로 드린 기도는 이렇게 절망에서 소망으로, 눈물에서 기쁨으로, 두려움에서 담대함으로 기도자의 정서를 변화시킵니다. 자신을 위협하는 사람과는 비교할 수 없는 전능하신 분의 그늘 아래 있는 자신의 위치를 확인하기 때문입니다.

묵상

다윗은 지금 그가 당해 낼 수 없는 강력한 원수들에 맞서고 있습니다. 인간적으로 그 상황을 생각하면 두려움이 압도해 옵니다. 관계가 얽혀 버리면 사람이 가장 무서워집니다. 다윗은 그 상황에서 눈을 돌려 하나님을 바라봅니다. 그는 "하나님은 나의 편이심을 나는 잘 알고 있습니다"(9절)라고 고백합니다. 인간적으로 그는 강력한 원수들 앞에 홀로 서 있지만, 믿음의 눈으로 그는 하나님이 자신의 편에 서 계심을 봅니다. 전능하신 하나님 앞에서 자신을 위협하는 원수들을 보니 가소롭습니다. 그래서 다윗은 "육체를 가진 사람이 나에게 감히 어찌하겠습니까?", "사람이 나에게 감히 어찌하겠습니까?"라고 했습니다. 하나님에 대해 눈뜨지 못하면 작은 언덕도 넘어설 수 없는 산처럼 보이지만, 하나님에 대해 눈뜨고 나면 거대한 산도 작은 언덕처럼 보입니다.

    우리에게도 "하나님은 나의 편이심을 나는 잘 알고 있습니다"라고 고백할 수 있는 믿음이 필요합니다. 하지만 때로는 이 고백이 자기중심적 맹신의 표현이 되기도 합니다. 죄 가운데 빠져 살면서 하나님이 자기편을 들어 주시기만을 구한다면, 그것은 하나님께 역겨운 일이 됩니다. 미국의 남북전쟁이 한창일 때, 어느 목사가 링컨 대통령에게 "하나님이 북군의 편을 들어 주시기를 기도하겠습니다"라고 말하자 "중요한 것은 하나님이 어느 편에 서시느냐가 아니라 우리가 하나님 편에 서 있느냐입니다"라고 답했다는 일화가 있습니다. "하나님 편에 선다"는 말은 그분의 뜻을 찾고 그 뜻을 따르기에 힘쓴다는 말입니다. 이렇게 살기를 힘쓰는 사람만이 이러한 고백을 할 수 있습니다. 그리고 그런 고백과 믿음은 상황에서 오는 두려움을 이길 수 있습니다.

시편 57편 | **어둠을 깨뜨리는 믿음**

⁷하나님, 나는 내 마음을 정했습니다. 나는 내 마음을 확실히 정했습니다. 내가 가락에 맞추어 노래를 부르겠습니다. ⁸내 영혼아, 깨어나라. 거문고야, 수금아, 깨어나라. 내가 새벽을 깨우련다. (7-8절)

해설

이 시편의 표제는 다윗이 사울에게 쫓겨 아둘람 동굴에 피해 있을 때(삼상 22:1) 이 기도를 올렸다고 소개합니다. 따라서 이 시편은 사람이나 상황으로 인해 궁지에 몰린 것 같을 때 드릴 만한 기도입니다.

 그는 동굴에 피신해 있는 상황을 "주님의 날개 그늘 아래"(1절) 피한 것으로 비유합니다. 그는 하나님을 "가장 높으신" 분이요 "나를 위하여 복수해 주시는" 분(2절)이라고 묘사하며 자비와 구원을 호소합니다. 그는 하나님의 "사랑과 진실"(3절)에 호소합니다. 개역개정에는 "하나님이 그의 인자와 진리를 보내시리로다"라고 되어 있습니다. 하나님의 사랑은 맹목적이지 않습니다. 옳고 그름을 따져 모든 것을 바로잡습니다. 그런 분이시기에 다윗은 하나님께 의지하고 호소하는 것입니다. 다윗은 자신이 "사람을 잡아먹는 사자들 한가운데 누워"(4절) 있다고 비유합니다. 그런 상황에서 자신을 구할 분은 하나님밖에 없습니다(5절).

 6절은 이 기도의 전환점입니다. 다윗은 적들이 자신을 해치기 위해 행한 일로 인해 절망했지만, 기도 중에 그들이 오히려 자신을 잡기 위해 판 함정에 빠지는 모습을 봅니다. 하나님이 자신의 기도에 응답해 주실 것을 믿음으로 내다본 것입니다. 믿음을 회복한 그는 더 이상 불평하고 탄식하고 저주하는 기도를 하지 않겠다고 다짐합니다. 지금은 깜깜한

밤이지만 하나님께 마음 다해 찬양함으로 그 어둠을 깨뜨리겠다고 고백합니다(7-8절). 아직 다윗의 상황은 변한 것이 없습니다. 하지만 그는 하나님이 결국 구원해 주실 것을 믿음의 눈으로 내다봅니다. 그는 만민 가운데서 주님을 찬양하겠다고 고백합니다. 그래서 그는 "주님의 한결같은 그 사랑, 너무 높아서 하늘에 이르고, 주님의 진실하심, 구름에까지 닿습니다"(10절)라고 고백합니다.

마지막으로 그는 하나님을 축복하는 말로 기도를 끝냅니다. 우리말로는 "하나님을 축복하다"라는 표현이 어폐가 있는 것처럼 보입니다. 인간이 무엇이기에 창조주이신 하나님을 축복한다는 말입니까? 하지만 영어에서는 "Bless God"이라는 표현을 자주 사용합니다. 하나님이 하나님으로 인정받고 높임받기를 기원하는 것이 하나님을 축복하는 것입니다. 그래서 다윗은 "주님은 하늘 높이 높임을 받으시고, 주님의 영광 온 땅 위에 떨치십시오"(11절)라고 하나님을 축복합니다.

묵상

인생을 살다 보면 깜깜한 어둠에 휩싸일 때가 있습니다. 사나운 짐승의 입에 물린 것 같은 상황에 몰리기도 합니다. 적들의 창칼 앞에 벌거벗고 서 있는 것 같을 때가 있습니다. 황량한 광야에 홀로 서 있는 것 같을 때도 있습니다. 상황 때문에 그럴 수도 있고, 사람 때문에 그럴 수도 있습니다. 다윗이 사울을 피하여 아둘람 동굴에 피신했을 때가 그랬습니다. 어둡고 침침한 동굴 속에서 추위에 떨면서 그는 꼼짝없이 죽었다고 느꼈을 것입니다.

그 자리에서 다윗은 "가장 높으신 하나님"(2절)께 부르짖습니다. 그분의 "사랑과 진실"에 호소합니다. 하나님이 옳고 그름을 따져 보신다면 분명히 자기편을 들어 주실 것이라고 믿었습니다. 그는 사울의 집요한 추적에도 불구하고 바르고 의롭게 처신하기 위해 힘썼기 때문에 이렇게 기도할 수 있었습니다. 기도가 깊어지면서 하나님에 대한 믿음이 회복되고, 믿음이 회복되자 그는 메마른 입을 열어 하나님을 찬양하고 지친 팔을 펴서 하나님을 높입니다. 그렇게 기도하고 찬양하는 가운데 어둠은 걷히고 날은 밝아 옵니다. 지친 몸에 힘이 돌아오고 어두워졌던 마음이 밝아집니다.

이처럼 기도는 어둠을 깨뜨리고, 찬양은 절망을 물리치며, 사랑의 고백은 탄식을 몰아냅니다. 깊은 절망의 늪에 빠졌을 때 우리를 살리는 힘은 하나님을 향해 올리는 기도와 찬양과 고백입니다. 그렇게 절망과 두려움과 회의를 걷어 내면 승리는 이미 손안에 있는 것입니다.

| 시편 58편 | **모든 매듭을 푸시는 하나님**

> ¹너희 통치자들아, 너희가 정말 정의를 말하느냐? 너희가 공정하게 사람을 재판하느냐? ²그렇지 않구나. 너희가 마음으로는 불의를 꾸미고, 손으로는 이 땅에서 폭력을 일삼고 있구나. (1-2절)

해설

이 시편은 대표적인 '저주시'입니다. "통치자들"(1절)은 "힘 있는 자들"이나 "권세 있는 자들"이라고 해석할 수 있습니다. 자신들에게 주어진 힘을 정의를 위해 공정하게 사용해야 하는데, 그들은 마음으로는 불의를 꾸미고 손으로는 폭력을 일삼고 있습니다(2절). 그들은 마치 모태에서부터 죄에 물든 사람들처럼 생각하는 것마다 죄요, 행하는 것마다 악입니다(3-4절). 속속들이 악으로 오염되어 있습니다. 그들이 행하는 거침 없는 악행으로 인해 선하고 의롭게 사는 사람들은 억울하고 무고한 희생을 견뎌야 합니다. 그럼에도 그들의 악행을 제재할 사람이 없습니다.

이런 상황에서 다윗은 하나님께 구합니다. 다윗은 그들에 대한 하나님의 심판을 호소하면서 악담과 저주로 분노를 쏟아 놓습니다(6-9절). 평상심을 갖고 이 기도를 읽으면 '어떻게 하나님 앞에서 이런 말을 입에 담을 수 있나?' 싶습니다. 하지만 자신의 힘으로는 도무지 맞설 수 없는 거대한 악을 만나 그로 인해 억울한 고난을 당해 본 사람이라면 이 기도를 읽으면서 공감할 수 있을 것입니다. 인간의 감정으로 볼 때 그렇게 저주를 퍼붓고 싶을 때가 있다는 말입니다. 멀게는 아우슈비츠 수용소에서 고난당하던 사람들이라면 이런 기도를 드렸을 법합니다. 가까이는 지독하게 악의적인 사람을 만나 그로 인해 숨을 쉴 수 없을 정도의 어려움을 당할 때면 이런 기도를 드릴 법합니다.

다윗이 이렇게 저주를 쏟아 내며 기도하는 이유가 있습니다. 죄악의 원리가 지배하는 세상에서 하나님을 의지하며 선하고 거룩하고 의롭게 살기 위해 애쓰는 사람들 때문입니다. 그들이 의롭게 살면서 모든 희생을 감수하는 이유는 하나님이 살아 계시다고 믿기 때문입니다. 그 믿음이 헛되지 않다는 사실을 보여 달라는 것입니다. "악인의 피로 그 발을 씻게 해 주십시오"(10절)라는 기도는 충격적으로 들립니다. 그만큼 그들의 악이 심하고 다윗이 경험한 고통이 크다는 뜻입니다. 그렇게 될 때, 사람들은 "과연, 의인이 열매를 맺는구나! 과연, 이 땅을 심판하시는 하나님은 살아 계시는구나!"(11절) 하고 안심하게 될 것입니다.

묵상

가장 좋은 기도는 우리의 정서를 정직하게 토로하는 기도입니다. 내면에 미움과 분노가 들끓고 있는데 그렇지 않은 것처럼 가장하는 것은 하나님 앞에서 통하지 않습니다. 하나님은 우리가 알지 못하는 우리 내면의 깊은 곳까지 보시는 분입니다. 그러므로 의심과 회의가 있을 때도, 분노와 앙심이 들끓을 때도, 마음을 열고, 있는 그대로 하나님 앞에 내어놓아야 합니다. 그렇게 마음을 쏟아 놓을 때 의심과 회의는 녹아들고 분노와 앙심은 잦아듭니다. 그리고 모든 것을 하나님께 맡길 수 있는 믿음을 얻습니다. 그럴 때 우리는 우리 자신의 손에 피를 묻히지 않고 하나님이 바로잡아 주시는 것을 보게 됩니다.

내 손으로 앙갚음하는 것은 일시적인 만족감을 줄지 모르나 두고두고 아픔이 됩니다. 오히려 그것은 더 큰 악행을 불러옵니다. 내 손으로 매듭을 풀려 하다 보면 더 단단하고 더 많은 매듭을 만들어 내게 됩니다.

반면 하나님이 바로잡으시는 것을 목도할 때 마음 깊은 감사와 안식을 얻습니다. 그래서 바울 사도는 이렇게 권고합니다.

"사랑하는 여러분, 여러분은 스스로 원수를 갚지 말고, 그 일은 하나님의 진노하심에 맡기십시오. 성경에도 기록하기를 '원수 갚는 것은 내가 할 일이니, 내가 갚겠다고 주님께서 말씀하신다' 하였습니다. '네 원수가 주리거든 먹을 것을 주고, 그가 목말라 하거든 마실 것을 주어라. 그렇게 하는 것은, 네가 그의 머리 위에다가 숯불을 쌓는 셈이 될 것이다' 하였습니다. 악에게 지지 말고, 선으로 악을 이기십시오"(롬 12:19-21).

하나님의 손만이 모든 매듭을 풀어 주십니다. 우리는 묵묵히 견디고 인내하며 하나님이 바로잡으시기를 기다리면 됩니다. 할 수 있다면, 나를 괴롭게 하는 이들을 위해 축복의 기도를 드리며 기다립니다. 사랑할 수 없는 사람을 사랑하도록 힘쓰며 하나님의 때를 기다리는 것은 힘겨운 일이지만, 그것만이 진정한 해결책입니다.

시편 59편 | **기도는 결단이다**

> 그러나 나는 나의 힘 되신 주님을 찬양하렵니다. 내가 재난을 당할 때에, 주님은 나의 요새, 나의 피난처가 되어 주시기에, 아침마다 주님의 한결같은 사랑을 노래하렵니다. (16절)

해설

이 시편은 "사울이 다윗을 죽이려고 사람을 보내어 감시하고 있을 때 다윗이 지은 시"입니다. 표제는 이 시의 배경으로 사무엘상 19:11-17을 가리킵니다. 이 시편은 악의적인 사람들의 모함과 공격으로 인해 고통받을 때 읽고 묵상하기에 알맞습니다. 여기서 다윗은 자신이 처한 상황에 대한 묘사와 구원에 대한 간구를 섞어서 기도를 올립니다.

그는 먼저 하나님께 구원을 호소합니다(1-2절). 강한 자들이 자신을 해하려 하는데, 자신에게는 잘못한 것이 없습니다(3절). 그러니 하나님께 "깨어나 살피시고, 나를 도와주십시오"(4절)라고 호소합니다. 주님은 "모든 나라를 차별 없이 심판하시는 분"(5절)이시기에 사람도 차별 없이 심판하십니다. 차별 없이 심판하시는 분 앞에 선다면 다윗에게 아무 죄가 없음이 드러날 것입니다.

그들은 어두운 밤에 거리를 쏘다니며 먹을 것을 찾아 돌아다니다가 아무에게나 짖어대고 물어뜯는 개들과 같습니다(6, 14-15절). 그들은 자신들의 악행을 아무도 알지 못할 것이라고 생각합니다(7절). 하지만 주님은 모든 것을 보고 계십니다(8절). 보고 계실 뿐 아니라 모든 것을 심판하시고 바로잡으십니다. 그렇기에 다윗은 오직 주님만을 의지합니다(9절). 하나님께는 "한결같은 사랑"(10절)이 있기에 그분을 의지하는 사람의 기도를 외면하지 않을 것이기 때문입니다.

다윗은 기도를 통해 하나님이 악한 자들을 심판하실 것이라는 확신에 이릅니다. 그 확신에 서서 그는 "내 백성이 그들을 잊을까 두려우니, 그들을 아주 말살하지는 말아 주십시오"(11절)라고 기도합니다. 다만 "그들을 흔드시고, 그들을 낮추어"(11절) 달라고 기도합니다. 그래야만 백성이 그것을 보고 하나님이 살아 계시다는 것을 알게 될 것이기 때문입니다. 그들은 속속들이 죄악에 오염되어 있기에 심판 외에는 방법이 없습니다(12절). 하나님이 그들을 심판하시면 "하나님께서 야곱을 다스리고 계심을 땅끝까지 알게"(13절) 될 것입니다.

이렇게 기도한 후, 다윗은 하나님에 대한 믿음의 고백과 헌신을 다짐합니다. 하나님만이 "나의 힘"이요 "나의 요새"이며 "나의 피난처"(16-17절) 이시기에 자신은 아침마다 하나님의 사랑을 노래하며 찬양하겠다고 다짐합니다. 이 다짐은 하나님의 뜻을 따라 거룩하고 의롭게 살겠다는 다짐이기도 합니다. 악한 이들에게 대적하기 위해 자신의 손에 피를 묻히지 않겠다는 다짐입니다.

묵상

바른 기도는 기도자로 하여금 하나님에 대한 새로운 결단과 헌신으로 인도합니다. 하나님께 올리는 기도에 마음을 담았다면 그가 올리는 모든 말은 곧 자신의 삶에 대한 결단이요 다짐이 됩니다. "주님의 나라가 임하게 하소서"라고 기도했다면, "제가 주님의 나라를 위해 일하겠습니다"라는 뜻이 그 안에 포함되어 있습니다. 또한 "주님의 뜻이 이루어지게 하소서"라고 기도했다면, "제가 주님의 뜻을 위해 헌신하겠습니다"라는 뜻이 포함되어 있습니다. 악한 사람들을 심판해 달라고 기도했다면,

"저는 그들처럼 살지 않겠습니다"라고 결단을 한 셈입니다. 자신의 마음과 행동에 대한 새로운 결단 없이 기도를 올렸다면, 그 기도는 아무 의미 없는 말잔치가 되고 맙니다.

실로, 많은 이들이 이렇게 기도합니다. 자신의 삶에 대한 새로운 결단과 헌신이 따르지 않는 공허한 기도에 그칩니다. 그렇게라도 기도하는 것이 기도하지 않는 것보다 낫겠지만, 실제로는 별 의미가 없습니다. 그런 기도는 하나님이 기뻐 받지 않으십니다. 또한 그 기도는 기도자의 삶에 아무런 변화도 만들어 내지 못합니다. 다윗이 자신을 공격하는 사람들에 대한 심판을 호소하면서 하나님을 찬양하며 살겠다고 새롭게 결단한 것처럼, 우리의 모든 기도는 새로운 다짐과 결단으로 끝맺어야 합니다. 그래서 "기도는 기도의 자리를 떠나면서 시작된다"고 말하는 것입니다. 눈을 감고 드리는 기도는 눈을 뜨고 난 이후의 삶으로 이어져야 하고, 골방에서의 기도는 골방문을 열고 나온 이후에도 지속되어야 합니다.

| 시편 60편 | **위기 앞에서**

누가 나를 견고한 성으로 데리고 가며, 누가 나를 에돔까지 인도합니까? (9절)

해설

이 시편의 표제는 사무엘하 8:13-14에 언급된 사건을 전제로 합니다. 그곳에는 다윗과 요압이 에돔을 정복하고 신하 국가로 만들었다는 사실만을 간단히 적어 놓았는데, 이 시편은 이스라엘이 처음에는 패색이 짙었다는 사실을 암시합니다. 이 시편은 "다윗이 교훈을 하려고 지은" 것입니다. 국가적 위기에서 백성이 하나님께 올릴 기도의 모범으로 지은 것이라는 뜻입니다.

다윗은 먼저 이스라엘이 당하고 있는 현실을 묘사합니다. 지금 이스라엘은 에돔과의 전쟁에서 마치 지진을 만난 것처럼 혹은 술에 취해 비틀거리는 것처럼 위태로운 지경에 빠졌습니다. 다윗은 하나님이 그렇게 되도록 내버려두셨다고 말합니다(1-3절). 하나님이 돕지 않으셔서 패배했으니, 하나님이 그렇게 하셨다고 말하는 것입니다. 그러면서 다윗은 하나님께 도움을 호소합니다. 더 이상 팔짱 끼고 지켜만 보지 마시고 오른손을 내미셔서 구원해 달라고 기도합니다(4-5절).

6-8절은 "성소에서" 하나님이 하신 말씀입니다. "말씀하셨습니다"(6절)라고 한 것을 보면, 다윗이 과거에 성소에서 기도하며 들은 말씀을 위기 때에 기억해 낸 것입니다(개역개정에는 "말씀하시되"라고 번역해 놓아 시제가 불분명해졌습니다). 지금 다윗과 백성이 당한 상황은 하나님께 버림받았다

고 생각하게 만듭니다. 다윗 자신도 잠시 절망 가운데서 그렇게 생각했습니다. 그런 상황에서 다윗은 기도의 자리를 찾았고, 기도 중에 과거에 하나님께 들었던 말씀이 기억났습니다. 그 말씀에서 하나님은 이스라엘의 모든 백성에 대한 사랑과 주권을 분명히 하셨습니다.

다윗이 기도 중에 이 말씀을 기억해 내고 하나님 앞에 되뇌인 것은 먼저 자신을 위함이었습니다. 이 말씀을 입으로 토설함으로 그는 마음을 압도하는 회의감을 제어하고 싶었을 것입니다. 또한 그것은 하나님께 구원을 호소하기 위한 포석이었습니다. 과거에 자신에게 말씀하신 약속을 지켜 달라는 뜻입니다. 그는 에돔을 정복하도록 자신을 도와줄 힘이 어디에도 없으니(9절) 하나님이 도와주시기를 간구합니다(10-12절).

묵상

때로 우리도 에돔에게 거듭 패하는 이스라엘과 비슷한 상황에 처합니다. 다른 사람의 악의로 인해 내 삶이 심하게 흔들리고 황폐해집니다. 그럴 때 우리는 상황을 역전시킬 자구책을 찾습니다. 내 자신에게 있는 힘으로 혹은 다른 사람의 도움을 힘입어 상황을 뒤집을 궁리를 합니다. 그러는 과정에 우리 마음은 점점 굳어지고 나중에는 악으로 악을 갚는 잘못에 이르게 됩니다. 우리가 인생에서 겪는 대부분의 싸움은 절대 선과 절대 악의 싸움이 아니라 큰 악과 작은 악의 싸움입니다.

주님은 악으로 악을 대항하지 말고 선으로 악을 이기라고 하십니다. 그것만이 진정한 해결책입니다. 그러기 위해 우리가 먼저 할 일은 성소를 찾는 일입니다. 강력한 에돔 군에게 거듭 패퇴하던 중에 다윗은 다른 나라와 연맹하기를 구하지 않고 성소를 찾았습니다. "사람의 도움이 헛되니"(11절) 하나님께 호소한 것입니다. 그는 하나님 앞에 엎드려 그분의 뜻을 구했습니다. 그러자 절망적인 현실로 인해 닫혔던 그의 마음의 눈이 열렸고 과거에 하나님께 들었던 말씀이 기억났습니다. 그는 과거에 경험했던 하나님의 사랑과 돌보심의 사건들을 기억했고 그분이 주신 약속의 말씀을 기억했습니다. 그 모든 것을 입으로 되뇌었습니다. 그럴 때 그는 하나님에 대한 의심과 회의와 불신을 딛고 하나님께 나아가 간구할 수 있었습니다.

이 시편은 이스라엘 백성을 "교훈"하기 위해 지어진 것입니다. 개인이나 공동체가 위기를 맞았을 때 이렇게 기도하라는 뜻으로 지어졌습니다. 위기를 맞았을 때 사람의 도움을 찾지 말고 하나님 앞에 엎드리라는 것, 눈앞의 상황에서 고개를 들어 과거에 하나님이 행하신 일들과 약속을 기억하라는 것 그리고 그 약속을 믿고 선으로 악을 대면하라는 것이 이 기도문을 통해 배우는 교훈입니다.

시편 61편 | **살라는 부름**

³주님은 나의 피난처시요, 원수들에게서 나를 지켜 주는 견고한 망대이십니다. ⁴내가 영원토록 주님의 장막에 머무르며, 주님의 날개 아래로 피하겠습니다. (셀라) (3-4절)

해설

이 시편은 두 부분으로 뚜렷이 구분됩니다. 1-5절은 하나님으로부터 멀리 떨어져 있는 것 같은 상황에서 드리는 기도입니다. "땅끝에서 주님을 부릅니다"(2절)라는 말은 다윗이 하나님의 부재를 경험하고 있다는 뜻입니다. 믿는 사람에게 "땅끝"은 하나님에게서 버림받은 상태입니다. 그러나 하나님은 당신을 믿는 사람을 버리지 않으십니다. 어려운 상황에 처할 때 믿는 사람 편에서 그렇게 느끼는 것입니다.

지금 다윗은 "내 힘으로 오를 수 없는 저 바위"(2절) 앞에 서 있는 느낌입니다. 질병으로 인해 그렇게 되었는지 아니면 전쟁으로 인해 그렇게 되었는지는 분명하지 않습니다. 어쨌거나 그는 인간적으로 절망적인 상황에 있었습니다. 그 상황에서 벗어날 길은 하나님밖에 없는데, 하나님은 자신의 기도에 묵묵부답이신 것처럼 보입니다(1절). 그래서 다윗은 더욱 간절히 하나님의 도움을 호소합니다.

간절한 기도 끝에 다윗은 하나님에 대한 믿음을 회복합니다. 그래서 그는 오직 하나님만이 그가 피할 피난처시요 견고한 망대이심(3절)을 고백합니다. 그리고 영원토록 "주님의 장막"과 "주님의 날개"(4절)에 머물기를 다짐합니다. 하나님은 "주님의 이름을 경외하는"(5절) 자신의 기도에 응답해 주셨기 때문입니다.

6-8절에서 다윗은 "왕"을 위해 기도합니다. 다윗이 자신을 객관화시켜 3인칭으로 표현한 것입니다. 왕으로서의 자신을 따로 두고 백성의 한 사람으로 내려앉습니다(7절, "우리 왕이…우리 왕을…"). 그는 사적 인간으로서의 자신과 왕으로서의 공적 인간을 분리하여 생각합니다. 그는 자신이 '왕으로 세움받은 한 개인'이라는 사실을 잊지 않고 있습니다. 절대 권력은 자신이 처음부터 그런 존재인 것처럼 착각하게 만드는 법인데, 다윗은 속지 않았던 것입니다.

그가 하나님께 구원을 호소하는 것은 자신의 개인적 안위 때문이 아닙니다. 왕으로서 자신에게 주어진 소임을 다할 수 있도록 구원해 달라고 기도합니다. 6절에서 다윗은 "오래오래 살게 하여 주시기를" 기도하는데, 그 또한 개인적 욕망의 표현이 아니라 자신에게 주어진 사명을 다하기 위함입니다. 그러면서 다윗은 "주님의 한결같은 사랑과 진리로"(7절) 자신을 지켜 달라고 기도합니다. 그래야만 왕으로서 주님의 뜻을 드러내며 주님을 영화롭게 할 수 있기 때문입니다(8절).

후기 유대인들과 초대 그리스도인들은 이 시편을 메시아에 대한 예언시로 읽었습니다. 다윗은 자기 자신을 위해 이렇게 기도했지만, 이 기도는 영원한 왕이신 예수 그리스도에게서 성취되었기 때문입니다.

묵상

다윗이 어떤 상황에서 이 기도를 드렸는지에 대해서는 정확히 알지 못합니다. 하지만 그는 땅끝이나 천길 낭떠러지 끝에 서 있는 듯한 상황을 자주 경험했습니다. 사울에게 쫓길 때도 그랬고, 아들 압살롬의 반란으로 인해 도피할 때도 그랬습니다. 정도 차이만 있을 뿐, 땅끝에 내몰린 것 같은 상황에 처하는 일은 누구에게나 일어나는 일입니다. 그런 상황이 지속되면 생을 포기하고 싶은 충동이 듭니다. 믿음이 없는 사람들은 죽음으로써 모든 것을 끝내고 싶어 하고, 믿음이 있는 사람들은 하나님 품으로 가고 싶어 합니다. 다윗도 그랬을 것입니다. "내 마음이 약해질 때"(2절)라는 말에서 그 사실을 알 수 있습니다.

하지만 다윗은 하나님께 얼굴을 돌려 부르짖음으로 구원을 호소합니다. 왕으로서 자신에게 맡겨진 사명을 아직 다 이루지 못했다고 믿었기 때문입니다. 그는 자신에게 맡겨진 소임을 다하기 위해 하나님께 구원을 호소합니다. 그가 왕의 소임을 얼마나 귀하게 여기고 있었는지를 볼 수 있습니다. 하나님은 그의 간절한 부르짖음에 응답하셔서 그 자신의 힘으로는 오를 수 없는 바위 위로 인도해 주셨습니다(2절). 다윗의 부르짖음에 응답하신 하나님은 오늘 우리의 부르짖음에도 응답하십니다.

'생명'은 '살라는 명령'이자 '살라는 부름'입니다. 하나님이 뜻이 있으셔서 우리에게 생명을 주셨습니다. 그리고 우리 각자의 생명을 통해서 이루시려는 뜻이 있습니다. 특별한 직책이나 자리에 있는 사람에게만 해당되는 말이 아닙니다. 호흡이 있는 사람이면 누구에게나 하나님의 부름이 있습니다. 그 소명이 다하지 않는 한 하나님은 우리의 생명을 거두어 가시지 않습니다. 그러므로 우리도 다윗처럼 우리에게 주어진 크고 작은 소명을 늘 마음에 품고 그 소명을 이루기 위해 힘써야 합니다. 그리고 그 소명을 이루기 위해 하나님의 도우심을 담대하게 구해야 합니다. 그것이 하나님을 아는 사람의 특권이요 영예입니다.

| 시편 62편 | **하나님 앞에 잠잠히** |

> ⁹신분이 낮은 사람도 입김에 지나지 아니하고, 신분이 높은 사람도 속임수에 지나지 아니하니, 그들을 모두 다 저울에 올려놓아도 입김보다 가벼울 것이다. ¹⁰억압하는 힘을 의지하지 말고, 빼앗아서 무엇을 얻으려는 헛된 희망을 믿지 말며, 재물이 늘어나더라도 거기에 마음을 두지 말아라. (9-10절)

해설

이 시편도 61편처럼 어려운 상황에 놓인 다윗이 드린 기도입니다. 3-4절에 그가 처한 상황이 묘사되어 있습니다. 다윗은 지금 악의를 가지고 자신을 공격하는 사람들로 인해 위협을 느끼고 있습니다. 그들은 온갖 거짓말을 만들어 퍼뜨리면서 그를 왕의 자리에서 끌어내리려 합니다. 그런 상황에서 다윗은 자신이 "기울어 가는 담" 혹은 "무너지는 돌담"(3절)과 같은 신세가 되었음을 느낍니다.

그런 상황에서 다윗은 하나님께 소망을 두고 그분의 손길을 기다립니다. 그들에게 대항하여 응징할 힘이 그에게 있었지만 하나님이 바로잡으실 것을 믿고 잠잠히 거합니다. 자신의 구원이 하나님에게서만 나온다는 사실을 알고 있기 때문입니다(1, 5절). 그는 거듭하여 하나님만이 그의 반석이시며 구원이시고 요새이심을 고백합니다(2, 6-7절). 그는 오직 하나님만을 의지합니다. 그는 또한 이 시편을 읽는 사람들에게도 오직 하나님만을 의지하고 그분에게 마음을 쏟아 놓으라고 권고합니다(8절).

하나님이 어떤 분이시고 인간이 가진 힘이 어떤 것인지를 제대로 알게 되면 하나님만을 의지하고 그분의 손길을 "잠잠히"(1, 5절) 기다릴 수 있습니다. 인간이 가진 신분도, 권력도, 재물도 "속임수"(9절)에 지나지 않습니다. 우리 눈에는 그것이 대단해 보이지만 실은 덧없는 것입니다. 하나님의 위엄과 능력과 지혜에 비하면 인간이 가질 수 있는 것은 모두 입김보다 가볍습니다(9절). 그래서 다윗은 "억압하는 힘을 의지하지 말고, 빼앗아서 무엇을 얻으려는 헛된 희망을 믿지 말며, 재물이 늘어나더라도 거기에 마음을 두지 말아라"(10절)고 결론짓습니다. 그는 이 모든 것을 해 보기도 하고 가져 보기도 했던 사람입니다. 그의 말에 더욱 무게가 더해지는 까닭입니다.

마지막으로 다윗은 하나님에 대해 깨달은 두 가지 진실을 확인합니다. 첫째는 "권세는 하나님의 것"(11절)이라는 사실입니다. 그것을 안다면 자신에게 권세가 주어졌을 때 하나님께 겸손히 고개 숙일 수 있고, 권세를 휘두르는 다른 사람들을 두려워하지 않을 수 있습니다. 둘째는 "한결같은 사랑도 주님의 것"(12절)이라는 사실입니다. "한결같은 사랑"은 히브리어 '헤세드'의 번역어입니다. 헬라어로는 '아가페'입니다. 조건 없는 사랑, 변함없는 사랑 그리고 영원한 사랑을 의미합니다. 인간에게는 없는 사랑입니다. 그렇기에 우리가 의지할 분은 하나님밖에 없다는 것입니다.

묵상

다윗은 중대한 위기에 직면할 때마다 하나님 앞에 잠잠히 머물러 그분을 바라보았습니다(1절). 구원은 오직 하나님에게서 오는 것을 믿었기 때문입니다. 눈을 뜨고 살아가는 동안에는 그 사실을 자꾸 잊습니다. 하나님이 그분의 정의와 사랑으로 모든 것을 다스리신다는 사실을 망각하면 눈에 보이는 대로 생각하고 행동합니다. 물질적 조건이 속임수에 지나지 않는다는 사실(9절)을 망각합니다. 권력과 부와 명성을 얻어야만 안정을 얻고 행복을 누릴 수 있다고 생각합니다. 자신에게 그러한 것이 없으면 그런 것을 가진 사람들에게 줄을 대서라도 안심하려 합니다. 그래서 마음은 찢어지고 불안과 두려움이 찢어진 마음을 장악합니다. 다윗도 자주 하나님에 대한 믿음을 잃고 불안과 두려움에 빠지곤 했습니다. 다행히도 다윗은 그럴 때 가장 먼저 할 일이 하나님 앞에 잠잠히 머물러 그분을 바라보는 것임을 알고 있었습니다.

하나님 앞에 잠잠히 머물러 있다고 하여 곧바로 마음이 안정되고 믿음이 회복되는 것은 아닙니다. 몸의 활동은 멈춰 있다 해도 마음은 여전히 흔들리고 불안과 두려움의 감정은 물속의 부유물처럼 떠다닙니다. 그래서 1절에서 "내 영혼이 잠잠히 하나님만을 기다린다"고 한 다윗은 5절에서 자기 자신을 향해 "내 영혼아, 잠잠히 하나님만 기다려라"라고 타이릅니다. 머리로는 하나님께만 구원이 있다고 믿는데, 마음은 아직 안정을 찾지 못했다는 뜻입니다. 아마도 다윗은 이렇게 기도하면서 한참 동안 하나님 앞에 머문 다음에야 믿음을 회복하고 평안을 얻었을 것입니다.

묵상을 위해 충분한 시간을 성별하여 하나님 앞에 잠잠히 머물러야 하는 이유가 여기에 있습니다. 분주한 시간 중에 짬을 내어 잠시 하나님을 생각하는 것도 도움이 되지만, 하루에 한 번은 충분한 시간 동안 하나님 앞에 잠잠히 머물러 그분을 바라보아야 합니다. 하나님에 대해 머리로 알고 있는 사실이 마음으로 믿기고 찢겼던 마음이 싸매져 평안과 담대함이 들어찰 때까지 머물러 있어야 합니다. 그럴 때 비로소 묵상이 우리의 일상을 바꾸어 줍니다.

시편 63편 | 생명보다 더 소중한 것

²내가 성소에서 주님을 뵙고 주님의 권능과 주님의 영광을 봅니다. ³주님의 한결같은 사랑이 생명보다 더 소중하기에, 내 입술로 주님께 영광을 돌립니다. (2-3절)

해설

이 시편의 표제는 "다윗이 유다 광야에 있을 때에 지은 시"입니다. 9-10절에 암시된 것처럼, 그는 자신을 "죽이려고 노리는 자"들에게 쫓겨 광야로 피신해 있습니다. 그는 사울에게 쫓겨 도피할 때에도 광야를 찾았고, 압살롬이 반란을 일으켜 광야로 쫓겨 가기도 했습니다. 따라서 이 시편은 광야로 내몰린 듯한 상황에서 드릴 만한 기도입니다.

다윗은 광야에서의 육체적 목마름을 하나님을 향한 영적 목마름을 상징하는 은유로 사용합니다. 그가 목이 마른 이유는 물기 없는 광야에 있기 때문이 아니라 하나님에게서 버림받은 것 같은 영적 무감각 때문입니다. 그래서 그는 "애타게" 주님을 찾고 그리워합니다(1절).

하나님을 향한 그의 간절한 기도는 그를 성소로 옮겨 줍니다. 기도를 통해 하나님의 임재에 눈을 뜨고 그분의 권능과 영광을 본 것입니다(2절). 진정한 의미의 성소는 하나님의 임재에 눈뜬 자리입니다. 다윗은 주님의 "한결같은 사랑"이 생명보다 더 소중하다고 고백합니다(3절). 따라서 그의 유일한 소망은 목숨 다하도록 주님을 찬양하는 것입니다(4절). 광야에 도피해 있었으니 그는 허기에 지쳐 있었을 것입니다. "기름지고 맛깔진 음식"(5절)을 먹고 싶은 마음이 간절했을 것입니다. 하지만 하나님의 권능과 영광을 보았기에 그의 영혼은 만족을 얻었습니다. 그래서 그는 자나깨나 주님을 묵상하며 찬양할 것을 다짐합니다(6-8절).

하나님의 임재에 대한 영적 감각을 회복한 다윗은 비로소 자신을 죽이려는 사람들에 대한 두려움에서 벗어납니다. 하나님이 자신과 함께 계시니 그들은 결국 심판받을 것이라고 믿게 됩니다(9-10절). 그리고 하나님은 자신을 다시 높여 주시어 모든 백성에게 칭송받게 해 주실 것이라는 믿음을 회복합니다(11절).

묵상

사는 것은 곧 사랑하는 것입니다. 사랑하고 사랑받는 것이 사는 것입니다. 하나님이 우리의 내면 깊은 곳에 사랑하고 싶은 갈망과 사랑받고 싶은 갈망을 심어 두셨기 때문입니다. 그 갈망은 오직 "한결같은 사랑"('헤세드', '아가페')에 의해서만 채워질 수 있습니다. 하지만 아담과 하와가 범한 원죄로 인해 우리는 그 사랑을 알지 못합니다. 그래서 인간은 누구나 태어나면서부터 '사랑받지 못할 것에 대한 두려움'을 가지고 살아갑니다. 그 두려움은 사랑의 능력을 무력화시킵니다. 결국, 우리는 사랑을 알지도, 사랑을 하지도 못하는 존재가 되어 버렸습니다. 그리고 그 갈망을 다른 것으로 만족시키려 합니다. 하지만 사랑의 대용품은 그 갈망을 더욱 심화시킬 뿐입니다. 그것이 인간사에서 일상으로 경험하는 두려움과 미움과 의심과 불신과 적의와 갈등과 싸움의 원인입니다.

다윗이 "주님의 한결같은 사랑이 생명보다 더 소중하다"(3절)고 말한 것은 시적 표현이 아닙니다. 상징도 아닙니다. 현실입니다. 한결같은 사랑을 경험하지 못하는 한 진짜 살았다 할 만한 생명을 맛보지 못합니다. 우리가 목마른 이유는 그 사랑을 몰라서 그러는 것이고, 우리가 배고픈 이유는 그 사랑을 먹지 못해서 그러는 것입니다. 우리가 두려운 이유도 그 사랑이 없어서 그러는 것이고, 누군가에게 분노하고 미워하는 이유도 그 사랑이 없어서 그러는 것입니다. 그래서 요한 사도는 "사랑에는 두려움이 없습니다. 완전한 사랑은 두려움을 내쫓습니다"(요일 4:18)라고 했습니다. 하나님에게만 있는 '헤세드', 십자가에서 드러난 하나님의 '아가페'만이 우리 내면에 있는 '사랑받지 못할 것에 대한 두려움'을 치료할 수 있고, 그때에야 참된 만족을 얻을 수 있습니다.

이런 점에서 우리 모두는 다윗처럼 광야에 내몰려 살고 있는 셈입니다. 광야는 영적인 기회의 땅입니다. 우리에게 무엇이 결핍되어 있는지를 알게 하며, 그 결핍을 통해 하나님을 향해 눈뜨게 만드는 곳이기 때문입니다. 그럴 때 우리도 하나님의 임재에 눈뜨고 그분의 한결같은 사랑을 맛보게 될 것입니다.

시편 64편 | **하나님이 보신다!**

> 그들은 악한 일을 두고 서로 격려하며, 올가미를 치려고 모의하며, '누가 우리를 보랴?' 하고 큰소리를 칩니다. (5절)

해설

다윗의 시로 소개된 이 시편은 기도자가 악의를 품은 사람들로부터 중상모략을 당하는 상황을 배경으로 합니다. 그런 상황에서 다윗은 탄식하며 하나님께 기도드립니다(1절). 악한 사람들의 은밀한 모의와 폭력으로부터 보호해 주시기를 청합니다(2절).

이어서 다윗은 그들의 악행을 자세히 묘사합니다. 그들은 "칼날처럼 날카롭게 혀를 벼려 화살처럼 독설을 뿜아냅니다"(3절). 누군가에게 악의를 품게 되면 우리 마음은 이렇듯 잔인해집니다. 그 사람에게 가장 상처가 될 말들을 골라내어 급소를 찾아 공격합니다(4절). 그런 사람들은 끼리끼리 모여 작당하기를 좋아합니다. 그들은 하늘 무서운 줄 모르고 악을 꾸미고 도모합니다(5절). 그러면서도 겉으로는 아무렇지 않은 것처럼 말하고 행동합니다. 그래서 다윗은 "사람의 속마음은 참으로 알 수 없습니다"(6절)라고 탄식합니다. 개역개정은 이 구절을 "각 사람의 속뜻과 마음이 깊도다"라고 번역했는데, 여기서 "깊다"는 말은 "음흉하다"는 의미입니다.

그들은 악행을 도모하면서도 "누가 우리를 보랴?"(5절) 하고 생각하는데, 실은 그들의 악행을 불꽃 같은 눈으로 지켜보시는 분이 계십니다. 그들이 다른 사람에게 화살을 쏘는 것처럼 하나님도 그들의 악행에 대해 화살을 쏘십니다(7절). 하나님은 그들이 내뱉은 악담이 부메랑처럼 그들에게 돌아가게 하십니다(8절). 개역개정에는 "그들의 혀가 그들을 해함이라"고 번역해 놓았습니다. 자신들이 도모한 악이 결국 자신들에게 돌아간다는 뜻입니다. 9절의 "그들"은 개역개정처럼 "모든 사람"이라고 번역해야 옳습니다. 악한 자들이 결국 심판받는 것을 보고 사람들이 하나님이 하신 일을 고백하고 선포할 것이라는 뜻입니다. 그렇기 때문에 의인은 하나님이 하신 일을 생각하며 기뻐하고 주님께 피할 것입니다(10절).

묵상

대기권에 떠 있는 인공위성들은 지구상에서 일어나는 모든 일을 세밀하게 관찰할 수 있다고 합니다. 우리 집 냉장고에 있는 계란의 개수까지 파악하고 있다고 합니다. "나를 보는 사람이 아무도 없다"고 생각하는 순간에도 누군가가 나를 보고 있다는 뜻입니다. 또한 요즈음 우리는 사방에 설치되어 있는 카메라에 항상 노출되어 있습니다. 아무도 보지 않는 곳에서 마음 놓고 한 행동이 영상에 찍혀 사람들이 인터넷에서 돌려 보는 공포스러운 상황이 발생합니다. "낮말은 새가 듣고 밤말은 쥐가 듣는다"는 속담이 이제는 현실이 되어 버렸습니다. 우리는 이제 24시간 삶이 공개되는 시대에 살고 있습니다.

하지만 그보다 더 중요한 사실이 있습니다. 전지전능하시고 무소부재하신 하나님은 이 세상에서 일어나는 모든 일을 속속들이 지켜보십니다. 그래서 그분의 눈을 "불꽃 같다"고 말합니다(계1:14; 2:18; 19:12). 모든 것을 샅샅이 꿰뚫어 보신다는 뜻입니다. 인공위성과 몰래카메라는 우리의 외면만을 보지만 하나님은 속마음까지 들여다보십니다. 다윗은 "사람의 속마음은 참으로 알 수 없습니다"라고 탄식했는데, 우리가 숨기고 있는 속마음을 하나님은 꿰뚫어 보십니다.

죄악을 탐하는 사람들에게 이 사실은 공포감을 안겨 줄 것입니다. 마음속에 꿈틀대고 있는 죄악까지 하나님 앞에서 전부 드러나기 때문입니다. 반면, 하나님의 뜻 안에서 의롭게 살아가려는 사람들에게 그 사실은 큰 위안이 됩니다. 전능하신 하나님이 모든 것을 바로잡아 주실 것을 믿기 때문입니다. 그렇기에 "의인은 주님께서 하신 일을 생각하면서 기뻐하고, 주님께로 피할 것이니, 마음이 정직한 사람은 모두 주님을 찬양할 것"(10절)입니다.

시편 65편 | **복음의 메아리**

> ³저마다 지은 죄 감당하기에 너무 어려울 때에, 오직 주님만이 그 죄를 용서하여 주십니다. ⁴주님께서 택하시고 가까이 오게 하시어 주님의 뜰에 머물게 하신 그 사람은, 복이 있는 사람입니다. 그러므로 우리는, 주님의 집, 주님의 거룩한 성전에서 온갖 좋은 복으로 만족하렵니다. (3-4절)

해설

이 시편은 찬송시입니다. 61-64편까지 이어진 탄원시와는 분위기가 전혀 다릅니다. 65-67편은 온 세상과 모든 민족에 대한 하나님의 통치를 노래합니다. 이 시편은 내용상 세 부분으로 나뉩니다(1-4, 5-8, 9-13절).

"시온에서 주님을 찬양함이 마땅한 일이니"(1절)라고 했으니 이것은 예루살렘의 성소에서 드려진 기도로 보아야 합니다. 4절에도 "주님의 뜰", "주님의 집", "주님의 거룩한 성전"이라는 표현이 나옵니다. 다윗은 하나님께 드린 서원을 지키기 위해 성전에서 제사를 드리고 있습니다. "육신을 가진 사람"(2절, 개역개정: "모든 육체")은 피조물로서의 인간을 가리킵니다. 피조물인 인간에게 가장 큰 문제는 '죄'입니다. 죄 문제를 해결해 주실 분은 하나님밖에 없습니다(3절). "주님께서 택하시고 가까이 오게"(4절) 하셨다는 말은 죄를 해결해 주셨다는 뜻입니다. "주님의 뜰에 머물게 하신"(4절) 것은 성전에서 제사를 드리는 모습을 생각하게 하는 동시에 하나님의 사랑 안에 거하는 상태를 가리킵니다. 피조물에게 가장 큰 복은 창조주 하나님의 사랑 안에 머물러 사는 것입니다. 그 관계 안에서 복을 누리는 사람은 온전한 만족을 누립니다(23:1).

이어서 다윗은 창조주 하나님이 온 세상과 모든 민족을 다스리신다는 사실을 고백합니다(5-8절). 주님은 정의로 세상 모든 사람을 다스리십니다. 따라서 인간이 의지할 대상은 하나님밖에 없습니다. 온전한 정의는 오직 하나님께만 있기 때문입니다. 보는 눈이 있는 사람이라면, 세상사와 인생사를 통해 드러나는 하나님의 다스리심을 보고 두려워 떨며 찬양할 것입니다.

하나님의 다스리심은 또한 사랑 가득한 돌보심으로 드러납니다(9-13절). 하나님은 땅과 물을 주관하십니다. 그래서 "하나님의 강"(9절, 개역개정)이라고 표현합니다. 팔레스타인 땅의 농사는 철저히 강우량에 의존해야 했습니다. 다윗은 한 해 동안 넉넉한 비로 산천을 푸르게 하고 풍년을 맞게 하신 은혜를 노래하며 하나님께 감사 찬송을 올립니다. 이런 면에서 이 찬송시는 추수를 감사하는 축제 때 불렀을 것으로 보입니다.

묵상

이 시편에서 우리는 복음의 메아리를 듣습니다. 인간의 가장 큰 문제는 죄 문제이며 그 문제를 해결해 주실 분은 하나님밖에 없습니다. "육신을 가진 사람" 즉 피조물은 창조주와의 사랑의 관계 안에서 살아야 합니다. 오직 그럴 때에만 인간은 참된 만족과 안식을 얻을 수 있습니다. 죄는 우리를 창조주의 사랑으로부터 벗어나 살게 합니다. 우리는 죄를 탐하는 동시에 그 죄에 짓눌려 삽니다. 죄를 미워하지만 죄로부터 벗어나지 못하는 모순적 존재입니다. 죄에 대해 인간이 속수무책인 이유가 여기에 있습니다.

그렇기 때문에 우리 편에서 죄 문제를 해결하고 하나님 앞에 나아갈 방법은 없습니다. 율법의 의를 쌓아 올려서 하나님의 기준에 이를 수 있는 사람은 존재하지 않습니다. 하나님이 인간의 상황을 불쌍히 여기셔서 죄 문제를 해결할 길을 열어 주셔야만 가능합니다. "저마다 지은 죄 감당하기에 너무 어려울 때에, 오직 주님만이 그 죄를 용서하여 주십니다"(3절)라는 고백에서 다윗은 죄에 대한 인간의 무력감을 토로합니다. 또한 "주님께서 택하시고 가까이 오게 하시어 주님의 뜰에 머물게 하신 그 사람은, 복이 있는 사람입니다"(4절)라는 고백에서 다윗은 하나님 편에서 구원의 은혜를 베풀어 주시기를 갈망한 것입니다.

다윗은 여기서 부지불식간에 예언을 했다 할 수 있습니다. 그가 여기서 고백하고 기도한 것이 예수 그리스도를 통해 이루어졌기 때문입니다. 그래서 바울 사도는 "우리가 아직 죄인이었을 때에, 그리스도께서 우리를 위하여 죽으셨습니다"(롬 5:8)라고 했으며, "우리가 하나님의 원수일 때에도, 하나님의 아들의 죽으심으로 말미암아 하나님과 화해하게 되었다"(롬 5:10)고 했습니다. 그리스도 안에 머물 때 "우리는, 주님의 집, 주님의 거룩한 성전에서 온갖 좋은 복으로 만족하렵니다"(4절)라는 소망이 이루어집니다.

시편 66편 | **회의와 불신의 밤을 지날 때**

하나님을 두려워하는 사람들아, 오너라. 그가 나에게 하신 일을 증언할 터이니, 다 와서 들어라. (16절)

해설

이 시편은 찬송시로서 저자가 누구인지는 알 수 없습니다. 시인은 먼저 온 땅, 모든 백성에게 하나님을 찬송하라고 권고합니다(1-4절). "주님께서 하신 일"(3절)을 알아보는 사람이라면 하나님을 경배하고 찬양하지 않을 수 없습니다. 시인은 하나님이 하신 일 중에서도 특별히 "사람들"(5절, 개역개정: "사람의 아들들")에게 하신 일이 얼마나 놀라운지 보라고 말합니다. 그 예가 바로 출애굽 사건입니다(6절). 이스라엘 백성에게 홍해를 건넌 사건은 가장 기억할 만한 하나님의 역사였습니다. 그 사건은 하나님이 "영원히, 능력으로 통치하는 분"(7절)이시라는 사실을 확증해 줍니다. 그 사실을 인정하지 않는 것은 교만입니다.

이런 근거로 시인은 다시금 만민에게 하나님을 찬양하라고 권고합니다. 우리의 생명과 안전이 그분의 손안에 있기 때문입니다(8-9절). 출애굽 사건은 하나님의 능력이 드러난 사건이었지만, 이스라엘 백성에게는 시련의 기간이었습니다(10절). 그 시련은 때로 견디기 힘든 고난을 안겨 주었지만, 하나님은 결국 그들을 구해 주시고 목적지에 이르게 하셨습니다(11-12절).

시인은 최근에 극심한 고난을 겪었습니다. 그 환난 중에 시인은 출애굽 사건을 기억했고, 살아 계신 하나님께 서원을 했습니다. 하나님은 그를 환난에서 건져 주셨고, 시인은 그 서원을 지키기 위해 성전에 와서 가장 좋은 제물로 번제를 드리고 있습니다(13-15절). 시인은 사람들에게 말합니다. "하나님을 두려워하는 사람들"(16절)은 제사의 자리에 와 있는 사람들을 가리킵니다. 시인은 자신이 겪은 일을 말해 줄 테니 들어 보라고 말합니다. 그는 고난 중에 주님께만 부르짖었고 마음속으로 악한 생각을 품지 않았습니다(17-18절). 그랬기에 하나님은 자신의 기도를 들어 주셨다는 것입니다(19절).

시인은 마지막으로 다시 한번 하나님께 찬양을 올립니다. 그분은 "내 기도를 물리치지 않으시고, 한결같은 사랑을 나에게서 거두지 않으시는"(20절) 분이기 때문입니다.

해설

환난의 정도가 지나치거나 오래 지속되면 하나님에 대한 믿음이 흔들리기 쉽습니다. 하나님께 버림받은 것 같기도 하고, 하나님이 계시다는 말이 거짓말 같기도 합니다. 혹은 하나님이 자신을 표적 삼아 공격하시는 것처럼 느끼기도 합니다. 그럴 때 믿음의 길에서 벗어나지 않도록 지켜 주는 것이 '기억'입니다. 과거에 주님이 행하신 일을 기억하면 믿음을 흔드는 회의와 혼란을 이겨 낼 수 있습니다. 개인의 삶에서 일어난 일이든, 역사 속에서 일어난 일이든, 하나님이 행하신 일들을 기억하면, 그 하나님이 지금도 일하고 계심을 믿고 그분을 의지할 수 있습니다.

시인은 극심한 환난을 당하여 수많은 회의의 밤을 지샜습니다. 그때 그는 출애굽 사건을 기억했습니다. 하나님이 이스라엘 백성에게 행하신 일들을 하나씩 더듬어 보았습니다. 그 과정에서 조상들이 겪은 시련과 고난을 헤아려 보았습니다. 그 기억은 그로 하여금 회의와 불신의 밤을 통과하여 다시금 하나님을 붙들게 했습니다. 그는 하나님께 서원하며 기도했고, 결국 하나님의 응답을 받고 성전에 나와 서원을 지키고 있습니다.

하나님의 다스림과 돌봄 아래 산다는 말은 아무런 어려움 없이 꽃길만 걷는다는 뜻이 아닙니다. 때로는 우리 스스로 고난을 자초하기도 하지만, 하나님이 고난의 길로 인도하기도 하십니다. 쇠를 불에 달구고 망치로 두드리지 않고서는 연단할 수 없는 것처럼, 인간이 성장하고 성숙하기 위해서 고난은 필수입니다. 그 과정에서 하나님이 행하신 일을 기억하고 믿음의 길에 서 있어야 합니다. 그렇지 않으면 고난의 방망이에 산산이 깨져 버립니다.

시편 67편 | **선택의 이유**

> ¹하나님, 우리에게 은혜를 베풀어 주시고, 우리에게 복을 내려 주십시오. 주님의 얼굴을 환하게 우리에게 비추어 주시어서, (셀라) ²온 세상이 주님의 뜻을 알고 모든 민족이 주님의 구원을 알게 하여 주십시오. (1-2절)

해설

이 시편은 추수를 감사하며 예배드릴 때 부르는 찬송시입니다. 66편과 마찬가지로 저자는 익명으로 되어 있습니다. 처음부터 끝까지 일인칭 대명사("우리")가 사용된 것은 이 시편이 공동체의 기도임을 알려 줍니다.

기도자들은 아론 제사장의 축도(민 6:23-26)를 기도로 올립니다(1절). "주님의 얼굴을 환하게 우리에게 비추어 주시어서"라는 기도는 죄 문제가 해결되어 하나님의 은혜를 막힘없이 경험하는 상황을 가리킵니다. 예배란 이러한 관계를 회복하고 그런 관계를 누리자는 뜻입니다.

그렇게 기도하는 이유는 "온 세상이 주님의 뜻을 알고 모든 민족이 주님의 구원을 알게"(2절) 하려는 것입니다. 하나님이 이스라엘을 선택하신 이유는 그들을 통해 만민이 구원받게 하려는 뜻이었습니다. 기도자들은 자신들을 선택하신 하나님의 뜻이 이루어져 만민이 주님을 알게 되기를 기도합니다.

기도자들은 민족들을 위해 중보 기도를 올립니다. 모든 민족이 주님이 어떤 분이신지 알고 주님을 찬양하게 해 달라고 기도합니다(3절). 주님은 이스라엘만이 아니라 모든 민족을 공의로 심판하시고 다스리십니다(4절). 그 사실을 안다면 모든 민족이 주님을 찬양하게 될 것입니다(5절). 기도자들은 "민족들…, 모든 민족…"이라고 표현함으로써(3, 5절) 하나님의 다스림 아래 있지 않은 민족이 없다는 사실을 강조합니다.

기도자들은 풍요로운 추수에 대한 감사 기도로 돌아옵니다. 오곡백과를 풍성하게 얻을 수 있었던 것은 모두 하나님의 은혜입니다(6절). 그러므로 온 땅은 하나님의 은혜에 감사하고 그분을 찬양해야 합니다(7절).

묵상

이스라엘을 선민으로 택하신 이유는 이스라엘만 축복하시려는 뜻이 아니었습니다. 만민을 구원하시기 위해 한 민족을 선택하신 것입니다. 따라서 이스라엘이 복을 받았다면 그것은 모든 민족에게 복을 받는 길을 보여 주기 위함이었습니다. 이스라엘이 고난을 당했다면 그 역시 모든 민족에게 보여 주시려는 본보기였습니다. 이스라엘은 제사장 백성의 사명을 잊지 말아야 했습니다. 이 시편은 그런 의미에서 쓰이고 불렸을 것입니다. 이 찬송을 부르면서 제사장 백성의 사명을 기억하라는 뜻이었습니다.

하지만 이스라엘 백성은 제사장 백성의 사명을 망각하고 그것을 특권으로 여겼습니다. 그로 인해 하나님은 새로운 언약 백성을 세우셨습니다. 그것이 교회입니다. 교회는 건물이 아닙니다. 예수 그리스도를 믿는 사람들입니다. 우리는 이스라엘을 대신한 새로운 언약의 백성입니다. 따라서 예수 그리스도를 믿는 이들은 '따로 또 같이' 새 언약 백성의 사명을 이루어 가야 합니다. '따로'라 함은 믿는 이들이 각자의 일상에서 복의 근원으로 살아가는 것을 말하고, '같이'라 함은 믿음의 공동체를 통해 그 일을 이루는 것입니다.

나의 기도 안에 이웃에 대한 관심이 담겨야 하고, 믿음의 공동체가 드리는 기도 안에 온 세상을 향한 기도가 담겨야 하는 이유입니다.

시편 68편 | # 지극히 낮은 곳에 오신 지극히 높으신 분

⁵그 거룩한 곳에 계신 하나님은 고아들의 아버지, 과부들을 돕는 재판관이시다. ⁶하나님은, 외로운 사람들에게 머무를 집을 마련해 주시고, 갇힌 사람들을 풀어 내셔서, 형통하게 하신다. 그러나 하나님을 거역하는 사람은 메마른 땅에서 산다. (5-6절)

해설

이 시편은 다윗의 찬송시입니다. 이 시편도 추수를 감사하는 예배에서 불렸던 찬송이었을 것으로 추정합니다.

다윗은 하나님이 "일어나실 때에"(1절) 모든 원수들은 흩어지고 악인들은 녹아 버릴 것이며(2절) 의인들은 기뻐하고 즐거워할 것이라고 고백합니다(3절). 그러면서 다윗은 회중에게 하나님을 찬양하라고 권고합니다(4절). 그 위대하고 전능하신 분은 "고아들의 아버지, 과부들을 돕는 재판관"(5절)이시기 때문입니다. 또한 그분은 "외로운 사람들에게 머무를 집을 마련해 주시고, 갇힌 사람들을 풀어"(6절) 주십니다. 한없이 크신 분이지만 한없이 작은 사람들에게 관심을 가지시고, 가장 높은 분이시지만 또한 낮은 곳을 살피시는 분입니다. 반면, 그분을 거역하는 사람은 "메마른 땅"(6절)에서 사는 것과 같습니다.

이어서 다윗은, 하나님이 이스라엘 백성을 광야에서 인도하실 때의 장면을 회상합니다. 주님이 이스라엘 백성을 인도하실 때 그분이 행하신 일들은 놀라웠습니다(7-9절). 또한 백성이 가나안 땅에 정착했을 때 "메마른 땅을 옥토로 만드셨고"(9절), "주님의 식구들을 거기에서 살게 하셨습니다"(10절). 하나님이 이렇게 행하신 이유는 "가난한 사람을 생각하[셨기]"(10절) 때문입니다. 고아와 과부를 돌보시는 하나님이시기에 아무

것도 가진 것이 없었던 이스라엘 백성을 돌보아 주신 것입니다. 또한 주님은 전쟁에서 이스라엘이 승리하도록 도우셨습니다(11-14절).

"바산의 산"(15절)은 이스라엘의 북쪽 산악 지방을 가리킵니다. 이곳에 사는 이방인들은 그 높은 산세만큼이나 강한 전투력을 지녔기에 이스라엘에게는 항상 위협이 되었습니다. 바산의 산에 비하면 시온산은 낮은 언덕처럼 보였습니다. 다윗은 그것을 은유로 사용합니다. 하나님은 바산의 높은 산들을 제쳐 두고 시온산을 당신의 거처로 삼으셨습니다(16절). 마찬가지로 그분은 크고 강대한 나라들을 제쳐 두고 가장 연약한 이스라엘을 선민으로 선택하셨습니다. 하지만 시온의 하나님은 바산의 하나님이기도 하십니다(15절). 시온산에서 예배를 받으시는 하나님은 모든 민족을 다스리십니다(17-18절).

다윗은 하나님이 이스라엘에게 행하신 일들을 회상한 다음 하나님을 찬양하라는 권면으로 돌아갑니다(19절). 열국을 다스리시는 그 위대하신 하나님은 또한 한 사람 한 사람의 근심을 살피시는 분이십니다. 그분은 "우리의 짐을 대신 짊어지[시고]"(19절) "우리를 죽음에서 구원하여 내시는"(20절) 분이십니다. 그분은 죄악을 일삼는 자들을 징벌하시는 분이십니다(20-23절). 그런 분이 우리의 근심을 살피시고 우리를 도와주십니다.

24-27절은 예배를 위해 제사장들과 합창대와 회중이 행진하여 들어가는 모습을 묘사합니다. 그 행렬의 장엄함은 곧 하나님의 위엄을 상징합니다. 그러면서 다윗은 하나님께 "주님의 능력을 나타내 보이십시오"(28절)라고 기도합니다. 29-32절에서 다윗은 세상의 왕들이 온갖 귀한 예물을 가지고 성전으로 오고 있는 모습을 그립니다. 그것은 다윗이 예배 중에 마음으로 상상했던 광경일 것입니다. 하나님이 그 능력을 나타내 보이실 때면 그런 일이 일어날 것입니다.

따라서 하나님을 찬송하는 것은 마땅한 일입니다. "태고의 하늘을 병거 타고 다니시는 분"(33절)이라는 말은 하나님이 영원하시고 전능하시다는 의미입니다. 그분은 "성소에 계시는 하나님"(35절)이시지만 "그의 위엄은 이스라엘을 덮고, 그의 권세는 구름 위에"(34절) 있습니다. 그분을 아는 사람들은 마땅히 그분을 찬송하고 그분의 위엄을 높여야 합니다.

묵상

하나님은 위대하시고 전능하시고 영화로우십니다. 그분은 온 인류의 주님이시고 모든 나라의 왕이십니다. 그분이 당신의 모습을 드러내시면 그 앞에 설 자가 없습니다. 그분이 숨을 내쉬면 그 앞에서 버틸 자가 없습니다. 그분의 호령에 모든 생명은 두려워 떱니다. 우리가 믿는 하나님은 상상할 수 없이 크시고 높으시고 귀하시며 강하신 분입니다. 그런 하나님을 생각하면 우리는 그분 앞에서 두려워 떨 수밖에 없습니다.

하지만 그 하나님은 또한 "고아들의 아버지, 과부들을 돕는 재판관"이십니다. 그분은 높고 아름다운 모든 산을 제쳐 두고 시온산을 거처로 삼으셨으며, 크고 강한 모든 나라들을 제쳐 두고 가장 작은 나라 이스라엘을 선민으로 삼으셨습니다. 그분은 힘없는 여인들을 돌보시고, 가난한 사람들을 생각하십니다. 가장 높으신 분이 가장 낮은 곳을 살피시고, 가장 강하신 분이 가장 약한 사람들을 도우시며, 가장 크신 분이 가장 작은 사람들을 살피십니다.

그분은 오늘 이곳에 사는 나의 하나님도 되십니다. 그렇기에 그분을 내가 오늘 "아빠"라고 부르며 기도할 수 있습니다. 그렇기에 그분을 생각하며 찬송드립니다. 온 우주와 온 인류의 주인이시며 왕이신 그분이 나를 찾아오셨다는 사실에 감사하고 감격하며 찬송과 경배를 올립니다.

| 시편 69편 | # 정직한 기도

> ²²그들 앞에 차려 놓은 잔칫상이 도리어 그들이 걸려서 넘어질 덫이 되게 해 주십시오. ²³그들이 누리는 평화가 도리어 그들이 빠져드는 함정이 되게 해 주십시오. 그들의 눈이 어두워져서, 못 보게 해 주시며, 그들의 등이 영원히 굽게 해 주십시오. ²⁴주님의 분노를 그들에게 쏟으시고, 주님의 불붙는 진노를 그들에게 쏟아부어 주십시오. ²⁵그들의 거처를 폐허가 되게 하시며, 그들의 천막에는 아무도 살지 못하게 해 주십시오. (22-25절)

해설

이 시편은 다윗의 시로, 곤경 가운데 올리는 탄원 기도입니다. 다윗이 처한 곤경에 대해서는 이 시편의 여러 곳에 암시되어 있습니다. 그는 지금 "까닭도 없이 나를 미워하는 자들"과 "거짓 증거하는 원수들"(4절)로 인해 어려움을 당하고 있습니다. 그는 자신의 "어리석음"과 "죄"를 잘 알고 있습니다(5절). 곤경에 빠진 원인이 자신에게 없지 않다는 뜻입니다. 그래서 그는 "금식하며 울었고"(10절) "베옷을 입고서 슬퍼[했습니다]"(11절). 하지만 원수들은 그의 행동을 비웃고 조롱합니다(12절). 그뿐 아니라, 그와 함께 하나님을 예배하는 사람들까지 그로 인해 조롱받고 있습니다(6절). 이 상황에서 다윗은 "목까지 물이 [차는]"(1절) 것 같고 "깊고 깊은 수렁에"(2절) 빠진 것 같은 절망감에 사로잡혀 있습니다. 또한 "친척에게 따돌림을 당하고, 어머니의 자녀들에게마저 낯선 사람이 되고 말았습니다"(8절).

이런 상황에서 다윗은 하나님께 구원을 호소합니다(1-3, 13-18절). 간절한 기도로 인해 "목이 타도록 부르짖다가" 지쳤고 "눈이 빠지도록"(3절)

기다렸지만, 하나님은 응답하지 않으십니다. 다윗은 자신은 고통받더라도 "주님을 기다리는 사람들"이 자신 때문에 수치를 당하지 않게 해 달라고 간청합니다(6절). 자신이 죄로 인해 받아야 할 몫을 다 받은 후에는 한결같은 사랑으로 구원해 달라고 기도합니다. "주님께서 나를 반기시는 그때"(13절)는 죗값을 다 받은 후를 의미합니다.

이어서 다윗은 원수들에 대한 저주의 기도를 올립니다(22-29절). 차마 입에 담을 수 없는 악담을 기도로 원수들에게 퍼붓습니다. 하나님이 자신의 기도에 응답하시어 원수들을 징계하시면 찬양으로 그분을 높이고 감사의 노래로 그분의 위대하심을 전하겠다고 약속합니다(30-36절). 하나님은 소나 황소를 바치는 것보다 마음 다한 찬양을 더 좋아하시기 때문입니다(31절). 그분은 "온유한 사람들"과 "하나님을 찾는 사람들"(32절) 그리고 "가난한 사람"(33절)을 살피시고 인도하십니다. 그렇기에 다윗은 온 땅을 향해 오직 하나님만을 찬양하라고 권면합니다. 주님을 의지하고 그분의 뜻대로 살아가는 사람들은 결국 하나님의 선하심을 맛보게 될 것이기 때문입니다(35-36절).

이 시편은 메시아에 대한 예언시로 읽을 수도 있습니다. 신약의 저자들은 예수님과 관련하여 이 시편의 구절들을 자주 인용했습니다(마 27:34, 48; 막 15:36; 눅 23:36; 요 2:17; 15:25; 19:28; 행 1:20; 롬 11:9-10; 15:3). 이 시편이 묘사하는 상황은 누구나 겪을 수 있는 것이지만 메시아로 오신 예수님에게 가장 집약적으로 일어났습니다. "주님의 종"(17절)이라는 표현은 이사야 53장에 예언된 고난의 종을 생각나게 합니다.

묵상

시편을 읽다 보면 가끔 저주 기도를 만납니다. 시편 109편이 대표적입니다. 69편에도 악담 기도(22-29절)가 나옵니다. 시편의 기도를 '모범 기도문'으로 여기는 사람들은 저주 기도를 만날 때 당황합니다. 원수까지도 용서하라고 하신 하나님 앞에서 이런 기도를 드리는 것이 옳지 않아 보이기 때문입니다. 하지만 시편은 기도자들이 실제 삶의 현장에서 드린 기도입니다. 따라서 우리는 저주 기도를 읽으면서, 믿는 이들도 때로는 이처럼 절박한 상황을 만날 수 있다는 사실을 상기할 필요가 있습니다.

또한 우리는 이 기도를 통해 자신의 감정에 정직하게 기도하는 법을 배워야 합니다. 마음속에는 원한이 들끓고 있는데 하나님 앞에서 아무렇지도 않은 척 행동하는 것은 부질없는 일일 뿐 아니라 해로운 일입니다. 중심을 보시는 하나님 앞에서 속마음을 숨겨 보아야 아무 소용이 없습니다. 우리에게 문제가 있을 때 상담가를 찾는 이유는 마음의 쓰레기를 꺼내 보일 만한 안전한 사람이 필요하기 때문입니다. 하나님은 상담가보다 더 안전한 분입니다. 마음에 용암처럼 들끓고 있는 분노를 하나님 앞에 쏟아 놓으면 가장 확실한 치유와 회복의 힘이 생깁니다. 그렇게 기도하면 얼마 지나지 않아 원수를 향해 타오르던 불이 꺼져 있는 것을 보게 될 것입니다.

우리가 기도하는 대상은 진리와 정의와 사랑의 하나님이십니다. 그분은 거대한 계획 속에서 온 우주를 다스리시며 인류의 역사를 주관하십니다. 그런 하나님께 우리는 각자의 상황에서 각자의 관심사를 기도로 올려 드립니다. 그분은 우리의 작은 기도를 그분의 큰 계획 안에서 들으시고 응답하십니다. 어떤 기도는 간구한 그대로 응답해 주시고, 어떤 기도는 간구에 대한 거절로 응답하십니다. 우리 눈에 거절처럼 보인다 해도 하나님의 큰 계획 안에서는 그것도 응답입니다. 그분은 우리가 원하는 시간에, 우리가 원하는 방식대로 응답하지 않으십니다. 그분은 우리의 종이 아니기 때문입니다. 하지만 그분의 큰 계획 안에 있으면 우리의 거절당한 기도 역시 복이 됩니다.

그렇기 때문에 우리는 하나님 앞에서 우리의 감정에 정직하게 기도할 수 있습니다. 만일 우리가 기도 중에 말한 그대로 이루어진다면 우리는 기도할 때 매우 조심해야 합니다. 실제로 영어 속담에 "무엇을 기도할지 조심하라. 그대로 이루어질지도 모르니"(Be careful what you ask God for you just might get it)라는 말이 있습니다. 그것은 하나님을 잡신 수준으로 깎아내리는 일입니다. 우리가 좋은 것을 구해도 하나님은 거절하실 수 있습니다. 마찬가지로 우리가 원수를 향하여 저주 기도를 드려도 하나님은 그 기도를 거절하실 수 있습니다. 진리와 정의와 사랑의 하나님은 우리의 기도를 받으셔서 응답할 것과 거절할 것을 분류하십니다. 그렇게 정직하게 기도할 때 기도하는 과정을 통해 우리 마음은 정화되고 변화되어 마침내 하나님의 뜻을 따를 수 있습니다.

시편 70편

구원을 호소하는 이유

> 그러나 불쌍하고 가난한 이 몸, 하나님, 나에게로 빨리 와 주십시오. 주님은 나를 도우시는 분, 나를 건져 주시는 분이십니다. 주님, 지체하지 마십시오. (5절)

해설

이 시편은 다윗의 탄원 기도입니다. 학자들은 이 시편이 원래 71편과 하나였는데, 편집 과정에서 분리되었을 것으로 추정합니다. 하지만 첫 구절과 마지막 구절이 같은 간구인 것으로 볼 때 독립된 시편으로 볼 수도 있습니다.

다윗은 그의 "목숨을 노리는 자들"(2절)로부터 위협을 당하고 있습니다. 그들은 그가 재난당하는 것을 기뻐하며 깔깔대며(개역개정: "아하, 아하") 조롱합니다(3절). 그들의 공격으로 인해 다윗은 위협을 느끼고 있습니다. 이런 상황에서 그는 하나님께 구원을 청합니다. 그가 지금 하나님께 구원을 청하는 근거는 오직 하나님의 은혜입니다. 그래서 그는 "주님, 너그럽게 보시고 나를 건져 주십시오"(1절)라고 기도합니다. 그는 "주님을 찾는 사람은 누구나" 구원을 경험하고 하나님께 "주님은 위대하시다"라고 찬양하게 해 주시기를 구합니다(4절).

그러기 위해 하나님은 지금 곤경에 처해 있는 자신을 구해 주셔야 합니다. 다윗은 이런 근거에서 "빨리" "지체하지 [말고]"(5절) 자신을 구해 달라고 하나님께 간구합니다.

묵상

때로는 믿는 사람들이 하나님 존재의 증거가 됩니다. 사람들이 믿는 사람들에게 일어나는 일들을 보고 하나님의 존재 여부를 판단하기 때문에 그렇습니다. 그들은 하나님을 신실하게, 진실하게, 철저하게 의지하고 사는 사람들에게 불행한 일이 일어나면 그것 보라고, 하나님이 어디에 있느냐고 조롱합니다. 하나님은 존재하지 않으며 인생은 '랜덤'이라고 말합니다. 이런 상황에 처하면 하나님을 사랑하는 사람들은 마음이 아픕니다. 자신이 고통당하는 것은 견딜 만한데, 자신으로 인해 하나님이 모욕당하는 것은 참기 어렵기 때문입니다. 그래서 다윗은 하나님께 자신을 그 곤경에서 구해 주셔서 지켜보는 사람들이 하나님을 찬양하게 해 달라고 청합니다.

이렇게 생각하는 것은 자연스러운 일이지만 그 판단이 언제나 진실은 아닙니다. 믿는 이들이 불행을 당하는 것은 하나님이 없다는 증거도 아니고, 하나님이 그들을 사랑하지 않는다는 뜻도 아닙니다. 성숙한 믿음은 자신에게 일어나는 행과 불행을 초월하여 언제나 하나님의 존재와 다스림을 믿고 의지하는 것입니다. 하나님은 때로는 우리가 이해할 수 없는 섭리 안에서 우리에게 고난을 허락하기도 하시고 징계하기도 하십니다. 하나님의 뜻에서 벗어나 있음에도 좋은 일이 일어나도록 허락하기도 하십니다. 따라서 좋은 일이 일어난다고 해서 마냥 좋아할 필요도 없고 불행을 당하고 있다고 하여 하나님의 존재나 사랑을 의심할 필요도 없습니다.

언제, 어떤 상황에서도 가장 중요한 것은 그분의 다스림 안에 머무는 일입니다. 그럴 때 하나님은 모든 것을 합하여 선한 결과를 만들어 내실 것입니다(롬 8:28).

| 시편 71편 | **쓸모없어져도**

> 내가 이제 늙어서, 머리카락에 희끗희끗 인생의 서리가 내렸어도 하나님, 나를 버리지 마십시오. 주님께서 팔을 펴서 나타내 보이신 그 능력을 오고 오는 세대에 전하렵니다. (18절)

해설

이 시편에는 탄원시(1-18절)와 찬양시(19-24절)가 결합되어 있습니다.

먼저 탄원시에서 시인은 늙고 병들어 쓸모없어진 자신의 처지를 생각하며 하나님의 자비를 구합니다. 그는 먼저 "주의 의"(2절, 개역개정)에 의존하여 자신을 도와주시기를 기도합니다(1-4절). 지금 그는 악한 사람들의 위협에 떨고 있습니다. 시인은 자신이 얼마나 신실하게 하나님을 의지해 왔는지를 말씀드립니다. 그는 어려서부터 주님만을 믿어 왔고(5절) 태어날 때부터 주님을 의지해 왔습니다(6절). 그가 많은 사람들에게 비난의 표적이 되었을 때 주님은 그를 구해 주셨습니다(7절). 그는 온종일 하나님을 찬양하고 주님의 영광을 선포하며 살아왔습니다(8절).

그런데 지금 그는 늙어서 쇠약해져 있고(9절) 적들은 그를 하찮게 여기고 음모를 꾸밉니다(10-11절). 시인은 사람들이 자신을 하찮게 여기더라도 하나님은 하찮게 여기지 말아 주시기를 구합니다. 하나님이 손을 펼치셔서 그를 공격하는 자들을 징벌해 주시기를 구합니다(12-13절). 그렇게 되어야만 그는 희망을 하나님께 두고 계속 찬양하며(14절) 주님의 의로우심을 전할 것입니다(15-16절). 그는 자신이 어릴 적부터 하나님을 의지해 왔음을 다시금 강조하면서(17절) 늙고 병든 자신을 버리지 말아 달라고 간청합니다(18절).

19절부터는 찬양시로 바뀝니다. 이 부분은 시인이 구원을 받은 후에 쓴 것일 수도 있고, 아직 응답받지 못했지만 응답받을 것을 믿고 쓴 것일 수도 있습니다.

시인은 "주님의 의로우심이 저 하늘 높은 곳까지 미칩니다"(19절)라고 고백합니다. 그 의로우심은 그의 개인사에서 여러 번 증명되었습니다. 그가 비록 많은 재난과 불행을 당했지만 때마다 하나님은 그를 구해 주셨습니다(20-21절). 그러므로 시인은 여러 가지 악기를 동원하여 하나님을 찬양하겠다고 고백합니다(22절). 그는 찬양의 비밀을 알고 있었습니다. 그래서 그는 "내가 주님을 찬양할 때에, 내 입술은 흥겨운 노래로 가득 차고, 주님께서 속량하여 주신 나의 영혼이 흥겨워할 것입니다"(23절)라고 고백합니다. 그뿐 아니라 찬양은 원수들을 부끄럽게 만드는 비밀의 힘을 가지고 있습니다. 찬양은 역설적으로 가장 강력한 공격이라 할 수 있습니다(24절).

묵상

이 시편에서 시인은 두 번이나 자신의 쓸모없어진 상태를 묘사합니다(9, 18절). 인간적 기준으로는 늙고 병들어 하찮게 보였던 것입니다. 시인은 사람들의 눈에 쓸모없어진 자신이 하나님께도 쓸모없어 보이는 것은 아닌지 염려합니다. 그래서 그는 두 번씩이나 하나님께 자신을 버리지 말아 달라고 간청합니다. 자신이 늙고 병들어 쓸모없어졌어도 여전히 자신을 사랑해 주시기를 구합니다.

그렇게 구할 수 있는 유일한 근거는 하나님의 의입니다. 이 시편에서 "의"라는 말이 하나님과 연관되어 다섯 번 사용되었습니다(2, 15, 16, 19, 24절). "하나님은 의로우신 분이시다"라는 말은 "그분은 당신의 약속을 지키시는 분이시다" 혹은 "그분은 믿을 만한 분이시다"라는 뜻입니다. 그런 분이시기에 시인은 늙고 병들어 쓸모없어진 자신을 하나님이 계속 사랑해 주시기를 구하는 것입니다.

　인간 세상은 사람의 가치를 '쓸모' 기준으로 판단합니다. 쓸모가 없어지면 가치 없이 버림받습니다. 우리 모두는 사람들에게 인정받고 사랑받기 위해 자신의 쓸모와 가치를 높이려고 발버둥 칩니다. 하지만 우리는 누구나 결국 늙고 병들어 쓸모없어집니다. 그럴 때면 우리는 모두에게 버림받을 것 같은 두려움에 빠집니다.

　하나님은 우리를 쓸모 있어서 사랑하는 것이 아닙니다. 우리가 당신의 피조물이라는 단 하나의 이유로 우리를 사랑하십니다. 그분의 사랑은 "한결같은 사랑"입니다. 그래서 우리는 하나님을 의로우신 분이라고 고백합니다. 의로우신 하나님은 우리를 쓸모 있어서 더 사랑하시는 것도 아니고, 쓸모없어서 덜 사랑하시는 것도 아닙니다. 그분은 우리의 상태에 상관없이 절대적 분량으로 사랑하십니다. 그것이 십자가를 통해 우리에게 증명된 그분의 사랑입니다.

시편 72편 | **하나님의 의, 하나님의 샬롬**

⁶왕이 백성에게 풀밭에 내리는 비처럼, 땅에 떨어지는 단비처럼 되게 해 주십시오. ⁷그가 다스리는 동안, 정의가 꽃을 피우게 해 주시고, 저 달이 다 닳도록 평화가 넘치게 해 주십시오. (6-7절)

해설

제2권의 마지막 시편은 "솔로몬의 시"라는 표제가 붙어 있습니다. 마지막 절에는 "이새의 아들 다윗의 기도가 여기에서 끝난다"(20절)라고 되어 있습니다. 이러한 불일치에 대한 여러 해석이 있지만, 다윗이 그 아들 솔로몬을 위해 드린 기도일 수도 있고, 솔로몬의 기도가 다윗의 마음을 담고 있다는 뜻으로 이렇게 썼을 수도 있습니다. 혹은 2권 전체의 결론으로 편집자가 후대에 첨가해 넣은 것일 수도 있습니다.

어쨌거나 이 시편은 '제왕시' 중 하나로, 한편으로는 왕을 위해 복을 구하고, 다른 한편으로는 왕이 주어진 소임을 다하게 해 달라고 기도합니다. 이 기도에 다윗 왕가에 대한 이상이 담겨 있다 할 수 있습니다.

먼저 기도자는 왕이 하나님의 의를 배워 의롭게 되게 해 주시기를 구합니다. 인간의 의가 아니라 하나님의 의가 왕의 통치 원리가 되어야 합니다(1-2절). 그럴 때 비로소 "평화"(샬롬)가 이루어질 것입니다(3절). 평화는 싸움이 없는 상태가 아니라 모든 것이 본래의 모습대로 살아가는 상태를 의미합니다. 진정한 샬롬은 하나님의 의가 다스릴 때 이루어집니다. 하나님의 의는 가난하고 억압받는 사람들에게 가장 먼저 혜택이 돌아가게 합니다(4절). 하나님의 의를 따르는 왕은 사회적 약자들을 살피고 돕는 일을 게을리하지 말아야 합니다.

기도자는 또한 백성들이 왕을 두려워하게 해 주시기를 구합니다(5절). 공포감이 아니라 경외감을 갖는 것을 의미합니다. 그렇게 되려면 "왕이 백성에게 풀밭에 내리는 비처럼, 땅에 떨어지는 단비처럼"(6절) 선정을 펼쳐야 합니다. 그럴 때 정의와 평화가 자리를 잡습니다(7절). 그런 왕이라면 온 세상의 모든 백성이 그를 두려워하면서도 그 다스림을 찾아 모여들 것입니다(8-11절).

그런 왕이라면 가난하고 힘없는 백성의 소리에 귀 기울이고 그들의 형편을 살필 것입니다(12-14절). 이런 왕이라면 하나님의 돌보심을 받아 만수무강할 것이고 온갖 귀한 선물을 받게 될 것이며 백성들은 그를 위해 기도할 것입니다(15절). 그뿐 아니라 그가 다스리는 땅도 더불어 복을 누릴 것입니다(16절). 그런 왕의 이름은 영원히 기억될 것이며, 다른 민족들도 그 왕으로 인해 복을 누릴 것입니다(17절).

기도자는 그런 왕을 허락하시고 그를 통해 축복하시는 하나님께 감사와 영광을 올립니다(18-19절).

묵상

이 시편은 다윗 왕가에 대한 이상을 담은 기도이지만 모든 나라, 모든 시대의 정치 지도자들에게 적용되어야 할 높은 이상을 담고 있습니다. 권력은 하나님이 당신의 백성을 위해 사용하도록 맡겨진 것입니다. 따라서 권력을 맡은 사람은 그것을 사유화하고 자신의 욕망을 채우는 데 사용하지 말아야 합니다. 자신을 지지하고 충성하는 사람들만을 위해 사용해서도 안 됩니다. 인간의 타락한 욕망을 따라 판단하고 선택하다 보면 필경 그쪽으로 기울어지기 마련입니다.

민주 제도하에서 권력은 국민이 맡겨 준 것이지만, 더 근원적으로 보면 하나님이 맡겨 주신 것입니다. 따라서 정치 지도자가 우선 할 일은 하나님 앞에 겸손히 나아가 서는 것입니다. 그분 앞에서 자신이 단지 인간임을 기억할 때 하나님의 의를 배우게 될 것이며, 그분의 의가 그의 권력을 바르게 사용하도록 인도할 것입니다. 하나님의 의는 사회적 약자들에게 향하는 특성이 있습니다. 권력을 맡은 이들이 그 권력으로 사회적 약자들을 향할 때 그 사람은 그만큼 하나님의 의에 가까이 접근해 있다는 뜻입니다.

권력이 하나님의 의를 따라 바르게 사용될 때 진정한 샬롬이 임합니다. 모든 존재가 각자 걸맞은 자리에서 각자의 빛깔을 내며 조화를 이루는 것이 샬롬입니다. 그것이 권력의 쓸모입니다. 그럴 때 권력은 "풀밭에 내리는 비처럼, 땅에 떨어지는 단비처럼" 다가올 것입니다. 하지만 현실에서는 자신이 맡겨 준 권력이 들불과 홍수처럼 자신의 삶을 할퀴는 것 같은 경험을 합니다.

이 시편에 담긴 이상은 역사상 한 번도 실현된 적이 없습니다. 선정을 펼쳤다고 평가받는 사람들조차도 그늘이 없지 않았습니다. 그래서 우리는 이 시편을 읽으면서 내가 권력을 맡겨 준 사람의 선정을 빌고 기도하는 한편, 영원하신 왕 예수 그리스도를 생각합니다. 이 땅의 정치인들에게 실망을 거듭하면서 우리는 다시 오셔서 새 하늘과 새 땅을 이루시고 거기서 모든 믿는 자들과 함께 다스리실 그분을 기다립니다.

제3권 시편 73-89편

3권의 시편들은 개인과 국가 공동체의 문제들을 다루고 있습니다.
3권을 여는 73편은 시인이 처한 암울한 사회적 상황에 대해 묘사하고,
마지막에 배치된 두 시편(88-89편)은 현실의 처절한 절망을 고백합니다.
희망은 오직 하나님께 있는데, 하나님의 구원은 오지 않습니다.
그래서 암울한 현실에 대한 묘사와 하나님의 구원에 대한 호소가 절절합니다.
저자별로 나누면 아래와 같습니다.

아삽: 73-83편
고라 자손: 84-85, 87편
다윗: 86편
헤만: 88편
에단: 89편

시편 73편 | # 진정한 복

¹하나님은, 마음이 정직한 사람과 마음이 정결한 사람에게 선을 베푸시는 분이건만, ²나는 그 확신을 잃고 넘어질 뻔했구나. 그 믿음을 버리고 미끄러질 뻔했구나. ³그것은, 내가 거만한 자를 시샘하고, 악인들이 누리는 평안을 부러워했기 때문이다. (1-3절)

해설

이 시편은 불의한 현실 속에서 하나님의 정의에 대해 질문하는 점에서 시편 37편과 닮았습니다. 이 시편은 아삽이 지은 시로 되어 있는데, 아삽은 다윗이 레위 가문에서 선정해 세운 예배 음악 감독이었습니다. 그의 다른 시편은 50편에 수록되어 있는데, 편집자는 그의 시 열한 편을 제3권의 서두에 배열합니다(73-83편).

그는 먼저 불의한 현실에서 자신의 믿음이 흔들렸다는 사실을 고백합니다(1-16절). 그는 하나님을 "마음이 정직한 사람과 마음이 정결한 사람에게 선을 베푸시는 분"(1절)이라고 믿고 있었습니다. 그런데 그 믿음과 확신을 잃고 넘어질 뻔했다고 말합니다(2절). 현실에서는 마음이 정직하고 정결한 사람들이 아니라 거만한 자들과 악인들이 더 잘되는 것 같았기 때문입니다(3절).

그들에게는 사람들이 흔히 당하는 불행도 일어나지 않는 것 같고(5절) 죽을 때에도 고통을 겪지 않는 것 같습니다(4절). 그들은 오만방자하게 말하고 폭력적으로 행동합니다(6절). 교만에 가득 차서 안하무인으로 말하고 행동합니다(7-9절). 그것을 보고 "하나님의 백성마저도"(10절) 그들의 악행을 따르고 "하나님인들 어떻게 알 수 있으랴?"(11절)고 말하면서 죄악을 행합니다. 그들의 마음과 입과 몸이 속속들이 악으로 물들어 있는데도 신세는 언제나 편하고 재산은 늘어만 갑니다(12절).

이런 상황에서 아삽은 회의에 빠졌습니다. "이렇다면, 내가 깨끗한 마음으로 살아온 것과 내 손으로 죄를 짓지 않고 깨끗하게 살아온 것이 허사라는 말인가?"(13절)라는 질문으로 그는 온종일 괴로움을 당하고 아침마다 번민했습니다(14절). 때로 그는 "나도 그들처럼 살아야지"(15절)라는 유혹에 흔들렸습니다. 만일 그 유혹에 넘어갔더라면 하나님을 등지고 형제자매들을 배신했을 것입니다. 이러지도 못하고 저러지도 못하는 상황에서 그는 이 문제를 풀어 보려고 노력했지만 도저히 풀리지 않았습니다(16절).

그 얽힌 문제가 풀린 것은 그가 성소에 들어갔을 때였습니다(17절). 하나님의 성소에 들어가 눈을 감고 기도할 때 비로소 하나님이 보이고 하나님 나라가 보였습니다. "악한 자들의 종말이 어떻게 되리라는 것"(17절)을 깨닫게 되었습니다. 그제야 그는 눈에 보이는 현실이 전부가 아님을 알게 되었고 하나님이 결국 모든 것을 다스리시고 바로잡으신다는 사실을 기억했습니다(18-19절). 하나님이 손을 드시면 영원히 부귀영화를 누릴 것 같던 악인들도 자취 없이 사라질 것임을 알았습니다(20절).

이런 깨달음 가운데서 아삽은 하나님께 회개 기도를 드립니다. 하나님이 모든 것을 다스리시고 바로잡으실 것이라는 사실을 기억하지 못하고 눈앞의 현실에만 붙들려서 불평하고 의심하던 자신이 너무 부끄러웠기 때문입니다(21-22절). 그러면서 그는 하나님의 변함없는 사랑에 대해 고백합니다(23-24절). 그 사랑을 믿기에 그는 이 세상에서의 번영을 위해 죄악에 빠지기를 거부하고 오직 하나님의 뜻을 따라 살기를 다짐합니다(25-27절). 이렇게 기도한 다음 아삽은 "하나님께 가까이 있는 것이 나에게 복이니"(28절)라고 고백합니다. 그가 악인들의 번영을 보고 하나님의 정의에 대해 불평했지만 실은 그들의 번영을 시샘하고 그들을 부러워했기 때문입니다(3절).

묵상

이 시편이 쓰인 것은 3천 년도 지난 과거의 일입니다. 하지만 이 시편을 읽다 보면 마치 오늘날 우리가 사는 시대에 대한 묘사처럼 느껴집니다. 인간의 본성은 변함없고 인간의 죄성이 변하지 않으니 인간 사회의 부조리 역시 달라지지 않습니다. 하나님이 살아 계시고 그 하나님이 사랑과 정의의 하나님이시라면, 우리가 때로 세상에서 경험하는 부조리를 설명할 도리가 없습니다. 하나님이 살아 계시지 않거나, 살아 있다 해도 이 세상일에 전혀 간섭하지 않으시거나, 혹은 하나님은 사랑과 정의의 하나님이 아니라 그리스-로마 신화에 나오는 변덕스럽고 부조리한 신들과 같다고 보는 것이 타당해 보입니다.

아삽의 회의는 정당합니다. 현실을 제대로 보는 사람이라면 그런 질문을 피해 갈 수 없습니다. 그리고 이 질문은 쉽게 해결되지 않습니다. 우리가 살고 있는 역사의 지평 안에서만 생각한다면 그 질문은 풀리지 않습니다. 우리가 성소에 들어가야 하는 이유가 여기에 있습니다. 성소에 들어가 하나님의 임재 앞에 서서 하나님 나라에 눈뜰 때 비로소 실상이 제대로 보입니다. 그럴 때 우리는 현실이 전부가 아님을 압니다. 현실의 부조리는 하나님의 부재의 증거도 아니고 하나님의 불의의 증거도 아닙니다. 그것은 우리의 시야가 제한되어 있다는 증거일 뿐입니다. 그래서 아삽은 하나님의 현존 앞에서 그 모든 질문을 내려놓습니다.

그리고 그는 깨닫습니다. 자신이 하나님에 대해 불평한 것은 정작 자신이 다른 사람들처럼 누리지 못하는 것에 대한 원망이었다는 사실을 말입니다. 그가 하나님께 원망했던 것은 그분의 부조리함 때문이 아니라 악인들처럼 누리지 못하는 시기심 때문이었습니다. 그제야 그는 얼마나 가지고 누리느냐가 아니라 하나님 안에 거하는 것이 진정한 복임을 인정하고 평안을 얻습니다.

시편 74편 | # 희망이 없는 이유

⁹우리에게는 어떤 징표도 더 이상 보이지 않고, 예언자도 더 이상 없으므로, 우리 가운데서 아무도 이 일이 얼마나 오래갈지를 아는 사람이 없습니다. ¹⁰하나님, 우리를 모욕하는 저 대적자를 언제까지 그대로 두시렵니까? 주님의 이름을 모독하는 저 원수를 언제까지 그대로 두시렵니까? ¹¹어찌하여 주님께서 주님의 손, 곧 오른손을 거두십니까? 주님의 품에서 빼시고, 그들을 멸하십시오. (9-11절)

해설

표제는 "아삽의 마스길"이라고 했는데, 기도자는 예루살렘성과 성전이 바빌론에 의해 멸망당한 이후의 상황을 두고 기도하고 있습니다. 시편이 현재 상태로 정리된 것이 바빌론 포로 시기에 이루어진 일이므로 아삽의 시에 당시 상황이 반영되었을지 모릅니다. 혹은 아삽의 후손이 쓴 시편일 수도 있습니다.

   이 시편은 환난 가운데 처해 있는 이스라엘에 대한 탄원 기도입니다. 시편은 크게 세 부분으로 나뉩니다. 먼저, 버림받은 상태에 있는 이스라엘을 구원해 달라는 청원이 나오고(1-11절), 하나님의 전능함에 대한 시인의 고백이 이어진 뒤(12-17절), 다시 구원에 대한 호소가 나옵니다(18-23절).

   탄원 기도에서 시인은 이스라엘이 처해 있는 상황에 대해 묘사합니다 (1-9절). 이스라엘은 오랫동안 하나님께 버림받은 것 같은 상황에 처해 있습니다(1절). 하나님이 이스라엘을 값 주고 사셨고 친히 속량하셔서 당신의 것으로 만드시고 시온을 거처로 삼으셨다는 사실(2절)을 기억한다면, 이렇게 오래도록 환난 가운데 내버려두시는 것을 이해할 수가 없습니다. 주님의 성소는 폐허가 되었고 원수들의 깃발이 성소에서 휘날리고 있으니 말입니다(3-4절). 그들은 "밀림의 벌목꾼"(5절)처럼 성소를 파괴하고 모든 것을 불살라 버렸습니다(6-8절). 이런 상황에서 시인은 하나님께 구원을 호소합니다. 먼저 그는 하나님께, 언제까지 이 상태로 내버려두시겠느냐면서 속히 손을 빼 내시어 심판해 달라고 간청합니다(10-11절).

시인은 탄원 기도를 잠시 멈추고 하나님에 대한 믿음의 고백을 드립니다(12-17절). 그분은 온 세상을 다스리시는 전능자이십니다. "타닌"(13절)은 바다 괴물의 이름이고, "리워야단"(14절)은 당시 사람들이 알고 있던 가장 공포스러운 괴물의 이름입니다. 이 세상에 존재하는 가장 무서운 괴물도 하나님께는 상대가 되지 않습니다. 그분은 온 우주를 창조하고 다스리는 분이십니다. 시인은 바로 그 하나님이 "옛적부터 나의 왕이시며, 이 땅에서 구원을 이루시는 분이십니다"(12절)라고 고백합니다. 원하시면 이스라엘의 처지를 한순간에 바꾸실 수 있습니다.

이 고백에 근거하여 시인은, 하나님이 택하신 백성을 모독하는 사람들을 더 이상 그냥 두지 마시라고 간구합니다. 하나님이 이스라엘에서 손을 떼신다면 원수들 앞에서 그들은 들짐승 앞에 있는 "멧비둘기 같은"(19절) 가련한 백성일 따름입니다. 그러므로 주님은 이스라엘과 맺으신 언약을 기억하셔서 날마다 주님을 모욕하는 어리석은 자들을 심판하셔야 합니다(20-22절). 하나님이 침묵하시니 "주님께 항거해서 일어서는 자들의 소란한 소리가 끊임없이 높아만 가기"(23절) 때문입니다.

묵상

시편 73편에서 시인은 "성소"의 중요성을 고백했습니다. 현실에 파묻혀 정신없이 살다 보면 하나님을 망각하게 되고, 하나님의 존재를 배제하고 세상사를 보면 부조리한 것들이 너무도 많습니다. 하나님의 존재와 성품(정의와 사랑)에 대한 의혹이 먼지처럼 마음에 쌓입니다. 그것을 그대로 방치해 두면 마음의 눈과 귀는 어두워지고 믿음은 질식당합니다. 이것이 바로 정기적으로 성소를 찾아야 하는 이유입니다. 믿는 이들이 성소에 함께 모여 하나님을 예배할 때 마음에 뽀얗게 쌓인 의심의 먼지를 씻어 낼 수 있습니다. 하나님의 눈으로 현실을 보고 분별할 수 있습니다. 그렇기 때문에 성소를 그토록 귀하게 여기는 것입니다. 그것 자체가 거룩해서가 아니라 영적인 눈을 맑게 하도록 도와주기 때문입니다

시편의 편집자는 73편 뒤에 74편을 이어 놓았습니다. 이 시편은 성소가 폐허로 버려져 있는 상태를 보고 탄식하며 회복시켜 달라는 기도입니다. 예언자 에스겔의 환상(겔 10장)이 상징하듯 하나님은 성전을 떠나셨고 그로 인해 이민족에 의해 무참히 짓밟혔습니다. 그들은 성전 건물과 성물을 거침없이 파괴했고, 그곳에 그들의 깃발을 세웠습니다. 그것도 부족하여 유대인들을 바빌로니아로 강제 이주시켜 살게 했습니다. 그들은 약속의 땅에서 쫓겨났고, 하나님의 성소를 빼앗겼습니다. 그래서 시인은 "이 땅에 있는, 하나님을 만나 뵙는 장소를 모두 불살라 버렸습니다"(8절)라고 탄식합니다.

당시 유대인들은 하나님을 만나기 위해서는 가나안 땅, 그중에서도 예루살렘, 그 안에서도 성전에 가야만 한다고 생각했습니다. 그 믿음 때문에 그들은 성전에 이를 때면 온몸을 떨며 감격스러워했고, 하나님의 임재를 깊이 체험하곤 했습니다. 그런 체험을 한 사람들은 또다시 성전을 방문할 날을 고대하며 살았습니다. 그런 믿음으로 살았으므로 예루살렘 성전 파괴는 유대인들에게 참담한 재앙이었습니다. 하나님의 임재에 가까이 갈 수 있는 통로가 원천적으로 막혀 버렸기 때문입니다. 그래서 짙은 절망의 정서가 시편 전체를 관통하고 있습니다.

우리의 성소는 더 이상 인간의 손으로 지은 건물이 아닙니다. 예수 그리스도가 우리에게는 새로운 성전이고 새로운 성소입니다. 그래서 히브리서 저자는 "우리는 예수의 피를 힘입어서 담대하게 지성소에 들어가게 되었습니다"(히 10:19)라고 말합니다. 지성소는 1년에 한 번 대제사장만 들어갈 수 있는 곳이었는데, 이제는 영원한 대제사장 예수 그리스도의 보혈의 공로를 힘입어 누구나 지성소에 들어가 살게 되었습니다. 예수 그리스도를 믿는 사람은 언제 어디서든 성소 안에 살고 있는 것입니다. 그 사실을 기억하고 늘 하나님의 눈으로 현실을 보며 살아가는 것이 예수님이 여신 새로운 영성입니다.

시편 75편 | **진노의 잔**

> 주님은 거품이 이는 잔을 들고 계신다. 잔 가득히 진노의 향료가 섞여 있다. 하나님이 이 잔에서 따라 주시면, 이 땅의 악인은 모두 받아 마시고, 그 찌끼까지도 핥아야 한다. (8절)

해설

이 시편도 아삽이 지은 것으로 되어 있습니다. 표제에 나오는 "알다스헷"은 음악 용어로 추정되는데, 정확한 의미는 알려져 있지 않습니다. 이 시편은 74편에서 토로한 절망적 호소에 대한 응답이라 할 수 있습니다.

시인은 먼저 하나님께 감사를 올립니다. 은혜를 입은 자가 기도할 때 가장 먼저 할 말은 감사와 찬송입니다(1절). 새번역에는 그 의미가 잘 드러나지 않지만 시인이 감사와 찬양을 드리는 이유는 "주의 이름이 가[깝기]"(1절, 개역개정) 때문입니다. "주의 이름"은 주님의 현존을 가리키는 비유입니다. 74편에서 시인은 하나님이 이스라엘의 고통을 멀리 서서 지켜보시는 것처럼 묘사했습니다. 하지만 그것은 사람들이 느끼는 감정일 뿐입니다. 실제로 하나님은 고통 중에 당신의 자녀들에게 더 가까이 계십니다. 시인은 또한 하나님이 이루신 놀라운 일들을 전파하겠다고 말합니다. 하나님에 대한 감사는 곧 그분에 대한 증언으로 이어지게 되어 있습니다.

시인은 기도와 묵상 중에 마음으로 들은 하나님의 음성을 전합니다(2-5절). 하나님은 "내가 정하여 놓은 그때가 되면"(2절) 모든 것을 공정하게 판결하고 바로잡겠다고 하십니다. "땅의 기둥을 견고하게 붙드는 자"(3절)는 바로 하나님이십니다. 그런 분이기에 땅을 흔드실 수도 있고 바로잡으실 수도 있습니다. 그 사실을 부정하고 자신의 뜻대로 행하려는 사람들이 "오만한 자들"(4-5절)입니다. 그들은 마치 뿔을 들고 주인에게 달려드는 염소와 같습니다.

낮출 것을 낮추고 높일 것을 높여 모든 것을 바로잡으실 분은 오직 하나님이십니다(6-7절). 주님은 "거품이 이는 잔"(8절)을 들고 계십니다. 그 잔 가득히 "진노의 향료"(8절, 개역개정: "섞은 것")가 섞여 있습니다. 그것은 인간이 하나님 앞에 쌓아 놓은 죄로 인해 받아야 할 진노의 잔입니다. 시인은 거만하고 오만하여 악을 일삼는 자들이 그 잔을 모두 받아 마시고 "그 찌끼까지도 핥아야 한다"(8절)고 말씀하십니다. 악인들은 장차 어떻게 될지 모르는 채로 진노의 잔을 채우고 있는 것입니다.

시인은 기도와 묵상 중에 깨달은 주님의 말씀을 전한 후, 결단의 고백으로 기도를 끝냅니다. "정하여 놓은 그때가 되면"(2절) 하나님은 모든 것을 바로잡으실 것입니다. 그때가 되면 의인들을 높여 주실 것입니다. 그 믿음과 소망으로 시인은 주님만을 선포하며 하나님만을 찬양할 것이라고 고백합니다(9-10절). 시인의 상황은 여전합니다. 하지만 기도와 묵상을 통해 그가 현실을 보는 눈이 달라졌습니다. 74편에서 철저한 절망 가운데 있던 시인은 믿음 안에서 희망의 끈을 찾습니다.

묵상

시인은 기도와 묵상 중에 하나님의 손에 들린 진노의 잔을 봅니다. 인간의 죄악으로 인해 그 진노의 잔은 채워져 가고 있습니다. 그 잔이 다 채워지면 하나님은 그 잔을 쏟아부으실 것이고, 그렇게 되면 시인이 묵상한 것처럼 악인들이 그 찌꺼기까지 다 마셔야 합니다. 그것은 상상할 수 없을 정도로 고통스러운 심판이 될 것입니다.

예수님은 율법학자들과 바리새파 사람들의 죄악을 비판하면서 "너희는 너희 조상의 분량을 마저 채워라"(마 23:32)라고 꾸짖으십니다. 여기서 예수님은 하나님의 손에 들린 진노의 잔을 떠올리셨습니다. 그 잔은 조상들의 죄악으로 인해 거의 채워져 있습니다. 얼마 남지 않은 분량이 채워지면 하나님은 그 잔을 쏟아부으실 것입니다.

아, 그런데 하나님은 아삽이 예상한 것처럼 악인들에게 그 잔을 쏟아붓지 않으셨습니다. 하나님의 아들 예수 그리스도께서 인류를 대신하여 그 잔을 받으셨습니다. 그래서 예수님은 겟세마네 동산에서 기도하면서 "나의 아버지, 하실 수만 있으시면, 이 잔을 내게서 지나가게 해 주십시오. 그러나 내 뜻대로 하지 마시고, 아버지의 뜻대로 해 주십시오"(마 26:39)라고 청하십니다. 그 잔에 무엇이 들어 있으며 그것을 마신다는 것이 얼마나 고통스러울지를 예감하셨기에 이렇게 기도하신 것입니다. 그러나 그 잔을 마심으로써 죄인들을 구원하는 것이 아버지 하나님의 뜻임을 확인하신 예수님은 이후 묵묵히 그 잔을 들어 마시십니다. 십자가에서 그분이 당하신 고난은 하나님의 손에 들린 진노의 잔을 비우는 과정이었습니다.

예수 그리스도를 믿는다는 것은 그분이 행하신 대속의 은혜를 받아들인다는 뜻입니다. 그분의 보혈로써 죄 용서를 받고 하나님의 보좌 앞에 담대하게 나가게 되었다는 뜻입니다. 그 낯설고 무서운 창조자 앞에 나아가 "아빠!"라고 부를 수 있는 이유는 하나님의 아들이 나의 죗값을 대신 치르셨기 때문입니다. 그래서 이제는 그 은혜를 거부하는 것이 죄요 그 은혜를 받아들이는 것이 의가 되었습니다.

시편 76편 | **예배드리는 이유**

> 진실로, 사람의 분노는 주님의 영광을 더할 뿐이요, 그 분노에서 살아남은 자들은 주님께서 허리띠처럼 묶어 버릴 것입니다. (10절)

해설

아삽의 시가 계속 이어집니다. 아삽이 다윗 시대에 제사 음악을 관장하는 사람이었기에 그의 시편은 개인적 문제보다는 국가적 문제에 관심을 두는 경향이 있습니다. 이 시편은 이스라엘의 영적 구심점인 예루살렘 성전에 대한 찬양입니다.

그는 먼저 하나님이 이스라엘을 선민으로 택하시고 예루살렘을 거처로 삼으셨다는 사실을 두고 찬양을 올립니다. "살렘"은 예루살렘을 줄여 부르는 말로 '평화'를 뜻합니다. "그의 장막이 살렘에 있고"(2절)라는 말은 표면적으로는 "성전이 예루살렘에 있다"는 의미이지만 다른 한편으로는 "참된 평화는 하나님께 있다"는 뜻입니다. 하나님이 모든 것을 다스리시기 때문입니다.

"여기에서 하나님이 불화살을 꺾으시고, 방패와 칼과 전쟁 무기를 꺾으셨다"(3절)는 말은 히스기야 시대에 예루살렘을 앗시리아인들로부터 구원하신 사건(왕하 19:32-36)을 회상하는 것일 수 있습니다. 혹은 성전에서 예배드릴 때 비로소 하나님이 과거에 행하신 놀라운 역사를 기억하게 된다는 뜻일 수 있습니다. 이스라엘 신앙의 가장 중요한 요소는 '기억'이었습니다. 하나님이 과거에 어떤 일을 행하셨는지를 기억하면 그분이 진실로 역사를 다스리시는 분이라는 사실을 인정하게 됩니다(4-9절).

예배를 드리면서 성경에 기록된 과거의 이야기들을 낭독하고 경청하는 이유도 여기에 있습니다.

하나님이 과거에 어떻게 하셨는지를 기억하는 이유는 그 하나님이 지금도 그리고 앞으로도 같은 방식으로 일하신다는 사실을 기억하기 위한 것입니다. 10절은 번역하기에 아주 난해한 구절입니다. 개역개정은 "진실로 사람의 노여움은 주를 찬송하게 될 것이요 그 남은 노여움은 주께서 금하시리이다"라고 했고, 새번역은 "진실로, 사람의 분노는 주님의 영광을 더할 뿐이요, 그 분노에서 살아남은 자들은 주님께서 허리띠처럼 묶어 버릴 것입니다"(10절)라고 했습니다. 하나님의 처분에 대해 분노했던 사람들이 그분이 하시는 일을 보고 찬양하게 될 것이라는 뜻입니다.

아삽은 이스라엘 회중과 세상의 모든 민족들에게 "마땅히 경외할 분"(11절) 즉 창조주 하나님께 서원을 지키고 예물을 드리라고 요청합니다. 세상을 호령하는 군왕들도 그분 앞에서는 아무것도 아니기 때문입니다(12절).

묵상

하나님이 성전에서 제사를 드리도록 요구하신 이유는 그분의 임재를 기억하고 그분의 다스림을 믿게 하려는 데 있었습니다. 예배 없는 삶으로는 하나님에 대한 바른 시야를 유지할 수 없습니다. 하나님에 대한 눈이 흐려지면 세상을 보는 눈도 흐려집니다. 하나님이 이 세상을 다스리고 계시다는 사실이 의심스러워지고, 눈에 보이고 손에 만져지는 것이 전부라고 생각하게 됩니다. 그로 인해 선택과 결정의 순간마다 하나님께 등을 돌리고 인간적인 계산을 따릅니다. 그것이 패망의 원인이 됩니다. 그렇게 되지 않으려면 정기적으로, 주기적으로, 반복적으로 참된 예배의 자리에 서야 합니다. 그렇지 않고는 영이신 하나님을 온전히 믿고 그분께 의지하는 삶을 살아갈 수가 없습니다.

예배의 핵심은 기억에 있습니다. 하나님이 과거에 어떤 일을 하셨는지를 기억하는 것입니다. 성경을 읽으면서 하나님이 과거 이스라엘 백성에게 그리고 교회에게 어떻게 행하셨는지를 기억하고, 묵상을 통해 그분이 과거에 나에게 어떻게 일하셨는지를 기억하는 것입니다. 그 기억은 지금 우리가 당면한 회의와 불신, 두려움과 절망에 대해 가장 강력한 처방약이 되어 주고 미래에 대한 희망을 갖게 합니다. 과거에 하나님이 원수들의 불화살과 방패와 칼과 전쟁 무기를 꺾으신 사실(3절)을 기억하면, 지금 나에게 날아드는 불화살과 방패와 칼과 전쟁 무기를 꺾으실 것을 믿고 바랄 수 있습니다.

시편 77편 | **묵상의 힘**

> ¹¹주님께서 하신 일을, 나는 회상하렵니다. 그 옛날에 주님께서 이루신, 놀라운 그 일들을 기억하렵니다. ¹²주님께서 해 주신 모든 일을 하나하나 되뇌고, 주님께서 이루신 그 크신 일들을 깊이깊이 되새기겠습니다. (11-12절)

해설

이 시편 역시 아삽의 작품으로, 시편 74편에서 언급한 총체적 절망 가운데 드리는 기도입니다. 이 시편은 크게 세 부분으로 나뉩니다. 구원해 달라는 호소(1-2절) 후에 절망적 상황에서 오는 회의와 불신의 고백(3-9절)이 이어지고 과거에 하나님이 행하신 놀라운 일들에 대한 묵상(10-20절)으로 나아갑니다.

시인은 아주 깊은 고난 가운데 처해 있습니다. 그는 "밤새도록 두 손 치켜들고"(2절) 하나님을 향해 구원을 호소합니다. 하지만 고난의 상황은 달라지지 않습니다. 이제는 위로가 필요한 때가 아니라 고난의 상황이 달라져야 할 때입니다. 그래서 그는 "내 마음은 위로를 받기조차 마다하였습니다"(2절)라고 기도합니다.

아무리 기도하고 구해도 상황이 변화되지 않으니 하나님을 생각하면 한숨이 나오고 마음이 약해집니다(3절). 하나님의 무응답이 서운하고 실망스럽습니다. 시인은 근심과 걱정, 실망과 절망 가운데 뜬눈으로 밤을 지새웁니다(4-5절). 잠을 이루지 못하고 밤새도록 흘러간 세월을 회상하는 동안 하나님에 대한 회의와 의심이 마음을 파고듭니다(6-9절). 과거에는 그토록 가까이 계신 것 같았던 하나님이 너무 멀리 계신 것처럼 느껴집니다. 과거에는 그리도 신속하게 기도에 응답해 주셨는데, 이제는 자신의 기도에 귀를 막고 계신 것 같습니다. 과거에는 하나님이 자신을 사랑하시고 돌보신다고 믿었는데, 이제는 모든 것이 거짓말처럼 느껴집니다.

하지만 시인은 도리질 치며 모든 의문과 회의를 떨쳐 버리고 "가장 높으신 분께서 그 오른손으로 일하시던 때, 나는 그때를 사모합니다"(10절)라고 기도합니다. 고난의 상황이 변하지 않았지만 여전히 하나님을 믿고 의지하겠다는 뜻입니다. 그는 하나님에 대해 의심하고 회의하는 대신에 과거에 그분이 행하신 모든 일을 하나하나 기억하고 되뇌고 되새기겠다고 고백합니다(11-12절). 그는 출애굽 과정에서 조상들에게 행하신 하나님의 역사를 기억합니다(13-15절). 출애굽의 역사는 이스라엘 백성에게 가장 강력한 하나님 체험 이야기입니다. 또한 그분은 온 우주와 피조물을 다스리십니다(16-19절). "물들"(16절)과 "바다"(19절)는 시인이 당하고 있던 고난을 상징합니다. "주님의 길은 바다에도 있다"(19절)는 말은 고난 중에도 주님이 인도하신다는 뜻입니다. 시인은 지금 그 하나님께 기도하고 있는 것입니다. 그 하나님은 모세와 아론에게 함께하신 것처럼(20절) 자신에게도 함께하시고 인도하시리라는 고백입니다.

묵상

묵상은 마음의 방향을 하나님께 돌리려는 노력입니다. 우리의 마음은 죄의 유혹에 취약합니다. 그대로 내버려두면 죄가 이끄는 방향으로 끌려가게 되어 있습니다. 일이 잘될 때 우리의 마음은 교만의 죄에 이끌립니다. 마음이 교만해지면 하나님의 자리에 서려 합니다. 반면, 일이 잘되지 않으면 절망하고 낙심하기 쉽습니다. 그럴 때면 하나님에 대한 믿음이 침식당합니다. 7-9절에 나오는 여러 의문은 절망적인 상황에서 누구나 갖게 되는 생각입니다. 이럴 때 부정적인 생각들이 저절로 떠오릅니다.

그 생각들에 휘둘리면 불신의 땅으로 넘어가게 됩니다.

묵상은 우리 마음을 바로잡아 하나님을 향하게 만들어 주는 힘입니다. 심령이 약해질 때나 부정적인 생각들이 공격해 올 때 최선의 방어책은 긍정적인 것들을 생각하는 것입니다. 부정적인 생각들은 저절로 떠오르는 반면, 긍정적인 생각을 하려면 적극적으로 노력해야 합니다. 하나님에 대해 부정적인 생각이 마음을 점령하려 할 때, 그 생각을 떨치고 과거에 하나님이 행하신 일들을 회상해 보아야 합니다. 아삽이 그랬던 것처럼, 하나님이 이스라엘 백성에게 행하신 놀라운 일들을 생각해 보고, 피조 세계를 묵상하며 그분의 위엄을 생각해 보는 것입니다.

그럴 때 묵상은 교만해진 마음을 낮추고 무디어진 마음을 예민하게 만들어 줄 것입니다. 흔들리는 마음을 바로잡아 주고 비틀거리는 걸음을 붙들어 줄 것입니다. 그럴 때 우리는 상황에 상관없이 늘 하나님에 대한 믿음을 지킬 수 있습니다.

이 시편은 미완의 기도처럼 보입니다. 과거의 일을 묵상하는 것으로 기도가 끝납니다. 하지만 이 시편이 수록되어 있는 사실로 인해 우리는 그의 믿음이 회복되었음을 짐작할 수 있습니다.

시편 78편 | **은혜가 이긴다**

> ³⁸그런데도 그는 긍휼이 많으신 하나님이시기에, 그들의 죄를 덮어 주셔서 그들을 멸하지 아니하시며, 거듭 그 노하심을 돌이키셔서 참고 또 참으셨다. ³⁹하나님께서는 기억하신다. 사람은 다만 살덩어리, 한 번 가면 되돌아올 수 없는 바람과 같은 존재임을 기억하신다. (38-39절)

해설

이 시편은 77편과 맥을 같이합니다. 앞의 시편에서 시인은 절망 중 과거에 하나님이 행하신 일들을 기억하고 되뇌이겠다고 고백합니다. 78편은 출애굽과 광야 여정 그리고 국가의 형성 과정에서 하나님이 하신 일들을 회상합니다. 이 시편은 '역사 회고시'에 속합니다.

먼저 시인은 조상들이 자신들에게 들려준 "옛 비밀"(2절)을 들려주겠다고 말합니다. 그것은 그들의 후손에게도 들려주어 대대로 이어지게 해야 할 이야기입니다(4-6절). 그렇게 하면 "그들이 희망을 하나님에게 두어서, 하나님이 하신 일들을 잊지 않고, 그 계명을 지킬"(7절) 것이며, 조상들처럼 고집만 부리며 하나님을 믿지 않는 잘못을 범하지 않게 될 것입니다(8절).

이스라엘의 역사는 '인간의 배역'과 '하나님의 은혜'가 반복되는 역사입니다. 9-72절에는 "그럼에도"와 "그러나"라는 말이 거듭 나옵니다. "그럼에도"는 인간의 배역에도 불구하고 하나님이 베푸시는 은혜를 의미하고, "그러나"는 그 은혜를 잊고 죄악을 일삼는 이스라엘 백성의 허물을 의미합니다.

이스라엘의 죄	하나님의 은혜
9-11절	12-16절
17-22절	23-29절
30-37절	38-55절
56-58절	59-72절

이렇듯, 이스라엘 역사 속에서 인간의 배역과 하나님의 은혜는 꼬리에 꼬리를 물고 이어지는데, 시인은 결국 하나님의 은혜 이야기로 끝을 맺습니다. 인간의 배역은 하나님의 은혜를 고갈시킬 수 없다는 뜻입니다. 역사는 결국 인간의 죄악이 아니라 하나님의 사랑이 지배한다는 뜻입니다.

국가가 형성된 후, 하나님은 열두 지파 중에서 유다 지파를 택하시고 시온산을 당신의 성소로 삼으시며 다윗을 선택하셔서 모든 백성의 목자가 되게 하십니다(67-72절). 그것이 이스라엘 백성의 지속적인 배역에 대한 하나님의 대책입니다. 인류 전체의 죄악을 해결하기 위해 이스라엘을 선택하셨던 것처럼, 하나님은 이스라엘 열두 지파 중에서 유다 지파를 택하셨고, 유다 지파 중에서도 다윗을 택하여 이스라엘의 목자가 되게 하셨습니다.

묵상

이스라엘의 이야기는 곧 우리의 이야기입니다. 그들에게 있던 죄성은 우리에게도 있습니다. 우리도 그들처럼 하나님의 은혜를 쉽게 잊고 그분을 거역하며 시험하고 거스릅니다. 그것은 곧 "가시 돋친 채찍을 발길로 [걷어차는]"(행 26:14) 것처럼 우리 자신을 불행하게 하는 일인데, 우리는 우둔하여 그것이 우리를 행복하게 하는 길이라고 생각합니다. 우리는 죄를 낙으로 알고 탐하다가 그 죄로 인해 고난을 당하고 불행을 당합니다.

고난의 깊은 수렁에 빠지고 나서야 우리는 진상을 깨닫고 하나님께 도움을 호소합니다. 하나님은 당신의 은혜를 거듭 망각하고 죄의 길을 탐하는 우리를 영영 버리실 만도 한데, 그분은 또다시 우리를 불쌍히 여기고 구원해 주십니다. 그 정도로 은혜를 입었다면 더 이상 그분의 품을 떠날 생각을 하지 말아야 하는데, 우리의 바람난 마음은 어느새 그 은혜를 권태로이 여기고 또다시 죄를 탐합니다. 그럼에도 우리를 향한 하나님의 은혜는 고갈되지 않습니다.

하나님의 다함없는 사랑은 예수 그리스도를 통해 결정적으로 드러났습니다. 십자가의 활짝 열린 가로대는 언제든지 와서 안기라는 하나님의 음성을 들려줍니다. 지상에 우뚝 서 있는 십자가는 결국 하나님의 은혜가 다스리신다는 사실을 웅변적으로 들려줍니다. 끝내 하나님의 은혜가 이깁니다. 이것이 우리의 희망입니다.

시편 79편 | 우리가 기댈 언덕

> 우리를 구원하여 주시는 하나님, 주님의 영광스러운 이름을 생각해서라도 우리를 도와주십시오. 주님의 명성을 생각해서라도 우리를 건져 주시고, 우리의 죄를 용서하여 주십시오. (9절)

해설

이 시편은 표제에 "아삽의 시"라고 나오지만, 바빌론에 의해 예루살렘성이 점령당하고 성전이 파괴될 때의 상황이 묘사되어 있습니다. 아삽의 시편이 전승되는 과정에서 후대 상황이 반영된 것이거나 아삽의 후손이 지은 것일 수 있습니다. 내용은 세 부분으로 나뉩니다.

시인은 먼저 이스라엘이 당하고 있는 고난의 상황을 설명합니다. 이방 나라들이 예루살렘을 점령하고 성전을 돌무더기로 만들어 놓았습니다(1절). 죽임당한 사람들의 시신은 그대로 방치되어 새와 들짐승의 먹이가 되고 있습니다(2절). 희생당한 사람들의 피가 흘러넘치고 있지만 시신을 수습해 줄 사람조차 없습니다(3절). 이방 사람들은 그 모습을 보고 조롱합니다(4절).

이것은 주전 586년에 바빌론이 예루살렘을 점령했을 때 일어났던 일입니다. 역사에서 확인할 수 있는 것처럼, 바빌론은 1년 반 동안 예루살렘을 포위하여 고립시킨 후에 성을 함락시켰습니다. 점령군은 상상할 수 있는 모든 야만적 행위를 예루살렘 주민에게 자행했습니다.

시인은 이제는 심판을 멈추어 달라고 호소합니다(5절). 자신들은 이미 충분한 벌을 받았으니 진노의 표적을 원수들에게로 향하게 달라고 호소합니다(6-7절). 그러면서 시인은 "우리 조상의 죄악을 기억하여 우리에게 돌리지 마십시오."(8절)라고 기도합니다. 그는 지금 자신들이 당하는 고난이 조상의 죄로 인해 받는 것이라고 생각한 것입니다. 하나님의 징계로 인해 자신들이 얼마나 불쌍하게 되었는지를 보시고, 주님의 영광스러운 이름을 위해서라도 자신들을 구해 달라고 청합니다(9절). 그렇지 않으면 이방인들이 "그들의 하나님이 어디에 있느냐?"(10절)고 비웃을 것이기 때문입니다.

마지막으로 시인은 이스라엘의 하나님이 정말 살아 계시다는 사실을 보여 달라고 간구합니다. 이방 나라들이 주님을 모독한 그 모독을 그들의 품에다가 "일곱 배"로 갚아 달라고 기도합니다(11-12절). "일곱"은 완전수입니다. "일곱 배로 갚아 주십시오"라는 말은 최대의 보복을 해 달라는 뜻입니다. 당시 바빌론 점령군이 얼마나 잔인하게 행동했는지를 기억하면 시인의 이러한 간구를 이해할 수 있습니다. 그럴 때 주님의 백성이 하나님께 영원히 찬양드릴 것이라고 시인은 고백합니다(13절).

묵상

78편에서 시인은 하나님의 은혜를 거듭 배반하는 이스라엘의 고집스러운 죄에 대해 고백했습니다. 그 악순환의 고리는 이스라엘의 배반과 그로 인한 징계로 끝나지 않았습니다. 하나님의 은혜가 이스라엘의 반역보다 더 컸습니다. 하나님의 정의는 죄에 대한 대가를 요구합니다. 하지만 그 후에는 반드시 사랑이 따라옵니다. 하나님의 이야기는 언제나 은혜로 끝납니다.

그런 믿음에 근거하여 시인은 유다 백성이 처한 상황을 봅니다. 유다 백성은 바빌로니아군에 의해 참담한 불행을 겪었고 지금도 예루살렘성과 성전은 폐허로 남아 있습니다. 주변 민족들은 유다의 참혹한 불행을 보며 그들의 하나님을 조롱합니다. 시인은 그 모든 것이 그들의 반역 죄로 인해 받은 대가임을 인정합니다. 그것은 조상들이 쌓아 올린 죄의 결과이지만(8절) 그 죄에 자신도 연루되어 있음을 인정합니다(9절). 언약 백성인 그들은 전체로서 하나입니다. 그래서 시인은 조상들의 죄에 자신을 연루시켜 회개 기도를 드리는 것입니다.

그러면서 시인은 하나님의 은혜에 기댑니다. 하나님 앞에 내세울 만한 어떤 의도 자신에게 있지 않음을 알기 때문입니다. 하나님의 은혜와 사랑이 인간의 반역 죄보다 크다는 사실을 알기 때문입니다. 그래서 시인은 "주님의 긍휼하심으로 어서 빨리 우리를 영접하여 주십시오"(8절)라고 기도합니다. 또한 그는 "주님의 영광스러운 이름을 생각해서라도" 그리고 "주님의 명성을 생각해서라도"(9절) 자신들을 구해 달라고 기도합니다. 다윗이 목자 되신 하나님의 은혜를 기억하면서 "당신의 이름을 위하여 바른길로 인도하신다"(시 23:3)고 고백했던 것과 같이, 시인은 하나님의 은혜 외에는 기댈 곳이 없다고 생각했던 것입니다.

우리가 하나님 앞에 설 수 있는 것 그리고 그분께 무엇인가를 기도할 수 있는 것은 모두 그분의 무한하신 은혜와 사랑 때문입니다. 때로 하나님이 없는 것 같고 하나님에게서 버림받은 것 같은 상황에 처해도 의심하지 말 까닭은 그분의 절대 불변의 은혜 때문입니다. 그분의 그 은혜와 사랑으로 오늘 하루도 거뜬히 살아갑니다.

시편 80편 | **진정한 회복**

> 만군의 하나님, 우리를 회복시켜 주십시오. 우리가 구원을 받도록, 주님의 빛나는 얼굴을 나타내어 주십시오. (19절)

해설

이 시편도 아삽의 작품으로 되어 있는데, 앞의 두 시편과 마찬가지로 하나님을 목자에 비유합니다. 이 시편 역시 이스라엘 백성 전체를 두고 하나님께 올리는 기도입니다.

3, 7, 19절은 후렴구에 해당합니다. 후렴은 노래의 주제를 강조하는 역할을 합니다. 그러므로 이 시편의 주제는 이스라엘의 회복입니다. 시인은 이스라엘의 회복을 위해 "주님의 빛나는 얼굴을 나타내어 주십시오"라고 간구합니다. 이 기도는 제사장들이 이스라엘 백성을 위해 복을 빌 때 사용했던 기도문 즉 "주님께서 당신들에게 복을 주시고, 당신들을 지켜 주시며, 주님께서 당신들을 밝은 얼굴로 대하시고, 당신들에게 은혜를 베푸시며, 주님께서 당신들을 고이 보시어서, 당신들에게 평화를 주시기를 빕니다"(민 6:24-26)라는 말씀을 생각나게 합니다.

시인은 먼저 하나님을 이스라엘의 목자로 묘사하면서 이스라엘 백성의 기도에 귀 기울여 주시고 빛으로 나타나 능력을 떨쳐 달라고 기도합니다(1-2절). 지금 이스라엘은 오래도록 고난당하고 있습니다. 하나님께 구원을 호소했지만 응답이 없습니다(4절). 그로 인해 이스라엘 백성은 눈물 젖은 빵을 먹어야 했고 눈물을 물리도록 마셔야 했습니다(5절). 원수들은 그들의 불행을 보고 비웃습니다. 그러니 속히 주님의 빛나는 얼굴을 나타내셔서서 구원해 달라고 간구합니다.

이어서 시인은 하나님이 이스라엘을 어떻게 인도하셨는지를 비유로 묘사합니다. 하나님은 이집트에서 포도나무 한 그루를 뽑아내어 가나안 땅의 뭇 민족을 몰아내시고 그 자리에 심으셨고, 그 포도나무는 온 땅을 채우고 이웃 나라까지 뻗어 나갔습니다(8-11절). 그러나 잘 가꾸어 온 포도원이 이제는 행인들이 드나들며 열매를 따 먹고 들짐승이 우글거리는 곳이 되었습니다(12-13절). 시인은, 하나님이 다시 손을 뻗으셔서 주님이 손수 기르신 포도원을 회복시켜 달라고 기도합니다(14-16절).

이 지점에서 시인은 "주님의 오른쪽에 있는 사람, 주님께서 몸소 굳게 잡아 주신 인자 위에, 주님의 손을 얹어 주십시오"(17절)라고 기도합니다. 이스라엘의 회복을 위해 하나님의 오른쪽에 있는 사람을 보내 달라는 뜻입니다. 시인은 그 사람을 "인자"라고 부릅니다. 여기서 시인은 자신도 모르는 사이에 메시아에 대해 예언을 하고 있는 것입니다. 메시아를 통해 이스라엘이 회복되면 이스라엘 백성은 영원토록 주님을 떠나가지 않고 주님을 영화롭게 할 것입니다(18절).

묵상

아삽은 이스라엘의 회복을 위해 이 기도를 올렸습니다. 그가 기대했던 회복은 이스라엘이 이방 민족의 공격과 압제로부터 벗어나 자유와 번영을 누리는 것이었습니다. 이스라엘 백성은 예배를 드릴 때마다 이 시편을 노래하면서 동일한 기대와 기도를 올렸을 것입니다. 하나님이 심으시고 가꾸신 포도원이 온 세상을 덮을 미래를 꿈꾸었을 것입니다. 그것이 그들이 생각하고 염원했던 회복입니다. 그 회복을 위해 하나님이 다윗 같은 왕을 세우셔서 빛나는 왕국을 세워 주시기를 기도했습니다.

하지만 그런 일은 일어나지 않았습니다. 다윗 이후로 그의 영광을 회복한 왕은 나타나지 않았습니다. 이스라엘의 포도원은 거듭 공격당하고 국력은 쇠락을 반복했습니다. 그럴수록 이스라엘 백성은 이 시편을 노래하면서 더욱 절박하게 "주님의 오른쪽에 있는 사람" 그 인자가 나타나기를 소망했고 기도했습니다.

예수 그리스도께서 오시고 나서야 그리고 그분이 "주님의 오른쪽에 있는 사람" 즉 인자라는 사실을 알고 나서야 우리가 소망하고 기도해야 할 회복이 무엇인지 알게 되었습니다. 아삽이 자신도 알지 못하는 가운데 기도로 예언한 것은 메시아가 오셔서 이루실 영원한 회복이었습니다.

우리에게 필요한 회복은 하나님의 자녀로서 회복되는 것이며, 지상 지옥이 되어 버린 이 세상이 지상 천국으로 변화하는 것입니다. 그 회복이 예수 그리스도를 통해 시작되었습니다. 예수님이 다시 오셔서 새 하늘과 새 땅이 임할 때 그 회복은 완성될 것입니다. 그때가 오기까지 우리는 성령의 능력 안에서 우리 자신과 이 세상의 회복을 위해 예배하며 섬깁니다.

시편 81편 | ## 축제와 같은 삶

¹우리의 피난처이신 하나님께 즐거이 노래를 불러라. 야곱의 하나님께 큰 환성을 올려라. ²시를 읊으면서 소구를 두드려라. 수금을 타면서, 즐거운 가락으로 거문고를 타라. ³새 달과 대보름날에, 우리의 축제 날에, 나팔을 불어라. (1-3절)

해설

"아삽의 시"로 되어 있는 이 시편은 초막절에 부르기 위해 지은 것으로 추정합니다. 초막절은 유월절, 오순절과 함께 유대인의 삼대 축제 중 하나입니다. 이것은 하나님이 과거에 광야에서 조상들에게 베푸신 은혜를 기억하고 감사하며 미래에도 지속적으로 은혜를 베푸실 것을 기도하는 축제입니다.

먼저 시인은 백성에게 온갖 악기를 동원하여 하나님을 찬양하라고 말합니다(1-3절). 초막절을 지키는 것은 하나님이 주신 명령이기 때문입니다(4-5절). 이 축제를 지킴으로써 이스라엘 백성은 과거에 베푸신 하나님의 은혜를 기억하고 앞으로 어떤 어려움이 닥치더라도 하나님께 대한 믿음을 유지할 수 있었습니다. 찬양과 감사는 믿음을 지키고 키우는 데 가장 중요한 도구입니다.

그런 다음, 시인은 갑작스럽게 자신이 들은 "한 소리"(5절)를 전합니다. 그것은 하나님으로부터 들은 음성입니다. 하나님은 먼저 이집트에서의 노예살이로부터 해방시키시고 광야 유랑길에서 베풀어 주신 은혜를 상기시키십니다(6-7절). 그러면서 우상숭배에 빠지지 말도록 경고하십니다(8-9절). 과거에 그들의 조상은 하나님의 공급하시는 은혜를 믿지 못하고 고집을 부려 우상숭배의 죄에 빠졌습니다(10-11절). 그래서 하나님은,

"나는 그들의 고집대로 버려두고, 그들이 원하는 대로 가게 하였다"(12절)라고 하십니다.

만일 그들이 고집을 버리고 하나님의 뜻을 따랐다면 하나님은 그들을 원수들로부터 보호해 주셨을 것입니다(13-14절). 개역개정의 15절("여호와를 미워하는 자는 그에게 복종하는 체할지라도 그들의 시대는 영원히 계속되리라")은 의미가 모호한데, 새번역이 그 의미를 잘 풀어놓았습니다. 그들이 하나님의 뜻에 순종했다면 원수들에게도 짓밟히지 않았을 것이고, 제 손으로 추수한 곡식으로 배불리 먹었을 것입니다.

묵상

세속적 의미에서 축제는 우리끼리 즐기자는 것입니다. 향락에 취하여 현실의 어려움을 잠시 잊어 보자는 의도입니다. 축제가 진행되는 동안에 분위기를 망치는 말이나 행동을 해서는 안 됩니다. 모두가 현실에 눈을 질끈 감고 노래하면서 서로의 흥을 돋우어야 합니다. 순전히 인간적인 동기에서 시작하여 오직 인간적인 즐거움을 위해 계획되고 추진되는 것이기 때문입니다.

하나님 앞에서 지키는 축제는 동기와 목적 면에서 전혀 다릅니다. 우리끼리 즐기려는 것이 아니라 하나님이 명하셔서 지키는 것이기 때문입니다. 은혜를 베푸신 하나님께 찬양과 감사를 올리기 위해 지키는 것입니다. 현실에 눈 질끈 감고 향락을 추구하자는 것이 아니라 눈 부릅뜨고 현실을 직시하자는 뜻입니다. 그런 까닭에 하나님은 축제의 한복판에서 인간적으로 김빠지게 하는 말씀을 하십니다. 조상들처럼 우상숭배에 빠지지 말라고 경고하십니다. 조상들이 우상숭배에 끌린 이유는 그것이 인간적 욕망을 충족시켜 주었기 때문입니다. 하나님은 그 반대 방향으로 우리를 인도하십니다. 인간적인 욕망 충족이 아니라 하나님의 뜻을 이루는 데 목적을 두고 살라는 뜻입니다.

모여서 축제를 지키라고 명하신 이유는 축제 같은 삶을 살게 하시려는 데 있습니다. 우리의 죄 된 본성을 만족시키는 축제가 아니라 하나님이 의도하신 아름답고 거룩한 축제의 삶을 살게 하시려는 것입니다. 우리끼리 즐기는 축제는 이후의 삶을 더욱 추하게 만들고 불행하게 만듭니다. 반면 하나님 앞에서 드리는 축제는 이후의 삶을 복된 길로 인도합니다. 이것이 우리가 지키는 예배와 축제의 의미입니다.

시편 82편 | **권력의 쓸모**

> ²"언제까지 너희는 공정하지 않은 재판을 되풀이하려느냐? 언제까지 너희는 악인의 편을 들려느냐? (셀라) ³가난한 사람과 고아를 변호해 주고, 가련한 사람과 궁핍한 사람에게 공의를 베풀어라. ⁴가난한 사람과 빈궁한 사람을 구해 주어라. 그들을 악인의 손에서 구해 주어라." (2-4절)

해설

아삽의 것으로 되어 있는 이 시편은 국가적 불행에 대해 애도하고 탄원하는 앞의 시편들과 차별성을 가집니다. 1절에서 언급된 "신들"은 스스로를 신으로 여기고 있던 왕과 고관들을 가리킵니다. 하나님은 그분의 법정에서 나오셔서 불의한 통치자들에게 말씀하십니다.

2-4절은 시인이 묵상 중에 들은 하나님의 말씀입니다. "악인의 낯 보기"(2절, 개역개정)는 악인 편을 드는 것을 가리킵니다. 그들에게 권력이 맡겨진 것은 사회적 약자를 보호하기 위함인데, 그들은 강자 편에 서서 약자를 억압합니다. 하나님은 그 일을 멈추라고 하십니다. 3-4절에서 시인은 사회적 약자에 대해 다양한 표현을 사용합니다. 3절의 "가난한 사람"(히브리어 '달')은 무력한 상태를 강조하는 표현이고, "가련한 사람"(히브리어 '아니')은 자신의 소유가 없어서 타인에게 의존하여 사는 사람을 가리키며, "궁핍한 사람"(히브리어 '라쉬')은 박해를 받아 가난해진 사람을 가리킵니다. 4절의 "빈궁한 사람"(히브리어 '에브욘')은 다른 사람의 너그러움에 의지하여 살 수밖에 없는 사람을 가리킵니다. 이 표현들은 의미상 중첩되기도 하지만 서로 다른 맥락에서 사용되었습니다. 시인은 이렇게 여러 표현을 사용하여 당시의 모든 사회적 약자를 아우르려고 한 것입니다.

5절은 불의한 현실에 대한 시인의 탄식입니다. "그들"은 스스로를 신으로 여기면서 권력을 오용하고 있던 통치자들을 가리킵니다. 그들은 정의가 무엇인지 알지 못할 뿐 아니라 알려고 하지도 않습니다. 그것은 "어둠 속에서 헤매는" 것과 같습니다. 시인은 통치자들의 불의로 인해 "땅의 기초가 송두리째 흔들렸다"고 말합니다. 하나님의 창조 질서가 흔들리고 무너져 버렸다는 뜻입니다.

6-7절에서 시인은 하나님의 말씀을 이어 갑니다. 하나님은 그들에게 심판을 선언하십니다. 권력에 취하여 스스로 신이 된 것처럼 혹은 영원히 살 것처럼 착각하지 말라는 뜻입니다. 그들도 결국 다른 사람들처럼 죽게 될 인간일 뿐입니다.

시인은 마지막으로 불의한 통치자들을 심판하고 정의를 회복해 달라고 하나님께 호소합니다(8절).

묵상

인간의 내면에는 스스로 신이 되고 싶은 갈망이 있습니다. 그것이 원죄의 원인이었습니다. 그 갈망을 만족시켜 주는 것이 힘입니다. 돈의 힘, 완력의 힘, 지위의 힘, 지능의 힘 같은 것들은 우리로 하여금 스스로를 신으로 여기게 만들고, 그 힘으로 자신의 욕망을 만족시키려 합니다. 힘이 클수록 그런 경향은 강해집니다. 그런 점에서 모든 종류의 힘은 위험합니다. 그중에서도 가장 위험한 힘이 정치 권력입니다. 인간의 타락한 욕망에 정치 권력은 마약 같은 힘을 발휘합니다. 그 권력으로 무슨 일이든 할 수 있다고 착각하고, 어떤 일이 일어나도 덮을 수 있다고 오해합니다. 시인이 말한 대로 권력은 그 사람의 마음의 눈을 멀게 하여 어둠 속에서 헤매게 만들고 하나님의 창조 질서를 어지럽힙니다.

이런 까닭에 믿는 이들은 항상 정치 권력에 대해 비판자 역할을 해야 합니다. 시인은 현실의 정치 권력에 대해 모른 체하지 않았습니다. 그는 하나님의 정의에 비추어 현실의 정치 권력을 보았고, 하나님이 불의한 정치 권력을 심판해 주시기를 구했습니다. 그는 기도만 하고 있지 않았을 것입니다. 정치 권력이 사회적 약자를 보호하는 데 사용될 수 있도록 자신이 할 일을 다했을 것입니다. 또한 자신에게 주어진 힘이 하나님의 뜻에 맞게 사용되도록 힘썼을 것입니다.

자신에게 주어진 힘을 하나님의 뜻에 따라 정의롭게 사용할 책임은 왕이나 고관들에게만 있는 것이 아닙니다. 돈이든, 무력이든, 지능이든, 지위이든, 크든 작든 모든 힘은 힘없는 이들을 위해 사용하도록 맡겨 주신 것입니다.

시편 83편 | **약한 자 편에 서시는 하나님**

> ¹⁶주님, 그들이 주님을 간절히 찾도록, 그들의 얼굴에 수치를 씌워 주십시오. ¹⁷그들이 부끄러움을 당하고 영영 공포에 질려서, 수치를 쓰고 멸망하게 해 주십시오. ¹⁸하나님의 이름은 '주'이시며, 온 세상에서 주님만이 홀로 가장 높은 분이심을 알게 해 주십시오. (16-18절)

해설

이것은 아삽의 이름으로 된 마지막 시편입니다. 이 시편은 다시 이스라엘의 국가적 문제에 관심을 두고 있습니다.

먼저 시인은 하나님께 더 이상 침묵을 지키지 말아 달라고 기도합니다(1절). 이스라엘이 이방 민족들의 위협과 압제 아래 신음하고 있기 때문입니다(2-3절). 그들의 목표는 이스라엘을 이 땅에서 완전히 멸절시키는 것입니다(4절). 시인은 그들을 "주님의 원수들"(2절)이라고 부릅니다. 이스라엘에 대한 그들의 적대 행위는 곧 하나님에 대한 것이나 다름없기 때문입니다.

이스라엘은 지정학적으로 여러 강대국 사이에 끼어 있어서 전쟁이 일어나면 늘 통로 역할을 해야 했습니다. 지역 패권을 잡은 국가들은 항상 이스라엘을 점령하여 통로를 확보하려 했고, 그 과정에서 이스라엘은 존립 위기를 경험해야 했습니다. 시인은 이스라엘의 존립을 위태롭게 했던 몇몇 민족의 이름을 열거하면서(6-8절) 과거에 미디안에게 하신 것처럼 이스라엘을 위협하는 민족들을 징벌해 달라고 기도합니다(9-12절). "미디안에게 하신 것"(9절)에 대해서는 사사기 7-8장에 나옵니다.

이어서 시인은 여러 비유를 사용하여 "주님의 원수들"을 심판해 주시기를 청합니다. 주님의 심판은 "산림을 태우는 불길"과 같고 "산들을 삼키는 불꽃"과 같으며(14절) "회오리바람"과 같고 "폭풍"과 같습니다(15절). 그 심판 앞에서는 아무리 강한 나라라도, 아무리 강한 왕과 장수라도 "바람에 굴러가는 엉겅퀴와 쭉정이"(13절) 같은 신세가 됩니다. 하나님의 심판으로 인해 그들이 두려움에 사로잡히고 수치를 당할 때에야 그들은 돌아서서 주님을 간절히 찾을 것이며(16절) 그분만이 "홀로 가장 높으신 분"(18절)이심을 알게 될 것입니다.

그렇기에 시인은 하나님께 이제는 침묵을 깨고 일어서 주시기를 청하는 것입니다.

묵상

시인은 이스라엘을 적대하는 민족들에게 "주님의 원수들"이라는 이름을 붙입니다. 반면에 이스라엘 민족에 대해서는 "주님의 백성"(3절)이라고 부릅니다. 이스라엘은 하나님이 만민을 구원하기 위해 제사장 나라로 세우신 민족이기에 "주님의 백성"이라고 부를 만합니다. 하지만 이스라엘은 당시 지중해 국가 중 가장 작고 주변 강대국에게 끊임없이 존립을 위협받는 나라였다는 점에서도 하나님의 특별한 관심 대상이었습니다. 인간의 야만성과 잔인성이 적나라하게 표출되던 시대에 강대국 사이에서 약소국으로 산다는 것은 늘 생존에 위협을 받고 산다는 뜻이었습니다.

개인이든 국가든, 하나님과의 관계 면에서도 동일한 패턴이 보입니다. 인간적으로 강해지고 부해지면 그만큼 우리는 오만해지고 방자해집니다. 하나님을 업신여기고 자신의 탐욕을 따라 행동합니다. 반면, 인간적으로 약해지고 가난해지면 하나님을 찾고 그분의 도움을 구합니다. 우리의 하나님은 가난하고 연약하고 압박받고 고통받는 사람들 편에 서십니다. 시인은 82편에서 가난하고 가련한 '사람들' 편을 드시는 하나님을 노래했고, 83편에서는 연약한 '민족' 편을 드시는 하나님을 노래합니다.

우리의 하나님이 연약한 자 편에 서시는 분이라는 사실에 큰 위로를 받습니다. 또한 이 사실로 인해 우리는 큰 도전을 받습니다. 타락한 우리 마음의 관성은 강한 것, 부한 것, 높은 것에 끌리기 때문입니다. 타락한 우리 마음의 끌림을 거부하고 하나님의 마음으로, 하나님의 눈으로 낮은 곳, 어두운 곳, 깨어진 곳을 돌아보며 살기를 소망합니다.

| 시편 84편 | ## 순례길에 오른 마음

> 주님의 집 뜰 안에서 지내는 하루가 다른 곳에서 지내는 천 날보다 낫기에, 악인의 장막에서 살기보다는, 하나님의 집 문지기로 있는 것이 더 좋습니다. (10절)

해설

이 시편은 "고라 자손의 시"라고 되어 있습니다. 고라 자손의 시는 이미 42-49편에서 읽은 바 있습니다. 고라는 모세와 아론의 권위에 반기를 들다 사형당한 인물이지만(출 6:24; 민 16장), 그 자손들은 살아남아 다윗과 솔로몬 시대로부터 성전 악사와 문지기로 섬겼습니다. 이 시편은 '순례시'(예루살렘 성전으로 순례하러 오는 사람들이 여행 중 부르던 노래)로 분류할 수 있습니다. 다른 순례시는 120-134편에 묶여 있습니다.

시인은 먼저 성전에 대한 애정을 고백합니다. 성전은 "주님이 계신 곳"(1절)이며 "주님의 궁전 뜰"(2절)입니다. 시인이 성전을 사모하는 이유는 하나님에 대한 사랑 때문입니다. 사랑하는 사람을 멀리 보낸 사람이 정인이 남기고 간 반지를 만지면서 그 사람을 생각하는 것처럼, 시인은 성전을 생각하며 하나님을 그립니다. 그는 성전에 집을 짓고 사는 참새를 부러워합니다(3절). 자신도 주님의 집에 항상 머물러 살고 싶기 때문입니다(4절). 그렇게 사는 사람이 가장 복된 사람입니다.

시인은 예루살렘 성전으로 가는 순례길을 준비하고 있습니다. 아직 길을 떠나지는 않았지만 마음은 이미 순례길에 올라 있습니다(5절). 예루살렘 성전에 이르기까지 순례자는 여러 난관을 헤쳐 나가야 합니다. "눈물 골짜기"(6절)는 그 난관을 상징합니다. 원문에는 "바카 골짜기"로 되어 있는데, 이것은 예루살렘 근처에 있던 험한 골짜기를 가리키는 말입니다. 먼 길을 걸어온 순례자들은 이 골짜기에서 마지막 시련을 거치게 됩니다. 하지만 하나님은 순례자들의 마음에 은총을 주셔서 마지막 관문을 통과하게 하십니다(7절). "샘물"과 "가을비"(6절)는 하나님이 주시는 은총을 상징합니다.

장차 오르게 될 순례길을 상상하면서 시인은 은혜를 베풀어 달라고 기도합니다(8절). 아울러 그는 "주님께서 기름을 부어 주신 사람"(9절) 즉 이스라엘의 왕을 위해 기도합니다. 그래야만 예루살렘 성전이 안전히 보호받을 수 있기 때문입니다.

마지막으로 시인은 "주님의 집 뜰 안에서 지내는 하루가 다른 곳에서 지내는 천 날보다 낫기에, 악인의 장막에서 살기보다는, 하나님의 집 문지기로 있는 것이 더 좋습니다"(10절)라고 고백합니다. 하나님에 대한 사랑이 이토록 강렬하기에 수많은 난관에도 불구하고 순례길에 오르는 것입니다. 주 하나님은 "태양과 방패"(11절)가 되시기에 그분을 신뢰하는 사람에게는 복이 있기 때문입니다(12절).

묵상

시편 139편에서 다윗은 자신이 아무리 애를 써도 하나님의 임재로부터 벗어날 수 없다는 사실을 고백합니다. 음부 가장 낮은 곳에 가도, 우주의 가장자리 끝에 가도 혹은 하늘 높이 올라가도 하나님의 품을 벗어날 수 없습니다. 우리는 하나님 안에 살고 하나님 안에 죽습니다. 하나님을 호흡하고 삽니다. 우리가 존재하는 것은 하나님 때문이고, 죽어 없어진다 해도 하나님 안에 있는 것입니다.

그것을 인정하고 그분의 현존에 깨어 살아가는 것이 믿음입니다. 육신을 가진 우리는 자주 그 사실을 잊습니다. 향기 가득한 정원에 있어도 몇 분이 지나면 더 이상 그 향기를 인식하지 못하는 것처럼, 우리는 하나님의 품 안에 살면서도 그분의 존재를 자주 잊습니다. 시인이 때를 정하여 예루살렘 성전으로 순례를 간 이유는 하나님의 임재에 자신을 깨우려 함입니다. 풍진에 파묻혀 사는 까닭에 마음의 눈이 어두워져 있다고 느낄 때 먼 순례길에 오릅니다. 지금 그가 서 있는 자리에도 하나님이 계시지만, 성소에 가서 믿는 이들과 함께 제사를 드림으로써 그분의 임재에 자신을 깨우려는 것입니다.

하나님의 임재에 깨어나 그분과 함께 동행하는 것이 진정한 복입니다. 문지기로 살아도 성전에 살고 싶다고 말하는 것도, 성전에 보금자리를 틀고 있는 참새와 제비가 부럽다고 말하는 것도 그런 이유 때문입니다. 그래서 우리는 매일 순례길에 오릅니다. 하나님의 품 안에 살고 있지만, 그분의 임재에 더 환히 깨어나고 그분과 더 친밀해지기 위해 예배와 기도와 말씀 묵상으로 그분의 품 깊숙이 닿기 위해 순례길에 오릅니다. 우리가 가는 길 중 가장 복된 길은 순례길입니다.

시편 85편 | ## 그날이 올 때까지

> ¹⁰사랑과 진실이 만나고, 정의는 평화와 서로 입을 맞춘다. ¹¹진실이 땅에서 돋아나고, 정의는 하늘에서 굽어본다. ¹²주님께서 좋은 것을 내려 주시니, 우리의 땅은 열매를 맺는다. ¹³정의가 주님 앞에 앞서가며, 주님께서 가실 길을 닦을 것이다. (10-13절)

해설

고라 자손의 시로 되어 있는 이 시편은 네 단락으로 선명하게 구분됩니다. 먼저 시인은 과거에 하나님이 조상들에게 행하신 구원의 역사를 회고합니다(1-3절). "포로가 된 야곱 자손을 돌아오게 하셨습니다"(1절)라는 말은 바빌론에 포로로 잡혀간 유다 백성을 70여 년 만에 조국 땅으로 돌아오게 하신 일을 가리킵니다. 하나님은 유다 백성의 죄에 대해 심판을 하셨지만, 그 "맹렬한 진노"(3절)를 거두시고 회복시켜 주셨습니다.

그러면서 시인은 하나님께 다시 한번 은혜 베풀어 주시기를 기도합니다(4-7절). 지금 유다 백성은 또다시 어려운 지경에 빠져 있습니다. 그것은 유다 백성이 자초한 일입니다. 시인은 하나님께 "한결같은 사랑"(7절)을 베풀어 주시기를 구합니다. 하나님이 그들을 심판하신 이유는 그들을 사랑하시기 때문입니다. 심판으로 인해 그분의 한결같은 사랑이 철회된 것은 아닙니다. 그것을 알기에 시인은 그 사랑에 의지하여 하나님의 구원을 간구합니다.

이어서 시인은 하나님에 대한 결단을 고백합니다(8-9절). 이제는 죄악의 길에서 돌이켜 하나님의 말씀을 따르겠다는 것입니다. 진정한 평화를 주실 수 있는 분은 오직 하나님뿐이기 때문입니다. 주님을 경외하는 사람들에게 주님의 영광이 깃들 것입니다.

마지막으로 시인은 하나님의 영광이 깃든 세상을 상상하며 노래합니다(10-13절). 사랑, 진실, 정의, 평화는 모두 하나님의 속성입니다. 하나님은 그 모든 것의 원천입니다. 하나님 없이 그런 것들을 추구한다면 조잡한 모조품밖에 얻을 수 없습니다. 그것이 우리가 목마른 이유입니다. 사랑을 추구하면서 미움을 퍼뜨리고, 진실을 추구하면서 거짓을 말하며, 정의를 주장하면서 불의를 행하고, 평화를 말하면서 불화를 퍼뜨립니다. 그렇기에 우리는 오직 하나님께 의지하고 그분의 나라가 임하기를 소망하며 헌신합니다.

묵상

마지막에 시인이 하나님의 영광이 깃든 세상을 상상하며 노래하는 장면은 마음을 설레게 합니다. 우리 모두는 "사랑과 진실이 만나고, 정의는 평화와 서로 입을 맞[추는]"(10절) 세상을 상상하고 또한 갈망합니다. "진실이 땅에서 돋아나고, 정의는 하늘에서 굽어[보는]"(11절) 세상은 하나님 나라요 회복된 에덴입니다. 우리가 주기도를 드리면서 "나라가 임하게 하소서"라고 기도할 때 우리는 이런 세상을 꿈꿉니다.

하지만 인류 역사가 시작된 이래 그런 세상은 한 번도 실현되지 않았습니다. 국지적으로 잠시 동안 이상적인 사회를 본 적은 있습니다. 하지만 그것은 완전하지도 않았고 지속 가능하지도 않았습니다. 그래서 우리는 그런 세상이 보고 싶어 목이 마릅니다. 그 목마름은 예수님이 다시 오셔서 새 하늘과 새 땅이 임할 때 채워질 것입니다.

그때가 오기까지 예수님은 믿음으로 그 나라를 경험하고 이루게 하십니다. 바울 사도는 "하나님의 나라는 먹는 일과 마시는 일이 아니라, 성령 안에서 누리는 의와 평화와 기쁨입니다"(롬 14:17)라고 했습니다. 예수 그리스도 안에서 우리는 먼저 마음의 천국을 경험합니다. 세상이 줄 수 없는 사랑과 진실과 정의와 평화를 경험합니다. 그리고 우리는 이 세상에 사랑과 진실과 정의와 평화를 퍼뜨립니다. 완전할 수도 없고 지속 가능하지도 않지만 할 수 있는 대로 그런 세상을 만들기 위해 끊임없이 노력합니다. 예수님은 그런 사람을 "평화를 위하여 일하는 사람"(마 5:9, 공동번역)이라고 하셨습니다. 그것이 주님이 다시 오실 때까지 우리에게 주어진 책임입니다.

시편 86편 | **하나님의 성품을 따라**

¹⁵그러나 주님, 주님은 자비롭고 은혜로우신 하나님이시요, 노하기를 더디 하시며, 사랑과 진실이 그지없으신 분이십니다. ¹⁶내게로 얼굴을 돌려 주시고, 내게 은혜를 베풀어 주십시오. 주님의 종에게 힘을 주시고, 주님께서 거느리신 여종의 아들에게 구원을 베풀어 주십시오. (15-16절)

해설

"다윗의 기도"로 소개되어 있는 이 시편은 개인의 탄원시에 속합니다. 이 시편은 크게 세 부분으로 나뉩니다.

먼저 시인은 하나님의 도움을 호소하는 기도를 올립니다(1-7절). 그는 자신이 "가난하고 궁핍한 사람"(1절)이지만 "신실"(2절, 개역개정: "경건")하다고 고백합니다. 현실 사회에서 신실하게 사는 사람은 자주 가난해지기 일쑤입니다. 그래서 시편에서 "가난한 자"는 "경건한 자"와 동의어로 사용됩니다. 시인은 자신을 "종"(2, 4절)이라고 부릅니다. 16절에서는 "여종의 아들"이라고 표현합니다. 이로써 시인은 하나님 앞에 자신을 최대한 낮추고 있습니다. 그가 하나님께 도움을 호소하는 이유는 "주님은 선하시며 기꺼이 용서하시는 분, 누구든지 주님께 부르짖는 사람에게는, 사랑을 한없이 베푸시는 분"(5절)이기 때문입니다. 그런 믿음 때문에 그는 고난을 당할 때마다 주님께 부르짖습니다(6-7절).

그런 다음 시인은 하나님에 대해 고백합니다(8-13절). 주님은 신들 중에 가장 높으신 분입니다(8절). 하나님은 이스라엘만의 하나님이 아니라 모든 민족의 하나님이십니다(9절). 신이라 부를 수 있는 존재는 오직 하나님 한 분뿐이십니다(10절). 시인은 하나님을 더 깊이 알고 더 온전히 따르기를 바랍니다(11절). 오직 하나님만을 예배하고 섬기고 싶기 때문입니다(12절). 주님은 그 크신 사랑으로 스올('무덤' 혹은 '지옥'을 의미하는 말로서 시인이 처한 절망의 구덩이에 대한 비유로 쓰였다)에 빠진 자신을 구해 내셨습니다. 그래서 이번에도 그를 구해 주실 것을 믿습니다(13절).

이 고백에 근거하여 시인은 다시 한번 하나님께 구원을 호소합니다. 그는 지금 오만한 자들에게 둘러싸여 있습니다(14절). 시편에서 "오만한 자"는 "하나님을 부정하는 자"와 동의어로 사용됩니다. 그들은 "주님을 안중에도 두지 않습니다." 그러나 주님은 "자비롭고 은혜로우신 하나님이시요, 노하기를 더디 하시며, 사랑과 진실이 그지없으신 분"(15절)입니다. 오만한 자들이 세력을 떨치는 현실 세상에서 시인은 하나님께 약속한 대로 신실하게 살기를 다짐합니다. 시인이 하나님께 전심으로 부르짖는 이유가 여기에 있습니다. 그는 "은총의 표적"(17절, 개역개정)을 보여 주셔서 그를 미워하는 자들이 부끄러워하게 해 달라고 하나님께 간구합니다(16-17절).

묵상

시인이 하나님의 도움을 구하는 근거는 오직 하나님의 은혜와 사랑과 자비 때문입니다. 그는 자신이 신실하게 살아왔다고 고백하고(2절) 앞으로도 진심으로 주님을 따르겠다고 다짐합니다(11절). 하지만 인간의 신실함은 하나님께 도움을 구할 자격을 부여하지 못합니다. 인간이 어떤 공적을 쌓아도 하나님 앞에서 무엇을 요구할 권리를 인정받을 수는 없습니다. 인간이 하나님 앞에 서서 무엇인가를 구할 수 있는 유일한 근거는 그분의 사랑과 은혜입니다. 그렇기에 시인은 간구하는 중간중간에 하나님의 성품에 대한 고백을 끼워 넣습니다(5, 13, 15절). 하나님은 자비롭고 은혜로우시며 노하기를 더디 하시고 사랑과 진실이 그지없으시다는 사실 외에는 우리가 기댈 다른 이유가 없습니다.

하나님의 은혜 외에 우리가 기댈 다른 언덕이 없다는 말은 우리가 거룩하고 신실하게 살지 않아도 된다는 뜻이 아닙니다. 그것은 하나님을 "안중에"(14절) 둔 사람으로서 당연하고 마땅한 일입니다. 하나님을 알아 갈수록 우리는 그분의 뜻을 배우고 행하기에 더욱 돈독해지게 되어 있습니다. 그런 변화가 없다면 그 믿음에 문제가 있는지 살펴보아야 합니다. 하나님과의 관계가 살아 있다면, 그 관계가 깊어질수록 성품이 변하고 삶이 달라지게 되어 있습니다.

베드로 사도는 하나님이 예수 그리스도를 보내 주신 이유가 믿는 이들이 "하나님의 성품에 참여하는 사람"(벧후 1:4, 개역개정: "신성한 성품에 참여하는 자")이 되게 하려는 것이라고 했습니다. 죄성에 물든 자연인으로서 우리에게서 나오는 사랑과 은혜는 불완전하고 조건적입니다. 우리는 자비롭지 못하고 은혜에 인색하며 노하기에 민첩하고 사랑과 진실이 메마른 사람들입니다. 믿는다는 것은 하나님의 성품을 알아가며 그분의 성품을 닮아 가는 과정입니다. 그것을 '성화'의 과정이라고 부릅니다. 육신 안에 살고 있는 한 완전한 성화를 이룰 수는 없으나 성령의 인도하심을 받아 날마다 새롭게 그분의 성품 안에서 자라갈 수 있습니다.

시편 87편 | **유배자가 아니라 예배자로**

> ⁵시온을 두고 말하기를, "가장 높으신 분께서 친히 시온을 세우실 것이니, 이 사람 저 사람이 거기에서 났다"고 할 것이다. ⁶주님께서 민족들을 등록하실 때에, 그 수를 세시며 "이 사람이 거기에서 났다"고 기록하실 것이다. (셀라) (5-6절)

해설

고라 자손의 시로 알려진 이 시편의 히브리어 원문은 번역하기에 모호한 문장이 많기로 유명합니다. 그래서 번역본 사이에 차이가 많습니다. 하지만 주제에 대해서는 의문의 여지가 없습니다. 이 시편에서 시인은 예루살렘 성전을 회상하면서 하나님에 대한 사랑을 고백합니다. 학자들은 이 시편이 예루살렘 멸망 후에 바빌론과 여러 나라에 흩어져 살던 상황을 배경으로 쓰인 것이라고 봅니다.

먼저 시인은 예루살렘 성전을 회상하며 축복합니다(1-3절). 그 터전은 "거룩한 산"(1절, 개역개정: "성산") 위에 있고, 하나님은 "시온의 문들"(2절)을 다른 어느 곳보다 더 사랑하십니다. "하나님의 도성"(3절)이 영광스러운 이유는 하나님이 성전을 통해 축복하시기 때문입니다.

묵상 중에 시인은 하나님이 하시는 말씀을 듣습니다. "라합"은 이집트를 가리키는 말입니다. "내가 라합과 바빌로니아를, 나를 아는 나라로 기록하겠다"(4절)고 말하는 이유는 그 나라에 흩어져 사는 유다 백성 때문입니다. 그들은 타의로 인해 다른 나라에 흩어져 살게 되었지만, 그로 인해 그들은 이방 땅을 하나님을 아는 땅으로 변화시킨 것입니다. "블레셋과 두로와 에티오피아도 시온에서 태어났다고 하겠다"(4절)는 말 역시 그곳에 흩어져 사는 유다 백성을 두고 하는 말입니다. 하나님을 믿는 사람들로 인해 불신의 나라가 거룩한 나라로 변화된다는 뜻입니다.

시인은 다시금 예루살렘 성전에 대한 고백으로 돌아옵니다. 시온산에 세워진 성전은 하나님과 이 땅이 만나는 곳입니다. "이 사람 저 사람이 거기에서 났다"(5절)는 말은 모든 인간이 하나님께 속해 있다는 뜻입니다. 이스라엘과 유다 백성만이 아니라 모든 이방 민족이 하나님의 자녀입니다(6절). "노래하는 이들과 춤을 추는 이들"(7절)은 예배자들을 가리킵니다. 예배자들이 결국 고백할 말은 이 세상의 모든 생명이 하나님께로부터 나왔고 그분께 속해 있다는 것입니다.

묵상

이스라엘 백성의 '디아스포라'의 역사는 출애굽 시대까지 거슬러 올라갑니다. 주전 721년에 앗시리아가 북왕국 이스라엘을 멸망시킨 후, 앗시리아 제국은 이스라엘 백성을 제국 내 여러 지역으로 이주시켰습니다. 그로 인해 디아스포라 현상은 더욱 심해졌습니다. 한 세기 후, 바빌로니아는 남왕국 유다를 멸망시킨 후에 유다 백성의 일부를 바빌론으로 끌고 가 포로 생활을 하게 했습니다. 이로써 디아스포라는 이스라엘과 유다 역사의 중요한 특징으로 기억되고 있습니다. 주변 나라들로 흩어진 믿음의 사람들은 자신이 처한 곳에서 하나님을 믿고 살아갔습니다. 그들에게 가장 큰 소망은 예루살렘 성전이 회복되어 그곳에서 제사드리는 것이었습니다. 그래서 그들은 늘 시온 성전을 생각하며 기도를 올렸습니다.

이 시편은 디아스포라 유대인이 처한 상황을 새로운 눈으로 보게 해줍니다. 그들은 타의로 남의 나라 땅에 발붙여 살아가는 처량한 신세였습니다. 시편 137편은 그런 상황에서 부르던 탄식의 노래입니다. 그런데 이 시인은 그들의 존재로 인해 불신의 땅이 믿음의 땅이 되었다고 말합니다. 하나님을 모르는 백성들 가운데 그들이 살아가는 것은 비참한 '유배'가 아니라 그 나라를 변화시키기 위한 '파송'입니다. 그들은 선교사로 그곳에 보냄받은 것입니다. 비록 그들은 절대 소수였지만 하나님을 알고 그분을 예배함으로써 그 땅과 그 민족을 구원의 길로 인도하고 있는 것입니다.

오늘 우리가 사는 세상에도 비신자들이 압도적으로 많습니다. 불신의 세상에서 믿음을 지키는 것은 유배 생활을 하는 것과 같습니다. 이 시편은 그 상황을 뒤집어 보게 합니다. 우리는 이 세상에 유배자가 아니라 예배자로 보냄받았습니다. 모두가 하나님을 외면하고 부정하는 세상에서 오롯이 그분을 신뢰하고 예배하는 사람, 바로 그 사람이 세상을 변화시킵니다. 하나님은 신실한 한 사람의 예배자를 오늘도 찾으십니다.

시편 88편 | **절망뿐인 기도**

¹⁶주님의 진노가 나를 삼켰으며, 주님의 무서운 공격이 나를 파멸시켰습니다. ¹⁷무서움이 날마다 홍수처럼 나를 에워쌌으며, 사방에서 나를 둘러쌌습니다. ¹⁸주님께서 내 사랑하는 사람들과 이웃을 내게서 떼어놓으셨으니, 오직 어둠만이 나의 친구입니다. (16-18절)

해설

이 시편은 고라 자손의 시, "에스라 사람 헤만의 마스길"이라고 소개되어 있습니다. 한편, 이 시편은 '가장 어두운 시편'이라고 불립니다. 절망 가운데 구원을 호소하는 다른 탄원시들에는 한두 절이라도 구원에 대한 희망과 믿음의 고백이 담겨 있는데, 이 시편은 "오직 어둠만이 나의 친구입니다"(18절)라는 절망적인 고백으로 끝나기 때문입니다. 그래서 정신분석학자들은 이 시편에서 우울증 환자의 전형적인 심리를 읽습니다.

먼저 시인은 하나님께 부르짖으며 응답해 주시기를 호소합니다(1-2절). 그는 자신이 처한 곤경에 대해 설명합니다. 그는 지금 심각한 질병에 걸려 헤어나지 못하고 있습니다(3절). 그는 자신이 "무덤으로 내려가는 사람과 다름이 없으며"(4절) "무덤에 누워 있는 살해된 자와 같습니다"(5절)라고 탄식합니다. 시인은 하나님에게 그 책임을 돌립니다. 그는 주님의 손에서 끊어진 자와 같으며 자신을 칠흑같이 어두운 곳에 던져 버린 분이 바로 하나님이라고 말합니다(6절). "주님은 주님의 진노로 나를 짓눌렀으며, 주님의 파도로 나를 압도하셨습니다"(7절)라고 말합니다.

실제로 하나님이 그에게 진노하여 그를 죽음에 이르도록 내버려두신 것이 아니라, 시인이 그렇게 느낀 것입니다. 이것은 우울증의 전형적인 증상 중 하나입니다. 자신에게 일어난 모든 불행을 다른 사람이나 환경

탓이라고 생각합니다. 신앙인들은 그 탓을 하나님께 돌립니다. 우리 마음의 움직임을 잘 아시는 하나님은 그런 투정을 다 들어주십니다. 그런 투정과 원망과 불평을 통해 우울의 늪에서 빠져나올 수 있기 때문입니다.

시인의 또 다른 문제는 외로움과 고독감입니다. 그의 상태로 인해 가까운 친구들마저 역겨운 것을 보는 것처럼 그를 멀리합니다(8절). 이 문제에 대해서도 시인은 그 책임을 하나님께 돌립니다. 그는 고통으로 인해 눈마저 흐려졌다고 고백합니다(9절). 정신적 스트레스가 그의 육신을 손상시킨 것입니다. 그래서 그는 온종일 두 손을 들고 기도하며 간구했지만 응답이 없습니다. 시인은, 죽고 나면 아무것도 없으니 제발 죽기 전에 응답해 달라고 떼를 씁니다(10-12절). 이 지점에서 한 걸음 더 나가면 '차라리 죽는 것이 더 낫겠다'는 생각으로 넘어갑니다. 우울증에서 자살 충동이 생겨나는 이유입니다.

시인은 다시금 자신의 기도를 들어주시지 않는 것에 대해 불평합니다(13-14절). 그는 어릴 때부터 고통을 겪었고 지금까지 죽음의 문턱에서 살아왔습니다. 그로 인해 그는 말할 수 없는 두려움에 휩싸여 있습니다(15-17절). 질병에서 오는 고통에 더하여 사람들로부터 당하는 소외감으로 인해 그는 고독과 절망의 어두운 구덩이에 빠져 있습니다(18절).

묵상

살다 보면 이럴 때가 있습니다. 상황이 매우 절망적이고 고통이 너무 심하여 하나님에게서 버림받은 듯하거나 하나님의 표적이 되어 고문당하는 듯한 때가 있습니다. 때로는 그분이 자신을 훼방하여 주변의 모든 사람에게서 버림받게 했다는 생각이 듭니다. 시인은 그런 상황에서 이러한 기도를 드리고 있습니다.

상황 가운데 그러한 감정을 느끼는 것은 당연하지만, 느낌이 곧 진실은 아닙니다. 그것은 '속이는 자'가 우리 마음에 일으키는 교란입니다. 그 느낌에 속아 감정을 따라가면 결국 돌이킬 수 없는 선택을 하게 됩니다. 믿는 이들은 그럴 때 하나님 앞에 나아가 마음을 쏟아 놓습니다. 고통과 절망감이 너무 커서 "주님의 파도"(7절)에 압도당한 듯할 때, 하나님 앞에 나아가 그분께 분노를 쏟아 놓고 떼를 씁니다.

그것은 하나님에 대한 불신처럼 보이지만 실은 하나님에 대한 처절한 신뢰의 표현입니다. 불신의 사람은 절망의 때를 당하여 하나님을 찾지 않습니다. 아무 희망도 보이지 않을 때 하나님을 찾는다는 것은 여전히 그분을 믿고 있다는 뜻입니다. 그분 앞에 분노와 절망만을 쏟아 놓는다 해도 그것은 그분에 대한 믿음의 표현입니다. 그리고 그러한 기도를 통해 우리는 칠흑 같은 절망의 골짜기를 지나갈 수 있습니다.

대개의 탄식시에는 하나님이 응답해 주실 것에 대한 믿음의 고백이 나옵니다. 혹은 구원해 주시면 하나님을 찬양하며 살겠다는 약속과 다짐이 나옵니다. 그런 대목을 읽을 때면 그 믿음과 소망이 너무 성급하다는 느낌을 받습니다. 실제로는 오랜 기도와 묵상 후에 믿음을 회복하고 드린 고백인데, 우리가 읽을 때는 그 시간적 간격이 보이지 않습니다. 그렇기 때문에 차라리 이 시편처럼 절망의 절규로 끝나는 기도에서 더 깊은 위로와 공감을 느낍니다. 어쭙잖은 말로 위로하기보다 같이 울어 주는 것이 더 큰 위로가 되는 것도 같은 이유일 것입니다.

| 시편 89편 | **참담한 현실 가운데서** |

⁴⁹주님, 주님의 신실하심을 두고, 다윗과 더불어 맹세하신 그 첫사랑은 지금 어디에 있습니까? ⁵⁰주님, 주님의 종들이 받은 치욕을 기억하여 주십시오. 뭇 민족이 안겨 준 치욕이 내 가슴 속에 사무칩니다. ⁵¹주님, 주님의 원수들은 주님이 기름 부어 세우신 왕을 깔보며 가는 곳마다 모욕합니다. (49-51절)

해설

이 시편은 제3권의 마지막 시입니다. "에스라 사람 에단"은 88편 표제에 나오는 "에스라 사람 헤만"과 함께 궁정 악사였습니다(왕상 4:3). 이 시는 '제왕시'에 속하는데, 2권의 마지막에 나오는 72편과 마찬가지로 3권의 마지막에 배치되어 있습니다. 88편이 개인적 차원에서 드린 처절한 절망의 기도라면, 89편은 국가적 차원에서 암울한 현실 가운데 드린 탄원 기도입니다.

먼저 시인은 하나님의 영원한 사랑과 신실하심을 대대로 이어 가면서 전하겠다고 고백합니다(1-2절). 이 고백에 대해 하나님은 다윗에게 주셨던 언약을 상기시키십니다(3-4절). 다윗의 왕위를 영원히 이어지게 하겠다는 언약은 사무엘하 7장에 기록되어 있습니다.

이어서 시인은 하나님의 위대하심에 대해 고백합니다. 그분은 모든 신 위에 뛰어난 신이십니다(5-7절). 주님은 이 땅의 모든 민족을 다스리는 분이십니다(8-10절). "라합"(10절)은 이집트를 의미합니다. 시인은 "하늘은 주님의 것, 땅도 주님의 것, 세계와 그 안에 가득한 모든 것이 모두 주님께서 기초를 놓은 것입니다"(11절)라고 고백합니다. 하나님은 세상 만물을 창조하시고 다스리고 계신 분입니다. 그러므로 세상 만물은 하나님을 찬양하며 그 영광을 드러냅니다(12절). 주님은 전능하신 분이시며 또한 정의와 공정과 사랑과 신실이 원천이십니다(13-14절).

"축제의 함성을 외칠 줄 아는 백성"(15절)은 하나님이 어떤 분이신지 알고 그분을 예배하는 사람들을 의미합니다. 그들은 주님의 이름을 크게 외치며 예배를 드립니다. 그 예배는 억지로 행하는 의무가 아니라 하나님을 알기 때문에 터져 나오는 기쁨입니다(16절). 그러한 기쁨의 예배는 "주님의 빛나는 얼굴에서 나오는 은총"(15절)을 경험하게 할 것이며, 주님은 예배자들의 힘이요(17절) 방패가 되어 주십니다(18절). 예배자들의 진정한 왕은 오직 주님뿐이십니다.

이 지점에서 시인은 주님이 오래전에 주님의 성도들에게 하신 말씀을 회상합니다(19-37절). 이것은 하나님이 예언자 나단에게 하신 예언을 의미합니다(삼하 7장). 나단은 한 개인으로서 이 말씀을 받은 것이 아니라 이스라엘 백성의 대표자로서 받은 것입니다. 그래서 시인은 "주님의 성도에게 말씀하셨습니다"(19절)라고 말합니다. 그 예언을 통해 하나님은 다윗을 왕으로 세울 것이며 그가 위대한 왕국을 이룰 것이고 그의 왕국이 영원할 것이라고 예언하십니다(20-29절). 다만, 그의 자손이 하나님의 법과 규례와 율례와 계명을 지켜야 합니다. 만일 그렇게 하지 않으면 하나님은 그 죄악을 물어 징계하실 것입니다(30-32절).

하나님의 징계는 언약이 깨어졌다는 의미가 아닙니다. 영원하신 하나님은 당신의 언약을 취소하지 않으십니다. 그분은 "그러나 그에게 약속한 나의 진실함은 변하지 않을 것이며 나는 내 언약을 깨뜨리지 않으며, 내 입으로 말한 것은 결코 번복하지 않는다"(33-34절)라고 분명하게 말씀하십니다. 하나님이 이스라엘을 징계하신다면, 그 역시 언약에 근거한 것입니다. 하나님의 언약은 이스라엘이 어떻게 행하든지 참고 지켜만 보겠다는 뜻이 아닙니다. 오히려 언약이 유효하기에 하나님은 때로 징계도 하시고 심판도 하십니다. 하나님은 다윗의 "자손이 영원토록 이어지고, 그 왕위는 내 앞에서 태양처럼 있을 것이니, 저 달처럼, 구름 속에 있는 진실한 증인처럼, 영원토록 견고하게 서 있을 것이다"(36-37절)라고 확인해 주십니다.

하나님의 언약에 대해 회상한 후에 시인은 다시 현실로 돌아옵니다(38-45절). 이스라엘은 오래전에 패망했고, 이제 유다 왕국도 멸망했습니다. 하나님의 도성이라 불렸던 예루살렘성은 파괴되었고, 성전은 훼파되었습니다. 그것을 지켜본 이방인들은 하나님을 조롱합니다. 앞에서 고백한 대로 하나님이 정말 전능하신 분이시며 약속을 깨뜨리지 않으시는 분이시라면 이런 현실이 계속될 수는 없습니다. 따라서 시인은 "주님은 주님의 종과 맺으신 언약을 파기하[셨다]"(39절)고 결론짓습니다. 만일 그렇지 않다면, 정말 하나님의 언약이 아직도 유효하다면 그 증거를 보여 달라고, 시인은 호소합니다. 주님이 기름 부어 세우신 왕과 주님이 선택하신 백성이 더 이상 조롱과 모욕의 대상이 되지 않게 해 달라고 간구합니다(46-52절).

묵상

시인은 믿음과 현실 사이의 불일치 현상으로 인해 고통을 겪고 있습니다. 그는 하나님을 믿습니다. 그분이 창조주이시며 모든 신 위에 뛰어난 분이시며 세상 만물과 모든 민족을 다스리시는 분임을 믿습니다. 그분은 이스라엘을 거룩한 민족으로 불러내셨고, 아브라함과 모세 그리고 다윗에게 언약을 맺어 주셨습니다. 그리고 그 언약을 따라 이스라엘의 역사를 이끌어 오셨습니다. 과거의 역사를 보면 그것이 모두 진실처럼 보이는

데, 시인이 처한 현실을 보면 전부 거짓말처럼 보입니다. 하나님이 언약을 깨뜨려 버리고 이스라엘에 대한 선택을 무효로 만드신 것 같습니다. 그렇지 않고서야 이스라엘과 유다의 운명이 이렇게 비참하게 끝날 수가 없습니다. 그리고 이 참담한 현실이 이토록 오래 지속될 수가 없습니다.

　시인이 이스라엘과 유다의 운명에서 느끼는 모순적 상황을 우리는 개인의 삶 속에서 경험할 때가 있습니다. 과거에 경험했던 하나님 혹은 성경에서 만나는 하나님과 우리가 지금 현실에서 만나는 하나님이 너무도 달라 보일 때가 있습니다. 그럴 때면 하나님은 없는 것 같고, 계신다 해도 우리를 잊으신 것 같고, 잊지 않았다 해도 우리에게 관심이 없는 것 같아 보입니다. 그렇지 않고서야 지금 당하는 현실을 이해할 수가 없습니다. 하나님이 살아 계시고 우리를 사랑하신다면 이런 현실에 내던져질 수 없다고 느낍니다.

　그 느낌에 압도되지 말아야 합니다. 느낌이 때로 얼마나 근거 없고 얼마나 비현실적인지를 기억해야 합니다. 우리는 느낌에 따라 살 것이 아니라 사실에 따라 그리고 말씀에 따라 살아야 합니다. 지금 우리에게 일어나고 있는 일로 하나님의 사랑을 판단하지 말아야 합니다. 하나님의 사랑에 대한 의혹과 회의가 일어날 때마다 "그에게 약속한 나의 진실함은 변하지 않을 것이며 나는 내 언약을 깨뜨리지 않으며, 내 입으로 말한 것은 결코 번복하지 않는다"(33-34절)는 말씀을 기억해야 합니다. 우리의 상황은 끊임없이 변하지만, 하나님의 사랑은 한결같기 때문입니다.

제4권					시편 90-106편

3권의 암울하고 절망적인 정서는 4권으로 넘어오면서 변합니다.
4권을 여는 90편은 3권 마지막 기도에 대한 응답인 것처럼 보입니다.
여기에 수록된 시편들은 하나님이 영원한 왕이시라는 사실을 강조합니다.
그분이 모든 것을 다스리고 계시며 그분의 정의로 바로잡으실 것입니다.
그렇기 때문에 그분은 찬양받기에 합당하신 분입니다.
4권의 시편들에서는 유독 모세와 율법에 대한 언급이 자주 나옵니다.
첫 시편도 모세의 기도로 되어 있습니다.
이렇게 편집한 이유는 불의한 현실에서 회의와 절망에 빠질 때
율법을 붙들라는 뜻입니다.
모세를 통해 언약을 이루신 하나님이 결국 응답해 주실 것이라는 메시지입니다.
4권에 수록된 시편들은 세 편을 제외하고는 모두 익명으로 되어 있습니다.

시편 90편 | # 하나님의 영원과 인간의 순간

> ³주님께서는 사람을 티끌로 돌아가게 하시고 "죽을 인생들아, 돌아가거라" 하고 말씀하십니다. ⁴주님 앞에서는 천년도 지나간 어제와 같고, 밤의 한순간과도 같습니다. ⁵주님께서 생명을 거두어 가시면, 인생은 한순간의 꿈일 뿐, 아침에 돋아난 한 포기 풀과 같이 사라져 갑니다. ⁶풀은 아침에는 돋아나서 꽃을 피우다가도, 저녁에는 시들어서 말라 버립니다. (3-6절)

해설

제4권의 첫 번째 시편은 "하나님의 사람 모세의 기도"라고 되어 있습니다. 이 시편은 지혜시에 속하는데, 시편 편집자는 각 권을 지혜시로 시작합니다(1, 42, 73, 90, 107편). 4권에는 모세에 대한 언급이 자주 나옵니다.

먼저 시인은 창조주 하나님의 영원하심(1-2절)과 인생의 유한성을 대조시킵니다(3-6절). 하나님은 세상 만물이 존재하기 이전부터 계셨던 분이고, 세상 모든 생명의 주관자이십니다. 또한 그분은 시간과 공간을 초월하여 영원의 차원에 머물러 계십니다. "주님 앞에서는 천년도 지나간 어제와 같고, 밤의 한순간과도 같습니다"(4절)라는 고백은 하나님의 영원성에 대한 통찰을 담고 있습니다. 그분의 영원성에 비하면 한낱 인생은 유한하기 짝이 없습니다. 하나님의 영원한 현존에 비하면 인간은 '존재한다'고 표현할 수도 없을 만큼 덧없습니다.

하나님과 인간의 차이는 거룩성에서도 뚜렷이 드러납니다(7-10절). 하나님은 절대 거룩이십니다. 그분 앞에 서면 인간은 자신의 죄성을 깨닫고 "소스라치게 놀랍니다"(7절). 하나님은 마치 영적인 MRI 기계와 같이 그분 앞에 선 우리의 모든 죄를 드러나게 하십니다. 그러므로 하나님이

우리 죄를 고발하시고 심판하신다면 우리는 한순간도 그 앞에 서 있을 수 없습니다. 장수의 복을 누렸다고 자랑하는 사람도 하나님 앞에 서고 보면 자신의 인생에 자랑할 것이 아무것도 없음을 깨닫습니다.

이런 고백에 근거하여 시인은 하나님께 세 가지를 구합니다. 첫째, 유한한 인생을 살아갈 지혜를 허락해 주시기를 구합니다(11-12절). "우리에게 우리의 날을 세는 법을 가르쳐 주십시오"(12절)라는 말은 인생의 유한함을 늘 인식하고 하루하루 충실하게 살아가게 해 달라는 기도입니다. 둘째, 지금 당한 재난에서 회복시켜 주시기를 기도합니다(13-16절). 자신이 하나님의 다스림 아래 있다는 사실을 안다면 재난을 당했을 때 하나님의 은혜를 구하는 것은 당연한 일입니다. 셋째, 매일의 노력이 헛되지 않게 해 주시기를 구합니다(17절). "우리의 손으로 하는 일이 견실하게 하여 주십시오"(17절)라는 말은 자신이 이룬 업적이 원수들에 의해 무너지지 않게 해 달라는 뜻이기도 하지만, 자신의 유한한 인생이 영원하신 하나님께 의미 있게 되기를 소망하는 기도이기도 합니다.

묵상

이 시편은 하나님의 속성과 인간의 본성에 대해 가장 깊은 통찰을 담고 있습니다. 그래서 파스칼과 단테가 이 시편을 인용했고, 다석 유영모 선생은 12절을 따라 매일 살아온 날수를 일기에 적어 놓았습니다. 인생에서 가장 중요한 일은 창조주 하나님을 아는 것이고 그분 앞에 서서 자신을 돌아보는 것입니다. 그럴 때 비로소 자신이 누구인지 알게 되고 어떻게 살아가야 할지를 알게 됩니다. 그럴 때 유한하고 덧없는 인생이 하나님의 영원성에 잇대어집니다.

한순간에 사라져 없어질 우리 인생은 하나님께 연결될 때 비로소 의미를 가집니다. 우리 자신만을 본다면 아무 의미도 찾을 수 없습니다. 그것이 우리 시대에 가장 급성장하는 '무신론교'의 결론입니다. 무신론적 진화론에 의하면, 인생에는 아무런 의미도, 목적도, 사명도 존재하지 않습니다. 우리는 창조주 하나님을 믿습니다. 우주 만물과 모든 생명이 하나님에 의해 존재하고 하나님이 모든 것을 다스리고 계시다고 믿습니다. 그렇게 믿는 순간, 인생에는 의미가 깃듭니다. 덧없어 보이던 인생에 절대적 가치가 있음을 깨닫습니다.

진화 과학은 하나님의 창조 과정을 탐구하는 학문이지 하나님의 존재를 부정하자는 학문이 아닙니다. 무신론자들은 진화 과학을 이용하여 무신론이 '과학적 결론'이라고 주장합니다. 하지만 하나님의 존재는 과학으로 입증할 수 있는 것이 아닙니다. 과학은 유익한 학문이지만 과학이 모든 것에 대한 정답을 가지고 있지는 않습니다. 하나님의 존재는 영적인 통찰을 통해 알 수 있고 그분의 계시를 통해 깨달을 수 있는 것입니다. 그래서 우리도 이 시인처럼 "주님의 종들에게 주님께서 하신 일을 드러내 주시고, 그 자손에게는 주님의 영광을 나타내 주십시오"(16절)라고 기도하는 것입니다.

시편 91편 | # 순진한 기대

> ⁹네가 주님을 네 피난처로 삼았으니, 가장 높으신 분을 너의 거처로 삼았으니, ¹⁰네게는 어떤 불행도 찾아오지 않을 것이다. 네 장막에는, 어떤 재앙도 가까이하지 못할 것이다. (9-10절)

해설

이 시편에는 표제가 붙어 있지 않습니다. 원래 90편의 일부였던 것이 편집 과정에서 별도의 시편으로 나뉘었을지 모릅니다.

시인은 깊은 묵상과 기도 중에 자기 자신에게 말합니다. 1-13절은 시인의 내면에서 두 자아가 나누는 영적 대화입니다. 여기서 "너"는 자신의 또 다른 자아를 가리킵니다. 그는 "가장 높으신 분의 보호"를 받으며 "전능하신 분의 그늘 아래"(1절) 살고 있습니다. 이 비유는 팔레스타인의 상황을 감안하고 읽어야 합니다. 하루 종일 따가운 태양볕이 내리쬐는 그곳에서 나무 그늘을 만나는 것은 큰 위안입니다. 하나님을 믿고 의지하는 사람은 마치 뜨거운 대낮에 나무 그늘 아래 쉬고 있는 사람과 같습니다. 그러자 내면의 또 다른 자아가 "나는 주님께 '주님은 나의 피난처, 나의 요새, 내가 의지할 하나님'이라고 말하겠다"고 대답합니다(2절).

그 말을 듣고 다른 자아가, 그가 믿는 대로 하나님이 그를 여러 위험으로부터 보호해 주실 것이라고 응답합니다(3-13절). 그는 인간이 당할 수 있는 모든 위험 즉 죽을병(3절), 밤에 찾아드는 공포, 낮에 날아드는 화살(5절), 흑암을 틈타서 퍼지는 염병, 백주에 덮치는 재앙(6절) 그리고 악한 자들로부터의 공격(7-8절)까지 열거합니다. 이 모든 위험으로 인해 다른 사람은 다 넘어져도 그는 넘어지지 않을 것이며, 그를 해치려는 악인들이 보응받는 것을 보게 될 것입니다. 하나님을 피난처로 삼은(9절) 그에게는 "어떤 불행도 찾아오지 않을 것"이며 "어떤 재앙도 가까이하지 못할 것"(10절)입니다. 하나님이 천사들을 명하셔서 오고 가는 모든 길에서 그를 지켜 주실 것이기 때문입니다(11-13절).

이렇게 내적 대화로 묵상을 이어 가는 중에 하나님의 말씀이 시인의 마음에 와닿습니다. 내면의 두 자아의 대화에 대해 하나님이 하시는 말씀은 충격입니다. "내가 그를 건져 주겠다"는 말이나 "내가 그를 높여 주겠다"(14절)는 말은 그가 환난을 당할 것이라는 사실을 전제합니다. 15절에서는 더 분명하게 "그가 고난을 받을 때에, 내가 그와 함께 있겠다"고 하십니다. 하나님은 시인의 감미로운 내적 대화에 찬물을 끼얹은 것 같습니다. 시인은 전능하신 분의 그늘 아래 있는 사람에게 그 어떤 고난도 발생하지 않을 것이라고 기대했는데, 하나님은 그 사람이 고난받는 것을 당연한 것으로 여기십니다. 다만, 고난 중에 하나님이 함께하시고 기도에 응답하시고 구원해 주실 것이라고 하십니다(16절).

묵상

전능하신 분의 그늘 아래 머물러 사는 사람에 대한 시인의 고백은 참으로 감미롭습니다. 하나님을 의지하고 살아가는 사람에게는 그 어떤 불행이나 재앙도 다가오지 않는다는 것이 진실이라면 얼마나 좋겠습니까? "네 왼쪽에서 천 명이 넘어지고, 네 오른쪽에서 만 명이 쓰러져도, 네게는 재앙이 가까이 오지 못할 것이다"(7절)라는 말이 사실이라면 얼마나 좋겠습니까? 만일 그렇게 된다면 하나님을 의지하지 않을 사람이 누구이겠습니까?

현실은 그렇지 않습니다. 하나님을 전적으로 의지하고 그분의 뜻을 따라 의롭고 거룩하게 살아가는 사람에게도 질병은 닥쳐오고 불행이 엄습해 옵니다. 적의 공격을 받아 모두가 쓰러질 때 전능하신 분을 의지하는 사람도 함께 쓰러집니다. 그뿐 아니라, 의롭고 거룩하게 살아가는 것은 이 세상에서 손해와 반대와 고난을 자초하는 것이 될 때가 많습니다. 죄악 된 현실 속에서 하나님을 믿고 사는 것은 불행을 피하는 길이 아니라 오히려 불행을 자초하는 길이 될 때가 많습니다. 그러니 시인이 이 시편의 전반부에서 표현한 기대감은 다소 순진하다 할 수 있습니다.

하나님의 돌보심에 대한 순진한 기대는 자주 시험거리가 됩니다. 사탄이 예수님을 시험할 때 11절과 12절을 인용했던 것(마 4:6)을 기억해야 합니다. 예수님이 하나님에 대한 순진한 기대감을 가지고 계셨다면 성전 꼭대기에서 뛰어내렸을지 모릅니다. 하지만 예수님은 하나님의 전능하심이 그렇게 순진한 방식으로 움직이는 것이 아님을 아셨습니다.

시인의 순진한 기대감에 대해 하나님은 "그가 고난을 받을 때에, 내가 그와 함께 있겠다"고 답하십니다. 전능자의 그늘 아래 사는 사람도 때로 고난을 피할 수 없습니다. 하나님은 당신을 믿는 사람들만 고난을 피하게 하시는 분이 아니라 고난 중에 함께하시면서 그 고난을 통과할 수 있게 하시는 분입니다. 믿음은 고난을 피하게 해 주는 마법이 아니라 고난을 통해 새롭게 빚어지고 고난을 딛고 일어서게 하는 능력입니다. 하나님은 그 과정에 함께하십니다.

시편 92편 | **예배를 기뻐하다**

> ¹²의인은 종려나무처럼 우거지고, 레바논의 백향목처럼 높이 치솟을 것이다. ¹³주님의 집에 뿌리를 내렸으니, 우리 하나님의 뜰에서 크게 번성할 것이다. ¹⁴늙어서도 여전히 열매를 맺으며, 진액이 넘치고, 항상 푸를 것이다. ¹⁵그리하여 주님의 올곧으심을 나타낼 것이다. 주님은 나의 반석이시요, 그에게는 불의가 없으시다. (12-15절)

해설

이 시편에는 "안식일에 부르는 찬송시"라는 제목이 붙어 있습니다. 안식일 예배에서 불린 찬송이었다는 뜻입니다. 이 시편은 크게 세 부분으로 나뉩니다. 먼저 하나님에 대한 찬양이 나오고(1-5절), 악인들에 대한 고발이 이어지고(6-11절), 의인들에 대한 칭송으로 마칩니다(12-15절).

시인은 먼저 하나님께 감사와 찬송을 올리는 것이 얼마나 기쁜 일인지를 고백합니다. 그는 그분의 사랑과 성실하심에 대해 말하기를 즐거워합니다. 안식일만이 아니라 매일 그렇게 합니다(1-2절). 주님이 하신 일들을 생각하는 것만으로도 기뻐서 온갖 악기를 동원하여 찬송을 부릅니다(3-4절). 진정한 예배는 이렇듯 심판에 대한 두려움에서 나오는 행동이 아니라 이미 받은 은혜로 인한 기쁨의 응답입니다. 예배드리는 행위 자체가 더없는 기쁨이요 즐거움입니다. 그래서 시인은 하나님의 위엄과 능력에 대해 고백합니다(5절).

이 사실을 알지 못하는 것이 인간의 어리석음입니다(6절). 하나님을 알지 못하면 자연히 죄악으로 흐르게 되어 있습니다. 현실에서는 그런 사람들이 잘되는 것 같지만, 결국은 모두 심판받을 것입니다(7절). 주님은 영원히 높임받으실 분이기 때문입니다(8절). 시인은 악한 자들이 결국 심판받을 것이라는 사실을 다시 한번 강조합니다(9절). 주님이 의로운 사람을 돌보시고 인도하시기 때문입니다(10-11절).

악인의 불행한 운명에 대해 고백한 다음, 시인은 의인에 대해 말을 잇습니다. "레바논의 백향목"(12절)은 당시에 가장 좋은 목재로 알려져 있었습니다. 시인은 또한 믿는 사람들을 "주님의 집" 곧 "하나님의 뜰"(13절)에 심긴 종려나무에 비유합니다. "늙어서도 여전히 열매를 맺으며, 진액이 넘치고, 항상 푸르를 것이다"(14절)라는 말씀은 믿는 사람 안에 흐르는, 마르지 않는 생명력을 의미합니다. 그들을 통하여 "주님의 올곧으심"(15절)이 온 세상에 드러날 것입니다.

묵상

우리의 예배는 대개 인간적인 동기에서 출발합니다. 스스로 해결할 수 없는 문제를 만날 때 사람들은 예배의 자리를 찾습니다. 인간적인 한계를 당하여 하나님을 찾는 것은 자연스럽고도 다행스러운 일입니다. 하지만 그런 동기로 드리는 예배는 온전한 의미의 예배라고 할 수 없습니다. 또 어떤 사람들은 마음에 평안을 얻기 위해 예배를 찾습니다. 그것도 좋은 일이지만, 인간적인 동기로 인해 예배의 자리를 찾은 사람은 그 필요가 채워지면 예배의 자리를 다시 떠납니다.

반면, 하나님을 하나님으로 알기에 예배하는 사람은 예배를 즐깁니다. 위대한 예술 작품을 마주하거나 경이로운 연주를 감상할 때 우리는 저절로 일어나 박수를 치고 환호성을 지릅니다. 그것이 인간의 본성입니다. 예배는 하나님의 위엄과 영광을 마음으로 느끼고 터져 나오는 응답입니다. 그렇기 때문에 누구도 막을 수 없습니다. 예배는 노동이 아니라 율동입니다. 예식이 아니라 놀이입니다. 예배 자체가 즐거움이요 기쁨이기 때문입니다.

　이렇게 예배하면 예배자는 레바논의 백향목처럼 혹은 하나님의 정원에 심긴 나무처럼 영적 생명력으로 충만해집니다. 육신적으로는 병들고 노쇠하더라도 영적으로는 늘 살아 있습니다. 예배자들을 "들소처럼 강하게" 만들고 "신선한 기름을 부어 새롭게"(10절) 해 줍니다. 참된 예배에는 이토록 놀라운 이적이 있습니다. 그런 예배자에게는 사랑과 성실의 열매가 가득합니다. 또한 하나님의 정의와 진리는 그런 예배자를 통해 이 세상에 드러납니다.

　내가 드리는 예배가 하나님을 하나님으로 알기에 터져 나오는 기쁨의 응답이 되기를 기도합니다. 내가 드리는 예배가 하나님의 정원에 내 존재의 뿌리를 든든히 심는 일이 되기를 기도합니다. 그리하여 레바논의 백향목처럼, 우거진 종려나무처럼 늘 생명력으로 충만하고 많은 열매를 맺기를 기도합니다.

| 시편 93편 | **하나님이 다스리신다** |

> [1] 주님이 다스리신다. 위엄을 갖추시고 능력의 허리띠를 띠시며 다스리신다. 그러므로 세계도 굳건히 서서, 흔들리지 아니한다. [2] 주님, 주님의 왕위는 예로부터 견고히 서 있었으며, 주님은 영원 전부터 계십니다. (1-2절)

해설

시편 93-99편은 하나님의 통치를 고백하고 선포하고 찬양하는 점에서 한 묶음으로 볼 수 있습니다. 1절의 "주님이 다스리신다"("주님은 왕이시다")는 선언은 이어지는 일곱 시편에 대한 도입구라 할 수 있습니다.

하나님의 왕권은 온 우주에 미칩니다. 온 세상이 제대로 운행되고 있다는 것은 창조주이신 하나님이 다스리고 계시다는 증거입니다. 하나님의 통치는 "영원 전부터"(2절) 지금까지 지속되고 있습니다. "영원 전"이라는 말은 형용 모순입니다. '영원'에는 전후가 있을 수 없습니다. 일차원의 시간에만 과거가 있고 현재가 있으며 미래가 있습니다. 하나님의 통치권은 영원하다는 사실을 강조하기 위해 그렇게 말한 것입니다.

강물은 하나님의 창조 질서를 위협하는 힘을 상징합니다. 홍수가 나서 강물이 미친 듯 날뛰는 모습을 보면 공포스럽습니다. 홍수가 지나고 난 자리에는 폐허만 남습니다. 하나님이 창조한 모든 것을 쓸어버립니다. 하지만 하나님은 "큰 물소리보다 더 크시고 미친 듯이 날뛰는 물결보다 더 엄위하신"(4절) 분입니다. 홍수가 지나고 나면 모든 것이 멸절된 것처럼 보이지만, 얼마 지나지 않아 생명의 움이 돋아납니다. 또 얼마가 지나면 폐허의 자리는 파릇한 새싹의 풀밭으로 변합니다. 그런 모습에서 하나님의 통치는 결코 무너지지 않는다는 것을 확인합니다. 그렇기에 시인은 "주님의 증거는 견고하게 서 있으며, 주님의 집은 영원히 거룩함으로 단장하고 있습니다"(5절)라고 고백합니다.

묵상

하나님이 다스리신다! 이것은 구약성경과 신약성경을 관통하는 메시지입니다. 우리 눈에는 능력 있는 인간들이 역사를 만들어 가는 것같이 보입니다. 우주와 자연 세계는 저절로 그렇게 운행되는 것처럼 보입니다. 하지만 그 모든 배후에는 하나님이 계십니다. 그분이 보이지 않는 손으로 우주와 자연을 운행하시고 인간의 역사를 이끌어 가십니다.

다만, 하나님의 손길은 매우 크시고 그분의 걸음걸이는 몹시 느리기 때문에 우리 눈에 보이지 않을 뿐입니다. 너무 조급하고 성급한 우리는 그분의 박자에 맞추어 살아가는 방법을 알지 못합니다. 그 방법을 알아도 그대로 살아갈 용기가 없습니다. 정말 하나님이 다스리시는지 확신하지 못하기 때문입니다.

성경은 이 사실을 끊임없이 강조합니다. 하나님이 다스리신다! 하나님이 없는 것처럼 보이고, 하나님이 침묵하시는 것처럼 보이고, 하나님이 손을 떼신 것처럼 보일 때조차도 하나님은 다스리고 계신다! 영원 전에도 그랬고 영원 후에도 그럴 것이다! 지금도 그렇다! 그러니 그분께 맡기고 그분을 의지하라!

그럼에도 우리는 그 사실을 자주 잊습니다. 눈 질끈 감고 우리 식대로 일을 처리합니다. 그것이 문제를 해결하는 지름길이라고 생각합니다. 하지만 얼마 지나지 않아 그것이 화를 자초하는 길이었다는 사실을 자각하고 뼈아픈 후회를 합니다. 이 후회를 얼마나 거듭해야 하나님이 다스리신다는 사실을 견고히 믿고 잠잠히 그분께 의지할 수 있을까요?

시편 94편 | # 복수하시는 하나님

> ¹⁸주님, 내가 미끄러진다고 생각할 때에는, 주님의 사랑이 나를 붙듭니다. ¹⁹내 마음이 번거로울 때에는, 주님의 위로가 나를 달래 줍니다. (18-19절)

해설

이 시편은 악한 자들을 징계하시는 하나님에 대한 신뢰의 고백이며 하나님의 정의를 드러내 달라는 호소의 기도입니다.

먼저 시인은 "복수하시는 하나님"(1절)이라는 표현을 두 번 사용하여 강조합니다. 하나님의 복수는 그리스-로마 신화에 나오는 신이나 잡신들의 복수와 다릅니다. 그들의 복수는 비이성적인 감정적 격발입니다. 반면, 하나님의 복수는 그분의 절대 정의와 절대 진리에 따른 것입니다. 우주의 심판자로서 그분의 절대 기준에 따라 악을 심판하시는 것입니다. 하나님의 정의를 믿는 시인은 속히 일어나 악인들을 심판해 달라고 호소합니다(2-3절).

이어서 시인은 악한 자들의 소행을 소상히 묘사합니다(4-7절). 그들은 하나님이 살아 계시다는 사실을 알면서도 온갖 악행을 저지릅니다. 그들의 악이 극심하다는 사실은 그들이 얼마나 하나님을 무시하는지를 반증해 줍니다. 그들은 스스로 가장 지혜로운 것처럼 착각하지만, 시인은 그들을 향해 "백성 가운데서 미련한 자들"(8절)이라고 부릅니다. 시인은 여러 가지 질문으로 그들의 어리석음을 폭로합니다(8-11절).

12절에서 시인은 악한 자들의 악행에 시달리면서도 거룩하게 살아가기 위해 힘쓰는 사람들에게 말머리를 돌립니다. 그는 악한 자들에게서 받는 고난을 "주님께서 꾸짖으시고 주님의 법으로 친히 가르치시는"(12절) 것으로 받아들입니다. 경건한 사람들은 악한 자들의 악행을 주님의 손에서 받는 질책으로 받아들이고 오직 주님만 의지하며 거룩하게 살기를 힘씁니다. 우주의 심판자이신 하나님은 그들을 버리지 않으시고 정의를 따라 판결해 주실 것입니다(13-15절). 그것은 시인 자신이 경험한 사실입니다. 그는 자신이 아직 살아 있는 이유는 오직 주님의 보호하시는 손길 때문이라고 고백합니다(16-17절).

하지만 시인 자신도 악인들의 횡포와 그들에게서 받은 고난 때문에 하나님을 향한 믿음이 흔들렸던 적이 있습니다. 그래서 "내가 미끄러진다고 생각할 때에는, 주님의 사랑이 나를 붙듭니다. 내 마음이 번거로울 때에는, 주님의 위로가 나를 달래 줍니다"(18-19절)라고 고백합니다. 자신이 생각하는 대로 악인들에 대한 심판이 일어나지 않을 때 마음이 번거로워지고 미끄러질 위기에 처합니다. 그런 문제로 하나님 앞에 나아가 기도할 때 그분은 사랑으로 그의 마음을 위로해 주십니다. 지금 당장 자신이 보고 싶은 심판이 일어나지 않아도 하나님은 여전히 모든 것을 보고 계시고 결국 심판하실 것임을 믿고 마음을 추스르는 것입니다.

마지막으로 시인은 다시 한번 악인들이 심판받을 수밖에 없음을 강조하면서(20-21절) 하나님이 결국 모든 것을 심판하시고 바로잡으실 것이라고 고백합니다(22-23절). 하나님은 스스로의 손을 들어 악을 악으로 갚지 않는 사람들을 위해 대신 복수해 주십니다. 인간의 복수는 자기중심적이고 감정적이지만, 하나님의 복수는 언제나 정의롭고 정당합니다. 그래서 하나님을 믿는 사람들은 원수 갚는 것을 하나님께 맡기고 선을 악을 이깁니다(롬 12:21).

묵상

이 세상에서 일어나는 일들만 지켜보면 하나님의 정의가 살아 있다는 사실을 믿을 수가 없습니다. 현실에서는 악인들이 번성하고 선한 사람들이 피해 입는 일들이 비일비재하기 때문입니다. 기득권을 가진 자들이 만들어 놓은 사회 구조로 인해 가난한 사람은 더욱 가난해지고 부유한 사람은 더욱 부유해집니다. 부와 특권이 대물림되며, 기득권층은 이미 가진 것을 빼앗기지 않기 위해 혹은 더 많이 가지기 위해 온갖 죄악을 일삼습니다.

그들 중에는 하나님을 믿는 사람들도 있습니다. 그들은 하나님을 치부와 번영을 위한 수단으로 삼을 뿐입니다. 그들은 하나님을 예배한다고 하지만 삶 속에서는 하나님을 무시하고 모독하고 있는 것입니다. 그런 상황에서 가진 것 없고 힘없는 사람들은 분노를 쌓아 갑니다.

이런 상황에서 믿는 사람들은 어찌해야 하겠습니까? 첫째, 오늘의 시인처럼, 불의한 현실로 인해 마음이 번거로워지고 믿음에서 미끄러지지 않게 해야 합니다. 하나님은 살아 계시며 그분의 시간에 따라 그리고 그분의 기준에 따라 정의를 드러내십니다. 그것에 대한 믿음이 흔들리지 않도록 자신을 챙겨야 합니다.

둘째, 그 믿음에 따라 하나님이 속히 그분의 정의를 드러내 주시기를 기도하며 그분의 정의가 실현되도록 자신의 삶을 내어 드려야 합니다. 인간의 복수는 더 큰 불행을 낳을 뿐입니다. 인간의 복수는 정의를 향한 것이 아니기 때문입니다. 그래서 바울 사도는 원수 갚는 것은 하나님께 속한 것(롬 12:19)이라고 했습니다. 누가 얼마나 잘못했는지 그리고 그 잘못에 대한 정당한 심판이 어떤 것인지는 전지전능하신 하나님만 아십니다. 우리는 복수를 하나님께 맡기고 하나님의 절대적 정의가 실현될 수 있기를 기도하며 또한 그것을 위해 무엇을 실천할 것인지를 찾아야 합니다. 하나님의 정의가 실현될 것을 기다리며 선으로 악을 이기도록 힘써야 합니다. 그럴 때 우리 사회는 하나님의 정의에 한 걸음 더 다가가게 될 것입니다.

시편 95편 | **지성소에 살다**

> ⁶오너라, 우리가 엎드려 경배하자. 우리를 지으신 주님 앞에 무릎을 꿇자. ⁷그는 우리의 하나님이시요, 우리는 그가 기르시는 백성이며, 그가 손수 이끄시는 양 떼다. 오늘, 너희는 그의 음성을 들어 보아라. (6-7절)

해설

이 시편은 초막절 같은 절기에 불렀던 찬양이었을 것으로 추정됩니다. "오너라, 우리가 주님께 즐거이 노래하자"(1절), "찬송을 부르며 그의 앞으로 나아가서, 노래 가락에 맞추어, 그분께 즐겁게 소리 높여 외치자"(2절), "오너라, 우리가 엎드려 경배하자"(6절), "오늘, 너희는 그의 음성을 들어 보아라"(7절) 등의 구절에서 그런 암시를 발견합니다. 회중이 성전으로 행진해 들어가면서 불렀을 가능성이 높습니다. 하나님에 대한 찬양과 경배를 요구하면서 시인은 그 이유를 밝힙니다. 주님은 오직 한 분이신 참된 하나님이시고 모든 것을 지으시고 다스리시는 분이시며(3-5절) 이스라엘 백성을 선택하신 분이기 때문입니다(7절).

예배의 자리에서 하나님을 높여 경배하며 거듭 기억할 것이 있습니다(8-11절). "므리바에서처럼"(8절)은 출애굽기 17:1-7에 나오는 이야기를 가리키고, "맛사 광야에 있을 때처럼"(8절)은 민수기 20:2-13에 기록된 이야기를 가리킵니다. 이 두 가지 사건은 이스라엘 백성이 하나님을 불신하여 일어난 대표적인 사건입니다. 그들의 문제는 하나님의 위대한 구원 사역을 이미 보았음에도 여전히 그분을 신뢰하지 못하고 "시험하고 또 시험하였다"(9절)는 사실에 있습니다. 하나님은 "그들은 나의 안식에 들어오지 못할 것이다"(11절)라고 말씀하셨습니다. 그 말씀대로, 여호수

아와 갈렙 이외의 모든 출애굽 세대가 가나안 땅에 들어가지 못하고 광야에서 죽었습니다.

예배의 자리에서 그 이야기를 다시 들려주시는 이유는 "오늘"(7절) 예배하는 사람들도 동일한 죄를 범할 수 있기 때문입니다. 우리에게 약속된 "안식"은 영원한 생명입니다. 그 목적지에 이르려면 하나님을 하나님답게 예배하고 섬겨야 합니다.

묵상

히브리서 저자는 이 시편을 중요하게 다룹니다. 그는 7절의 "오늘"이 매일 주어지는 현재의 시간을 의미한다고 해석합니다. 그래서 "'오늘'이라고 하는 그날그날, 서로 권면하여, 아무도 죄의 유혹에 빠져 완고하게 되지 않도록 하십시오"(히 3:13)라고 씁니다. 어제 들은 말씀으로 오늘을 살 수 없습니다. 이스라엘 백성이 광야에서 받아먹었던 만나처럼 하나님의 말씀은 그날그날 새롭게 받아먹어야 할 생명의 양식입니다. 그렇게 할 때 비로소 우리의 예배는 우리를 신실한 믿음 안에 머물러 살게 해 줄 것입니다. "오늘" 주시는 하나님의 말씀에 귀 기울이지 않으면 우리의 예배는 영적 안정제에 지나지 않을 것입니다.

히브리서 저자는 "안식"(11절)에 대해서도 새롭게 해석합니다. 광야에서 유랑하던 이스라엘 백성에게 안식은 약속의 땅에 들어가 정착하는 것이었습니다. 하지만 하나님은 가나안 땅에 정착한 이스라엘 백성에게 또 다른 안식을 약속하셨습니다. 그것은 하나님이 창조 사역을 마치신 후 안식에 들어가신 것처럼 영원하고 완전한 안식에 들어가는 것을 의미합니다. 그래서 히브리서 저자는 "하나님께서 주실 안식에 들어가는 사람은, 하나님이 자기 일을 마치고 쉬신 것과 같이, 그 사람도 자기 일을 마치고 쉬는 것입니다. 그러므로 우리는 이 안식에 들어가기를 힘씁시다"(히 4:10-11)라고 말합니다.

영원한 대제사장이신 예수 그리스도는 십자가 위에서 완전한 제사를 드리셔서 믿는 이들을 지성소에 들어가게 하셨습니다(히 10:19). '지성소에 들어간다'는 말은 하나님의 품에 살게 되었다는 뜻입니다. 하나님과 우리 사이를 막고 있던 죄의 장벽이 허물어지고 온전한 화해가 이루어졌다는 뜻입니다. 그것이 이 땅에서 우리가 누리는 안식입니다. 예수 그리스도의 보혈로 지성소에 들어가 하나님이 주시는 평강과 사랑과 기쁨과 의를 누립니다. 그 안식은 주님이 다시 오셔서 새 하늘과 새 땅이 임할 때 완전해지고 영원해질 것입니다. 이러한 영적 진실을 확인하고 전하기 위해 우리는 정기적으로 물리적 공간에 모여 예배를 드립니다.

시편 96편 | **그분이 오셨다!**

> 주님이 오실 것이니, 주님께서 땅을 심판하러 오실 것이니, 주님은 정의로 세상을 심판하시며, 그의 진실하심으로 뭇 백성을 다스리실 것이다. (13절)

해설

이 시편은 하나님에 대한 찬양을 권고하는 말씀들로 가득합니다. "새 노래"(1절)는 "새로 지어진 노래"라는 뜻이 아니라 "완전한 노래"라는 뜻입니다. "주님의 영광에 어울리는"(8절) 노래를 말합니다. 위대한 예술 작품 앞에 서게 되면 저절로 경탄을 하며 그 작가를 찬양하는 것처럼, 하나님이 누구신지를 깨닫게 되면 그분을 향한 찬양과 경배가 솟아나옵니다. 1-2절에서 "노래하여라"라는 동어 명령을 세 번 반복하는 이유가 여기에 있습니다. 그 찬양은 "날마다"(2절) 계속되어야 합니다. 또한 "만국에" 그리고 "만민에게"(3절) 그 사실이 알려져야 합니다.

 이 세상에 신이라고 이름 지어진 것들은 모두 우상입니다(4-5절). 참된 신은 온 우주를 지으신 창조주 한 분뿐이십니다. 그래서 시인은 "주님 앞에는 위엄과 영광이 있고, 주님의 성소에는 권능과 아름다움이 있다"(6절)라고 고백합니다. 생명을 부여받은 존재는 누구나 그분을 찬양하고 경배하는 것이 마땅합니다(7-9절). 하나님은 이스라엘만의 하나님이 아니라 모든 나라와 모든 민족의 하나님이시기 때문입니다. 온 우주와 세계가 질서 가운데 운행되고 있는 것은 창조주 하나님이 다스리시기 때문입니다(10절). 알고 보면, 사람만이 아니라 세상 모든 만물이 창조주를 찬양하고 경배하고 있습니다(11-12절).

이렇게 창조주 하나님의 통치를 선포하며 그분께 대한 찬양과 경배를 요청한 후에 시인은 마지막으로 "주님이 오실 것이니, 주님께서 땅을 심판하러 오실 것이니"(13절)라고 선언합니다. '심판하다'로 번역된 히브리어는 '다스리다'로도 번역할 수 있습니다. 그래서 개역개정이 '심판하다'라고 번역한 것을 새번역은 '다스리다'라고 번역한 것입니다(10, 13절).

하나님의 다스림은 죄악을 일삼는 사람들에게는 심판의 사건이 되고 거룩하게 산 사람들에게는 구원이 됩니다. 시인은 "주님은 정의로 세상을 심판하시며, 그의 진실하심으로 뭇 백성을 다스릴 것이다"(13절)라고 말합니다. 창조주이신 하나님은 당신의 성소에만 갇혀 있는 분이 아닙니다. 인류의 일상사에 개입하셔서 친히 다스리시는 분입니다. 그것이 믿는 이들에게는 소망이요 위안이며 기쁨입니다. 그분은 정의로우시며 공의로우시고 진실하신 분이기에 우리는 그분의 다스림을 기다립니다.

묵상

멀리 계신 하나님은 또한 가까이 계신 하나님이십니다(렘 23:23). 온 우주 끝에 가서도 만날 수 있는 그분은 또한 우리 내면 가장 깊은 곳에 계십니다. 온 우주의 우주보다 크신 그분은 또한 우리 내면 깊은 곳에 있는 근심과 염려까지 아십니다. 온 우주를 운행하고 계시는 그분은 또한 오늘 하루 나의 일거수일투족에 관심을 기울이십니다.

우리는 그분을 전능자라고 부르고 절대자라고 부릅니다. 우리의 언어 중 최대치를 의미하는 모든 단어를 동원해도 하나님이 어떤 분이신지를 설명할 수 없습니다. 지금 우리가 그분에 대해 뭐라 말하는 것은 아직 그분을 다 알지 못하기 때문입니다. 그분의 진면목을 한 조각만 보아도 우리는 입을 다물고 그분 앞에 엎드릴 수밖에 없습니다. 그런 까닭에 우리는 날마다 어디서나 그분을 생각하며 찬양과 경배를 올립니다. 어떻게 하면 그분의 영광과 위엄에 합당한 예배를 드릴 수 있을지, 그것이 매일의 주된 관심사입니다.

"주님이 오실 것이니, 주님께서 땅을 심판하러 오실 것이니"(13절)라는 시인의 말은 '알지 못하고 한 예언'입니다. 다른 것을 생각하고 한 말인데, 그것이 예수 그리스도의 오심에 대한 예언이 되었다는 말입니다. 예수 그리스도를 통해 주님은 우리 가운데 오셨습니다. 그분은 우리 죄를 위해 십자가에서 희생당하시고 부활 승천하셨습니다. 그렇게 함으로써 "주님은 정의로 세상을 심판하시며, 그의 진실하심으로 뭇 백성을 다스리실 것이다"(13절)라는 예언이 실현되었습니다. 그렇게 우리 가운데 오셨던 주님은 장차 다시 오셔서 새 하늘과 새 땅을 이루어 주실 것입니다. 그날을 소망하며 오늘 우리는 주님과 동행하며 천국을 삽니다.

| 시편 97편 | **정의와 공평의 하나님** |

> ¹주님께서 다스리시니, 온 땅아, 떨 듯이 기뻐하여라. 많은 섬들아, 즐거워하여라. ²구름과 흑암이 그를 둘러쌌다. 정의와 공평이 그 왕좌의 기초다. (1-2절)

해설

이 시편 역시 "주님께서 다스리[신다]"(1절)라는 선언으로 시작합니다. 현실 세계만 보면 하나님이 안 계시거나, 계시다면 무능하거나, 전능하다면 무관심하다는 회의에 빠지기 쉽습니다. 그렇기 때문에 믿는 이들은 예배의 자리에 모여 "주님께서 다스리신다"는 선포를 거듭 듣고 고백해야 합니다. 그 사실을 믿고 현실 세계를 보아야만 진실을 제대로 알 수 있습니다. 하나님의 통치와 섭리를 배제하고 보면 현실은 부조리하고 삶은 향방이 없습니다. 부조리한 현실과 무의미한 삶에 새로운 빛을 비추어 주는 것은 하나님의 통치에 대한 믿음입니다.

시인은 하나님의 통치를 자연 현상에 비유합니다. 그분의 통치는 불처럼 강력하며(3절) 번개처럼 무섭습니다(4절). 한순간에 산을 무너져 내리게 만드는 지진과 같습니다(5절). 하나님은 그 능력으로 이 세상에 "정의와 공평"(2절)을 드러내십니다. 자연 현상은 때로 우리를 두려워 떨게 만들지만 하나님의 신비와 위엄과 영광을 보게 해 줍니다. 그래서 시인은 "하늘은 그의 의로우심을 선포하고, 만백성은 그의 영광을 본다"(6절)고 고백합니다.

창조주 하나님이 이렇게도 분명하게 당신의 존재를 드러내시고 공의롭게 통치를 펼치시지만 어리석게도 우상을 찾는 이들이 있습니다. 그런 사람들은 자신들의 어리석은 선택으로 인해 마침내 수치를 당하고 부끄러움을 당할 것입니다. 우상은 인간을 구원할 수 없기 때문입니다(7절). 진정으로 우리를 다스리시며 경배받으실 분은 오직 하나님뿐이십니다. 그래서 시온과 유다의 딸들이 그분을 향해 기뻐 외칩니다(8절).

그런 하나님을 예배하는 사람들은 그분을 닮아 가게 되어 있습니다. 그래서 시인은 "주님을 사랑하는 사람들아, 너희는 악을 미워하여라"(10절)고 권면합니다. 정의와 공평의 왕이신 하나님이 계시기에 "빛은 의인에게 비치며, 마음이 정직한 사람에게는 즐거움이 샘처럼 솟을 것"(11절)입니다. 이것을 안다면 우리가 기뻐하고 감사하며 예배할 분은 오직 천지를 지으신 하나님 한 분뿐임을 알게 됩니다(12절).

묵상

우리의 눈은 부분만 볼 수 있고 우리의 마음은 이기적으로 편향되어 있기 때문에 세상의 현실이 부조리하고 공평하지 않게 보일 때가 많습니다. 또한 우리는 지금 눈앞의 현실만을 볼 수 있습니다. 그렇기 때문에 현실은 더욱 부조리하고 부당하게 보입니다.

그런 상황에서 "하나님이 다스리신다"고 선포하는 것은 어리석은 소리처럼 들릴 수 있습니다. 하나님이 아니라 인간의 악의가 다스리는 것처럼 보일 때가 더 많기 때문입니다. 혹은 알 수 없는, 악의에 가득 찬 신이 심술을 부리는 것처럼 보입니다. 그것도 아니면, 우연과 사고가 세상사를 만들어 가는 것처럼 보입니다. 그토록 부조리한 현실 한가운데서 믿는 이들은 예배 중에 다음과 같이 선포합니다. 다른 무엇이 아니라, 다른 누구가 아니라, 하나님이 다스리신다!

그분은 "정의와 공평"(2절)의 하나님이십니다. 그렇기 때문에 하나님의 다스림을 믿고 선포하는 사람들은 부조리하고 왜곡된 현실 가운데 하나님의 정의와 공평을 닮아 가기 위해 노력합니다. 시인은 그런 사람들을 "의인"(11절)이라고 부릅니다. 세상은 그런 사람들을 알아주고 높여 주기는커녕 무시하고 외면합니다. 때로는 조롱하고 박해합니다. 그런 일을 당하면 '꼭 이렇게 살아야 하는가?', '나 혼자만 속고 있는 것은 아닌가?', '누구 좋으라고 내가 이렇게 손해 보고 사는가?' 같은 의문에 사로잡힐 수 있습니다.

그래서 시인은 하나님이 다스리신다는 사실과 그 하나님이 결국 의인들을 높여 주실 것이라는 사실을 강조합니다. 하나님의 정의를 닮은 이들은 지금 어려움을 당한다 해도 마침내 그분 안에서 웃게 될 것입니다. 바로 그것이 우리 모두에게 예배가 필요한 이유입니다. 진정한 예배가 아니고는 부조리한 현실 가운데 이 영적 진실을 굳게 믿고 살아갈 수 없기 때문입니다.

시편 98편 | 하나님을 향한 마음

⁷바다와 거기에 가득 찬 것들과 세계와 거기에 살고 있는 것들도 뇌성 치듯 큰소리로 환호하여라. ⁸강들도 손뼉을 치고, 산들도 함께 큰소리로 환호성을 올려라. ⁹주님께서 오신다. 그가 땅을 심판하러 오시니, 주님 앞에 환호성을 올려라. 그가 정의로 세상을 심판하시며, 뭇 백성을 공정하게 다스리실 것이다. (7-9절)

해설

시인은 먼저 이스라엘에게 베푸신 하나님의 구원 행동을 묘사합니다(1-3절). 그들은 하나님의 "기적"(1절)을 경험했습니다. 하나님이 행하셨다는 말 외에는 자신들이 겪은 놀라운 구원을 설명할 길이 없습니다. 그 기적을 통해 하나님이 의로우신 분이라는 사실이 만천하에 드러났고(2절), 택하신 백성에게는 "인자하심과 성실하심"(3절)을 베풀어 주시는 분이라는 사실이 입증되었습니다. 그 사실을 기억한다면, 그분을 찬송할 때마다 새로운 열정이 솟구칠 것입니다.

시인은 모든 수단을 동원하여 하나님께 찬양과 감사를 올리라고 요청합니다(4-6절). "온 땅"(4절)이라는 말은 "땅에 거하는 모든 사람"이라는 뜻입니다. 하나님이 어떤 분이시고 어떤 일을 행하셨는지를 제대로 안다면 가만히 앉아 있을 수 없습니다. 심드렁한 노래로 찬양할 수 없습니다. 자신의 마음과 몸을 다하여 최고의 찬양을 올리게 되어 있습니다. 시인은 하나님에 대한 열정으로 인해 어찌할 바를 모르는 사람처럼 최상급 언어와 표현을 동원합니다.

인간만이 아니라 그분이 지으신 모든 피조물과 피조 세계가 하나님의 통치 아래 있습니다. 그래서 시인은 온 세상 만물에게 하나님에 대한 찬양에 참여하라고 요청합니다(7-9절). 유물론적 사고방식으로 본다면 이것은 상징적이고 비유적인 표현입니다. 하지만 실제로는 하나님의 모든 피조물이 그들 나름의 방식으로 창조주 하나님을 찬양하고 있습니다. 바울 사도는 인간뿐 아니라 모든 피조물이 하나님의 구원을 기다리며 신음하고 있다고 했습니다(롬 8:22). 인간의 탐욕으로 인해 하나님의 피조 세계가 무참히 훼손되어 가고 있는 오늘날에는 그 신음이 더 심할 것입니다. 시인은 모든 피조물에게도 하나님을 찬양하라고 말합니다. 그분께서 지금의 고난과는 비교할 수 없는 놀라운 구원을 준비하고 계시기 때문입니다.

마지막으로 시인은 "주님께서 오신다"(9절)고 선언합니다. 시편 96:13에서도 시인은 동일하게 선언한 바 있습니다. "심판하다"(9절)라는 말은 그분의 정의로 바로잡으신다는 뜻입니다. 그분의 오심은 악하게 산 사람들에게는 심판이요, 거룩하게 산 사람들에게는 구원을 의미합니다. 때로 현실은 하나님이 안 계신 것 같고 무능력하고 무관심한 것처럼 보이지만, 그분은 결국 전능의 손길을 펼치셔서 "정의로 세상을 심판하시며, 뭇 백성을 공정하게 다스리[실 것]"(9절)입니다. 그 예언이 예수 그리스도의 오심을 통해 성취되었습니다.

묵상

시인이 하나님을 향해 품고 있던 마음은 참으로 뜨겁습니다. 그는 하나님의 위엄과 능력과 사랑과 정의를 설명하기 위해 동원할 수 있는 모든 단어와 표현을 동원합니다. 하나님이 어떤 분이신지 그리고 그 하나님이 어떤 일을 하셨는지를 생각할 때면 그의 마음에는 감사와 감격이 밀려듭니다. 가만히 앉아 있을 수 없고, 전에 부르던 노래를 반복할 수가 없습니다. 손에 넣을 수 있는 모든 악기를 동원합니다. 이웃을 찾아가 자신의 예배에 참여하라고 말합니다. 알아듣지도 못하는 나무와 풀과 동물들에게도 자신과 함께 주님을 찬양하자고 권합니다.

시인의 마음을 더 뜨겁게 하는 것은 그 하나님이 심판하러 오신다는 사실입니다. 그분의 절대적인 정의로 세상을 바로잡기 위함입니다. 하나님은 우리가 처한 불의한 현실을 모르시는 것도 아니고 무관심하신 것도 아닙니다. 전지하신 주님은 그 모든 사정을 보고 계시고, 전능하신 주님은 그분의 진리와 정의에 따라 모든 것을 바로잡으실 것입니다. 그것을 믿기에 하나님이 없는 것 같은 현실에서 그분의 다스림을 선포하고 불의한 세상에서 그분의 의를 따라 살도록 노력합니다. 마침내 그분이 손을 들어 심판하실 날이 올 것을 믿기 때문입니다.

우리는 시인이 갈망했던 "주님의 오심"이 예수 그리스도를 통해 이루어졌음을 믿습니다. 아이작 와츠(Issac Watts)는 이 구절에서 영감을 받아 "기쁘다 구주 오셨네"라는 찬송시를 지었다고 합니다. 예수 그리스도를 통해 하나님의 심판과 구원이 이루어졌음을 믿었기 때문입니다. 그런 점에서 보면, 여기서도 시인은 알지 못하고 예언을 한 셈입니다. 그가 기대하고 바랐던 사건이 예수 그리스도를 통해 이루어졌기 때문입니다.

예수 그리스도를 믿는 우리는 시인이 갈망했던 "주님의 오심"을 경험한 사람들입니다. 그분을 통해 구원의 은혜를 누리고 있습니다. 따라서 하나님을 향한 우리의 마음은 시인의 마음보다 한결 더 뜨거워야 합니다. 하나님이 어떤 분이신지, 그분이 과거에 어떤 일을 해 오셨는지를 생각할 뿐 아니라 예수 그리스도를 통해 하신 일을 생각한다면, 우리는 더 강한 열정과 뜨거운 사랑으로 그분을 예배하고 찬양해야 마땅합니다.

| 시편 99편 | **절대치의 거룩과 절대치의 사랑**

주님의 능력은 정의를 사랑하심에 있습니다. 주님께서 공평의 기초를 놓으시고, 야곱에게 공의와 정의를 행하셨습니다. (4절)

해설

93편에서부터 시작된 '하나님의 통치'에 대한 시편 묶음의 마지막 시입니다. 93편에서처럼 시인은 "주님께서 다스리신다"(1절)는 선언으로 시작합니다. "그룹"(1절)은 지성소 안에 자리한 언약궤 뚜껑에 새겨진 형상을 가리킵니다. 그것은 하늘에 속한 존재를 형상화한 것으로서, 하나님은 모세에게 "내가 거기에서 너를 만나겠다"(출 25:22)고 약속하셨습니다. 그곳을 우리말로는 '시은소'(mercy seat)라고 부릅니다. 이 시편은 성전 안에서 제사드릴 때 불렀던 찬송이었을 것입니다. 성전에 모인 백성은 두꺼운 휘장에 가리운 언약궤를 생각하며 이 찬송을 불렀을 것입니다.

시인은 "주님은 거룩하시다"라는 고백을 세 번 반복합니다(3, 5, 9절). 히브리어 '카도쉬'는 '구별됨'을 의미합니다. "주님은 거룩하시다"라는 말은 "주님은 다르시다"라는 말로 바꿀 수 있습니다. 온 우주와 세상 만물과 인류의 역사를 다스리시는 하나님은 거룩하신 분입니다. 창조주 하나님은 피조물과 구별됩니다. 우상은 그렇지 않습니다. 이 세상에 신이라는 이름을 가진 존재들은 그 어떤 것도 거룩하지('구별되지') 않습니다. 인간의 손에 의해 지어진 것이기 때문입니다. 거룩하신 분 즉 피조물과 다른 존재는 오직 창조주 하나님뿐입니다. 그분은 피조물에게서 볼 수 있는 모든 선한 것의 총체이시며 그 모든 것의 완전체이십니다. 그것을 알아보는 순간 우리는 그분 앞에 두려워 떨 수밖에 없습니다(1절).

시인은 하나님의 차별성이 특별히 그분의 정의와 공의에서 드러난다고 말합니다(4절). 하나님이 인간과 다르다는 사실은 정의와 공평에 대한 그분의 기준과 그것을 실행하시는 그분의 능력에서 드러납니다. 우주 만물의 질서와 인간 세상의 모습을 보면 그분의 정의가 얼마나 놀라운지를 깨닫게 됩니다. 이스라엘의 역사 또한 그분의 정의와 공의를 증거합니다(6-7절). 그래서 우리는 그분 앞에 엎드려 절하며 경배를 올리지 않을 수 없습니다(9절). 정말 우리와 다른 분, 우리와는 비교할 수 없는 분, 그분은 오직 하나님뿐이기 때문입니다.

묵상

우리는 때로 하늘을 우러러봅니다. 이 땅에서는 볼 수 없는 어떤 것을 보고 싶어 하기 때문입니다. 때로는 비싼 돈을 들여 여행을 떠납니다. 매일 경험하는 것과는 다른 세상을 보고 싶기 때문입니다. 때로는 세상과 단절한 채 깊은 산속에 숨어들고 싶어집니다. 세상살이에 지쳤기 때문입니다. 때로는 일체의 활동을 멈추고 잠잠히 머물고 싶어 합니다. 또 때로는 무언가에 몰입하여 신비로운 체험을 하고 싶어집니다. 매일 반복되는 무미건조함에서 벗어나기를 소망하기 때문입니다.

이 모든 갈망과 소망은 하나님을 향한 우리의 깊고 강렬한 갈증에서 옵니다. 초월자, 절대자, 완전자이신 하나님을 향한 우리의 갈망이 그렇게 표출되는 것입니다. 우리의 하나님은 피조물과는 절대적 차이를 가진 분입니다. 그렇기 때문에 그분 앞에서 우리는 두려워 떨게 됩니다. 그분의 절대치의 거룩 앞에 서면 우리는 자신의 절대치의 부정함을 자각하기 때문입니다. 그래서 하나님의 현존에 눈뜨는 순간 '이제 나는 죽었구나!' 하고 탄식하게 됩니다. 하지만 그 하나님은 또한 절대치의 사랑을 가지신 분입니다. 그분은 그 사랑으로 우리를 용서하시고 품어 주십니다.

그분의 절대치의 거룩과 절대치의 사랑을 경험할 때 우리는 그분을 높여 경배하고 그분께 순종하게 됩니다. 우리 스스로 발돋움하여 이 험한 세상에서 솟아날 방법은 없습니다. 오직 전능자의 그늘에 들어갈 때에만 가능한 일입니다. 그래서 우리는 그분 앞에 설 때마다 고백하며 찬양합니다. "거룩, 거룩, 거룩! 오직 주님만이 거룩하시다!"

시편 100편 | **하나님을 안다는 것**

> 너희는 주님이 하나님이심을 알아라. 그가 우리를 지으셨으니, 우리는 그의 것이요, 그의 백성이요, 그가 기르시는 양이다. (3절)

해설

이 시편은 가장 많이 사랑받는 시편 중 하나이며, 찬송가 가사로 가장 자주 사용되어 온 시편입니다. 짧은 시편이지만 하나님을 향한 찬양의 열정이 가득합니다. 사용된 단어와 문장에 군더더기가 없습니다. 시편 전체를 통째로 외워 낭송하기에 가장 좋은 시편입니다.

시인은 하나님을 찬양하라는 뜻을 회중에게 전하기 위해 일곱 가지 표현을 사용합니다. "환호성을 올려라"(1절), "기쁨으로 섬기라", "그 앞으로 나아가라"(2절), "알아라"(3절), "노래를 드려라", "들어가거라", "찬양하여라"(4절). 하나님을 찬양하기 위해 몸의 모든 기관을 사용하라는 뜻입니다. 하나님은 그러한 찬양을 받으시기에 합당하신 분이기 때문입니다.

시인은 중간에 "너희는 주님이 하나님이심을 알아라"(3절)고 말합니다. 히브리어에서 '알다'는 지식적으로 아는 것만이 아니라 체험적으로 아는 것을 의미합니다. 따라서 이 말은 '주님이 하나님이심을 맛보아라' 혹은 '주님이 하나님이심을 경험해 보라'는 뜻입니다. 그렇게 하면 목소리와 몸짓과 온갖 악기로 그분을 찬양하고 싶어질 것이기 때문입니다.

시인은 하나님을 찬양해야 하는 두 가지 이유를 제시합니다. 하나는 그분이 하신 일 때문입니다(3절). 그분은 우리를 지으셨습니다. 우리는 그분의 소유이며, 그분의 백성이고, 그분의 양입니다. 피조물로서 창조주를 경배하는 것은 당연한 일입니다. 다른 하나는 그분의 성품 때문입니다(5절). 그분은 선하시며 그 인자하심이 영원하고 그 성실하심이 대대에 미칩니다. 인격이 출중한 사람을 만나면 저절로 그 사람을 존경하고 높이는 것처럼, 하나님의 성품이 어떤지를 깨달아 알면 그분을 향한 경외감이 마음에서 솟아오릅니다.

묵상

우리 인간은 우연히, 저절로, 사고로 생겨난 존재가 아니라 하나님에 의해 창조된 존재임이 틀림이 없습니다. 그렇지 않다면 우리 안에 정의와 거룩함과 정결함과 선함과 자비로움과 아름다움을 향한 갈망이 존재한다는 사실을 설명할 방도가 없습니다. 우리는 불의와 부정함과 악함과 인색함과 추함이 널려 있는 세상에 살고 있습니다. 또한 우리는 그러한 부정적이고 어두운 현실을 더 심하게 만드는 말과 행동을 하기도 합니다. 하지만 우리 안에는 그 반대를 향한 열망과 갈증이 있습니다. 비록 부정하게 살지만 정결한 것을 추구하고, 비록 불의하게 살지만 정의를 갈망하며, 비록 추하게 살지만 아름다움을 열망합니다.

그런 까닭에 보기 드문 인격을 만나면 그 앞에 고개를 숙이는 것이고, 좀처럼 볼 수 없는 정의로운 이야기를 만나면 감동하는 것입니다. 정의와 거룩함과 정결함과 선함과 자비로움과 아름다움의 근원이신 하나님께 지음받은 존재이기에 이러한 열망과 갈증을 갖게 된 것입니다. 그래서 우리는 하나님을 우러릅니다. 그분에게는 우리가 갈망하는 모든 것이 있기 때문입니다. 우리가 그런 것들을 갈망하는 이유는 우리 존재의 근원이 하나님이라는 증거입니다.

그것이 우리가 예배드리는 이유입니다. 예배를 통해 우리는 그분에게

만 모든 선한 것이 있음을 인정하고 그분을 높입니다. 그렇게 예배드리는 중에 우리는 그분의 존귀와 위엄, 그분의 선하심과 인자하심, 그분의 정의와 사랑을 맛보아 알게 됩니다. 그 체험은 우리의 예배를 더욱 강력하게 만들어 줍니다. 예배가 살아나면 우리는 더욱더 "하나님의 성품에 참여하는 자"(벧후 1:4)가 됩니다.

시편 101편 | **왕의 기도**

> 주님, 주님의 사랑과 정의를 노래하렵니다. 주님께 노래로 찬양드리렵니다. (1절)

해설

이 시편에는 "다윗의 노래"라는 표제가 붙어 있습니다. 4권에는 다윗의 시편이 단 두 편만 포함되어 있습니다(103편). 이 시편은 다윗이 왕으로서 자신의 사명을 다하기를 바라며 드리는 결단의 기도라 할 수 있습니다.

먼저 다윗은 "주님의 사랑과 정의를 노래하렵니다"(1절)라고 고백합니다. "사랑"(개역개정: "인자")과 "정의"는 오직 하나님께만 있습니다. 인간이 행할 수 있는 혹은 인간 사회 안에서 경험할 수 있는 사랑과 정의는 불완전합니다. '노래한다'는 말은 그것을 찬양한다는 뜻이기도 하지만 그것을 소망한다는 뜻이기도 합니다. 진정한 찬양은 찬양하는 대상을 닮아가게 만듭니다. 다윗은 하나님의 사랑과 정의를 찬양하면서 그분을 닮아 자라기를 소망했습니다.

왕으로서 다윗은 하나님 앞에서 두 가지를 결심합니다. 첫째는 그 스스로 거룩하고 의롭게 사는 것입니다. 그는 주님께 흠 없는 길을 배워 흠 없는 마음을 가지고(2절) 흠 없는 삶을 살기를 소망합니다(3-4절). 이렇게 기도하는 가운데 다윗은 "언제 나에게로 오시렵니까?"(2절)라고 여쭙니다. 하나님의 사랑과 정의를 닮아 살려고 애를 써도 다 이룰 수 없는 자신의 한계를 생각했던 것입니다. 하나님 나라가 임하기 전까지 우리는 참된 사랑과 정의에 대한 목마름을 완전히 해갈할 수 없습니다.

둘째로 다윗은 왕으로서 백성을 잘 다스릴 수 있게 되기를 기도합니다. 그는 진실하지 못한 사람들을 멀리하고(5, 7절) "믿음직한 사람"과 "흠이 없이 사는 사람"을 신하로 등용하겠다고 말합니다(6절). 그렇게 하여 자신이 다스리는 나라에 악을 행하는 사람들이 발붙이지 못하게 하겠다고 다짐합니다(8절). 그것이 자신에게 주어진 사명을 이루는 길이라는 사실을 알기 때문입니다.

묵상

다윗은 자신에게 주어진 왕위가 하나님이 맡기신 책임이라고 여겼습니다. 그는 자신이 아는 사랑과 정의는 불완전하다는 사실을 겸손히 인정하고 하나님의 사랑과 정의를 구했습니다. 그러한 갈망이 그로 하여금 매일 하나님을 찬양하고 그분의 도우심을 구하게 만들었습니다.

그는 왕으로서 자신의 소임을 다하기 위해 먼저 할 일이 무엇인지 알았습니다. 겸손히 하나님 앞에 나아가 예배드리며 그분에게서 흠 없는 길을 배우고 그 길을 걷기 위해 힘쓰는 것이 가장 먼저 힘쓸 일임을 잊지 않았습니다. 자신을 돌아보지 않는 권력자가 악인들을 끊어 버리겠다고 결심하는 것이 가장 위험한 일입니다. 그런 결심이 얼마나 많은 무고한 사람들을 희생시키는지, 우리는 역사를 통해 거듭 보아 왔습니다. 다윗은 사울의 폭정을 겪으면서 그 사실을 마음에 새겼을 것입니다. 그것이 다윗으로 하여금 성군으로 칭송받게 만들었습니다.

자신에게 주어진 권세를 하나님이 맡기신 책임이라고 여기고 매일 이렇게 기도하는 지도자가 있다면 그의 권세 아래 있는 사람들은 행복할 것입니다. 하지만 이것은 왕이나 정치 지도자에게만 해당되는 것이 아닙니다. 누구에게나 하나님에게서 받은 책임이 있습니다. 그 소임을 다하기 위해 먼저 하나님 앞에 겸손히 고개 숙이고 그분에게서 흠 없는 길을 배워야 합니다. 자신을 다스리지 못하고 다른 사람을 다스리겠다고 나서는 사람만큼 위험한 사람이 없기 때문입니다.

시편 102편 | # 고난당할 때

> ²⁶하늘과 땅은 모두 사라지더라도, 주님만은 그대로 계십니다. 그것들은 모두 옷처럼 낡겠지만, 주님은 옷을 갈아입듯이 그것들을 바꾸실 것이니, 그것들은 다만, 지나가 버리는 것일 뿐입니다. ²⁷주님은 언제나 한결같습니다. 주님의 햇수에는 끝이 없습니다. (26-27절)

해설

이 시편에는 "가련한 사람이 고난을 받을 때에, 자신의 고민을 주님께 토로하는 기도"라는 표제가 붙어 있습니다. 이 시편은 기도자가 자신이 당하는 고난에 대해 가장 절절하게 표현한 시편 중 하나입니다. 그런 까닭에 어려움 중에 있는 사람에게 이 시편은 큰 위로가 됩니다. 이 시편을 읽고 기도하는 동안 누군가가 "나도 그랬어. 나도 알아"라고 말해 주는 것 같기 때문입니다. 고난당할 때 가장 큰 위로는 그 고난을 먼저 당하고 회복한 사람이 던지는 "나도 그랬어"라는 한마디 말입니다.

이 시편은 크게 세 부분으로 나뉩니다. 먼저 탄원 기도가 나옵니다(1-11절). 기도자는 하나님이 자신의 기도를 들어주시기를 구합니다(1-2절). 고난 가운데 하나님의 도움을 구한 지 꽤 시간이 지난 것 같습니다. 오래도록 기도했음에도 응답이 없을 때, 하나님이 얼굴을 숨기시거나 귀를 막고 계신 것처럼 느껴집니다. 실은 그렇지 않은데, 기도자 편에서 그렇게 느끼는 것입니다. 이어서 기도자는 자신이 처한 고난의 상황을 묘사합니다(3-11절). 지금 그는 원수들의 모욕과 조롱 가운데서 피가 마르는 나날을 지내고 있습니다(8절). 기도자는 하나님이 자신에게 "저주와 진노"(10절)를 쏟아부으셨다고 느낍니다. 그는 여러 가지 비유(연기처럼 흩어지는 날들, 화로처럼 달아오른 뼈, 풀처럼 시든 몸, 달라붙은 뼈와 살, 광야의 올빼미, 폐허 더미에 사는 부엉이, 지붕 위의 외로운 새, 밥처럼 먹는 재, 눈물 섞인 물, 기울어지는 그림자와 말라 가는 풀)를 사용하여 자신의 처지를 묘사합니다.

자신의 가련한 처지에 대해 묘사한 후 기도자는 하나님에 대한 신뢰의 고백으로 옮겨 갑니다(12-22절). 인생의 조건은 끊임없이 변하지만, 하나님은 영원히 동일하십니다. 여기서 기도자는 "시온을 긍휼히 여겨 주십시오"(13절)라고 기도합니다. 이것이 폐허가 된 예루살렘 성전을 염두에 둔 표현이라면, 이 시편은 포로기 이후에 쓰였을 것입니다. 시온에 대한 사랑은 곧 하나님에 대한 사랑입니다. 기도자는 주님이 폐허가 된 시온을 다시 세워 주실 것이라고 고백합니다. 그런 하나님이시기에 자신의 처지를 돌아보시고 구원해 주실 것이라고 믿습니다. 그래서 기도자는 하나님이 하신 일을 기록하고 선포하라고 회중에게 명합니다(18-22절). 그렇게 할 때 지금 살아 있는 사람들만이 아니라 "아직 창조되지 않은 백성"(18절, 개역개정: "창조함을 받을 백성")이 그것을 읽고 주님을 믿고 찬양하게 될 것입니다. 그렇게 할 때 주님의 이름이 온 세상, 뭇 백성에게 전해질 것입니다.

마지막으로 기도자는 다시 자신의 처지로 돌아와 하나님께 간구를 드립니다(23-28절). 그는 중년도 되지 않아 죽게 된 처지를 생각하며 하나님의 영원하심을 묵상합니다. 이 세상의 모든 피조물은 때를 따라 옷을 갈아입듯이 변하지만, 하나님은 영원하십니다. 기도자는 영원하신 하나님이 자신에게 긍휼을 베풀어 주시면 "주님 앞에 굳건하게 서 있을 것입니다"(28절)라고 고백합니다.

묵상

산다는 것은 축복입니다. 그 축복에는 고난도 포함됩니다. 고난은 축복을 방해하는 것이 아니라 축복의 일부입니다. 고난으로 인해 축복은 더욱 커지고, 고난으로 인해 축복을 새롭게 깨닫습니다. 고난을 통해 더 큰 축복을 선사받기도 하고, 고난 속에 숨은 축복을 발견하기도 합니다. 그래서 고난은 필수이지만 불행은 선택이라고 말합니다. 고난에 대해 혹은 고난 중에 어떤 태도로 사느냐에 따라 인생은 불행해지기도 하고 행복해지기도 합니다.

그럼에도 불구하고 때로 고난이 너무 무겁고 힘겨울 때가 있습니다. 믿는 이들은 고난의 한가운데서 하나님께 도움을 구합니다. 하지만 하나님의 응답은 좀처럼 오지 않습니다. 그럴 때면 하나님에게서 버림받은 것 같고 징계를 받는 것 같습니다. 그로 인해 심적 고통은 더욱 커집니다. 하지만 그것은 감정의 속임수입니다. 하나님은 당신을 의지하는 사람들을 결코 버리지 않으십니다. 우리의 모든 기도를 들으십니다. 그분은 전지전능하심으로 우리를 위한 계획을 마련해 두고 계십니다.

따라서 현실이 어렵더라도 우리는 그분의 계획과 섭리를 믿고 견뎌야 합니다. 고난 중에 주님을 믿고 견디게 해 주는 것이 기도입니다. 탄식의 기도로 그분 앞에 마음을 쏟아 놓고, 찬양과 고백의 기도로써 그분을 높입니다. 그러다 보면, 그분의 계획은 우리의 계획과 다르고, 그분의 시간표는 우리의 시간표와 다르다는 사실을 기억하게 됩니다. 모든 것을 아시고 모든 것을 아름답게 하시는 분은 하나님이십니다. 그 믿음으로 그분 안에 머무는 사람은 언제든지 굳건하게 서 있을 것입니다. 그리고 고난 속에 숨은 비밀을 보게 될 것입니다.

고난을 믿음으로 견뎌 내는 모습은 그것을 보는 이들에게 깊은 감화와 깨달음을 안겨 줍니다. 가장 강력한 간증은 성공과 번영이 아니라 고난을 통해 만들어집니다.

| 시편 103편 | **덧없는 존재에게 임하는 사랑** |

¹⁵인생은, 그날이 풀과 같고, 피고 지는 들꽃 같아, ¹⁶바람 한 번 지나가면 곧 시들어, 그 있던 자리마저 알 수 없는 것이다. ¹⁷그러나 주님을 경외하는 사람에게는 주님의 사랑이 영원에서 영원까지 이르고, 주님의 의로우심은 자손 대대에 이를 것이니, ¹⁸곧 주님의 언약을 지키고 주님의 법도를 기억하여 따르는 사람에게 이를 것이다. (15-18절)

해설

이 시편은 '시로 쓴 신학'이라고 이름 지을 수 있을 것입니다. 다윗의 시편으로 분류되는 이 시편은 하나님의 속성에 대한 고백으로 가득합니다. 다윗이 이 시편을 지었다면 인생 말년에 쓴 것이 분명합니다. 하나님이 얼마나 은혜로운 분이시며 인간이 얼마나 연약한 존재인지를 절절히 경험한 사람의 고백이기 때문입니다. 따라서 이것은 한 사람의 '체험적 신론'이라고 부를 수도 있습니다.

먼저 다윗은 자기 자신에게, 온 마음을 다하여 거룩하신 주님을 찬양하고 그분이 베푸신 모든 은혜를 기억하라고 말합니다(1-2절). 이렇게 말한 다음, 다윗은 그동안 자신이 경험해 온 하나님과 그분의 성품에 대해 묵상했을 것입니다.

얼마 지난 다음, 그는 입을 열어 자신이 경험한 하나님에 대한 고백을 시작합니다(3-13절). 귀하고 선하고 아름답고 거룩한 모든 것이 그분께 있습니다. 그 모든 것에 부족함이 없습니다. 다윗은 하나님의 사랑과 공의와 은혜와 자비를 특별히 강조합니다. 그것은 다윗이 일생을 지내 오면서 체험한 것입니다. 그도 때로는 하나님의 사랑을 의심한 적이 있고 그분의 정의에 대해 의혹을 가졌던 적이 있습니다. 하지만 시간이 지나고 보니 자신의 생각이 짧았음을 알았습니다. 자기 인생사가 어떻든지 자신을 향한 하나님의 사랑과 은혜와 정의와 자비는 변함이 없다는 것을 몸소 체험했습니다.

그러한 자비와 은혜와 사랑을 체험할 때면 "온 우주의 창조주이신 주님이 왜 나를 이렇게 사랑하시고 돌보아 주시는가?"라는 질문을 하지 않을 수 없습니다. 다윗도 하나님의 은혜와 자비를 자각할 때마다 그렇게 물었을 것입니다. 그 묵상을 통해 그가 얻은 대답이 14-18절에 기록되어 있습니다. 두 가지 이유 때문입니다.

첫째, 하나님이 자신을 그토록 아끼시고 돌보시는 이유는 자신의 연약함 때문입니다. 하나님의 영원성에 비하면 인생은 너무도 덧없는 존재입니다. 덧없는 존재이기에 하나님은 그 존재 하나하나에 마음을 쓰십니다. 둘째, 그가 하나님을 경외하기 때문입니다. 비록 그는 삶의 여정에서 여러 잘못을 범하였지만 하나님을 경외하는 마음에는 변함이 없었습니다. 하나님은 그 마음을 귀하게 여기시고 그를 돌보아 주셨습니다. 그뿐 아니라 하나님은 당신을 경외하는 사람들에게 주시는 복을 자손들에게 이어지게 하십니다.

이렇게 고백한 다음, 다윗은 하나님의 통치하에 있는 모든 존재에게 자신의 찬양과 경배에 동참하라고 권면합니다(19-22절). 하늘에 있는 영적 존재들(20절), 주님을 섬기는 모든 지도자들(21절), 주님께 지음받은 모든 사람들(22절) 그리고 자기 자신에게! 온 우주에서 찬양받으실 분은 오직 하나님 한 분뿐이며, 모든 살아 있는 존재는 그분의 찬양에 참여해야 마땅합니다. 하나님은 진정 그러한 예배와 찬양을 받으실 만한 분이기 때문입니다.

묵상

하나님이 얼마나 크신 분이신지를 알고 우리 자신이 얼마나 덧없는 존재인지를 알면, 하나님을 믿는다고 해도 감히 그분 앞에 고개를 들 수 없습니다. 그분에게 나의 존재는 공중에 날아다니는 한 줌의 먼지와 다름없기 때문입니다. 5백 년을 살아온 노송 앞에 서면 우리 존재가 얼마나 작고 덧없어 보입니까? 그렇다면 영원하신 하나님 앞에 서 있는 우리는 존재하지 않는 것이나 마찬가지입니다. 그분의 크심을 생각하면, 그분이 이 하찮은 생명에 관심을 두신다는 사실이 믿어지지 않습니다.

이 덧없는 생명에 대한 하나님의 관심과 사랑을 이해할 수도 없고 믿어지지도 않지만, 지나온 삶의 여정을 돌아보면 그것이 진실입니다. 하나님은 나의 이름을 기억하시고 내 마음 깊은 곳에 숨겨진 소망과 근심과 염려까지도 알고 계십니다. 내가 나 자신을 사랑하는 것보다 그분이 나를 더 사랑하시고 인도하십니다. 그러니 "하나님, 왜입니까? 왜 나를 이토록 돌보십니까?"라고 질문할 수밖에 없습니다.

이 질문에 대한 대답은 우리 자신에게서는 찾을 수가 없습니다. 오직 하나님의 속성에서만 그 대답을 찾을 수 있습니다. 그분은 '사랑할 줄밖에 모르시는 분'이십니다. '사랑하지 않을 능력이 없으신 분'이십니다. 참된 사랑은 상대가 연약할수록 더 강해지는 법입니다. 영원하신 하나님이 우리에게 관심을 두시고 사랑하시는 이유는 우리의 덧없음 때문입니다. 전능하신 하나님이 우리를 돌보시는 이유는 우리의 무능함 때문입니다. 그것을 안다면, 그분 앞에서 우리가 할 것은 오직 한 가지입니다. 그분을 경외하고 그분을 찬양하는 것!

시편 104편 | **창조하시고 다스리시는 하나님**

> 주님, 주님께서 손수 만드신 것이 어찌 이리도 많습니까? 이 모든 것을 주님께서 지혜로 만드셨으니, 땅에는 주님이 지으신 것으로 가득합니다. (24절)

해설

시편 103편에서는 인간에 대한 하나님의 은혜와 사랑을 노래했는데, 104편에서는 하나님의 창조 사역을 두고 찬양을 올립니다. 이 시편은 이어지는 105-106편과 짝을 이룹니다. 시인은 104편에서 하나님이 피조 세계를 어떻게 다스리시는지를 묘사한 다음, 105-106편에서 그분이 이스라엘 역사를 통해 어떻게 다스려 오셨는지를 묘사하기 때문입니다.

이 시편은 내용상 다섯 부분으로 나누어 볼 수 있습니다. 시인은 먼저 하나님의 위엄과 영광을 노래합니다(1-4절). 그 하나님은 세상을 창조하셨고(5-9절), 그 세상 안에서 온갖 생명이 살게 하십니다(10-18절). 그분은 우주의 운행을 주관하셔서 온갖 피조물이 생명을 누리게 하십니다(19-30절). 이 고백 끝에 시인은 평생토록 하나님의 영광을 찬양할 것이라고 다짐합니다(31-35절).

그는 먼저 창조주 하나님의 더없이 위대하심을 찬양합니다. 온 우주와 그 안에서 일어나는 모든 현상은 창조주 하나님이 얼마나 놀라운 분이신지를 드러냅니다. 마음의 눈을 뜨고 피조 세계를 통해 드러난 그분의 영광을 본다면 그분 앞에 엎드려 찬양하지 않을 수 없습니다(1-4절).

이어서 시인은 하나님이 이 세상을 창조하시고 다스리시는 모습을 묘사합니다(5-9절). 이 부분은 창세기 1장의 서사를 시로 바꾼 듯한 느낌을 줍니다. 피조 세계는 그분이 정하신 원리와 질서에 따라 움직입니다. 창조주 하나님은 당신이 지으신 세상 안에 온갖 생명을 창조하시고 모든 생명이 복을 누리도록 피조 세계를 돌보시고 다스리십니다(10-18절). 그 모든 것이 저절로 일어나는 자연 현상처럼 보이지만, 실은 하나님이 보이지 않는 손으로 다스리시기 때문에 가능한 일입니다. 그래서 시인은 구절마다 "주님은…"(개역개정: "여호와께서")이라고 말을 시작합니다.

시인은 거시적으로 하나님의 통치를 바라봅니다. 온갖 피조물이 주어진 생명을 누릴 수 있는 이유는 하나님이 우주를 질서 있게 운행하시기 때문입니다(19-30절). 모든 생명은 창조주 하나님의 다스림 아래 있습니다. 그분은 생명을 가져가기도 하시고 죽은 생명을 다시 일으키기도 하십니다. 이 대목에서 시인은 "주님께서 주님의 영을 불어넣으시면, 그들이 다시 창조됩니다. 주님께서는 땅의 모습을 다시 새롭게 하십니다"(30절)라고 고백합니다. 이것은 하나님의 전능하심에 대한 고백인데, 후에 그것은 예수 그리스도를 통해 일어날 새 하늘과 새 땅의 도래에 대한 예언이 되었습니다.

마지막으로 시인은 숨이 다하는 순간까지 하나님을 찬양하며 그분을 묵상할 것이라고 다짐하면서 죄악을 행하는 사람들에게 돌아설 것을 촉구합니다(33-35절).

묵상

무신론적 진화론자들은 자연이 연출하는 놀라운 다양성은 진화의 증거라고 말합니다. 반면, 하나님의 창조를 믿는 과학자들은 자연 세계의 다양성이 창조자의 존재를 증명한다고 말합니다. 창조를 믿는다는 말은 진화 과학을 부정한다는 뜻이 아닙니다. 진화 과학이 증명해 낸 것이 있다면, 그것은 창조자의 존재를 부정하는 증거가 아니라 창조자의 위대하심을 증명하는 증거입니다.

미술관에 가서 위대한 예술 작품을 감상하면서 그 작가를 생각하는 것처럼, 우리는 이 피조 세계를 감상하면서 창조주 하나님을 생각합니다. 때로 하늘을 가득 채운 은하수를 보면서 혹은 길가에 핀 이름 모를 들꽃을 보면서 우리는 온 우주를 창조하시고 운행하시는 창조자를 생각합니다. 그래서 바울 사도는 "이 세상 창조 때로부터, 하나님의 보이지 않는 속성, 곧 그분의 영원하신 능력과 신성은, 사람이 그 지으신 만물을 보고서 깨닫게 되어 있습니다. 그러므로 사람들은 핑계를 댈 수가 없습니다"(롬 1:20)라고 썼습니다.

피조 세계를 감상하면서 창조자에 대해 생각하는 것은 마치 작자 미상의 작품이 전시되어 있는 전람회를 감상하는 것에 비할 수 있습니다. 관람자는 전시된 미술품을 하나씩 관찰하면서 작가가 어떤 사람일지 추측해 봅니다. 작품을 모두 돌아보고 한쪽 구석에 서서 작가에 대한 자신의 생각을 정리합니다. 그러던 중 한 사람이 전람회장으로 들어옵니다. 자신을 숨기고 살았던 작가가 전람회장에 나타난 것입니다. 관람자는 그 사람을 만나 대화를 나눈 후에 다시 작품을 돌아봅니다. 모든 작품이 새롭게 보이고, 작가에 대해 더 잘 알게 됩니다.

이와 마찬가지로 우리는 피조 세계를 감상하며 창조주 하나님이 어떤 분이신지를 생각해 봅니다. 그러다 보면 창조주 하나님이 어떤 분일지 어렴풋이 짐작할 수 있습니다. 하지만 그것만으로는 충분하지 않습니다. 그래서 그분에 대해 더 분명히 알기 위해 더듬어 찾습니다. 그러나 우리가 더듬어 창조자를 알 방법은 없습니다. 작가가 전람회장에 들어서 자신을 소개하는 것처럼, 하나님이 우리에게 당신을 드러내 주셔야 합니다. 예수 그리스도는 우리에게 오셔서 창조주 하나님이 어떤 분이신지를 알게 하십니다.

우리는 예수 그리스도를 통해 창조주 하나님을 알고 다시금 그분의 작품을 감상합니다. 그분에 대한 우리의 믿음은 더욱 견고해지고 우리의 찬양은 더욱 뜨거워집니다.

시편 105편 | **역사를 기억하는 이유**

⁸그는, 맺으신 언약을 영원히 기억하신다. 그가 허락하신 약속이 자손 수천 대에 이루어지도록 기억하신다. ⁹그것은 곧 아브라함과 맺으신 언약이요, 이삭에게 하신 맹세요, ¹⁰야곱에게 세워 주신 율례요, 이스라엘에게 지켜 주실 영원한 언약이다. (8-10절)

해설

앞의 시편에서 하나님의 창조 역사에 대해 고백하며 찬양한 시인은 이어지는 105-106편에서 하나님이 이스라엘 역사를 통해 해 오신 일들을 서술합니다. 105편은 하나님이 이스라엘에 대한 언약에 신실하셨다는 사실을 강조하고, 106편은 이스라엘이 신실하지 못했음을 강조합니다. 104-106편은 창조주와 역사의 주관자로 하나님을 묘사하며 찬양함으로 4권을 마무리 짓습니다.

이 시편의 1-15절은 역대상 16:8-22에 동일하게 기록되어 있습니다. 역대상에 의하면, 다윗은 언약궤를 되찾아왔을 때 이렇게 기도했습니다. 따라서 이 시편의 저자는 다윗이라고 볼 수 있습니다. 이 시편은 내용상 다섯 부분으로 나누어 볼 수 있습니다.

먼저, 1-7절에서 시인은 하나님이 행하신 놀라운 일들을 기억하라고 말합니다. 이스라엘 역사 가운데 하나님이 행하신 놀라운 일들을 기억한다면, 그분을 높이고 찬양하지 않을 수 없습니다. 이어서 시인은 하나님이 이스라엘 역사를 통해 행하신 일들을 차례로 기록합니다.

8-11절에서 시인은 하나님이 이스라엘 백성과 맺으신 언약을 언급합니다. 주님은 아브라함의 자손에게 가나안 땅을 소유로 주겠다고 약속하셨습니다. 여기서 시인은 "언약", "약속", "맹세", "율례"(8-10절) 같은 단

어들을 번갈아 사용함으로써 하나님의 신실하심을 강조합니다. 족장들을 통해 그 약속을 이루어 가시는 이야기가 12-23절에 서술되어 있습니다. 언약에 대한 하나님의 신실하심 때문에 이스라엘 백성은 번성할 수 있었습니다. 아브라함의 자손 중 요셉은 이집트에 노예로 팔려 갔으나 하나님이 보호하셔서 그곳에서 큰 인물이 되고 이집트를 기근에서 구해 냅니다. 그것이 계기가 되어 이스라엘 백성은 이집트에 살게 됩니다.

24-36절에서 시인은 이집트에서 이스라엘 백성이 크게 불어났고 때가 되었을 때 모세와 아론을 보내셔서 그들을 이집트로부터 이끌어 내신 이야기를 묘사합니다. 여기서 시인은 "주께서…"(개역개정: "여호와께서") 혹은 "그가…"라는 주어를 반복적으로 사용함으로써 이집트에서 일어난 모든 일이 하나님의 역사였다는 사실을 강조합니다. 37-44절에서 시인은 해방된 이스라엘 백성의 광야 생활에 대해 서술합니다.

45절은 마지막 단락의 결론이자 시편 전체의 결론이라 할 수 있습니다. 하나님이 이스라엘을 택하시고 역사를 만들어 오신 이유는 "그들에게 그의 율례를 지키고 그의 법을 따르게 하기 위함"(45절)이었습니다.

묵상

아우구스티누스는 "과거는 기억으로 인해 존재한다"는 명언을 남겼습니다. 우리가 과거가 있다고 생각하는 이유는 기억하기 때문입니다. 기억을 잃으면 과거를 잃은 것입니다. 기억하는 것은 과거를 현재화시키는 일입니다. 우리는 과거가 지나갔다고 생각하지만, 기억을 통해 과거는 현재에 영향을 미칩니다. 그래서 하나님은 이스라엘 백성에게 "기억하라, 기억하라, 기억하라"고 강조하십니다. 시인은 그 명령을 따라 하나님이 이스라엘 백성에게 행하신 일들을 기억합니다. 이 시편에서 그는 의도적으로 하나님이 행하신 일에 초점을 맞춥니다. 이스라엘 백성과 맺으신 언약에 신실하셨다는 사실을 강조합니다. '신실함'은 '믿음직함'을 의미합니다. 하나님은 한번 맺으신 언약을 잊지 않으시고 끝까지 신실하셨습니다.

세속 역사가들은 역사를 기록하는 이유가 과거와 현재를 대면하게 하여 역사로부터 교훈을 얻으려는 데 있다고 말합니다. 하지만 성경은 하나님의 신실하심을 기억하게 하기 위해 역사를 기록합니다. 하나님은 추상적인 존재가 아니기 때문입니다. 그분은 구체적인 역사를 통해서 당신이 어떤 분인지를 드러내 보여 주셨습니다. 역사를 기억하는 것은 곧 하나님의 전능하심과 그분의 신실하심을 기억하는 것입니다. 그것을 제대로 기억할 때 우리도 하나님 앞에 신실하게 살아갈 수 있습니다. 마지막 45절에서 말하는 것처럼 하나님의 은혜를 기억한다면 우리는 마땅히 그분의 율례를 지키고 법을 따르게 되어 있습니다.

그것이 하루의 첫 시간을 성별하여 말씀을 읽고 기도하는 이유입니다. 하나님의 신실하심을 기억하고 날마다 그분 앞에서 신실하게 살아가기를 소망하며 기도합니다.

시편 106편 | **언약만이 희망이다**

⁴⁴그러나 주님께서는 그들의 부르짖음을 들으실 때마다, 그들이 받는 고난을 살펴보아 주셨습니다. ⁴⁵그들을 위하여 그들과 맺으신 그 언약을 기억하셨으며, 주님의 그 크신 사랑으로 뜻을 돌이키시어, ⁴⁶마침내 주님께서는 그들을 사로잡아 간 자들이 그들에게 자비를 베풀도록 하셨습니다. (44-46절)

해설

106편은 제4권의 마지막 시편이면서 바로 앞에 나오는 105편과 대비됩니다. 이스라엘의 역사를 훑어보면서 하나님의 신실하심을 노래했던 105편에 비해, 106편은 이스라엘이 역사 속에서 행해 온 반역의 행동들을 회상합니다. 하지만 이스라엘 백성의 반역을 강조하면 할수록 하나님의 신실하심은 더욱 부각됩니다.

먼저 시인은 하나님의 선하심과 인자하심을 찬양하면서 자신과 자신의 백성을 구원해 달라고 청합니다(1-6절). 시인의 눈은 자기 자신에게만 갇혀 있지 않습니다. 그는 이스라엘 백성 전체가 하나님의 은혜로 구원받기를 소망하면서 자신도 그 안에 있기를 기도합니다. 47절을 보면, 지금 이스라엘 백성은 여러 나라에 흩어져 살고 있습니다. 그들이 그런 처지에 있게 된 것은 그들의 조상들처럼 하나님을 거역했기 때문입니다.

이어서 시인은 조상들이 얼마나 반복적으로 하나님의 은혜를 잊어버리고 죄악의 길에 빠졌는지를 회상합니다(7-46절). 그들의 고집스러운 죄성은 출애굽과 광야 유랑 중에 극적으로 드러났습니다. 하나님은 놀라운 이적을 행하여 그들을 인도하셨지만, 그들은 너무도 빨리 그 은혜를 잊고 하나님의 뜻을 거역했습니다. 그 반역의 역사 끝에서 하나님은 그들을 망하게 하셔서 여러 나라로 흩어져 살게 하셨습니다.

43-44절은 이 모든 역사에 대한 요약이라고 할 수 있습니다. 이스라엘 백성은 하나님의 은혜를 잊고 자기들 생각대로 행함으로 그분을 거역했고, 그로 인해 비참한 운명에 처했습니다. 그런 운명에 처할 때마다 그들은 하나님께 부르짖었고, 하나님은 그 부르짖음에 응답하여 구원을 베풀어 주셨습니다. 하나님이 이렇게 하시는 이유는 그들의 조상과 맺은 언약 때문입니다(45절). 하나님은 노아를 통해, 아브라함과 이삭과 야곱을 통해, 모세를 통해 그리고 다윗을 통해 수차례 언약을 맺으셨습니다. 하나님은 그 언약을 기억하시고 거역과 배반을 거듭하는 이스라엘을 구원해 주셨습니다.

시인이 이렇게 길게 역사 이야기를 풀어내는 이유는 그들이 동일한 역사를 반복하고 있었기 때문입니다. 그들도 조상들처럼 하나님을 거역하여 악을 행했고, 그로 인해 비참해졌습니다. 이런 상황에서 기댈 것은 하나님의 언약뿐입니다. 하나님의 언약을 믿고 부르짖어 구할 때 그분은 조상들에게 그러셨던 것처럼 자신들에게도 구원을 베풀어 주실 것이라고 믿었기 때문입니다. 그래서 시인은 여러 나라에 흩어져 살고 있는 이스라엘을 회복시켜 달라고 기도하고(47절) 온 백성에게 "아멘"으로 화답하라고 청합니다(48절).

묵상

이 시편을 읽으면서 우리는 자신의 삶을 돌아보아야 합니다. 시인이 이스라엘의 역사를 회상하면서 자신의 세대가 과거의 역사를 그대로 반복하고 있다고 고백한 것처럼, 우리 역시 그 사실을 인식하고 고백해야 합니다. 우리도 하나님의 은혜와 자비가 아니었다면 여기까지 올 수 없었습니다. 우리가 이미 받은 은혜와 복은 헤아릴 수 없이 많습니다. 하지만 우리는 그 은혜와 복을 너무도 쉽게 잊습니다. 그리고 우리 자신의 생각대로 행하여 비참한 지경에 빠집니다.

"주님께서는 그들이 요구한 것을 주셨지만, 그 영혼을 파리하게 하셨습니다"(15절)라는 말은 인간 실존의 본질을 꿰뚫는 말입니다. 우리가 고집스럽게 요구할 때 하나님은 그것을 주시지만 우리 영혼은 파리하게 야윕니다. 영혼이 허약해지면 물질의 복은 재앙이 되어 버립니다. 이 말씀은 오늘 풍요의 땅에서 살고 있는 우리 세대에게 더욱 진실입니다.

동시에 우리는 예수 그리스도를 통해 맺어진 새로운 언약을 기억합니다. 이스라엘 백성이 소망을 두었고 시인도 유일한 소망으로 삼았던 언약은 마침내 폐기되었습니다. 하나님은 예언자 이사야와 예레미야를 통해, 때가 오면 옛 언약은 파기되고 영원한 새 언약(사 55:3; 렘 31:31)이 맺어질 것이라고 했습니다. 그 새 언약이 예수 그리스도를 통해 맺어졌습니다. 우리는 예수 그리스도의 피로 맺어진 그 영원한 언약 안에 있습니다. 그 언약은 우리를 새사람으로 변화시켜 하나님의 백성으로 살게 하는 능력입니다.

제5권　　　　　　　　　시편 107-150편

5권은 분량상 가장 많은 시편이 수록되어 있습니다.
여기에는 특별한 주제를 가진 시편 묶음들이 있습니다.
113-118편은 '할렐시'이고 120-134편은 '성전에 올라가는 순례자의 노래'입니다.
두 묶음 사이에는 무려 172절로 구성된 119편이 위치합니다.
146-150편은 시편 전체를 마무리 짓는 부록입니다.
이 구조에서 볼 수 있는 것처럼, 5권에 수록된 시편들은 주로 감사와 찬양의 시편입니다.
1권에 수록된 시편들이 주로 구원에 대한 호소와 탄식이라는 점을 고려하면,
5권에 수록된 시편들이 주로 감사와 찬양을 노래하는 것은 적절한 일입니다.
우리는 절박한 상황 속에서 하나님 앞으로 나아가며
그분 앞에 머물러 있다 보면 감사와 찬양을 회복하기 때문입니다.

시편 107편 | # 하나님의 선하시고 인자하심

주님의 인자하심을 감사하여라. 사람들에게 베푸신 주님의 놀라운 구원을 감사하여라. (8, 15, 21, 31절)

해설

이 시편으로 제5권이 시작됩니다. 이 시편은 공적 예배 중에 교독문이나 교독송으로 사용되었을 것으로 추측됩니다. "주님께 감사드려라. 그는 선하시며, 그의 인자하심이 영원하다"는 후렴구가 네 번 반복되고(1-3, 8, 15, 21-22절), 후렴구가 끝날 때마다 하나님의 선하시고 인자하신 행동이 네 번 묘사됩니다(4-7, 9-14, 16-20, 23-42절). 하나님의 선하심과 인자하심을 묘사하는 중에 "그들이 그 고난 가운데서 주님께 부르짖을 때에"(6, 13, 19, 28절)라는 어구가 또 네 번 반복됩니다.

앞에 나오는 105편과 106편은 구체적으로 이스라엘 백성의 출애굽과 광야 유랑 역사를 서술하면서 하나님의 신실하심을 찬양한 반면, 107편은 좀 더 일반적이고 보편적인 상황을 묘사하면서 그분의 선하심과 인자하심을 강조합니다. 하나님을 믿고 따르는 사람들은 때로 이유 없이 고난당할 수도 있고(4-7, 23-42절), 때로 스스로 악을 선택했기 때문에 고난당할 수도 있습니다(9-14, 16-20절). 어떤 이유로 당하는 고난이든지 그 고난 속에서 하나님을 향해 부르짖으면 그분께서 구원해 주십니다. 그것이 그분의 선하심과 인자하심의 증거입니다.

하나님은 당신을 믿기에 거룩하고 선하고 정직하게 사는 사람들을 특별히 선대하고 인자하게 대하십니다. "높은 자들"(40절) 즉 권력이나 부

혹은 탁월한 실력으로 인해 교만해진 사람들은 하나님을 의지하지 않습니다. 의지한다고 해도 하나님을 장식품으로 사용할 뿐입니다. 그들은 하나님의 선하심과 인자하심을 경험할 수가 없습니다. 반면, 하나님을 의지하고 그분의 뜻을 따라 거룩하고 선하고 정직하게 살아가는 사람들은 때로 낮아지고(12절) 비천해지고(39절) 가난해질(41절) 수 있습니다. 그로 인해 그들은 하나님을 더욱 의지하게 되고, 당신을 의지하고 도움을 구하는 사람들에게 하나님은 언제나 자비의 손길을 베푸십니다.

이런 근거에서 시인은 마지막으로 "지혜 있는 사람이 누구냐? 이 일들을 명심하고, 주님의 인자하심을 깨달아라"(43절)라고 외칩니다.

묵상

하나님의 신비 중 하나는 우리가 낮아지는 만큼 그분은 더 선명하게 보이고 약해지는 만큼 그분은 더 강하게 역사하신다는 사실입니다. 내가 스스로의 능력과 수단으로 나 자신을 세우면 하나님은 그만큼 나에게서 멀어집니다. 하나님이 멀리 가시는 것이 아니라 우리가 하나님을 멀리하는 것입니다. 우리 자신의 능력에 의존하는 정도만큼 우리는 하나님에 대한 믿음을 축소하는 것입니다. 낮은 사람, 무력한 사람, 가난한 사람, 비천한 사람이 높은 사람, 유력한 사람, 부한 사람, 귀한 사람에 비해 하나님을 만날 가능성이 훨씬 높은 이유가 여기에 있습니다. 세상에서 잘나가기를 모두가 바라지만, 하나님과의 관계에서는 위험한 지경으로 접근해 가고 있는 것입니다.

하나님은 선하심과 인자하심이 영원하신 분입니다. 다윗은 선하심과 인자하심이 평생토록 자신을 따른다고 있다고 고백한 적이 있습니다(시 23:6). 무한정의 선하심과 인자하심이 우리 앞에 열려 있습니다.

불행하게도 우리는 그분의 선하심과 인자하심을 의지하기보다는 스스로의 힘으로 자신을 세우려 합니다. 그래서 높아지고 강해지고 부해지기를 힘씁니다. 그 사실에 대해 시인은 "사람이 어둡고 캄캄한 곳에서 살며, 고통과 쇠사슬에 묶이는 것은, 그들이 하나님의 말씀을 거역하고, 가장 높으신 분의 뜻을 저버렸기 때문이다"(10-11절)라고 갈파합니다. 하지만 스스로 판 구덩이 속에 빠졌을 때라도 하나님을 향해 손을 뻗으면 다가와 건져 주시는 분이 우리 하나님이십니다. 그래서 그분에게만 찬양과 경배를 받으실 자격이 있습니다.

시편 108편 | **기도의 능력**

¹⁰누가 나를 견고한 성으로 데리고 가며, 누가 나를 에돔에까지 인도합니까? ¹¹아, 하나님, 우리를 정말로 내버리신 것입니까? 아, 하나님, 주님께서 우리 군대와 함께 나아가지 않으시렵니까? (10-11절)

해설

이 시편은 "다윗의 찬송시"로 되어 있습니다. 이 시편에는 앞에 나왔던 다윗의 두 시편이 결합되어 있습니다. 1-5절은 시편 57:7-11과 같고, 6-13절은 시편 60:5-12과 같습니다. 다윗이 과거에 당했던 것과 동일한 위기를 이스라엘이 만났을 때, 어떤 시인이 다윗의 두 시편을 결합하여 새로운 기도를 만들었다고 볼 수 있습니다. 이 시편은 크게 세 부분으로 나뉩니다.

1-6절은 하나님께 올리는 고백과 간구입니다. 시인은 먼저 자신의 마음을 정했다는 사실을 반복하여 강조합니다(1절). 107편과 연결해 본다면, 1절은 107편에 다섯 번 반복된 후렴구 즉 "주의 인자하심에 감사하여라. 사람들에게 베푸신 주님의 놀라운 구원을 감사하여라"(1, 8, 15, 21, 31절)라는 권면에 대한 응답으로 볼 수 있습니다. 시인은 새벽을 깨우고 일어나 온갖 악기로써 하나님을 찬양하겠다고 결의를 다짐니다(2절). "만민 가운데서"와 "뭇 나라 가운데서"(3절)라는 말은 시인이 처한 상황을 암시합니다. 그는 하나님을 믿지 않는 불신의 땅에 홀로 서 있는 형국입니다. 그럼에도 그는 찬양을 멈추지 않겠다고 고백합니다. 하나님은 찬양받으시기에 합당한 유일한 분이시기 때문입니다(4-5절). 이렇게 고백한 후에 시인은 하나님의 구원을 간구합니다(6절). 지금 이스라엘은

다시금 위기를 맞고 있기 때문입니다.

7-9절은 시인이 기도 중에 들은 하나님의 응답입니다. "하나님께서 그 성소에서 이렇게 말씀하셨습니다"(7절)라는 말은 지금 시인이 성소에 있다는 뜻입니다. 구원을 호소하는 깊은 기도에 하나님은 모든 나라가 당신의 다스림 아래 있으며 이스라엘은 당신의 사랑의 대상임을 확증해 주십니다. "세겜을 나누고, 숙곳 골짜기를 측량하련다"(7절)는 말씀은 요단강 동편 땅을 소유로 삼겠다는 뜻입니다. 길르앗, 므낫세, 에브라임, 유다(8절)는 이스라엘의 열두 지파를 말합니다. 모압과 에돔과 블레셋(9절)은 이스라엘의 숙적입니다. 하나님은 그 민족들마저도 결국 정복하실 것이라고 약속하십니다.

10-13절은 하나님의 응답을 듣고 난 후에 드리는 기도입니다. 시인은 다시금 하나님의 구원을 호소합니다. "에돔"(10절)은 지금 이스라엘이 대면하고 있는 새로운 적을 가리킵니다. 지금 이스라엘은 하나님에게서 버림받은 것과 같은 상황에 처해 있습니다(11절). 시인은 "사람의 도움은 헛되니"(12절) 하나님이 도와주시기를 기도합니다. 그런 다음, 시인은 하나님이 자신과 함께하실 것이라는 사실과 하나님이 함께하시면 반드시 전쟁에서 이길 것이라는 사실을 고백하면서 기도를 마칩니다(13절).

묵상

시인은 과거에 다윗이 만났던 것과 비슷한 위기를 만납니다. 그는 그 상황에서 다윗이 드렸던 기도를 기억해 내고 그것을 자신의 기도로 만들어 올립니다. 이것이 바로 오늘 우리가 시편을 읽고 묵상하는 이유입니다. 시편을 하나씩 읽고 묵상해 가다 보면 과거에 누군가가 지금 내가 처한 사정과 동일한 상황에서 올린 기도문을 만납니다. 그럴 때면 수천

년의 시차가 사라지고 그 기도가 지금 나의 기도가 됩니다. 그리고 다윗과 함께하셨던 동일한 하나님이 지금 나에게도 동일하게 역사하실 것을 믿습니다.

우리 삶의 여정에서도 다윗이 경험했던 것과 같은 위기가 기다리고 있습니다. 그것이 질병일 수도 있고, 사고일 수도 있으며, 관계의 문제일 수도 있습니다. 그런 위기를 만나 꼼짝없이 죽게 되었다는 두려움이 압도할 때, 가장 먼저 할 일은 하나님을 찾는 일입니다. 그럴 때면 나 자신의 말로 기도하기 어렵습니다. 기도가 나오지 않습니다. 기도할 말이 떠오르지 않습니다. 그럴 때 시편의 기도를 읽고 그것을 자신의 기도로 만들어 올리는 것은 매우 중요한 영적 훈련입니다.

그렇게 기도할 때 우리는 하나님이 나를 위협하는 적까지도 다스리시는 분임을 깨닫습니다. 기도는 하나님에 대한 믿음으로 드리는 것이지만 믿음을 회복시키는 과정이기도 합니다. 그렇기에 기도하기 이전과 이후의 마음 상태가 같을 수 없습니다. 기도를 시작할 때는 원수의 세력에 짓눌려 공포에 떨었지만, 기도를 마치고 나서는 이길 수 있다는 확신과 용기를 얻습니다. 그것이 기도의 힘입니다.

시편 109편 | **기도는 과정이다**

> ³⁰내가 입을 열어서 주님께 크게 감사드리며, 많은 사람이 모인 가운데서 주님을 찬양하련다. ³¹나를 고발하는 자들에게서 나를 구원해 주시려고, 주님께서는 이 가난한 사람의 오른쪽에 서 계시기 때문이다. (30-31절)

해설

이 시편의 저자는 다윗으로 되어 있습니다. 전체적인 내용으로는 '탄식시'에 속하지만, '저주 기도'(6-15절)가 중간에 포함되어 있습니다.

먼저 다윗은 하나님께 "잠잠히 계시지 마십시오"(1절)라고 기도합니다. 자신의 억울하고 분한 사정을 살피시고 바로잡아 달라는 호소입니다. 그는 지금 "악한 자와 속이는 자"(2절)로부터 근거 없는 비난과 고소를 당하고 있습니다. 그는 "그들을 사랑하여 그들을 위하여 기도를 올리건만"(4절) 그들은 "선을 오히려 악으로 갚고, 사랑을 미움으로 갚습니다"(5절).

이어서 다윗은 그 사람에 대한 저주의 기도를 하나님께 올립니다(6-15절). 여기서의 "그"(단수)는 다윗을 고통스럽게 하는 사람들 전체를 가리킵니다. 다윗은 상상할 수 있는 모든 악담과 저주를 하나님 앞에 쏟아놓습니다. 얼마나 심하게, 얼마나 오래, 얼마나 억울하게 당했기에 이렇게까지 악담을 퍼부을 수 있나 싶습니다. 속으로 삭이고 삭여 왔던 분노가 한꺼번에 폭발한 것 같습니다. 그는 절제하지 못하고 마음 깊은 곳에 쌓여 있는 분노의 찌꺼기까지 다 쏟아 놓습니다.

16-20절에서 다윗은 자신이 그 사람에 대해 저주의 기도를 드리는 이유를 설명합니다. 그는 다른 사람에게 사랑을 베풀 생각은 하지 않고 저주를 입에 달고 삽니다. "가난하고 빈곤한 자"(16절)는 하나님을 믿고

의롭게 사는 사람을 가리킵니다. 하나님께 저주 기도를 올리는 것은 그가 다른 사람에게 퍼부은 저주가 그 자신에게 돌아가게 해 달라는 청이라 할 수 있습니다.

21-29절에서 그는 하나님께 자신을 선대해 주시기를 구합니다. 그는 먼저 자신이 얼마나 불쌍한 처지에 처했는지를 설명합니다. 원수들의 모함에 사람들은 자신을 벌레 보듯 하고, 그로 인해 그의 마음과 몸은 모두 쇠약해졌습니다. 지금 그에게 유일한 희망은 오직 하나님께 있습니다. 그분에게는 "한결같으신 사랑"(26절)이 있기 때문입니다. 만일 자신이 이렇게 망하고 만다면, 그것은 주님의 명성에 어울리지 않는 일입니다.

이런 기도 끝에 다윗은 영적인 힘을 회복합니다. 그는 다시금 하나님을 찬양할 힘을 얻습니다. 하나님이 한결같으신 사랑으로 자신을 구원해 주실 것을 믿기 때문입니다(30-31절).

묵상

오늘의 시편은 6-15절에 나오는 저주 기도로 유명합니다. 원수까지 사랑하라는 예수님의 말씀을 기억하고, 선으로 악을 이기라는 바울 사도의 말씀을 기억하는 우리로서는 이 기도를 읽으며 당황할 수밖에 없습니다. 거룩한 성경에 이토록 지독한 악담의 기도가 어울리지 않아 보이기 때문입니다.

그런데 저주시가 시편 안에 포함되어 있다는 것은 하나님이 주신 '역설적 선물'입니다. 하나님 앞에 설 때 자신의 감정에 정직해야 한다는 사실을 가르쳐 주기 때문입니다. 하나님은 우리의 중심을 보시는 분입니다. 우리 내면에 숨겨져 있는 모든 생각과 감정을 다 아시는 분입니다. 그분 앞에서 부정적인 감정을 숨기는 것은 헛된 일입니다. 우리는 전신 MRI

기계 앞에 서는 것처럼 자신의 내면을 모두 열고 그분 앞에 서야 합니다. 지독한 분노가 마음속에서 꿈틀거릴 때 하나님 앞에서 그것을 있는 그대로 내놓아야 합니다.

우리는 때로 감정에 압도당합니다. 감사와 감격에 압도당하여 춤을 추면서 찬양하기도 하지만, 분노와 앙심에 압도당하여 입에 담기 힘든 악담을 쏟아 놓을 수도 있습니다. 하나님이 그것을 허락하십니다. 우리의 연약함을 누구보다 잘 아시는 분이기 때문입니다.

하지만 저주시는 '과정 중에 있는 기도'라는 점을 기억해야 합니다. 저주가 기도의 결론이 아닙니다. 오늘의 시편에서 보듯, 자신의 감정에 정직한 기도는 결국 하나님을 찬양하는 기도로 끝나게 되어 있습니다. 기도 중에 마음에 쌓인 분노가 해소되었기에 하나님에 대한 믿음을 되찾고 찬양하고 싶은 열정이 회복되었기 때문입니다. 자신의 감정에 정직하게 기도할 때에만 일어날 수 있는 변화입니다. 마음에는 분노를 가득 품고 짐짓 아무렇지도 않은 듯이 거룩한 말로 기도 시간을 채운다면, 그 사람의 마음에는 아무런 변화가 일어날 수 없습니다.

기도는 무엇보다 기도자 자신의 마음을 변화시키는 능력입니다. 그런 점에서 저주시는 기도에 대해 매우 중요한 교훈을 주는 기도입니다.

| 시편 110편 | **우리가 믿는 분** |

> 주님께서 임금님의 권능의 지팡이를 시온에서 하사해 주시니, 임금님께서는 저 원수들을 통치하십시오. (2절)

해설

이 시편의 저자는 다윗으로 알려져 있습니다. 유대인들은 이 시편을 메시아(헬라어, '그리스도')에 대한 예언으로 읽었고, 예수님도 그 해석을 받아들이셨습니다. 그래서 이 시편은 신약성경에서 가장 자주 인용된 구약 본문 중 하나가 되었습니다.

"주님께서 내 주님께 말씀하시기를"(1절)에서 앞의 "주님"은 성부 하나님을 가리키고 뒤의 "주님"은 메시아(구원자)를 가리킵니다. "너의 원수들"은 하나님께 반역을 선택한 "통치자들과 권세자들과 이 어두운 세계의 지배자들과 하늘에 있는 악한 영들"(엡 6:12)을 의미합니다. 성부 하나님은 그들을 모두 제압할 때까지 "너는 내 오른쪽에 앉아 있어라"(1절)라고 말씀하십니다. 스데반은 순교할 때 메시아이신 예수님이 하나님의 오른쪽에 계신 것을 보았습니다(행 7:56). 여기서 "오른쪽"은 위치를 뜻하는 말이 아니라 친밀함과 하나됨을 뜻하는 은유입니다.

2절의 "주님"은 성부 하나님을 가리키고, "임금님"은 메시아를 가리킵니다. 성부 하나님이 메시아로 보냄받은 분에게 "권능의 지팡이"(개역개정: "권능의 규")를 주시고, 메시아는 그 권능의 지팡이로 원수들을 통치하십니다. "임금님께서 거룩한 산에서 군대를 이끌고 전쟁터로 나가시는 날"(3절)은 메시아가 성부 하나님의 심판을 실행하는 날을 의미합니다.

그때 하나님을 믿는 경건한 사람들이 구원자를 따라나설 것입니다.

4절의 "주님"도 성부 하나님을 가리킵니다. 그분은 구원자에게 "너는 멜기세덱을 따른 영원한 제사장이다"라고 말씀하십니다. 이스라엘의 제사장직은 레위 지파 후손 중에서도 아론 계열을 통해 계승되었습니다. 멜기세덱은 아브라함에게 제사장 역할을 했던 사람입니다(창 14:18-20). 아론 계열의 제사장직은 영원한 것이 오기 전까지 필요한 잠정적인 제도입니다. 장차 메시아가 오시면 불완전한 제사장 제도와 제사 제도를 완전하게 하실 것이라는 뜻입니다.

5절의 "주님" 역시 성부 하나님을, "임금님"은 구원자를 의미합니다. 1절에서 성부 하나님이 메시아에게 "너는 내 오른쪽에 앉아 있어라"라고 하셨으니, 성부 하나님은 메시아의 왼쪽에 계셔야 합니다. 하지만 5절에서는 "주님께서[성부 하나님이] 임금님의[메시아의] 오른쪽에 계시니"라고 말합니다. "오른쪽"이라는 말이 장소 개념으로 사용된 것이 아니라는 증거입니다. 친밀감과 하나됨을 의미하는 비유이기에 이와 같은 모순적 표현이 나온 것입니다.

"심판의 날"(5절)은 마지막 심판의 때를 의미합니다. 그때가 되면 세상을 호령하던 모든 군왕이 힘을 잃을 것입니다. 지금 열방의 군왕들이 발호하는 이유는 심판의 때가 아직 되지 않았기 때문입니다. 예수님도 자주 강조하신 것처럼 최후의 날은 성부 하나님이 정하십니다. 심판이 모두 끝났을 때 메시아는 자신의 사명을 다하고 영원한 통치에 들어갈 것입니다. "길가에 있는 시냇물을 마시고, 머리를 높이 드실 것입니다"(7절)라는 말은 심판을 끝내고 온전히 회복될 것이라는 비유입니다.

묵상

예루살렘에서 마지막 주간을 보내고 계실 때 예수님은 바리새파 사람들에게 "너희는 그리스도를 어떻게 생각하느냐? 그는 누구의 자손이냐?"라고 물으십니다. 그들이 "다윗의 자손입니다"(마 22:42)라고 답하자 예수님은 이 시편의 1절을 인용하십니다. 그분은 "다윗이 성령의 감동을 받아"(마 22:43) 이 시편을 썼다고 하십니다. 그런 다음 "다윗이 그리스도를 주라고 불렀는데, 어떻게 그리스도가 그의 자손이 되겠느냐?"(마 22:45)라고 물으십니다. 유대인들 사이에는 메시아 즉 그리스도가 다윗의 후손에게서 나올 것이라는 믿음이 있었습니다. 그 믿음도 역시 구약성경에 기록된 예언의 말씀(사 11:1-9)에 근거한 것입니다.

하지만 메시아로 오실 그분은 단지 인간이 아닙니다. 그분은 하나님의 아들로서 우리에게 보냄받은 구원자이시며 심판자이십니다. 성부 하나님은 그분에게 온 우주를 통치할 능력을 주셔서 구원자의 일을 하게 하시고 부활 승천하신 후에 다시금 그분의 오른편에 있게 하십니다. 그리고 성부 하나님이 정하신 때에 다시 오셔서 최후의 심판을 행하실 것입니다. 그것까지 보아야만 예수 그리스도를 제대로 보는 것입니다. 그래서 바울 사도는 예수 그리스도를 소개하면서 "이 아들은, 육신으로는 다윗의 후손으로 태어나셨으며, 성령으로는 죽은 사람들 가운데서 부활하심으로 나타내신 권능으로 하나님의 아들로 확정되신 분이십니다"(롬 1:3-4)라고 고백합니다.

이것이 우리가 믿는 복음의 핵심입니다. 우리는 그런 분을 믿고 있습니다. 그분의 다스림 안에 살고 있습니다. 그래서 어떤 일을 당해도 흔들리지 않습니다. 그분을 위해서라면 어떤 위험도 대면할 수 있습니다. 결국은 그분이 모든 것을 바로잡으실 것이기 때문입니다.

시편 111편 | 영원에 눈뜨다

> ²주님께서 하시는 일들은 참으로 훌륭하시니, 그 일을 보고 기뻐하는 사람들이 모두 깊이 연구하는구나. ³주님이 하신 일은 장엄하고 영광스러우며, 주님의 의로우심은 영원하다. ⁴그 하신 기이한 일들을 사람들에게 기억하게 하셨으니, 주님은 은혜로우시며 긍휼이 많으시다. (2-4절)

해설

이 시편은 22개의 히브리어 알파벳 순서를 따라 지어진 '이합체시'입니다. 이것은 시인의 문학적 능력의 표현이기도 하고 읽는 사람들이 기억하기 쉽도록 돕기 위한 것이기도 합니다. 알파벳 순서를 따라 첫 글자를 기억하면 훨씬 암송하기에 쉽기 때문입니다.

시인은 "정직한 사람의 모임과 회중 가운데서 주님께 감사를 드리겠다"(1절)고 고백합니다. 여기서 "정직한 사람"은 "경건한 사람", "의로운 사람" 혹은 "신실한 사람"이라고 표현할 수도 있습니다. 시편에서 그 사람들은 "가난한 사람", "비천한 사람"으로 표현되기도 합니다. 하나님을 신실하게 믿고 따르는 사람은 정직하게 살아야 하는데, 타락한 사회에서 정직한 사람은 자주 손해와 박해를 당하기 때문입니다. 그것을 알면서도 시인은 그들과 연대하겠다고 선언합니다. 그것이 믿는 이들이 함께 모여 예배드리는 이유입니다. 이 세상에서 손해를 당하더라도 하나님 편에 서겠다는 선언입니다.

이어서 시인은 하나님을 찬양하고 감사해야 하는 이유를 열거합니다. 먼저, 주님이 하신 일들과 하고 계시는 일들 때문입니다(2-9절). 하나님이 행하신 수많은 일들 중에서 이스라엘 백성을 가나안 땅으로 인도하신 일에 주목합니다(6절). 그 사건은 하나님이 어떤 분이신지를 증명하는 대표적 사건입니다. 그분은 한번 약속하신 일을 끝까지 이루시며(5, 9절), 그 약속을 이룰 만큼 능력 있는 분이십니다(6절). 또한 그분이 하신 일들을 보면 그분의 진실하심과 공의로우심이 드러납니다(7-8절). 그런 까닭에 시인은 "주님께서 하시는 일들은 참으로 훌륭하시니, 그 일을 보고 기뻐하는 사람들이 모두 깊이 연구하는구나"(2절)라고 말합니다.

마지막으로 시인은 "주님을 경외하는 것이 지혜의 근본이다. 주님의 계명을 지키는 사람은 바른 깨달음을 얻으니, 영원토록 주님을 찬양할 일이다"(10절)라고 선포합니다. 하나님을 아는 것이 인간이 얻어야 할 지혜 중 가장 중요한 지혜입니다. 그뿐 아니라, 진실과 정직과 정의와 사랑을 제대로 알려면 하나님을 알아야 합니다. 그분은 그 모든 선한 것의 원천이기 때문입니다.

묵상

기독교 신앙은 홀로 수도 정진하여 도를 깨우치자는 노력이 아닙니다. 그것은 하나님이 존재하신다는 고백이며, 하나님을 위해 살겠다는 선택입니다. 그 고백과 선택은 이 세상에서 살기에 불리합니다. 절대 다수의 사람들이 하나님의 존재를 부정하고 하나님의 뜻에 반하여 살고 있기 때문입니다. 그렇기에 하나님을 믿는 사람은 다른 믿음의 사람들과 연대해야 합니다. 시인이 "정직한 사람의 모임과 회중 가운데서 주님께 감사를 드리겠다"라고 말한 이유가 여기에 있습니다.

그리스도인은 이 세상에서 나그네요 이방인입니다. 이 세상의 흐름을 거슬러 살아가는 사람들입니다. 그렇기 때문에 믿는 사람들이 서로 연대하지 않으면 이 길에서 낙오할 수 있습니다. 여기에 교회의 존재 이유이자 공적 예배가 필요한 이유가 있습니다. 하나님을 예배하는 것은 그분의 전능하심과 신실하심이 영원하다는 사실을 기억하게 합니다. 시인은 이 짧은 시편에서 "영원"이라는 말을 다섯 번 사용합니다(3, 5, 8, 9, 10절). 하나님은 영원하신 분이고, 그분의 신실함은 영원하고, 그분은 영원히 찬양받으실 분입니다. 그런 분을 예배하고 섬기면 현실을 바로 보는 지혜를 얻게 되고 악한 현실 가운데 선하고 의롭게 살 용기를 얻습니다. 영원에 눈을 뜨기 때문입니다.

시편 112편

경외하는 사람의 복

⁴정직한 사람에게는 어둠 속에서도 빛이 비칠 것이다. 그는 은혜로우며, 긍휼이 많으며, 의로운 사람이다. ⁵은혜를 베풀면서 남에게 꾸어 주는 사람은 모든 일이 잘될 것이다. 그런 사람은 일을 공평하게 처리하는 사람이다. ⁶그런 사람은 영원히 흔들리지 않을 것이다. 의로운 사람은 영원히 기억된다. (4-6절)

해설

이 시편도 111편처럼 각 행의 첫 글자가 히브리어의 알파벳 순서를 따라 지어진 '이합체' 형식으로 되어 있습니다. 앞의 시편에서 하나님을 경외할 수밖에 없는 이유를 말했다면, 이번 시편은 하나님을 경외하는 사람이 받을 복에 대해 말합니다. 우리가 하나님을 경외하고 그분의 계명을 사랑하는 것은 단지 좋아서 그렇게 하는 것입니다. 그런데 그렇게 사는 사람은 하나님의 섭리와 은혜 안에서 복을 누리게 됩니다. 복받는 것이 믿음의 목적은 아닙니다. 하지만 믿음의 길에 서서 살아가면 여러 가지 복을 누립니다. 여기에 나열된 복은 몇 가지 예를 든 것입니다.

먼저 시인은, 하나님을 경외하는 사람들의 복이 자손들에게 이어질 것이라고 말합니다(2절). 십계명에 보면, 하나님을 거역하여 죄악 가운데 사는 사람의 죗값은 삼사 대 자손에게까지 이르지만, 하나님을 사랑하고 그 계명을 지키는 사람이 받을 복은 수천 대 자손에게까지 이를 것이라고 약속하십니다(출 20:5-6). 인간의 운명은 각자가 하나님과 맺은 관계에 의해 결정되지만, 개인의 선택과 결정을 넘어서는 차원의 어떤 힘이 있습니다. 지금 나의 선택은 내 후손의 삶에 영향을 미치게 되어 있습니다.

시인은 이어서 하나님을 경외하는 사람들이 현세적이고 물질적인 번영의 복도 누릴 것이라고 말합니다(3절). 이것 역시 율법을 통해 약속하신 것입니다. 하나님의 창조 원리는 그분의 뜻에 순종하여 바르고 의롭게 사는 사람이 잘되는 것입니다. 인간의 죄로 인해 경건하게 사는 사람이 실패하고 손해 보며 가난해지는 현상이 자주 발생했지만, 하나님의 창조 원리는 여전히 유효합니다. 경건하고 의롭게 사는 사람에게 하나님의 복이 임합니다. 경건한 사람은 자신이 받은 복을 유통시킵니다.

시인은 또한 하나님을 경외하는 사람들이 좋은 성품의 복을 받을 것이라고 말합니다(4-5절). 사람은 자신이 사랑하고 존경하는 사람을 닮게 되어 있습니다. 하나님을 경외하고 그분의 계명을 즐거워하는 동안 하나님의 진리와 정의와 자비와 사랑을 알게 되고 감화를 받습니다. 그렇게 하여 "하나님의 성품에 참여하는 사람"(벧후 1:4)이 됩니다. 그런 사람은 자신의 능력과 지식과 물질을 사용하여 이웃을 살피고 돌봅니다. 그로 인해 그는 더욱 사람들로부터 인정과 존경을 받습니다.

그뿐 아니라, 하나님을 경외하는 사람의 존재와 삶이 흔들리지 않는 든든한 반석 위에 세워지는 복을 받을 것입니다(6-9절). 믿음의 사람도 나쁜 소식을 들을 수 있습니다. 하지만 그런 소식으로 인해 흔들리지 않습니다(7절). 그렇게 사는 사람들도 악한 사람들과 엮일 수 있습니다. 하지만 그들은 든든히 서서 악한 사람들이 망하는 것을 마침내 보게 될 것입니다(8절). 믿는 사람들은 하나님이 자신과 함께하심을 믿기에, 그리고 그 하나님이 모든 것을 바로잡으실 것을 믿기에 어떤 일을 당해도 흔들리지 않습니다.

마지막으로 시인은, 악한 사람들이 이 모든 것을 보고 화가 나서 이를 갈다가 사라질 것이라고 말합니다(10절). 여기서 우리는 예수님의 '달란트 비유'를 생각합니다. 한 달란트 받은 사람에게 주인은 "이 쓸모없는 종을 바깥 어두운 데로 내쫓아라. 거기서 슬피 울며 이를 가는 일이 있을 것이다"(마 25:30)라고 말합니다.

묵상

우리가 하나님을 믿는 이유는 그분이 하나님이시기 때문입니다. 온 우주의 창조주이시며 우리 각자를 지으신 분이기 때문입니다. 그분은 또한 우리가 소망하는 모든 좋은 것을 가지신 분입니다. 그분은 의로우시며 자비로우시고 사랑과 은혜가 충만하십니다. 그런 분이기에 우리는 그분을 믿고 의지하며 찬양과 경배를 드립니다. 그분을 알수록 우리는 더욱 그분을 찬양하게 됩니다.

그것뿐입니다. 우리는 그냥 좋아서 하나님을 찾고, 좋아서 그분을 찬양하고, 좋아서 그분의 말씀을 따릅니다. 그것이 손해를 불러온다 해도, 그것이 무엇인가를 포기해야 하는 것이라 해도, 혹은 그것이 멸시와 박해를 불러온다 해도 상관없습니다. 절대적이고 영원하신 하나님을 알고 난 이상 다른 것에 흔들리지 않습니다.

우리의 믿음이 이렇게 깊어지기를 소망합니다. 그런 믿음은 우리의 인격과 삶의 방식과 삶의 색깔을 변화시킵니다. 하나님이 마련해 놓으신 창조 원리를 따라 온갖 복을 누리게 됩니다. 복을 누리기 위해 하나님을 믿는 것은 아니지만, 하나님에 대한 믿음이 깊어지는 만큼 많은 복을 누립니다. 성품이 변화하는 복, 어떤 상황에서도 흔들리지 않는 든든한 평안의 복 그리고 손대는 것마다 형통하는 복을 누립니다. 그뿐 아니라, 그 복이 하나님의 약속대로 자손들에게도 이어집니다.

하나님을 경외하는 사람은 이 모든 복이 자신에게 고여 있게 하지 않습니다. 하나님의 마음을 알기에 그 복을 유통시켜 이웃을 복되게 합니다. 아브라함에게 약속하신 대로 하나님을 경외하고 믿고 따르는 사람들은 "복의 근원이 될 것"(창 12:2)입니다.

| 시편 113편 | **낮은 곳에 임하시는 주님**

> ⁵주 우리 하나님과 같은 이가 어디에 있으랴? 높은 곳에 계시지만 ⁶스스로 낮추셔서, 하늘과 땅을 두루 살피시고, ⁷가난한 사람을 티끌에서 일으키시며 궁핍한 사람을 거름더미에서 들어올리셔서….
> (5-7절)

해설

시편 113-118편은 '할렐시'로 불립니다. 이 시편들은 이집트로부터의 해방을 기념하는 유월절 식사에서 불렸기 때문에 '이집트 할렐시'라고도 불립니다. 113-114편은 식사를 시작하기 전에 불렸고, 나머지는 식사 후에 불렀습니다. 예수님이 제자들과 함께 나누신 마지막 만찬은 유월절 식사였습니다. 식사가 끝난 후에 "그들은 찬송을 부르고, 올리브산으로 갔다"(마 26:30)고 마태는 기록하고 있는데, 여기서 말하는 찬송은 115-118편을 가리킵니다.

시인은 "주님의 종들"(1절)에게 말합니다. "주님의 종들"은 하나님을 믿고 의지하는 사람들을 가리킵니다. 고대 사회에서 "이름"은 그 사람의 존재를 담고 있는 그릇으로 여겨졌습니다. 따라서 "주님의 이름을 찬양하는 것"은 주님을 찬양하는 것과 같습니다. 하나님은 찬양받기에 합당하신 분입니다. "지금부터 영원까지"(2절, 즉 모든 시간에) 그리고 "해 뜨는 데서부터 해 지는 데까지"(3절, 즉 모든 공간에서) 하나님은 찬양받으셔야 마땅합니다.

시간과 공간의 모든 영역에서 하나님이 찬양받아야 하는 이유에 대해 시인은 그분의 "높으심"(초월성)과 그분의 "낮추심"(내재성)을 제시합니다. 그분은 "모든 나라보다" 높으시며 "하늘보다" 높으십니다(4절). 인류 세계에 하나님보다 높은 존재는 없으며, 온 우주에도 그분보다 높은 존재는 없다는 뜻입니다.

그렇게 높으신 분이 그 자리를 누리려 하지 않으시고 스스로를 낮추셔서 하늘과 땅을 두루 살피시어 가난한 사람과 궁핍한 사람을 찾아내어 귀한 이들과 같은 자리에 앉게 하십니다(5-8절). 그 한 예로, 사라와 리브가와 라헬과 한나에게 그렇게 하신 것처럼, 그분은 아이를 낳지 못하여 사람들로부터 무시당하고 버림받은 여인들을 회복시키십니다(9절). 사람들조차 눈길을 주지 않는 사람들에게 가장 높으신 하나님이 눈길을 주신 것입니다.

이방의 모든 신은 자신이 서 있는 높은 자리에서 지시하고 호령하고 강요합니다. 더 높아지기를 도모합니다. 반면, 우리의 하나님은 높은 곳에 머물러 있기를 마다하고 낮은 곳, 어두운 곳, 밀려난 곳, 상처 난 곳, 냄새나는 곳을 살피시고 그곳에 버려진 사람들을 높이십니다. 그래서 시인은 "주 우리 하나님과 같은 이가 어디에 있으랴?"(5절)라고 질문합니다. 바로 이것이 우리의 하나님이 시간과 공간의 모든 영역에서 그리고 그 모든 영역을 넘어선 곳에서 찬양받으셔야 할 이유 중 하나입니다.

묵상

이집트의 노예가 되어 고통당하는 이스라엘 백성의 아픔을 하나님이 살피시고 응답하심으로 출애굽의 역사는 시작되었습니다. 호렙산 떨기나무 불꽃 가운데서 모세에게 나타나신 하나님은 "나는 이집트에 있는 나의 백성이 고통받는 것을 똑똑히 보았고, 또 억압 때문에 괴로워서 부르짖는 소리를 들었다. 그러므로 나는 그들의 고난을 분명히 안다. 이제 내가 내려가서 이집트 사람의 손아귀에서 그들을 구하여, 이 땅으로부터 저 아름답고 넓은 땅, 젖과 꿀이 흐르는 땅…으로 데려가려고 한다"(출 3:7-8)고 말씀하십니다. 이렇듯 높은 곳에 계시지만 낮은 곳에 있는 사람들의 아픔과 고통과 한숨을 보고 들으시고 살피시는 하나님이시기에 이스라엘 백성을 이집트로부터 구하여 가나안 땅으로 인도하셨습니다.

이스라엘 백성이 유월절을 지킨 이유는 '가장 높으신 분이 가장 낮은 곳을 찾으신 사건'을 기념하기 위한 것입니다. 그것을 기념하는 이유는 그 하나님이 지금도 가장 낮은 곳을 살피시고 고통받는 사람들을 돌보신다는 사실을 기억하기 위함입니다. 그런 분이시기에 오늘도 우리는 그분을 찬양하고 그분께 기도를 올립니다.

예수 그리스도는 하나님의 이 마음을 삶으로 구현해 보여 주셨습니다. 그래서 초대 교인들은 예수님을 찬양하면서 "그는 하나님의 모습을 지니셨으나, 하나님과 동등함을 당연하게 생각하지 않으시고, 오히려 자기를 비워서 종의 모습을 취하시고, 사람과 같이 되셨습니다. 그는 사람의 모양으로 나타나셔서, 자기를 낮추시고 죽기까지 순종하셨으니, 곧 십자가에 죽기까지 하셨습니다"(빌 2:6-8)라고 고백했습니다. 가장 높은 곳에 계셨으나 가장 낮은 곳까지 내려오신 분이 우리 주님이십니다.

그런 주님을 통해 사랑과 은혜를 경험했기에 우리는 "아버지, 당신의 마음이 있는 곳에 나의 마음이 있기를 원해요"라고 기도하고 그렇게 살기를 다짐하는 것입니다.

| 시편 114편 | **하나님의 영토**

> ¹이스라엘이 이집트에서 나올 때에, 야곱의 집안이 다른 언어를 쓰는 민족에게서 떠나올 때에, ²유다는 주님의 성소가 되고, 이스라엘은 그의 영토가 되었다. (1-2절)

해설

이 시편도 유월절 식사를 시작하면서 부르는 찬양으로 사용되었습니다. 시인은, 하나님이 이스라엘 백성을 이집트와 다른 강대국으로부터 구하여 내심으로(1절) "유다는 주님의 성소가 되고, 이스라엘은 그의 영토가 되었다"(2절)고 말합니다. "성소"는 하나님이 계신 곳입니다. 지리적으로는 시온산에 성소가 있습니다. 하지만 의미상 유다 백성 자체가 하나님의 성소입니다. 하나님이 유다 백성과 함께하시기 때문입니다. 이스라엘의 영토는 가나안에 준비되어 있었습니다. 하지만 이스라엘 백성 자체가 하나님의 영토입니다. "영토"란 하나님이 계시는 곳이기 때문입니다.

이스라엘 백성이 가는 곳이면 어디나 하나님이 함께하셨습니다. 모세가 지팡이를 들 때 홍해가 갈라진 것도, 언약궤를 멘 제사장들이 건널 때 요단강이 흐름을 멈춘 것도 그 백성이 하나님의 성소이자 영토였기 때문입니다(3절). 하나님이 시내산에서 나타나실 때 온 천지가 흔들린 것도 이스라엘 백성에 대한 그분의 특별한 사랑 때문이었습니다(4절). 여기서 시인은 수사적 의문문을 나열하면서(5-6절) 그 모든 일이 일어난 이유는 이스라엘에 대한 하나님의 사랑 때문임을 강조합니다.

마지막으로 시인은 "온 땅"을 향해 "네 주님" 곧 "야곱의 하나님" 앞에서 떨라고 명령합니다(7절). "떨어라"라는 말은 "경외하라"는 뜻입니다. 그 하나님은 이스라엘의 출애굽 역사에서 드러난 것처럼 전능하신 분이기 때문입니다(8절).

묵상

이스라엘 사람들은 유월절 식사 자리에서 이 찬양을 부르며 하나님이 자신들을 성소 삼으시고 영토로 삼으신 것에 대해 감사했습니다. 어떤 사람들은 가나안에서 정주하면서 이 찬송을 불렀을 것이고, 어떤 사람은 디아스포라의 처지에서 이 찬송을 불렀을 것입니다. 어떤 사람은 바빌론에서 포로 생활을 하면서 이 찬송을 불렀을 것이고, 어떤 사람은 앗시리아에서 차별과 냉대를 당하면서 이 찬송을 불렀을 것입니다. 어떤 사람은 아우슈비츠 수용소에서 이 찬양을 불렀을 것입니다.

   이 찬송은 어디에서 어떤 형편 가운데 살더라도 하나님이 그들과 함께하시며, 이집트와 광야에서 조상들과 함께하신 것처럼 자신들과도 함께하신다는 사실을 기억하게 해 주었습니다. 하나님이 그들을 "성소"로 삼으시고 "영토"로 만드셨기 때문입니다.

   이 시편을 읽고 묵상하면서 그리스도 예수 안에서 우리를 성전 삼으시고 영토 삼으신 하나님께 찬양을 올립니다. 예수 그리스도 안에서 우리는 하나님의 영토가 되었습니다. 그분이 성령을 통해 우리 가운데 계시므로 우리는 성전이 되었습니다. 우리가 언제 어디에 있든 하나님은 우리 가운데 계시며 우리를 다스리십니다. 그 믿음으로 우리는 어디에 있든 거룩한 땅을 걷고 어떤 상황에서든 희망을 잃지 않습니다. 우리를 영토 삼으시고 성소 삼으신 하나님은 당신의 아들을 죽은 자들 가운데서 일으키신 분이기 때문입니다.

| 시편 115편 | # 나의 하나님은 어디에 있는가?

¹주님, 영광을 우리에게 돌리지 마십시오. 우리에게 돌리지 마시고, 오직 주님의 이름에만 영광을 돌리십시오. 그 영광은 다만 주님의 인자하심과 진실하심에 돌려주십시오. ²어찌하여 이방 나라들이 "그들의 하나님이 어디에 있느냐?" 하고 말하게 하겠습니까? (1-2절)

해설

이 시편은 '할렐 찬양'에 속합니다. 지금 이스라엘은 이방 나라들에게 억압을 당하고 있습니다. 그래서 이방 사람들은 이스라엘 백성을 향하여 "그들의 하나님이 어디에 있느냐?"(2절)고 물으며 조롱합니다. 시인은 이스라엘 백성을 회복시켜 하나님의 영광을 드러내 주시기를 기도합니다(1절).

시인은 이스라엘이 섬기는 하나님과 이방 나라들이 섬기는 우상이 어떻게 다른지를 묘사합니다. 하나님은 "하늘에 계신"(3절) 분이십니다. 전능하시며 전지하신 분이십니다. 반면 우상은 땅에 있습니다. 차원이 다릅니다. 사람이 금과 은으로 빚어 만든 것이기 때문입니다(4-7절). 인간은 자신이 섬기는 대상을 닮아 가게 되어 있습니다. 그래서 "우상을 만드는 사람이나 우상을 의지하는 사람은 모두 우상과 같이 되고 만다"(8절)고 시인은 말합니다.

이렇게 말한 후에 시인은 이스라엘 백성에게 "주님을 의지하여라"(9절)라고 권면합니다. 이방 나라들은 이스라엘 백성이 고난당하는 이유가 그들의 하나님 때문이라고 생각했습니다. 그들의 하나님보다 이방 나라들이 섬기는 우상이 더 강하다는 뜻입니다. 이런 상황에서 이스라엘 백성의 믿음은 흔들릴 수 있습니다. 그래서 시인은 그들이 의지할 분은 하나님밖에 없다고 말합니다(9절). "아론의 집"(10절)은 제사장들을 가리킵니다.

시인은 백성들의 믿음을 지도하는 제사장들이 먼저 믿음의 본을 보이라고 말합니다. 그런 다음 "주님을 경외하는 사람들"(11절) 즉 이스라엘 백성에게도 동일한 말로 권면합니다. 하나님은 당신을 경외하는 사람들에게 복을 주시기 때문입니다(12-13절).

마지막으로 시인은 축복의 기도를 반복합니다(14-15절). "하늘은 주님의 하늘"(16절)입니다. 하나님은 인간으로서는 닿을 수 없는 초월적인 차원에 계시다는 뜻입니다. 그 하나님이 땅을 인간에게 주셨습니다. 그분은 인간이 땅에서 복을 누리도록 창조하셨습니다. 시인이 이 시편을 쓸 당시 이스라엘 사람들은 하나님 나라와 내세에 대한 믿음이 없었습니다. 그래서 "죽은 사람은 주님을 찬양하지 못한다. 침묵의 세계로 내려간 사람은 어느 누구도 주님을 찬양하지 못한다"(17절)고 말합니다. 그래서 그들은 하나님이 그들을 구하여 주셔서 하나님을 찬양할 수 있게 해 달라고 기도합니다(18절).

묵상

이 시편은 포로기 이후에 지어진 것으로 보입니다. 조국이 패망한 후 이방 나라들 사이에 섞여 살아야 했던 유대인들은 신앙적으로 극심한 도전에 직면했습니다. 내적으로는, 그동안 믿고 의지해 왔던 하나님에 대한 의문과 회의와 불신과 싸워야 했습니다. 그들은 하나님에게서 버림받은 것 같은 상황에 처해 있습니다. 혹은 하나님에 대해 속고 있었다고 생각했을 수도 있습니다. 외적으로는, 이방 민족들이 유대인들과 그들의 하나님을 조롱했습니다. 자신들이 섬기는 우상이 그들이 섬기는 하나님보다 더 강하다고 자랑했습니다.

이런 상황에서 시인은 유대인들에게 하나님에 대한 믿음을 놓지 말라고 권면합니다. 이방 민족들은 유대인들의 상황을 보고 '너희 하나님은 너희를 위해 무엇을 하고 있느냐?'(2절)고 물으며 조롱하지만, 그들이 믿는 하나님은 하늘에 계십니다. 그분은 초월자이고 전능자이십니다. 이방 민족이 믿고 섬기는 우상과는 차원이 다릅니다. 그분에게는 "인자하심과 진실하심"(1절)이 있습니다. 지금 비록 그분이 그들에게서 손을 떼신 것처럼 보이지만, 그분의 사랑은 변함없고 당신이 맺은 약속을 틀림없이 지키십니다. 따라서 현실 상황에 짓눌리지 말고 하나님을 경외하고 의지해야 합니다. 그분이 결국 영광을 드러내실 것이기 때문입니다.

우리는 물리적인 세계 안에 사는 육체적인 존재들입니다. 우리가 처한 환경에 영향받지 않을 수 없습니다. 풍요와 안락함이 지속되면 영적으로 부패하기 쉽고, 고난과 역경이 지속되면 믿음을 잃어버리기 쉽습니다. 우리가 영적으로 항상 깨어 있어야 하는 이유입니다. 그럴 때 "하늘에 계시는 하나님이 내 안에 계시다"고 고백할 수 있습니다. 그 고백이 믿음의 길에서 한결같은 걸음을 내딛을 수 있도록 붙들어 줍니다.

시편 116편 | **하시딤이 사는 법**

¹⁰"내 인생이 왜 이렇게 고통스러우냐?" 하고 생각할 때에도, 나의 믿음은 흔들리지 않았습니다. ¹¹나는 한때, 몹시 두려워, "믿을 사람 아무도 없다" 하고 말하곤 하였습니다. (10-11절)

해설

이 시편은 113편부터 이어지는 '할렐시' 중 하나로서 기도에 응답하시는 신실한 하나님에 대한 찬양과 감사의 기도입니다.

먼저 시인은 자신의 간구를 들어주신 하나님께 감사드리며 평생토록 기도하며 살겠다고 다짐합니다(1-2절). 얼마 전, 그는 죽음의 위협을 느낄 정도로 심각한 고난을 통과했습니다. "스올"(3절)은 바닥을 알 수 없을 만큼 깊은 구덩이를 말합니다. "스올의 고통"은 어둠 속으로 한없이 빠져들어 가는 것 같은 절망감을 말합니다. 그런 상황에서 시인은 하나님께 간절히 구원을 호소했습니다(4절).

그 경험을 통해 시인은 하나님이 "은혜로우시고 의로우시며" "긍휼이 많으신 분"(5절)임을 체험합니다. 또한 그분은 "가련한"(6절) 상황에 있는 사람들에게 구원을 베푸십니다. 하나님의 한량없는 은혜를 기억하며 시인은 "너는 마음을 편히 가져라"(7절)라고 자신을 타이릅니다. 하나님을 냉엄하고 무자비한 심판관으로 안다면 그분을 생각하는 마음이 편할 수가 없습니다. 하지만 은혜와 긍휼이 풍성하시고 어려움 중에 있는 사람들을 돌보시는 분이라는 사실을 기억하면 마음이 편안해집니다. 설사 고난을 당하더라도 고난보다 더 크신 하나님이 돌보고 계심을 알기 때문입니다(8절). 그래서 시인은 "내가 살아 있는 동안 주님 보시는 앞에서 살렵니다"(9절)라고 다시 한번 고백합니다.

시인은 다시 고난받을 때의 일을 생각합니다. 그는 "내 인생이 왜 이렇게 고통스러우냐?"(10절) 하는 생각에 시달릴 때도 있었지만 하나님에 대한 믿음은 흔들리지 않았습니다. 사람들에게 배신당하여 "믿을 사람 아무도 없다"(11절)는 비관적인 생각이 들 때도 믿음으로 견디어 냈습니다. 하나님은 그 믿음에 응답하셔서 구원을 베풀어 주셨습니다. 그래서 시인은 하나님의 구원의 은혜를 어떻게 갚을 수 있는지를 묻습니다(12절). 첫 번째로 할 일은 "구원의 잔을 들고, 주님의 이름을 부르는"(13, 17절) 것입니다. 찬양과 감사보다 더 값진 선물은 없습니다. 두 번째로 할 일은 주님께 서원한 것을 갚는 일입니다(14, 18-19절).

이렇게 고백하는 가운데 시인은 "성도들의 죽음조차도 주님께서는 소중히 여기신다"(15절)고 말합니다. "성도"라고 번역된 말은 '하시딤'으로, 하나님의 영원한 사랑('헤세드')을 경험한 사람들을 말합니다. 그 경험은 그들로 하여금 하나님을 사랑하고 이웃을 사랑하게 만듭니다. 하나님이 그 사람들의 죽음을 "소중히 여기신다"는 말은 그들의 생명을 지켜 주신다는 뜻입니다. 한 번 죽는 것은 정해진 일입니다. 그 죽음은 하나님의 다스림과 섭리 가운데 있습니다. 예수님이 말씀하신 것처럼, 참새 한 마리도 하나님의 허락 없이는 땅에 떨어지지 않습니다(마 10:29). 그렇다면 하나님께 신실한 성도들의 죽음은 더더욱 그렇습니다. 그러므로 하나님의 은혜와 긍휼을 믿는 사람이라면 죽음도 감사히 받아들입니다.

묵상

고난은 하나님에 대한 믿음을 압살시키기도 하지만 하나님을 새롭게 만나게 하고 그분이 대한 믿음을 더 깊게 만들기도 합니다. 반면, 안정과 번영은 하나님에 대한 믿음을 부패시키거나 약화시킵니다. 도심에서는 밤하늘에 별이 보이지 않지만, 광야에 나가면 쏟아질 듯 하늘 가득 별을 볼 수 있는 것과 마찬가지입니다. 하나님의 존재는 모든 것이 갖추어지고 안락한 환경에서는 잘 보이지 않습니다. 반대로, 불편하고 척박한 자리에 가면 하나님의 존재가 보입니다. 건강하고 만사가 편할 때에는 하나님이 마음의 가장자리로 밀려납니다. 반면, 몸이 괴롭고 고통스러울 때면 하나님이 절실해집니다.

절망의 자리에서 하나님께 구원을 호소하다가 그분의 침묵에 절망하고 믿음을 버리는 사람들도 있습니다. 자신이 원하는 시간에, 자신이 바라는 방식대로 응답해 주시기를 구하기 때문입니다. 하나님은 우리의 기도에 응답하시지만 우리가 기대하는 시간과 우리가 기대하는 방식과는 다른 때에 다른 방식으로 응답하십니다. 그것을 알게 되면 그 사람은 하나님의 새로운 면모를 보게 되고 더 깊은 믿음에 이르게 됩니다. 그렇기에 시인처럼 "내가 평생토록 기도하겠습니다"(2절), "내가 살아 있는 동안 주님 보시는 앞에서 살렵니다"(9절)라고 고백하게 됩니다. 그리고 그 은혜에 찬양과 감사로, 서원한 것을 행함으로 응답합니다.

이것이 '하시딤' 즉 하나님의 사랑을 체험한 사람들이 사는 방법입니다. 그 사람은 "내 인생이 왜 이렇게 고통스러우냐?" 혹은 "믿을 사람 아무도 없다"는 탄식이 나올 만한 상황에서도 여전히 하나님을 믿고 의지합니다. 그 믿음은 하나님의 '헤세드'를 새롭게 경험하게 하고, 그 경험은 믿음을 더욱 견고하게 만들어 줍니다.

시편 117편 | **무상함을 대하는 자세**

¹너희 모든 나라들아, 주님을 찬송하며, 너희 모든 백성들아, 그를 칭송하여라. ²우리에게 향하신 주님의 인자하심이 크고 주님의 진실하심은 영원하다. 할렐루야. (1-2절)

해설

이 시편은 전체 시편 중에서 가장 짧지만 시편 전체의 핵심 사상을 잘 담고 있습니다. 그렇기에 모차르트를 비롯한 많은 작곡가들이 찬송으로 만들어 부른 시입니다.

1절은 하나님을 찬송하고 경배하라는 부름이고, 2절은 하나님을 찬송하고 경배해야 할 이유를 밝힙니다. 대상은 "모든 나라들"과 "모든 백성들"(1절)입니다. 주님은 이스라엘만의 하나님이 아니라 모든 인류와 모든 생명의 하나님이십니다.

2절의 "인자하심"(히브리어 '헤세드')과 "진실하심"(히브리어 '에메트')는 구약성경에서 하나님의 성품을 말할 때 가장 자주 사용되는 단어입니다. '헤세드'는 변함없는 사랑(steadfast love)을, '에메트'는 변함없는 신실함(enduring faithfulness)을 의미합니다. 두 단어 모두 '변함없음', '지속성', '다함없음', '영원함'의 뜻을 지닙니다. 우리 하나님은 우리를 끝까지 사랑하시는 분입니다. 그런 하나님이시기에 우리는 언제나 그분을 의지하고 우리 인생을 맡길 수 있습니다. 그런 하나님이시기에 찬양과 경배를 받기에 합당하십니다.

묵상

불교는 이 세상 만물이 끊임없이 변화하는 '무상함'을 주목합니다. 세상 어느 것도 영원한 것이 없고 모든 것은 무심하게 순환되는 것이라고 봅니다. 정확한 현실 인식입니다. 이 현실 인식에 기독교도 동의합니다. 하지만 그 무상함에 대한 해법에서 차이가 납니다.

불교에서는 모든 것이 무상하니 아무것에도 붙들리지 말고 무상한 변화에 자신을 내맡기고 살아가라고 가르칩니다. 반면, 성경은 세상 만물이 무상하니 영원한 것에 눈을 돌리라고 합니다. 이 세상 만물에서 볼 수 없는 참됨과 영원함이 하나님께 있으며, 인간에게서 찾아볼 수 없는 변함없음이 하나님께 있다는 말입니다. 현실의 무상함을 체념으로 외면할 것이 아니라 무상함 너머에 있는 영원한 것을 보라는 뜻입니다. 그 영원한 것을 보고 다시 현실을 보면 만물의 무상함이 창조주의 현란한 조화로 보입니다. 그 신비와 조화 앞에서 우리는 하나님께 경배와 찬양을 올립니다.

시편 118편 | **매일이 성일**

> 주님께 감사하여라. 그는 선하시며, 그의 인자하심이 영원하다. (1, 29절)

해설

이 시편은 '할렐시'의 마지막 시로서 성전에서 제사드릴 때 사용했던 예전(liturgy)에서 온 것이라고 보는 학자들이 많습니다. 113-118편의 할렐시는 전통적으로 유대인들이 가장 중요하게 여겼던 유월절 식사를 하는 동안에 외워 불렀습니다.

1-4절과 29절은 이 시편을 감싸고 있습니다. 처음과 끝에서 시인은 "그는[주님은] 선하시며, 그의 인자하심이 영원하다"고 고백합니다. 이로써 이 시편의 주제를 선명하게 드러냅니다.

5-14절에서 시인은 그렇게 고백하는 이유를 설명합니다. 여러 나라가 그를 에워싸고 "가시덤불에 붙은 불처럼"(12절) 그를 삼키려 했지만, 하나님은 그의 기도를 들어주셔서 원수들을 물리쳐 주셨습니다. 이 경험을 통해 그는 주님이 자신의 편에 서 계심을 확인했고, 주님이 함께하시는 한 두려울 것이 없음을 알았습니다(6절). 또한 그는 사람을 의지하는 것보다 하나님을 의지하는 것이 더 낫다는 사실을 확인했습니다(8-9절).

"의인의 장막"(15절)은 성전을 가리킵니다. 그곳에서 하나님의 백성이 함께 모여 예배드리며 "주님의 오른손이 힘차시다"라고 노래합니다. "주님의 오른손"은 하나님을 의인화하여 표현한 비유입니다. 하나님의 전능하신 능력을 의미합니다(15-16절). "구원의 문들"(19절)은 성전이 위치한 예루살렘의 성문을 비유로 사용한 것입니다. 성문이 열려야 성전에 들어갈 수 있는 것처럼 하나님의 현존 안으로 들어가 그분께 감사와 찬송을 드리기를 원한다는 뜻입니다.

이스라엘 백성은 마치 "집 짓는 사람들이 내버린 돌"과 같은 신세였으나 하나님이 그들을 "집 모퉁이의 머릿돌"(22절)로 삼으셨습니다. 세상에서는 가장 작은 나라 중 하나였지만, 하나님이 그들을 제사장 나라로 삼으신 것입니다. 주님이 하시지 않고는 이런 일이 일어날 수가 없습니다(23절). 그러니 주님의 날에 그분을 생각하며 기뻐하고 즐거워하는 것입니다(24절). 이 고백에 근거하여 시인은 다시 한번 이스라엘을 축복하며(25-26절) 하나님을 경배하라고 권면합니다(27-28절). 그분은 선하시고 인자하심이 영원하기 때문입니다(29절).

묵상

이 시편에는 우리에게 익숙한 말씀이 세 가지 있습니다.

하나는 22절로서 예수님은 "포도원과 소작인의 비유"(마 21:33-46)에서 이 말씀을 인용하셨습니다. 세상의 수많은 민족 가운데 이스라엘을 선택하여 제사장 나라로 만드신 것은 인간적으로는 이해할 수 없는 일입니다. 그것은 오직 하나님의 전적인 선택으로 인해 일어난 일입니다. 하지만 이스라엘은 선민으로서의 사명에 끝내 실패했습니다. 그래서 하나님은 예수 그리스도를 보내셔서 "그 나라의 열매를 맺는 민족"(마 21:43)을 새로운 선민으로 택하셨습니다. 새로운 선민은 혈통이 아니라 믿음으로 결정됩니다.

교회는 새로운 선민으로 선택받은 "새로운 민족"입니다. 예수 그리스도를 믿는 사람들은 혈통으로 형성된 민족의 경계를 넘어 새로운 민족으로 부름받았습니다. 그리고 이스라엘이 맺지 못했던 "하나님 나라의 열매"를 맺어야 할 사명을 받았습니다. 우리는 그 민족의 한 백성입니다.

다른 하나는 24절입니다. "이날"은 예배로 모이는 날을 말합니다. 유대인들에게는 안식일과 축제일을 의미하고, 그리스도인들에게는 주일을 의미합니다. 예배에서 우리가 할 일은 기뻐하고 즐거워하는 일입니다. 그 기쁨과 즐거움의 원인은 하나님이 베풀어 주신 은혜 때문입니다. 일주일에 하루를 구별하여 예배드리며 하나님의 선하심과 인자하심을 기억하고 기뻐하고 즐거워하면, 일주일 내내 그렇게 살아갈 수 있습니다.

그렇게 사는 사람에게는 매일이 "이날"이 됩니다. 하나님의 임재 안에 머무는 사람이라면 매일 아침 24절을 암송하며 감사하게 하루를 받아 하나님의 선하심과 인자하심을 누리며 살아갈 수 있습니다.

셋째는 25-26절입니다. 예수님이 어린 나귀를 타고 예루살렘성으로 들어가실 때 무리는 "호산나, 다윗의 자손께! 복되시다, 주님의 이름으로 오시는 분! 더없이 높은 곳에서 호산나!"(마 21:9) 하고 외쳤습니다. "호산나"는 "이제 구원하소서"라는 뜻으로 "우리를 구원하여 주십시오"(25절)에서 왔고, "복되시다, 주님의 이름으로 오시는 분"은 "주님의 이름으로 오는 이에게는 복이 있다"(26절)에서 왔습니다. 이 사실은 유대인들이 이 시편을 메시아에 대한 예언으로 읽었다는 뜻입니다. 믿는 이들을 향한 하나님의 선하심과 인자하심은 메시아를 통한 구원에서 완성되기 때문입니다.

시편 119편 | **율법을 따라 사는 삶**

해설

이 시편은 히브리어 22개의 알파벳 순서를 따라 지은 '이합체시'입니다. 여덟 절이 한 알파벳에 속하는데, 여덟 행이 같은 알파벳으로 시작합니다. 이것은 암송을 돕기 위한 배려입니다. 이스라엘 사람들은 말씀을 암송하면서 묵상했습니다. 지금도 유대인들은 이 시편을 암송하는 것을 큰 자랑으로 여깁니다. 프랑스 사상가 블레즈 파스칼도 회심한 이후로 매일 아침 이 시편을 암송했다고 합니다.

주제로 본다면 이 시편은 1편이나 19편과 같이 "율법에 대한 사랑" 혹은 "율법에 대한 찬양"입니다. 176절이 모두 율법의 가치, 율법의 의미, 율법의 기쁨, 율법에 대한 사랑, 율법에 대한 헌신의 내용을 담고 있습니다. 어떤 구조나 흐름을 따라 지어진 것이 아니라 같은 생각을 여러 가지 말로 반복해서 표현하고 있습니다. 이 과정에서 시인은 율법에 대해 사람들이 사용하던 모든 용어 즉 "주님의 법", "주님의 증거", "주님의 길", "주님의 율례", "주님의 계명", "주님의 판단", "주님의 교훈", "주님의 말씀", "주님의 법도", "주님의 규례"를 섞어 쓰고 있습니다.

시인은 현실 생활 속에서 주님의 말씀을 따라 사는 것이 녹록지 않다는 사실을 자주 토로합니다. 율법의 깊은 뜻을 알지 못하기 때문이기도 하고, 악한 자들의 방해와 박해 때문이기도 합니다. 그렇기 때문에 시인은 하나님께 도움을 간구합니다. 그가 구하는 도움은 크게 두 가지입니다. 하나는 율법을 깨달을 수 있는 지혜를 달라는 기도이고, 다른 하나는 악한 이들에게서 건져 달라는 기도입니다. 주님의 약속을 믿고 주님의 율례를 따라 사는 것에 모든 것을 걸었으니, 약속대로 지켜 달라는 기도입니다.

할 수 있으면, 먼저 119편 전체를 소리 내어 읽고 묵상하기 바랍니다. 그렇게 한 다음, 다섯 부분으로 나누어 좀 더 자세히 묵상하겠습니다.

묵상

시인이 이 긴 시편을 '열린 결말'로 끝낸 것은 매우 의미심장합니다. 그는 "나는 길을 잃은 양처럼 방황하고 있습니다. 오셔서, 주님의 종을 찾아 주십시오. 나는 주님의 계명을 잊은 적이 없습니다"(176절)라는 기도로 이 시편을 마칩니다. 하나님의 응답으로 고난이 해결되는 것으로 끝나지 않고, 고난 중에 하나님의 응답을 기다리는 것으로 끝납니다. 그것이 믿는 이들의 기본 자세이기 때문입니다.

하나님을 믿고 그 뜻대로 살려는 사람들은 현실 세계에서 자주 고난을 당합니다. 세상은 자신과 다르게 사는 사람들을 미워하기 때문입니다. 그래서 예수님은 제자들을 위해 기도하면서 "나는 그들에게 아버지의 말씀을 주었는데, 세상은 그들을 미워하였습니다. 그것은, 내가 세상에 속하여 있지 않은 것과 같이, 그들도 세상에 속하여 있지 않기 때문입니다"(요 17:14)라고 하셨습니다.

시인은 주님의 율례를 따라 살다가 당하는 고난을 당연하게 여깁니다. 주님의 말씀은 진실하고 주님은 의로우시기 때문입니다. 그분은 당신을 의지하고 사는 사람들을 끝내 내버려두지 않으십니다. 그래서 시인은 고난의 현실 가운데 하나님의 도움을 구합니다. 하지만 응답은 자주 늦어지고 기다림은 하염없이 길어집니다. 그것은 하나님의 품에 안길 때까지 계속되는 일입니다.

믿는 이들은 이러한 현실에 대해 마음을 준비하고 살아야 합니다. 주님께 희망을 걸고 주님의 말씀을 따라 거룩하고 의롭게 사는 것은 이 땅에서 잘되고 잘 살기 위한 것이 아닙니다. 이 땅에서 고난당하고 손해를 보더라도 그 길을 걷는 것이 믿음입니다.

그렇게 주님께 희망을 걸고 고난을 견디다 보면 때로 주님이 구원의 손길을 내밀어 주십니다. 그 손길을 한 번만 경험해도 그동안 겪은 모든 고난이 보상되고도 남습니다. 그리고 그보다 더 큰 고난을 대면해도 견딜 능력을 얻습니다.

시편 119:1-40	**복된 삶을 위한 기도**

> ¹⁸내 눈을 열어 주십시오. 그래야 내가 주님의 법 안에 있는 놀라운 진리를 볼 것입니다. ¹⁹나는 땅 위를 잠시 동안 떠도는 나그네입니다. 주님의 계명을 나에게서 감추지 마십시오. (18-19절)

해설

1-8절은 각 절마다 히브리어 알파벳 '알레프'(alef)로 시작합니다. 먼저, 시인은 하나님을 사랑하여 그분이 주신 율법을 따라 사는 사람은 복 있다고 말합니다(1-3절). 그는 자신의 길을 탄탄하게 해 주시어 주님의 법도를 성실하게 지킬 수 있게 해 달라고 구합니다. 삶의 조건이 어려우면 주님의 말씀을 따르는 것도 어려워지기 때문입니다(4-5절). 주님의 계명을 따라 살면 부끄러움을 당할 일이 없을 것이고, 주님께 감사하게 될 것입니다(6-7절). 그런 마음으로 살 테니 자신을 버리지 말아 달라고 기도합니다(8절).

9-16절은 각 절마다 두 번째 알파벳 '베트'(bet)로 시작합니다. 시인은 율법을 따라 사는 것이 "인생을 깨끗하게 살 수 있게"(9절) 하는 유일한 길이라고 고백합니다. 그래서 그는 온 마음으로 주님의 말씀을 따르기 위해 힘씁니다(10-11절). 그는 주님의 율례를 가르쳐 달라고 기도합니다(12절). 주님의 교훈을 묵상하며 그 길을 따르는 것은 그것 자체로 큰 기쁨이기 때문입니다(13-16절).

17-24절은 모두 세 번째 알파벳 '기멜'(gimel)로 시작합니다. 시인은 자신이 땅 위를 잠시 떠도는 나그네일 뿐이라고 말하면서 자신의 건강을 지켜 주시고 주님의 법을 가르쳐 달라고 청합니다(17-18절). 율법의

뜻을 이해하고 깨치는 것이 너무 어려워 마치 하나님이 그 뜻을 감추고 계신 것처럼 느껴질 때가 있습니다(19절). 그 뜻을 깨우치려고 애쓰다가 쇠약해질 정도입니다(20절). 주님을 멸시하며 주님의 율법을 어기는 것은 오만함의 결과입니다(21절). 그런 사람들은 주님의 말씀을 따르는 사람을 멸시하고 해치려 합니다. 그럼에도 시인은 오직 하나님의 율법을 묵상하고 지키기를 다짐합니다. 그것이 그에게 기쁨을 주고 스승이 되기 때문입니다(21-24절).

25-32절은 모두 네 번째 알파벳 '달레트'(dalet)로 시작합니다. 시인은 영적 침체 가운데 있습니다. 그는 주님께 자신을 회복시켜 달라고 기도합니다. 그는 깊은 슬픔 가운데서 주님께 모든 것을 쏟아 놓았습니다. 이제는 주님이 그에게 답하실 차례입니다(25-28절). 시인은 그릇된 길로 가지 않도록 자신을 보호해 주시기를 구합니다(29절). 그는 주님의 말씀을 명심하고 그것을 따라 살려는 의지를 가지고 있습니다(29-30절). 시인은 상황 때문에 그 의지가 꺾여서 주님의 계명을 떠나는 수치를 당하게 될까 두려워합니다(31-32절).

33-40절은 매 절마다 다섯 번째 알파벳 '헤'(he)로 시작합니다. 시인은 자신에게 율법을 깨닫게 해 주셔서 언제까지나 그 길에서 떠나지 않게 해 달라고 기도합니다. 그것이 그의 유일한 기쁨이기 때문입니다(33-36절). 또한 그는 자신의 마음을 지켜 주셔서 헛된 것에서 기쁨을 찾지 않게 해 달라고 기도합니다. 헛된 것에 마음을 빼앗기면 탐욕에 휘둘리고 결국 믿음을 놓치게 될 것입니다(37절). 시인은 주님을 경외하는 사람에게 약속하신 복을 꼭 내려 주셔서 무서운 비난에서 건져 주시고 주님 안에서 새 힘을 얻게 해 달라고 기도합니다(38-40절).

묵상

율법은 '인간 사용 설명서'입니다. 창조주 하나님이 죄성에 물든 인간이 스스로 복을 누리고 다른 사람을 복되게 하는 길을 안내하신 것입니다. 예수님이 말씀하신 것처럼 율법은 인간의 죄성을 전제하고 주신 것입니다. 그렇기에 완전한 이상에는 미치지 못합니다. 하나님의 기준이 낮기 때문이 아니라 죄성으로 인해 인간이 그처럼 높은 수준에 이르지 못하기 때문입니다. 율법은 죄성을 가진 인간이 행할 수 있는 최선을 제시한 것입니다. 인간의 죄성을 적절한 정도에서 절제하면서 모두의 행복을 추구하는 길을 제시한 것입니다.

인간의 타락한 욕망 차원에서 보면 율법은 억압처럼 보일 수 있습니다. 또한 변화하는 상황에서 율법에 숨겨진 하나님의 뜻을 찾고 실행하는 것이 쉬운 일이 아닙니다. 시인은 그 뜻을 찾느라 영혼이 쇠약해졌다고 고백합니다. 그래서 그는 하나님께 기도합니다. 그의 기도는 두 가지입니다. 하나는 율법의 의미를 깨닫게 해 달라는 것이고, 다른 하나는 율법을 버리지 않게 해 달라는 것입니다. 율법을 묵상하고 그 율법을 행하는 것 자체에서 기쁨을 누리게 해 달라고 기도합니다. 그렇지 않고서는 하나님을 멸시하는 오만한 자들이 득세하는 이 세상에서 하나님의 뜻을 따라 살아갈 수 없기 때문입니다.

이러한 사정은 오늘날에도 동일합니다. 하나님을 믿고 그 뜻을 행하기를 원하는 사람이라면 이 두 가지 기도를 늘 지속해야 할 것입니다. 하나님의 뜻을 깨닫게 하소서. 그 뜻을 살뜰히 실천하며 살게 하소서. 아멘.

| 시편 119:41-80 | **고난의 유익**

⁷¹고난을 당한 것이, 내게는 오히려 유익하게 되었습니다. 그 고난 때문에, 나는 주님의 율례를 배웠습니다. ⁷²주님께서 나에게 친히 일러 주신 그 법이, 천만 금은보다 더 귀합니다. (71-72절)

해설

41-48절은 각 절마다 여섯 번째 알파벳 '바브'(vav)로 시작합니다. 시인은 "주님께서 말씀하신 그대로, 주님의 인자하심과 구원을 내게 베풀어 주십시오"(41절)라고 간구합니다. 율법을 따라 거룩하게 사는 것을 조롱하고 비난하는 사람들 앞에 담대히 서기 위함입니다(42절). 시인에게 유일한 희망은 율법에 있으며 그의 가장 큰 기쁨도 율법에 있습니다(44-48절). 그 율법 안에 하나님의 마음이 담겨 있기 때문이며, 율법 안에 복된 삶의 길이 있기 때문입니다. 그래서 주님의 말씀이 잠시라도 입에서 떠나지 않게 할 것입니다(43절).

49-56절은 각 절마다 일곱 번째 알파벳 '자인'(zayin)으로 시작합니다. 시인은 자신의 희망이 오직 주님에게만 있음을 고백합니다(49절). 고난받을 때 주님의 말씀으로 견딜 수 있었기 때문입니다(50절). "교만한 자들"(51절)과 "악인들"(53절)은 하나님에게 등 돌리고 자신의 뜻대로 살아가는 사람들입니다. 그들은 율법을 멸시하고, 율법을 따라 사는 사람들을 조롱합니다. 그 모습을 볼 때마다 시인의 마음에서는 "분노가 끓어오릅니다"(53절). 그것은 곧 하나님을 조롱하는 것이기 때문입니다. 그래서 시인은 그들이 보는 앞에서 주님의 율법을 더욱 사모하며 노래합니다(54-55절). 주님의 말씀을 따라 사는 것에서 행복을 찾습니다(56절).

57-64절은 모두가 여덟 번째 알파벳 '헤트'(het)로 시작합니다. 시인은 율법에 희망을 걸고 살고 있는 자신을 돌보아 달라고 하나님께 간구합니다(57-60절). 악인들이 자신을 "줄로 얽어매어도"(61절) 자신은 결코 주님을 떠나지 않겠다고 다짐합니다. 율법을 지키는 일에 "주저하지 않고, 서둘러"(60절) 행할 것이며, 율법에 대한 열심으로 "한밤중에라도, 벌떡 일어나서"(62절) 주님께 감사를 드리겠다고 다짐합니다. 주님의 법도를 지키기 위해 힘쓰는 사람들은 많습니다. 시인은 그들과 더불어 주님의 길을 따를 것입니다(63-64절).

65-72절은 아홉 번째 알파벳 '테트'(tet)로 시작합니다. 시인은 주님이 자신을 선대해 주셨다고 고백합니다(65절). 그는 더 많은 통찰력과 지혜를 달라고 기도합니다(66절). 그는 "고난을 당하기 전까지는"(67절) 율법의 가치를 알지 못했습니다. 그는 "고난 때문에, 주님의 율례를 배웠습니다"(71절). 또한 고난 중에도 그는 율례를 지켰습니다(69절). 그래서 그는 "고난을 당한 것이, 내게는 오히려 유익하게 되었습니다"(71절)라고 고백합니다. 율법의 가치에 눈뜨고 나니 그것은 "천만 금은보다 더 귀하다"(72절)는 사실을 알게 되었기 때문입니다.

73-80절은 열 번째 알파벳 '요드'(yod)로 시작합니다. 시인은 주님이 자신의 육신을 지으셨으니 지혜도 달라고 기도합니다(73절). 그럴 때 "주님을 경외하는 사람들"(74절)이 자신을 보고 용기를 얻게 될 것이기 때문입니다. 악한 사람들과 살아가면서 율법을 따라 사는 것이 얼마나 외로운 일임을 알기에 이렇게 기도하는 것입니다. 고난을 통해 그가 배운 진실은 "주님의 판단이 옳다"(75절)는 것입니다. 따라서 주님이 허락하시는 것이라면 고난조차도 그에게 유익합니다. 하지만 하나님을 의지하는 사람에게 고난은 지나가는 것입니다. 그 사람에게 하나님은 끝내 은혜와

긍휼을 베푸실 것입니다(76-77절). 시인은 오만한 자들이 수치를 당하고 주님을 경외하는 사람들이 높임을 받게 되기를 기도합니다(78-80절).

묵상

우리는 모두 고난을 싫어합니다. 자신의 인생길이 평탄하기를 원합니다. "무슨 일을 만나든지 만사형통하리라"라는 찬송이 우리의 고백이 되기를 바랍니다. 인류의 문명은 인간고를 해결하기 위한 노력의 연속이었습니다. 그 결과, 지금 우리는 과거에 사람들이 속절없이 당해야 했던 수많은 고난을 제거하는 데 성공했습니다. 이제는 고난 중에 가장 큰 고난인 죽음까지도 멀지 않은 미래에 제거할 수 있을 것이라고 전망하기도 합니다. 고난을 제거하는 것에 비례하여 행복은 커진다고 믿기 때문입니다.

하지만 고난이 없다면 인생은 사막과 같이 되어 버립니다. 날이 좋기만 하면 초원이 광야가 되고 광야가 사막으로 바뀝니다. 고난은 때로 부는 비바람과 폭풍과 눈보라에 비할 수 있습니다. 견디기 고통스럽지만 그런 변화를 통해 나무는 자라고 꽃이 피고 열매가 맺힙니다. 마찬가지로 고난은 우리를 겸손하게 하여 자신을 돌아보게 만듭니다. 때로는 완전히 깨어져 새로 지어지기도 합니다. 알지 못했던 진리를 깨닫게 하기도 합니다. 전혀 새로운 세상을 보게 만들기도 합니다. 그렇기에 고난을 거친 후에 인생의 행로가 바뀌고 인생의 색깔이 몰라보게 바뀝니다.

물론, 고난이 저절로 그런 유익을 가져다주지 않습니다. 고난에 짓눌려 질식하는 사람들도 있습니다. 마음이 꼬이고 팍팍해지기도 합니다. 시인처럼 "고난이 내게 유익이 되었습니다"라고 고백하는 사람도 있지만, "고난이 내게 재앙이 되었습니다"라고 한탄하는 사람도 있습니다. 하나님께 의지하여 고난을 마주하는 것이 그 차이를 만들어 냅니다.

| 시편
119:81-120	**하나님의 말씀을 붙드는 이유**

> ¹⁰³주님의 말씀의 맛이 내게 어찌 그리도 단지요? 내 입에는 꿀보다 더 답니다. ¹⁰⁴주님의 법도로 내가 슬기로워지니, 거짓된 길은 어떤 길이든지 미워합니다. (103-104절)

해설

81-88절은 히브리어 알파벳 '카프'(kaf)로 모든 문장을 시작합니다. 시인은 하나님을 업신여기고 스스로 신이 되어 살아가는 교만한 사람들로 인해 극심한 고난을 겪고 있습니다(81-83, 85절). 그는 자신이 거의 죽게 되었다고 말합니다(84, 87절). 하지만 시인은 악으로 악을 갚으려 하지 않고 율법을 붙들고 오직 하나님이 모든 것을 바로잡아 주시기를 기도하고 기다립니다. 시인은 그를 고통스럽게 하는 자를 하나님이 심판해 주시기를 기다리지만 하나님의 응답은 더디기만 합니다(84절). 그럼에도 그는 하나님의 말씀과 약속을 믿고 끝까지 기다리겠다고 다짐합니다. 그분의 말씀은 진실하기 때문입니다(86-88절).

89-96절은 '라메드'(lamed)로 시작합니다. 이 연에서 시인은 하나님의 말씀만이 영원하고 완전하다는 사실에 소망을 겁니다(89-91, 96절). 그 믿음 때문에 그는 고난을 이길 수 있었습니다(92절). 그렇기 때문에 지금 한계치를 넘는 고난을 당하고 있지만 믿음을 버리지 않습니다. 과거에 그러셨던 것처럼 이번에도 구해 주실 것을 믿기 때문입니다(93-94절). 악인들은 그가 망하기를 바라지만, 그는 흔들리지 않고 주님의 말씀만을 따릅니다(95절). 결국 그분께서 모든 것을 바로잡으실 것을 믿기 때문입니다.

97-104절은 '멤'(mem)으로 시작합니다. 여기서 시인은 주님의 법에 대한 사랑을 고백합니다. 그는 온종일 그것만 생각할 정도로 율법을 사랑합니다(97절). 율법은 온갖 지혜를 담고 있기에 그것을 사모하여 묵상하다 보면 원수들보다(98절), 스승들보다(99절), 노인들보다(100절) 더 지혜롭게 됩니다. 그뿐 아니라, 주님의 말씀으로 인해 그는 나쁜 길에서 발길을 돌려 그분의 뜻을 따라 살았습니다(101-102, 104절). 그래서 시인은 "주님의 말씀의 맛이 내게 어찌 그리도 단지요? 내 입에는 꿀보다 더 답니다"(103절)라고 고백합니다.

105-112절은 히브리어 알파벳 '눈'(nun)으로 시작합니다. 시인은 "주님의 말씀은 내 발의 등불이요, 내 길의 빛"(105절)이기에 그것을 지키겠다고 다짐합니다(106절). 고난이 심하고(107절) 악인들로 인해 언제나 위기에 처해 살고 있으나(109-110절) 그는 주님의 길을 포기하지 않습니다. 시인은 "주님의 증거는 내 마음의 기쁨이요, 그 증거는 내 영원한 기업입니다"(111절)라고 고백합니다. 그래서 그는 숨이 다할 때까지 주님의 율례를 지키기로 다짐합니다(112절).

113-120절은 '싸메크'(samekh)로 시작합니다. 시인은 "두 마음을 품은 자"(113절)와 "악한 일을 하는 자들"(115절)에게서 자신을 지키면서 하나님의 말씀을 붙듭니다. 주님의 약속만이 그의 희망이기 때문입니다(114절). 그는 주님께만 희망을 걸고 있는 자신의 믿음이 무색해지게 하지 말아 달라고 기도합니다(116-117절). 그는 주님이 "주님의 율례들에서 떠나는 자"(118절)와 "세상의 모든 악인"(119절)을 결국 심판하실 것을 압니다. 그것을 생각하면 주님 앞에서 떨 수밖에 없습니다(120절).

묵상

우리가 사는 세상의 현실은 "교만한 자들" 즉 하나님을 업신여기고 스스로 신이 되어 살아가는 사람들이 다수요 대세입니다. 그런 세상에서 하나님의 말씀을 따라 사는 것은 고난을 자초하는 일입니다. 하나님을 믿는다는 것 하나만으로 무시당하고 조롱당할 수 있습니다. 악인들은 그런 모습조차 보기 싫어합니다. 그래서 시인은 때로 죽음의 위협을 느낄 정도로 극심한 고난 가운데 살고 있습니다. 그럼에도 그는 하나님을 의지하고 그분의 말씀을 지키는 일을 포기하지 않습니다.

그 이유는 세 가지입니다. 첫째는 하나님이 어떤 분이신지 알기 때문입니다. 그분은 온 우주를 창조하신 분이며 영원하신 분입니다. 그분은 진리로 충만하시고 흠 없이 거룩하시며 약속을 끝내 지키시는 신실한 분입니다. 세상에 믿을 만한 대상은 그분밖에 없습니다. 둘째는 그분의 말씀은 사랑할 만한 것이기 때문입니다. 피상적으로 보면 하나님의 율법은 무겁고 힘들어 보입니다. 하지만 그 맛을 알고 나면 사랑하지 않을 수 없습니다. 온종일 그것만 생각하게 됩니다. 셋째는 그 말씀 안에 진리가 있기 때문입니다. 그것은 등불처럼 갈 길을 비추어 주고 우리를 지혜롭게 해 줍니다.

이것은 체험해 보지 않고는 알 수 없는 진실입니다. 실제로 하나님의 말씀을 읽고 묵상하며 그 말씀을 실천할 때에만 그 맛을 알 수 있고 그 능력을 알 수 있습니다. 그럴 때 우리는 어떤 고난을 당해도 하나님을 떠나지 않고 그분의 말씀을 포기하지 않습니다. 그리고 그 믿음은 우리를 하나님의 품 안에 든든히 붙들어 줍니다.

| 시편 119:121-160 | **그분에 대한 사랑과 이웃에 대한 사랑** |

> ¹⁴⁵온 마음을 다하여 부르짖으니, 주님, 나에게 응답하여 주십시오. 내가 주님의 율례들을 굳게 지키겠습니다. ¹⁴⁶내가 주님을 불렀으니, 나를 구원하여 주십시오. 내가 주님의 증거를 지키겠습니다. ¹⁴⁷주님의 말씀을 갈망하여 날이 밝기도 전에 일어나서 울부짖으며, ¹⁴⁸주님의 말씀 묵상하다가, 뜬눈으로 밤을 지새웁니다. (145-148절)

해설

121-128절은 매 절이 히브리어 알파벳 '아인'(ayin)으로 시작합니다. 시인은 하나님의 율법을 따라 "공의와 정의"(121절)를 행하는데, 그것을 방해하고 박해하는 사람들이 있습니다. 그들은 "주님의 법을 짓밟아 버렸고"(126절) 경건한 사람들을 "억압"(122절)합니다. 시인은 그런 상황에 처하여 하나님께 도움을 청합니다. 현실의 문제에 대한 하나님의 도움은 더디기만 합니다. 하나님의 응답을 기다리다가 시인은 지쳐 버립니다(123절). 그래서 주님의 도움을 구합니다(124-126절). 시인은 주님의 말씀이 자신에게 순금보다 귀하기에 매사에 그 말씀을 따라 살 것이라고 다짐합니다(127-128절).

129-136절은 '페'(pe)로 시작합니다. 이 연에서 시인은 주님의 말씀에 대한 뜨거운 사랑을 고백합니다. 그는 주님의 말씀이 "너무 놀라워서"(129절), "주님의 말씀을 열면, 거기에서 빛이 비치어"(130절), 말씀을 생각하는 것만으로도 "입을 벌리고 헐떡[인다]"(131절)고 고백합니다. 시인은 "어떤 불의도 나를 지배하지 못하게"(133절) 해 주시고 "사람들의 억압에서 나를 건져"(134절) 달라고 기도합니다. 그는 주님의 말씀을 무시하고 자신의 욕심대로 살아가는 사람들을 보면서 "눈물이 시냇물처럼 흘

러내리며"(136절) 안타까워합니다.

137-144절은 '차데'(tsadi)로 시작합니다. 시인은 주님의 의로우심과 진실하심을 찬양합니다(137-138절). 그것을 알고 체험할수록 주님의 말씀을 무시하고 사는 사람들에 대한 긍휼함이 사무칩니다(139절). 시인은 사람들에게 멸시당하는 것에 아랑곳하지 않고 주님의 말씀을 사모합니다(140-141절). 재난과 고통이 엄습해도 주님의 말씀에서 기쁨을 찾습니다(142-143절). 의로우신 주님의 말씀이 생의 활력이 됩니다(144절).

145-152절은 '코프'(qof)로 시작합니다. 이 연에서 시인은 자신의 기도에 대해 하나님이 응답해 주시기를 호소합니다. 그는 "날이 밝기도 전에 일어나서 울부짖으며"(147절) "온 마음을 다하여"(145절) 하나님의 도움을 간구합니다. 그는 주님의 의로우심과 진실하심에 따라 자신을 돌보아 주시기를 구합니다(149절). 시인은 악한 자가 "가까이"에서 자신을 해하려고 하는데(150절), 주님도 "가까이" 계시니 자신을 지켜 달라고 기도합니다(151절). 그에게 주님의 말씀은 영원한 증거입니다(152절). 그래서 그는 뜬 눈으로 밤을 새울 정도로 주님의 말씀을 사모합니다(148절).

153-160절은 모두 '레쉬'(resh)로 시작합니다. 이 연에서 시인은 다시금 악인들로부터 자신을 구해 달라고 청합니다. 그는 하나님께 자신의 "변호인"이 되어 달라고 청합니다(154절). 악인들은 "율례를 따르지 않으며"(155절) "주님의 말씀을 지키지" 않습니다(158절). 그들은 주님의 말씀을 따르는 사람들을 핍박합니다(156절). 하지만 그는 주님의 법도를 버리지 않습니다. 주님은 약속을 지키는 분이시며(155절) 긍휼이 많으신 분이기 때문입니다(156절). 그래서 그는 주님의 말씀을 사모하고 그분의 율례를 떠나지 않습니다(159-160절).

묵상

본문에서는 시인의 감정에 대한 표현이 눈길을 끕니다. 그는 하나님과 하나님의 말씀에 대한 사랑의 감정을 고백하면서 "입을 벌리고 헐떡이고"(131절), "날이 밝기도 전에 일어나서 울부짖고"(147절), "주님의 말씀 묵상하다가, 뜬눈으로 밤을 지새웁니다"(148절)라고 표현합니다. 하나님과 그분의 말씀에 대한 열정을 주체하지 못하는 모습입니다.

그뿐 아니라, 하나님과 그분의 말씀을 무시하는 사람들에 대한 감정도 뜨겁습니다. 시인은 그들의 행태를 보면서 분노합니다. 악한 사람들을 볼 때, "내 열정이 나를 불사릅니다"(139절)라고도 고백하고, 그들을 보고 "나는 참으로 역겨웠습니다"(158절)라고 고백하기도 합니다. 자신이 가장 귀하게 여기는 존재가 다른 사람들에 의해 부정당하고 조롱당하는 모습을 보는 것은 견디기 힘든 일입니다. 진리를 외면하고 자신의 죄 된 욕망을 따라 살아가는 모습은 경건한 사람에게는 참고 보기 어려운 일입니다. 진리를 알아갈수록 비진리 혹은 반진리에 대해 거부감을 느끼게 되어 있습니다. 정의를 알아갈수록 비정의 혹은 반정의에 치를 떨게 되어 있습니다.

하지만 시인은 그들을 생각하며 "시냇물처럼"(136절) 눈물을 흘립니다. 하나님이 누구신지 그리고 그분의 말씀이 얼마나 귀한지를 모르고 사는 것이 안타깝기 때문이며, 그렇게 허비된 그들 삶의 마지막이 얼마나 비참한 것인지 알기 때문입니다. 시인은 자기 혼자 하나님을 알고 그 말씀의 맛을 누리며 복된 길을 걷는 것에 만족하지 못합니다. 그것이 얼마나 큰 복인 줄 알기에 다른 사람들이 그것을 알지 못하고 그것 없이 사는 것으로 인해 안타까워 눈물을 흘립니다. 그 안타까움이 그로 하여금 그들을 위해 기도하게 하고 말씀을 전하게 합니다.

하나님에 대한 내 마음의 온도가 이웃에 대한 온도를 결정합니다. 그분에 대한 사랑이 뜨거워지면, 그분의 뜻대로 살려는 의지가 강해지고, 그분을 거역하고 사는 사람들에 대한 애끓음이 강해집니다.

시편
119:161-176

권력에의 욕구

¹⁶¹권력자는 이유 없이 나를 핍박하지만, 내 마음이 두려워하는 것은 주님의 말씀뿐입니다. ¹⁶²많은 전리품을 들고나오는 자들이 즐거워하듯이, 나는 주님의 말씀을 즐거워합니다. ¹⁶³나는 거짓을 미워하고 싫어하지만, 주님의 법은 사랑합니다. ¹⁶⁴주님의 공의로운 규례들을 생각하면서, 내가 하루에도 일곱 번씩 주님을 찬양합니다. (161-164절)

해설

161-168절은 각 절마다 히브리어 알파벳 '쉰'(shin)으로 시작합니다. 시인은 하나님을 등지고 악행을 일삼는 사람들을 가리켜 "권력자"(161절)라고 부릅니다. 권력은 하나님의 자리에 앉은 것으로 착각하게 만드는 경향이 있습니다. 권력이 커질수록 악행으로 기울어지게 됩니다. 그런 사람에게 의로운 사람은 눈엣가시와 같습니다. 그래서 의와 진리를 따라 사는 사람들을 억압하고 제거하려 합니다. 하지만 시인은 그들을 두려워하지 않습니다. 지상의 권력자보다 더 강한 분이 계시기 때문입니다. 그는 주님의 법을 사랑하고 그 법을 따라 살면서 주님을 찬양합니다(162-164, 166-168절). 그렇게 철저하게 의지하는 사람을 주님은 지켜 주시기 때문입니다(165절).

169-176절은 마지막 알파벳 '타브'(tav)로 시작합니다. 시인은 마지막 연을 하나님의 도움을 구하는 기도로 마무리합니다. 그의 기도는 두 가지입니다. 하나는 주님의 말씀을 깨닫게 해 달라는 것이고(169절), 다른 하나는 악인들의 위협에서 자신을 건져 달라는 것입니다(170절). 그는 주님의 법도를 따르기로 선택했으며, 그것을 노래하고 찬양합니다. 그는 모

든 소망을 주님께 걸었습니다(171-175절). 하지만 그는 길 잃은 양처럼 되어, 자신을 그 상태로 내버려두지 말아 달라고 호소합니다(176절).

묵상

영성가들이 영적 생활에서 경계해야 할 것들 중 가장 중요한 것으로 돈, 권력, 섹스를 꼽습니다. 이 세 가지는 하나님이 우리에게 주신 좋은 선물입니다. 문제는 우리 마음이 절제력을 잃고 이에 대한 욕망에 휘둘리는 데 있습니다. 칼이 병을 치료하는 유익한 도구로 사용될 수도 있고 사람을 죽이는 흉기로 사용될 수도 있는 것과 같습니다. 우리에게 주어진 욕망은 하나님을 영화롭게 하기도 하고 삶을 풍요롭게 할 수도 있습니다. 반면, 무분별하게 사용하는 경우에는 하나님을 거역하고 우리 자신의 인생을 파괴시키며 이웃에게 상처를 주는 도구가 되기도 합니다.

누구에게나 권력에 대한 의지와 욕망이 있습니다. 그 욕망이 우리로 하여금 자신을 세우기 위해 노력하게 만듭니다. 지금까지 인생에서 무엇을 이루었다면, 그 추진력은 권력에 대한 욕망에서 나온 것입니다. 하지만 절제력을 잃으면 권력은 우리 스스로가 신이 된 것처럼 착각하게 만듭니다. 크든 작든 권력에 취하면 하나님을 업신여기게 되고 악행에 기울어지게 됩니다. 약자에게도 권력에의 욕구가 있습니다. 그 욕구가 흉하게 표출되기도 합니다.

우리가 매일 드리는 기도는 마음의 왕좌에서 내려와 그 자리에 예수 그리스도를 모시는 과정입니다. 우리는 매일 아침 "저는 왕이 아닙니다. 저는 신이 아닙니다. 오셔서 저의 왕이 되어 주시고 저의 하나님이 되어 주십시오"라고 고개 숙입니다. 그것이 우리 안에 똬리를 틀고 있는 권력에의 욕구에 사로잡히는 불상사를 막는 일입니다.

| 시편 120-134편 | **성전에 올라가는 순례자의 노래**

해설

시편 120-134편은 "성전에 올라가는 순례자의 노래"라는 표제로 묶여 있습니다. 이 표제에는 유력한 두 가지 해석이 있습니다.

하나는 예루살렘 성전 입구로 올라가는 열다섯 개의 계단과 관련이 있다는 해석입니다. 제사를 드리기 위해 계단을 올라갈 때 계단마다 멈춰 서서 이 시편을 하나씩 불렀다는 뜻입니다. 다른 하나는 여러 지역에 흩어져 살던 이스라엘 백성이 절기를 지키기 위해 예루살렘 성전을 향해 순례 여행을 하는 동안에 이 시편을 찬송으로 불렀다는 해석입니다. 두 가지 설명 중 어느 하나를 선택할 이유는 없습니다. 두 경우 모두 이 시편을 부르기에 적합하기 때문입니다.

시편 119편을 중심으로 앞에는 '할렐시'(113-118편)가, 뒤에는 '순례자의 노래'(120-134편)가 있습니다. '할렐시'는 유월절 식사를 하면서 불렀던 찬송이고, '순례자의 노래'는 성전을 향해 올라갈 때 불렀던 찬송입니다. 그 중심에 시편 119편이 있습니다. 두 개의 시편 묶음이 시편 119편을 떠받쳐 주고 있는 셈입니다. 그만큼 시편 119편을 중요하게 여겼다는 뜻입니다. 예루살렘으로 순례를 떠나고 성전에서 예배드리며 절기를 지키는 이유는 율법에 대한 사랑 때문이라는 사실을 강조하기 위해 이렇게 편집한 것으로 보입니다.

시편 120편 | 영적 이방 땅에서

⁶내가 지금까지 너무나도 오랫동안, 평화를 싫어하는 사람들과 더불어 살아왔구나. ⁷나는 평화를 사랑하는 사람이다. 그러나 내가 평화를 말할 때에, 그들은 전쟁을 생각한다. (6-7절)

해설

첫 번째 순례자의 노래에서 시인은 "내가 고난을 받을 때에 주님께 부르짖었더니, 주님께서 나에게 응답하여 주셨다"(1절)고 고백합니다. "고난받을 때"는 이방 땅에서 나그네로 살아야 했던 자신의 처지를 암시합니다. 물리적으로 예루살렘에서 멀리 떨어져 산다는 사실이 마치 하나님에게서 멀리 떨어져 사는 것처럼 느껴졌을 것입니다. 그뿐 아니라, 믿지 않는 사람들 사이에서 율법을 따라 사는 것은 고난을 자초하는 일입니다. 그것은 이미 시편 119편에서 거듭 고백한 사실입니다. 그래서 그는 예루살렘 성전에 가서 하나님께 예배드릴 것을 간절히 갈망하면서 부르짖었고, 하나님이 응답해 주셔서 순례길에 오를 수 있게 되었습니다.

이어서 시인은 자신이 살고 있던 상황에 대해 설명합니다. 그는 "사기꾼들과 기만자들"(2절)에게 둘러싸여 있습니다. 그들과 함께 살아가는 것이 "메섹 사람의 손에서 나그네로 사는 것"과 "게달 사람의 천막에서 더부살이하는 것"(5절)과 다름없다고 말합니다. "메섹"은 흑해 근처에 살고 있던 부족의 이름이고 "게달"은 아라비아반도의 한 부족을 가리킵니다. 당시 야만적이고 잔인한 부족으로 알려져 있던 사람들입니다.

시인은 자신이 더불어 살고 있는 사람들도 그 야만적인 부족과 별로 다르지 않다는 것을 경험합니다. 자신은 진실을 추구하는데 그들은 거짓을 말합니다. 자신은 정직하게 살기를 원하는데, 그들은 속임수를 자랑합니다. 자신은 평화를 원하는데 그들은 전쟁을 즐깁니다(7절). 시인은 자신이 지리적 의미의 이방 땅이 아니라 영적 의미의 이방 땅에 살고 있음을 절감합니다. 그래서 그는 그들로부터 자신의 생명을 구해 달라고 하나님께 기도합니다(2절). 진실과 정직과 평화를 찾으시는 하나님은 그들을 결국 심판하실 것이기 때문입니다(3-4절).

묵상

시인은 하나님을 믿고 의지하며 그분의 뜻을 따라 살기를 힘써 왔습니다. 하지만 그가 더불어 사는 사람들은 그와는 정반대의 가치관을 가지고 살아가는 것 같습니다. 자신처럼 사는 사람들은 소수이고, 절대 다수는 타락한 욕망을 따라 야만성을 드러내기를 주저하지 않습니다.

그런 사람들 가운데서 믿음을 지키며 사는 것은 위험한 일입니다. 세상은 자신과 다르게 사는 사람을 그냥 두고 보지 않기 때문입니다. 때로는 조롱하고 무시하고, 때로는 억압하고 박해하며, 때로는 제거하려고 음모를 꾸밉니다. 시인은 세상의 압박을 느끼며 흔들립니다. 하나님이 지켜 주시지 않으면 계속 그렇게 살아갈 수 없음을 압니다. 그렇다고 하나님께 등지고 세상 사람들처럼 살아갈 수는 없는 일입니다. 결국 하나님이 모든 죄악을 심판하실 것임을 믿기 때문입니다.

그래서 시인은 하나님께 부르짖어 간구합니다. 믿는 까닭에 감당해야 하는 손해와 모욕과 고난과 박해에도 불구하고 끝까지 믿음을 지킬 수 있도록 자신을 보호해 주시기를! 예루살렘 성전에서 하나님을 뵈올 날이 속히 오기를!

시인의 이야기는 오늘 우리의 이야기입니다. 오늘 우리도 이 땅에서 영적으로 이방 땅에 사는 유배자입니다. 그렇다면 우리는 세상 사람들과 얼마나 다르게 살고 있는지 자문해 봅니다. 그 길에서 흔들리지 않으려는 부르짖음의 기도가 있는지 자문해 봅니다. 성소에서 주님을 뵙고 싶은 간절한 열망이 있는지를 또한 자문해 봅니다.

시편 121편 | **지키시는 하나님**

> ⁵주님은 너를 지키시는 분, 주님은 네 오른쪽에 서서, 너를 보호하는 그늘이 되어 주시니, ⁶낮의 햇빛도 너를 해치지 못하며, 밤의 달빛도 너를 해치지 못할 것이다. (5-6절)

해설

두 번째 순례자의 노래는 많은 이들로부터 사랑받아 온 시편입니다. 찬양 가사로도 자주 사용되었습니다.

"내가 눈을 들어 산을 본다"(1절)에서 '산'은 두 가지 의미로 해석할 수 있습니다. 하나는 성전이 세워져 있는 시온산을 의미할 수 있습니다. 순례길에 오른 사람은 마음의 눈으로 시온산을 상상하면서 하나님을 생각합니다. 그렇기에 "내 도움이 어디에서 오는가? 내 도움은 하늘과 땅을 만드신 주님에게서 온다"(1-2절)고 고백하는 것입니다. 예루살렘 성전을 향해 순례길에 오른 이유는 살아 계신 하나님께 제사를 드리기 위한 것입니다.

다른 하나는 일반적인 산을 의미할 수 있습니다. 팔레스타인의 산들은 대개 거대한 돌산입니다. 적군이 쳐들어온다 해도 숨을 곳이 없습니다. 따라서 "내 도움이 어디에서 오는가?"(1절)라는 질문은 "아무 곳에서도 도움을 찾을 수 없다!"는 탄식일 수 있습니다. 위험을 피해 숨을 수 있는 도움은 하나님의 그늘밖에 없습니다. 그렇기에 시인은 "내 도움은 하늘과 땅을 만드신 주님에게서 온다"(2절)고 고백하는 것입니다.

이어서 시인은 하나님이 주시는 도움에 대해 설명합니다. "네가 헛발을 디디지 않게 지켜 주신다"(3절)는 고백은 순례길에 오른 사람의 상황에서 하는 고백입니다. 그분은 당신의 백성을 지키시느라 "졸지도 않으시고, 주무시지도 않으[십니다]"(4절). 하나님을 사람에 빗대어 표현한 것입니다. "주님은 네 오른쪽에 서서"(5절)라는 말은 더 이상 좁힐 수 없을 정도로 친밀한 관계에 있다는 뜻입니다.

이렇게 하나님의 돌보심 아래 있기 때문에 순례자를 해칠 것은 아무것도 없습니다. 중동 지방의 지형과 기후에서 낮에 "그늘"(5절)을 발견하는 것은 큰 기쁨입니다. 낮의 햇빛으로 인해 해를 당할 수 있기 때문입니다(6절). 밤의 달빛으로 인해 심리적으로 해를 당하는 일도 자주 일어나곤 했습니다(6절). 시인은 순례길에서 당할 수 있는 전형적인 두 가지 해(害)를 언급하면서 주님은 "이제부터 영원까지"(8절) "모든 재난에서"(7절) 지켜 주실 것이라고 고백합니다.

묵상

히브리어 원문을 보면, 두 번째 순례자의 노래에서 "지키다"라는 단어가 여섯 번 사용됩니다(새번역에는 일곱 번 나오는데, 번역 과정에서 문맥을 매끄럽게 하기 위해 하나가 더해진 것이며 개역개정에는 여섯 번 나옴). "지키다"에 해당하는 히브리어 '샤마르'는 '지켜보다'(watch over)라는 뜻이기도 하고 '보호하다'(guard)라는 뜻이기도 합니다. 그것이 하나님이 당신의 백성을 돌보시는 두 가지 방식입니다.

하나님은 당신의 백성을 늘 지켜보십니다. 시인은 하나님을 의인화하여 우리를 지키시되 "졸지도 않으시고, 주무시지도 않으신다"(4절)고 고백합니다. 한순간도 눈을 떼지 않으신다는 뜻입니다. 사도 요한은 환상 중에 본 인자의 모습을 묘사하면서 "그의 눈은 불꽃 같다"(계 1:14)고 했습니다. 꿰뚫어 보는 눈을 의미합니다. 속속들이, 빠짐없이, 정확하게 보신다는 뜻입니다. 하나님의 지켜보심에 대해 예수님은 "아버지께서는 너희의 머리카락까지도 다 세어 놓고 계신다"(마 10:30)고 하셨습니다.

그뿐 아니라, 그분은 당신의 백성들을 위험으로부터 보호하십니다. 마치 자애로운 부모가 어린 자녀를 지켜보면서 위험할 때마다 손을 뻗어 보호해 주는 것처럼, 하나님은 당신을 의지하고 살아가는 사람들을 그렇게 보호하십니다. 그분은 우리의 일거수일투족을 조종하시지 않습니다. 우리에게 자유의지를 주실 뿐 아니라 계시를 주셔서 그분의 뜻을 따라 스스로 행하게 하십니다. 하나님은 그것을 지켜보십니다. 하지만 우리의 연약함으로 인해 혹은 이 세상의 죄악으로 인해 우리가 위험한 지경에 빠지게 되면 하나님은 전능의 팔을 펼치사 보호해 주십니다.

우리가 믿는 하나님은 이렇게 우리를 지키시는 분입니다. 그 말은 믿는 이들은 이 세상에서 아무런 고난도 당하지 않는다는 뜻이 아닙니다. 때로 당하는 고난조차도 그분의 살피심과 보호하심 안에서 일어난다는 뜻입니다. 그분이 아시고 그분이 허락하시는 것이라면, 고난도 우리에게 유익이 됨을 믿습니다.

시편 122편 | **거룩한 성**

⁴모든 지파들, 주님의 지파들이, 주님의 이름을 찬양하려고 이스라엘의 전례에 따라 그리로 올라가는구나. ⁵거기에 다스리는 보좌가 놓여 있으니, 다윗 가문의 보좌로구나. (4-5절)

해설

세 번째 순례자의 노래는 예루살렘에 대한 찬양입니다. 순례자는 지금 예루살렘 성전으로부터 멀리 떨어져 있지만, 마음은 벌써 그곳에 가 있습니다. 그래서 순례길을 떠날 때부터 그의 마음은 기뻤다(1절)고 말하며, "예루살렘아, 우리의 발이 네 성문 안에 들어서 있다"(2절)고 고백합니다. 몸은 아직 멀리 있지만 마음은 이미 예루살렘 성문 안에 있습니다.

3-5절에서 시인은 예루살렘을 찬양합니다. 그 도시는 거룩한 도시답게 물리적으로도 흠이 없습니다(3절). 이스라엘의 모든 지파 사람들은 "이스라엘의 전례에 따라"(4절) 예루살렘으로 순례를 떠납니다. 유월절/무교절, 칠칠절(오순절) 그리고 수장절(초막절/장막절)은 순례 축제로서 예루살렘 바깥에 사는 이스라엘 백성들은 이 기간을 예루살렘에서 보내는 것을 꿈꾸었습니다.

이어서 6-9절에서 시인은 예루살렘을 위해 축복합니다. 이 시편에서 시인은 "평화"라는 단어를 반복하여 사용합니다(6절 2회, 7절 2회, 8절 1회). "예루살렘"은 히브리어로 '평화의 도시'라는 뜻입니다. '평화'에 해당하는 히브리어 '샬롬'은 전쟁이 그친 상태만을 의미하지 않고 삶의 모든 조건이 온전한 상태를 말합니다.

이스라엘은 선민으로서 다른 민족에게 제사장 백성의 모습을 보여 주어야 했습니다. 제사장 나라의 수도인 예루살렘은 선택받은 도시로서 모든 세상이 마땅히 되어야 할 모습을 보여 주어야 했습니다. 그래서 시인은 예루살렘을 위해 축복하는 것입니다. 그 이름 그대로 평화가 그 도성에 온전히 이루어지기를! 그럴 때 그 평화가 이 세상에 흘러 나갈 것입니다.

묵상

'평화의 도성' 예루살렘은 아이러니하게도 '불화의 도성'으로 알려져 있습니다. 지금도 그곳에는 성전 터를 점령한 요르단 군인들이 언제 일어날지 모를 호전적인 유대인들의 공격에 대비하기 위해 삼엄하게 경비를 서고 있습니다. 그로 인해 예루살렘은 이 세상 도시 가운데 가장 행동과 출입이 불편한 도시가 되었습니다. 이런 상황을 생각하면, 시인이 호소한 것처럼 그 도성에 평화가 깃들기를 기도하지 않을 수 없습니다.

하지만 그 도시에 평화를 회복하는 방식에 대해서는 사람들의 생각이 서로 다릅니다. 유대인들은 그 땅을 무슬림으로부터 회복하는 것이라고 생각하고, 무슬림은 유대인들을 완전히 몰아내는 것이라고 생각합니다. 우리는 해법을 다른 곳에서 찾습니다. 지상의 예루살렘은 현 상태로 '불안한 평화'를 유지하는 수밖에 없어 보입니다. 이 불안한 평화가 지속 가능한 평화로 바뀌는 것은 아래로부터가 아니라 위로부터 가능합니다. 그것이 사도 요한이 환상을 통해 보았던 새 예루살렘(계 21:9-27)의 비전입니다. 새 하늘과 새 땅이 임하고 그 안에 새 예루살렘이 임할 때 진정한 평화는 자리 잡을 것입니다. 지금 우리가 이룰 수 있는 것은 잠정적 평화일 뿐이고 항구적 평화는 하나님이 주시는 것입니다.

프레데릭 웨더리(Frederic Weatherly)가 작사하고 마이클 메이브릭

(Micheal Maybrick)이 작곡한 "거룩한 성"이라는 찬송이 있습니다. 지금은 비록 꿈속에서나 볼 수 있는 그 거룩한 성이 언젠가 임하게 될 것을 믿습니다. 그 성에서 "어린양의 생명책에 기록되어 있는 사람들"(계 21:27)은 그 거룩한 성에서 함께 영원히 찬양하게 될 것입니다.

시편 123편

유배자로 산다

¹하늘 보좌에서 다스리시는 주님, 내가 눈을 들어 주님을 우러러봅니다. ²상전의 손을 살피는 종의 눈처럼, 여주인의 손을 살피는 몸종의 눈처럼, 우리의 눈도, 주님께서 우리에게 자비를 베푸시길 원하여 주 우리 하나님을 우러러봅니다. (1-2절)

해설

네 번째 순례자의 노래에서 시인은 자신의 가련한 처지를 하나님이 자비롭게 봐 주시기를 구합니다. "하늘 보좌에서 다스리시는 주님"(1절)이라는 표현에서 강조점은 '멀리 계시다'는 데 있지 않고 '가장 높은 곳에서 다스리신다'에 있습니다. 지금 자신이 순례길에 오른 이유는 온 우주를 다스리시는 하나님께 예배드리기 위함입니다. 시인은 아직 순례길에 있으나 마음으로는 "눈을 들어 주님을 우러러봅니다"(1절).

시인은 하나님의 은총을 구하는 자신의 마음을 주인의 손길을 "살피는"(2절) 종의 심정에 비유합니다. 노예 제도하에서 종의 운명은 주인의 손에 달려 있기에 종은 주인의 손을 살피게 되어 있습니다. 어려운 상황에 처할 때 종은 주인의 손을 살피면서 자비를 베풀어 주기를 고대합니다. 그것처럼 시인은 순례길에 오른 사람들과 함께(1절의 주어 "내가"는 2절에서 "우리"로 바뀝니다) "주님께서 우리에게 자비를 베풀어 주시길 원하여 주 우리 하나님을 우러러봅니다"(2절)라고 기도합니다.

시인은 "우리에게 자비를 베풀어 주십시오"(3절)라고 반복하여 간구합니다. 이것은 기독교 전통에서 "키리에 엘레이손"(주여, 자비를 베풀어 주소서)이라는 기도문으로 사용되어 왔습니다. 이어서 시인은 하나님께 자비를 간구하는 이유를 밝힙니다. 그는 이방 땅에서 하나님의 백성으로 살면서 "너무나도 많은 멸시를 받았습니다"(3절). "평안하게 사는 자들" 과 "오만한 자들"(4절)은 하나님을 무시하고 악하게 살아가는 사람들을 의미합니다. 믿는 사람들은 그들 가운데 살면서 때로 조롱과 멸시를 당할 수 있습니다. 시인은 그것이 "우리의 심령에 차고 넘칩니다"(4절)라고 고백합니다. 바깥에서 힘센 아이들에게 괴롭힘을 당하고 집에 와서 엄마에게 하소연하는 아이처럼, 시인은 이방 땅에 살면서 당한 설움을 하나님 앞에 쏟아 놓습니다.

묵상

믿는 사람은 모두 순례자입니다. 우리는 모두 이방 땅에서 유배 생활을 하는 것과 같습니다. 절대 다수가 하나님을 믿지 않는 세상에서 우리는 하나님을 믿고 살아갑니다. 절대 다수가 따르는 삶의 원칙을 거부하고 우리는 하나님이 가르쳐 주신 삶의 원칙을 따릅니다. 영원한 것을 추구하는 우리는 절대 다수가 추구하는 방향과 다른 방향으로 갑니다.

세상은 어느 정도까지는 자신과 다르게 사는 사람들을 용인합니다. 하지만 어느 지점을 벗어나면 그 다름을 견디지 못합니다. 그래서 믿는 사람들은 때로 조롱과 멸시를 감수해야 합니다. 손해와 박해를 당할 때도 있습니다. 그럼에도 불구하고 우리는 믿음을 포기하지 않습니다. 우리의 목적은 "평안하게 사는" 것이 아니라 "거룩하게 사는 것"이기 때문입니다. 우리의 궁극적 소망은 이 땅에 있지 않고 하나님께 있기 때문입니다. 우리를 다스리는 분은 "하늘 보좌에서 다스리시는 주님"이기 때문입니다. 그렇기 때문에 우리는 "겸손한 자"가 됩니다. "겸손"은 하나님이 바로잡아 주실 것을 믿고 조롱과 멸시와 박해를 감수하며 거룩한 삶을 살아가는 태도를 말합니다.

이 땅에서 때로는 조롱과 멸시, 손해와 박해를 당하면서도 믿음을 지키는 것은 쉬운 일이 아닙니다. 억울하고 분통하고 괴로울 때가 많습니다. 그럴 때마다 우리는 "눈을 들어 주님을 우러러봅니다." 주님이 자비를 베풀어 주셔야만 이 길을 완주할 수 있음을 믿기 때문입니다.

시편 124편 | **은혜로 사는 삶**

> ⁷새가 사냥꾼의 그물에서 벗어남같이 우리는 목숨을 건졌다. 그물은 찢어지고, 우리는 풀려 났다. ⁸천지를 지으신 주님이 우리를 도우신다. (7-8절)

해설

123편에서 시인은 현재 당하는 고난에서 건져 주시기를 간구했는데, 다섯 번째 순례자의 노래에서 시인은 과거에 주님이 곤경으로부터 건져 주셨던 사실을 기억하라고 말합니다. 그것을 기억하면 현재의 고난을 견디며 하나님의 구원을 기다릴 수 있기 때문입니다.

시인은 이스라엘 백성에게 "주님께서 우리 편이 아니셨다면, 우리가 어떠하였겠느냐?"(1절)고 묻습니다. 그랬더라면 이스라엘은 원수들의 공격으로 인해 이미 멸절되었거나 자연재해로 인해 사라졌을 것입니다(2-5절). 지금 그들이 살아 있고 순례길에 오를 수 있었던 것은 하나님이 그들을 보호하셨기 때문입니다(6절). 시인은 그것을 사냥꾼의 그물에 걸린 새에 비유합니다(7절). 그물에 걸린 새로서는 스스로 구원할 방도가 없습니다. 누군가가 그물을 찢어야만 새는 풀려날 수 있습니다. 하나님이 전능의 손을 펼치셔서 그들을 구원해 주셨습니다. 그들을 도우시는 분은 "천지를 지으신 주님"(8절)이십니다.

형식상 이 시편은 선창자와 회중이 화답하는 노래로 사용되었을 것입니다. 선창자가 1절을 부르면, 회중이 2-5절을 불러 대답하고, 선창자가 6-7절로 응답한 다음, 8절을 한목소리로 고백했을 것입니다.

묵상

"주님께서 우리 편이 아니셨다면, 우리가 어떠하였겠느냐?"는 질문을 마음에 두고 묵상합니다. 지금까지 살아온 인생 여정을 돌아보며 우리도 시인과 동일하게 고백합니다. 오늘 우리가 존재하는 것은 모두 우리를 지키시고 돌보시고 보호하시는 주님의 은혜 때문입니다.

그런데 아무리 생각해도 "천지를 지으신 주님"이 우리를 편드실 이유를 찾을 수가 없습니다. 하나님이 어떤 분이시고 우리가 어떤 존재인지를 생각하면 더더욱 그렇습니다. 그분이 보시기에 우리를 편드실 만한 '예쁜 구석'이 우리에게는 없습니다. 오히려 우리에게는 그분 보시기에 '못난 구석'만 가득합니다. 그럼에도 하나님은 우리 편이 되십니다. 그것은 전적으로 그분의 사랑 때문입니다. 하나님은 그 사실을 예수 그리스도를 통해 확증하셨습니다. 예수님의 십자가는 하나님이 영원히 우리 편에 서시겠다는 약속입니다. 그래서 바울 사도는 "하나님이 우리 편이시면, 누가 우리를 대적하겠습니까?"(롬 8:31)라고 물었습니다.

은혜입니다. 모든 것이 조건 없이, 값없이, 오직 하나님의 사랑으로 주어진 것입니다. 오늘 하루 숨 쉬고 사는 것도 하나님의 은혜입니다. 그렇기에 그 은혜를 헛되이 하지 않게 해 달라고 오늘도 간구합니다.

시편 125편 | **내 손에 쥔 규를 내려놓고**

> ¹주님을 의지하는 사람은 시온산과 같아서, 흔들리는 일이 없이 영원히 서 있다. ²산들이 예루살렘을 감싸고 있듯이, 주님께서도 당신의 백성을 지금부터 영원토록 감싸 주신다. (1-2절)

해설

여섯 번째 순례자의 노래에서 시인은 하나님을 의지하는 사람의 '영원한 안전'에 대해 노래합니다. 시인은 하나님을 의지하는 사람을 시온산에 비유합니다(1절). 시온산 위에 세워진 예루살렘 도성은 그 무엇도 흔들 수 없는 든든한 요새처럼 보입니다. 믿는 사람을 돌보시고 지키시는 하나님의 손길은 시온산보다 더 크고 강합니다.

이 세상에서는 "악인의 권세"가 힘을 떨칩니다(3절). 개역개정에는 "악인의 규"라고 되어 있는데, "규"는 당시에 왕이 통치할 때 손에 쥐고 있던 막대기를 가리킵니다. 그것은 왕의 절대 권력을 상징합니다. 하나님을 믿지 않는 사람들은 모두 자기 자신의 왕이 되어 권세를 휘두르길 원합니다. 반면, 하나님을 믿는 사람들은 세력을 만들거나 권세를 부리지 않습니다. 하나님이 모든 것을 바로잡아 주실 것을 믿고 그분의 뜻을 따라 거룩하게 살기를 힘쓸 뿐입니다.

그렇기 때문에 이 땅에서는 하나님을 부정하고 죄악을 일삼는 사람들이 득세할 수 있습니다. 그들의 등쌀에 믿는 이들이 어려움을 당할 수도 있습니다. 그래서 시인은 하나님의 뜻을 따라 거룩하게 살기를 힘쓰는 사람들을 보호해 주시고(4절) 악하게 사는 사람들을 심판해 주시기를(5절) 기도합니다. 그래야만 이스라엘에 평화가 깃들기 때문입니다.

묵상

에스더 4장에서 볼 수 있는 것처럼, 절대 왕정 시절에 왕이 손에 쥐고 있던 규는 절대적인 권세를 상징했습니다. 왕이 그 막대기 하나로 한 사람의 목숨을 살릴 수도 있고 죽일 수도 있습니다. 그것은 인간의 내면에 있는 인류 공동의, 권력을 향한 욕망이 절대화된 상징물입니다. 규를 손에 쥐고 권세를 휘두를 수 있는 사람은 절대 군주 한 사람뿐이지만, 죄성에 물든 인간은 누구든지 그런 권세를 부릴 수 있기를 갈망합니다. 그래서 권력을 잡기 위해 분투하는 것이고, 그럴 수 없는 사람들은 자신에게 주어진 한계 내에서 권세를 부리고 싶어 합니다. 그것이 이 세상을 "만인에 대한 만인의 투쟁"으로 만들어 놓았습니다.

하나님을 믿는다는 것은 자신의 손에 쥐어져 있는 규를 내려놓는 것입니다. 진정한 권세와 권력은 하나님께만 있음을 인정하고 그분께 자신을 내어 드립니다. 세상에서 강해지고 커지기를 소망하기를 포기하고 하나님 앞에서 약해지고 작아지기를 구합니다. 자신의 힘으로 자신의 안전을 보장하려는 것이 아니라 전능자의 그늘에 머물러 살기를 힘씁니다. 영원히 흔들리지 않는 삶은 오직 하나님께만 있음을 알기 때문입니다. 먼 거리를 마다하지 않고 시온산으로 순례를 가는 이유도, 성전에서 값비싼 제물을 바치는 이유도 절대 주권은 오직 하나님께만 있다는 사실을 확인하고 고백하기 위함입니다.

이렇듯 모두가 하나님 한 분만을 왕으로 섬기며 모두의 손에 쥐어져 있는 규를 내려놓을 때 진정한 평화는 자리를 잡습니다. 그것이 우리가 기도하는 궁극적인 소망입니다.

시편 126편 | # 포기는 없다!

> ⁵눈물을 흘리며 씨를 뿌리는 사람은 기쁨으로 거둔다. ⁶울며 씨를 뿌리러 나가는 사람은 기쁨으로 단을 가지고 돌아온다. (5-6절)

해설

이 시편은 자연스럽게 두 부분으로 나뉩니다. 1-3절은 과거에 하나님이 베풀어 주신 구원에 대한 기억과 감사이고, 4-6절은 지금의 고난 가운데서 구원해 달라는 기도입니다. 지금 시인은 그의 조상들이 바빌론에서 포로 생활을 하는 것과 유사한 상황에 살고 있습니다. 그래서 시인은 하나님이 조상들을 해방시키신 것처럼 자신에게도 구원을 베풀어 달라고 기도합니다.

먼저 시인은 "주님께서 시온에서 잡혀간 포로를 시온으로 돌려보내실 때에, 우리는 꿈을 꾸는 사람들 같았다"(1절)고 고백합니다. 이것은 70여 년간의 포로 생활 후에 고레스왕의 칙령에 따라 유다 백성의 일부가 바빌론으로부터 1차로 귀환한 사건을 가리킵니다. 모두가 희망을 내려놓은 시점에 갑작스럽게 주어진 해방과 귀환은 현실 같지 않았을 것입니다. 그 일로 인해 유다 백성들은 크게 기뻐했고(2-3절), 다른 나라 백성들도 "주님께서 그들의 편이 되셔서 큰일을 하셨다"(2절)고 말했습니다.

이렇게 고백한 후에 시인은, 하나님이 다시 구원의 손길을 펼쳐 주시기를 기도합니다. "포로로 잡혀간 자들을 돌려보내 주십시오"(4절)라는 기도는 아직도 바빌론에 남아 있는 유다 백성을 돌려보내 달라는 뜻일 수도 있고, 포로처럼 살아가는 자신들을 구원해 달라는 뜻일 수도 있습니다. 그것은 마치 "네겝의 시내들에 다시 물이 흐르는"(4절) 것과 같은 일입니다. 네겝은 사막 지대입니다. 지금 상황에서 하나님이 구원을 베푸시는 것은 마치 사막에 비가 내려 말랐던 시내에 물이 흐르는 것과 같은 일이라는 뜻입니다. 이는 오직 하나님이 하실 수 있는 일입니다.

마지막으로 시인은 농부의 비유를 사용하여 현재의 고난과 미래의 기쁨을 묘사합니다(5-6절). 아직은 씨를 뿌리는 농부처럼 당하고 견뎌야 할 고난이 남아 있습니다. 그 고난을 견디고 인내하다 보면 하나님이 결국 기쁨을 회복시켜 주실 것이라는 확신의 고백입니다.

묵상

바빌로니아의 포로가 되어 살던 유다 백성은 악의 제국 바빌로니아가 멸망하기를 기도하며 기다렸을 것입니다. 하지만 그 일은 일어나지 않았습니다. 그들의 희망이 거의 소진될 무렵, 신흥 강국 페르시아가 일어나 바빌로니아를 멸망시켰습니다. 페르시아 왕 고레스는 칙령을 내려 바빌론 제국에 의해 잡혀 온 포로들에게 고국으로 돌아갈 수 있도록 허락합니다. 유다 백성 중 일부가 1차로 유다 땅으로 귀환할 때 그들은 꿈꾸는 것 같았습니다. 그래서 시인은 "우리의 입은 웃음으로 가득 찼고, 우리의 혀는 찬양의 함성으로 가득 찼다"(2절)고 말합니다.

하지만 현실은 금세 바뀌지 않았습니다. 70여 년간 방치되었던 유다 땅은 폐허와 다름없었습니다. 바빌론에 남아 있는 백성들이 모두 돌아와 살기 위해서는 버려졌던 땅을 개간하고 무너졌던 성벽을 다시 쌓아야 했습니다. 그들에게는 "눈물을 흘리며 씨를 뿌리는"(5절) 고난이 남아 있었습니다. 그 고난의 현실 앞에서 시인은 하나님께 기도를 올립니다. 하나님이 그들 가운데서 시작하신 구원을 완성시켜 달라고! 그들은 그들 몫의 희생과 헌신을 감당할 것이니 하나님은 그들을 붙드시고 이끌어 달라고!

이 시편은 예수 그리스도를 통해 우리에게 주어진 구원을 생각하게 합니다. 우리는 죄의 힘에 속박되어 있었고, 사탄의 영향력 아래 살고 있었습니다. 우리 자신의 힘으로는 벗어날 수 없는 그 노예 됨에서 하나님은 우리를 해방시켜 주셨습니다. 십자가의 은혜로 인해 우리의 죄가 사해졌고 하나님의 자녀로 회복되었다는 사실을 믿고 받아들였을 때, 우리도 감격하고 감사했습니다.

하지만 그것으로 우리의 구원이 완성된 것은 아닙니다. 우리의 숨이 다하는 날까지 거룩하게, 진실하게, 의롭게 살아야 할 과제가 남아 있습니다. 그것이 때로 눈물 흘리며 씨를 뿌리는 것 같은 일이 될 수 있음을 압니다. 그래서 오늘도 성령께서 우리 가운데 역사하시기를 기도하는 것입니다. "선한 일을 여러분 가운데서 시작하신 분께서 그리스도 예수의 날까지 그 일을 완성하시리라고, 나는 확신합니다"(빌 1:6).

| 시편 127편 | **전능자의 손길 아래** |

¹주님께서 집을 세우지 아니하시면 집을 세우는 사람의 수고가 헛되며, 주님께서 성을 지키지 아니하시면 파수꾼의 깨어 있음이 헛된 일이다. ²일찍 일어나고 늦게 눕는 것, 먹고 살려고 애써 수고하는 모든 일이 헛된 일이다. 진실로 주님께서는, 사랑하시는 사람에게는 그가 잠을 자는 동안에도 복을 주신다. (1-2절)

해설

여덟 번째 순례자의 노래에서 시인은 하나님에게 철저히 의존할 수밖에 없는 인간의 실존을 묘사합니다. "집"(1절)은 적어도 세 가지를 의미합니다. 첫째는 "하나님의 집" 즉 성전을, 둘째는 인간이 사는 집을, 그리고 셋째는 가정입니다. 그것은 또한 인간 혹은 인류가 이루는 업적을 의미할 수 있습니다.

인간은 누구나 좋은 집을 세우고 그 집을 지키기 위해 노력합니다. 하지만 노력한다고 다 되는 것은 아닙니다. 하나님이 허락하지 않으시면 인간의 노력은 헛수고가 되어 버립니다(1절). "일찍 일어나고 늦게 눕는 것, 먹고 살려고 애써 수고하는 모든 일"(2절)은 마땅히 해야 하는 일이나, 그 모든 수고와 노력은 하나님이 허락하실 때에만 열매를 맺을 수 있습니다.

"진실로 주님께서는, 사랑하시는 사람에게는 그가 잠을 자는 동안에도 복을 주신다"(2절)는 "그러므로 여호와께서 그의 사랑하시는 자에게는 잠을 주시는도다"(개역개정)라고 번역할 수도 있습니다. 어떻게 번역하든, 의미는 동일합니다. 아무리 사소한 일이라도 하나님이 허락하셔야만 가능하며, 인간이 아무런 일을 하지 않아도 하나님이 원하시면 무엇이든 가능하다는 말입니다.

　이어서 시인은 자녀의 복에 대해 설명합니다. "자식은 주님께서 주신 선물"(3절)이라는 말은 자손을 잇는 것도 하나님의 다스림 안에 있다는 뜻입니다. 남녀가 결혼하면 자녀가 저절로 생기는 것 같지만, 그것도 모두 하나님의 다스림 아래 있습니다. 당시에는 자녀를 많이 두는 것이 곧 그 사람의 힘이 되었습니다. 그래서 시인은 자녀를 화살에 비유합니다. 고대에 "성문"(5절)은 재판정으로 사용되었습니다.

묵상

죄 중 가장 큰 죄, 착각 중 가장 큰 착각은 '하나님 없이도 잘할 수 있다'는 생각입니다. 그것이 교만의 핵심이며, 교만은 "패망의 선봉"(잠 16:18, 개역개정)입니다. 모든 것이 평안하고 번영할 때면 그런 착각이 들기 쉽습니다. 하나님 없이도 자신의 능력만으로도 얼마든지 잘할 수 있을 것 같습니다. 인류가 발전시킨 과학 문명으로 인해 우리는 하나님 없이도 우리 자신의 능력만으로 얼마든지 행복하게 살 수 있다고 착각하고 있습니다. 점점 세를 키우고 있는 '새로운 무신론 운동'은 당연한 결과라고 할 수 있습니다.

　코로나 팬데믹은 우리 자신의 능력에 대한 이러한 과신이 얼마나 기만적인지를 보여 주었습니다. 역사를 기억하는 이유는 그 역사로부터 교훈을 얻어 과거의 과오를 반복하지 않기 위함입니다. 3년 동안의 코로나 팬데믹에서 우리가 얻어야 할 교훈은 인류가 쌓아 올린 문명은 언제든지 허무하게 무너질 수 있다는 사실입니다. 다행히 신속한 백신 개발로 인해 3년 만에 팬데믹에서 벗어났지만, 앞으로 그런 일은 얼마든지 반복될 수 있습니다. 인류의 미래를 위협하는 것으로 기후 변화, 혜성과의 충

돌, AI 로봇, 핵전쟁 등을 말하지만, 현미경이 아니면 볼 수 없는 미생물이 더 위험할 수 있습니다.

개인에게도, 국가에게도 그리고 인류 전체에게도 가장 필요한 덕목은 겸손입니다. 겸손은 하나님 앞에서 자신의 본분을 자각하고 그에 맞게 처신하는 것입니다. 우주의 운행과 인류의 역사와 개인의 일상이 창조주 하나님의 다스림 아래 있다는 사실을 인정하고 그분의 뜻을 분별하고 그 뜻을 따라 사는 것입니다. 그럴 때, 울며 뿌린 씨앗의 열매를 손에 넣을 수 있고, 하루의 일과를 마치고 잠자리에 누웠을 때 깊은 잠을 잘 수 있습니다. 하나님의 섭리와 인도를 따라 사는 삶처럼 자유롭고 아름다운 것은 없습니다.

시편 128편 | **평화가 임하는 곳**

¹주님을 경외하며, 주님의 명에 따라 사는 사람은, 그 어느 누구나 복을 받는다. ²네 손으로 일한 만큼 네가 먹으니, 이것이 복이요, 은혜이다. (1-2절)

해설

앞의 시편에서와 마찬가지로 시인은 아홉 번째 시편에서도 "주님을 경외하는 사람"(1, 4절)이 받을 복에 대해 노래합니다. "경외"는 단순히 두려워하는 것이 아닙니다. 두려움은 그 대상으로부터 멀어지게 하는 감정인 반면, 경외는 두려워하면서도 그 대상을 향해 나아가게 합니다. 우리가 하나님에 대해 느끼는 경외심은 그분의 위엄과 영광과 거룩하심에 대한 반응입니다. 하나님이 누구신지 알고 그 위엄에 맞게 그분을 대하는 사람에게 하나님은 복을 주십니다.

"네 손으로 일한 만큼 네가 먹으니, 이것이 복이요, 은혜이다"(2절)라는 고백은 인생에 대한 하나님의 통치권을 인정하는 고백입니다. 밤에 잠자리에 눕는다고 당연히 잠이 오는 것이 아니고 남녀가 결혼한다고 해서 당연히 자식이 생기는 것이 아니듯, 열심히 일했다고 하여 자동적으로 먹을 것을 얻지는 못합니다. 그 모든 것은 하나님이 허락하시기에 일어나는 것입니다. 아내가 "열매를 많이 맺는 포도나무"와 같고 자식들이 "올리브 나무의 묘목"(3절)과 같다면, 그것도 내가 잘해서가 아니라 하나님이 허락하셨기 때문입니다.

"네 손으로 일한 만큼 네가 먹으니, 이것이 복이요, 은혜이다"라는 고백은 또한 하나님 안에서 만족을 얻은 사람의 내면을 드러내 보여 줍니다.

하나님 안에서 만족을 얻지 못하면 "손으로 일한 만큼"에 만족하지 못합니다. 아무리 많이 얻어도 만족할 줄 모릅니다. 아니, 일하지 않고 먹을 궁리를 합니다. 이 뿌리 깊은 탐욕의 바이러스는 하나님의 사랑에 만족을 얻을 때에만 치유될 수 있습니다.

그렇기에 하나님을 아는 사람이라면 그분을 경외하기를 힘씁니다. 시인이 지금 시온을 향해 순례하는 이유가 여기에 있습니다. "주님께서 시온에서 너에게 복을 내리시기를 빈다"(5절)라는 말은 주님의 경외하는 마음에서 모든 복이 흘러나온다는 뜻입니다.

묵상

자기 손으로 일한 만큼 먹을 것을 얻는 사회가 가장 정의롭습니다. 시인은 "이스라엘에 평화가 깃들기를!"(6절) 하고 기원하는데, 평화란 각자 자신의 땅에서 땀 흘려 일하고 일한 만큼 소득을 얻는 상태를 말합니다. 그런 세상에서는 많이 얻었다고 해서 자신만을 위해 사용하지 않고 적게 얻은 사람들을 돕습니다. 그렇게 하여 평화가 이루어집니다. 한자의 '평화'는 '공평하게'(平) '벼'(禾)가 '입으로'(口) 들어가는 상태를 말합니다.

불행하게도 이 세상은 그렇지 않습니다. 인간의 죄성으로 인해 자기 손으로 일한 만큼 먹는 것에 만족하지 못하기 때문입니다. 자기 손으로 일한 것 이상으로 얻기를 힘쓰고, 일하지 않고 먹을 방도가 없는지를 꿈꿉니다. 자기 손으로 일한 것에 비해 얼마나 많은 수입을 얻느냐를 성공의 척도로 여깁니다. 모두가 그렇게 분투하다 보니 이 세상에는 평화가 없습니다. 더 많이 갖기 위한 무한 경쟁이 이 세상의 원리가 되었습니다.

하나님을 경외하는 것은 그분 안에서 참된 만족을 얻는 것입니다. 하나님 안에서 얻은 만족은 우리 내면에 있는 불안감과 두려움을 치유해 줍니다. 손으로 일하는 것을 불행이 아니라 복으로 여기고, 일한 만큼 얻는 것을 은혜로 여깁니다. 그런 사람은 미래를 대비하기 위해 자신의 소유를 쌓아 놓지 않습니다. 결실을 얻지 못한 이들을 위해 나누어 줍니다. 그런 사람들이 모여 사는 곳에 평화가 임합니다. 하나님 안에서 만족을 얻으면 비로소 이웃을 살피고 돌볼 수 있기 때문입니다.

시편 129편 | **아무도 당하지 못할 사람**

¹이스라엘아, 이렇게 고백하여라. "내가 어릴 때부터, 나의 원수들이 여러 번 나를 잔인하게 박해했다. ²비록 내가 어릴 때부터, 내 원수들이 여러 번 나를 잔인하게 박해했으나, 그들은 나를 이겨 내지를 못했다." (1-2절)

해설

열 번째 순례자의 노래에서 시인은 이스라엘에 대한 하나님의 돌보심을 노래합니다. "내가 어릴 때부터"(1절)라는 말은 이스라엘 역사의 이른 시기를 가리킵니다. 족장들의 시대를 가리킬 수도 있고, 이집트에서 노예 생활하던 때를 가리킬 수도 있으며, 광야 유랑과 가나안 정착 시대를 가리킬 수도 있습니다. 가나안에 정착한 후에도 주변 열강의 틈바구니에서 이스라엘은 항상 외침에 시달렸습니다.

"여러 번"(1절)이라는 표현은 실제 이스라엘이 당한 고난의 분량을 제대로 전달하지 못합니다. 원수들의 침략은 빈번했고 잔인했습니다. 시인은 밭갈이를 비유로 삼아 그 고난을 표현합니다(3절). 상상만 해도 치가 떨리는 고통을 이스라엘 백성은 수없이 겪어야 했습니다.

이스라엘이 그 많고 잔인했던 침략에도 불구하고 살아남았다는 것은 기적 중 기적입니다. 그래서 시인은 "그들은 나를 이겨 내지를 못했다"(2절)고 고백합니다. 시인은 그 기적이 어떻게 가능했는지를 잊지 않습니다. 그래서 그는 "의로우신 주님께서 악인의 사슬을 끊으시고, 나를 풀어 주셨다"(4절)고 고백합니다. 그들이 그 숱하고 지독한 고난을 견디고 살아남은 것은 하나님을 의지했기 때문입니다. 반면, 이스라엘을 배척하는 것은 곧 하나님을 배척하는 것이 됩니다. "시온을 미워하는 사람"(5절)은 마치 "지붕 위의 풀같이"(6절) 되어 버림받게 될 것입니다(7-8절).

묵상

"그들은 나를 이겨 내지 못한다!" 이것은 하나님에게 든든히 연결되어 있는 사람만이 할 수 있는 고백입니다. 여기서 "그들"은 우리 삶을 흔드는 모든 세력을 가리킬 수 있습니다. 무고히 우리를 공격하는 사람일 수도 있고, 우리 삶의 터전을 흔드는 질병이나 사고일 수도 있으며, 경제적인 문제나 심리적인 문제일 수도 있습니다. 인생 여정에는 그런 위험이 항상 도사리고 있습니다. 이스라엘이 끊임없이 적군의 공격에 노출되어 있었던 것처럼, 우리 존재도 수많은 위험 요소에 노출되어 있습니다. 때로 우리는 그로 인해 심한 고난을 당할 수도 있습니다. 그 고난은 마치 등에 깊은 고랑이 파이는 것처럼 고통스러울 수도 있습니다.

하지만 그런 고통조차도 나를 이기지 못합니다. 두 가지 의미에서 그렇습니다. 첫째, 그런 일을 당해도 우리는 하나님에 대한 믿음을 저버리지 않을 것입니다. 그 고난도 그분의 섭리 안에서 주어지는 것임을 믿기 때문입니다. 둘째, 예수님이 말씀하신 것(마 10:28)처럼, 우리의 육신뿐 아니라 영혼까지 다스리시는 분, 우리의 현재뿐 아니라 미래까지 다스리시는 분, 우리의 시간뿐 아니라 영원까지 다스리시는 분을 믿습니다. 그분 안에 있는 한 우리는 죽어도 죽지 않습니다. 다만, 우리가 두려워할 것은 전능자의 그늘을 벗어나는 것입니다. 그렇게 되면 우리는 "지붕 위의 풀"처럼 되어 버릴 것이기 때문입니다.

그런 믿음에 이르기 위해 날마다 하나님의 품을 파고듭니다. 그분의 정원에 더 깊이 뿌리를 내립니다.

시편 130편 | 깊은 물속에서

> ⁵내가 주님을 기다린다. 내 영혼이 주님을 기다리며 내가 주님의 말씀만을 바란다. ⁶내 영혼이 주님을 기다림이 파수꾼이 아침을 기다림보다 더 간절하다. 진실로 파수꾼이 아침을 기다림보다 더 간절하다. (5-6절)

해설

열한 번째 순례자의 노래는 라틴어 번역본을 따라 '데 프로푼디스'(*De profundis*)라는 제목으로 널리 사랑받아 온 참회시입니다. 찬송가 363장 "내가 깊은 곳에서"의 가사도 이 시편에서 나온 것입니다.

시인은 "깊은 물속에서"(1절) 이 기도를 올립니다. "깊은 물"은 시인이 처한 죽음의 깊은 계곡을 의미합니다. 육체적 질병 때문에, 원수들로부터의 공격 때문에 혹은 심리적 공황 상태로 인해 시인은 물속 깊은 곳에 빠진 듯한 상태에 있습니다. 물속에 빠져 질식할 듯한 경험을 해 본 사람이라면 이 구절에서 시인이 표현하고자 했던 절망감을 짐작할 수 있을 것입니다. 절망의 가장 깊은 수렁에서 시인은 하나님께 구원을 청합니다(1-2절).

하나님께 구원을 청하며 시인은 자신의 죄를 기억합니다. 죄로 인해 그 상태에 처하게 되었다고 생각했을 수도 있고, 죽기 전에 죄 문제를 해결해야겠다고 생각했을 수도 있습니다. 인간이라는 존재는 속속들이 죄로 물들어 있기에 하나님 앞에서 죄 없다 할 수 없습니다(3절). 우리가 범하는 모든 죄는 궁극적으로 하나님께 범하는 것이고, 그렇기에 용서하실 분도 하나님뿐이십니다. 다행히도 하나님은 용서에 너그러우시고 빠르신 분입니다(4절).

그렇게 기도하면서 시인은 하나님의 구원을 기다립니다(5절). 죽어도 하나님의 음성만 듣는다면 아무 두려움이 없습니다. 그의 기다림은 "파수꾼이 아침을 기다림보다 더 간절[합니다]"(6절). 파수꾼은 밤새도록 성을 지키면서 추위와 피로와 두려움에 시달립니다. 새벽이 가까워질 때 그들은 동이 트기를 간절히 기다립니다. 죽음의 위협 속에서 하나님의 음성을 기다리는 시인의 마음이 꼭 그렇습니다.

이어서 시인은 이스라엘 백성에게 자신처럼 하나님만을 의지하라고 권합니다(7-8절). "인자하심"(7절)은 히브리어 '헤세드'의 번역입니다. '헤세드'는 헬라어 '아가페'처럼 조건 없고 변함없는 영원한 사랑을 의미합니다. 그런 사랑은 오직 하나님께만 있습니다. 그 사랑으로 그분은 회개하는 심령들을 "모든 죄에서 속량하[십니다]"(8절). 그 은혜를 입기 위해 시인은 지금 성전을 향해 걸어가고 있는 것입니다.

묵상

인간성의 바닥에 이르면 결국 죄와 죽음만 남습니다. 이 두 가지가 결국 인간이 지닌 모든 두려움의 뿌리입니다. 우리는 각자의 방식대로 이 두 가지 불편한 진실을 잊고 살기 위해 방책을 궁리합니다. 우리는 이 두 가지에 대한 두려움을 의식의 가장 깊은 바닥에 뭉개 두고 다른 것들로 마음과 생각을 채웁니다. 의롭고 거룩한 존재인 것처럼 가장하고, 영원히 살 것처럼 스스로를 속입니다. 그것이 우리의 교만과 오만의 원인이며, 그것이 헛된 몸부림의 이유입니다.

고난은 그동안 우리가 스스로를 속여 왔던 모든 것을 제거해 버립니다. 모든 것이 사라져 버린 인생의 바닥에서 우리는 집요하게 외면하고 무시했던 죄와 죽음의 문제를 마주합니다. 이때, 부를 이름을 알고 있는 사람은 행복합니다. 이때, 의지할 대상을 알고 있는 사람은 행복합니다. 그 이름이 허접한 우상이 아니라 살아 계신 하나님이라면, 십자가에서 영원한 사랑을 확인해 주신 그분이라면, 그 사람에게는 두려울 것이 없습니다. 그분의 다함없는 사랑이 우리의 죄를 속량하시고 구원해 주실 것이기 때문입니다.

시편 131편 | # 젖 뗀 아이의 영성

> ¹주님, 이제 내가 교만한 마음을 버렸습니다. 오만한 길에서 돌아섰습니다. 너무 큰 것을 가지려고 나서지 않으며, 분에 넘치는 놀라운 일을 이루려고도 하지 않습니다. ²오히려, 내 마음은 고요하고 평온합니다. 젖 뗀 아이가 어머니 품에 안겨 있듯이, 내 영혼도 젖 뗀 아이와 같습니다. ³이스라엘아, 이제부터 영원히 오직 주님만을 의지하여라. (1-3절)

해설

열두 번째 순례자의 노래는 가장 짧은 시편 중 하나이지만 가장 심오한 시편이기도 합니다. 이것은 하나님이 어떤 분이신지를 깨닫고 그분께 자신을 온전히 맡긴 사람의 내면 상태와 삶의 자세를 묘사하고 있습니다.

"주님, 이제 내가…버렸습니다"(1절)라는 말은 '과거에는' 그렇게 하지 않았다는 뜻입니다. 하나님 안에서 자신을 발견하기 전까지 인간은 자신이 신이 되어 살아갑니다. "교만한 마음"은 하나님을 인정하지 않는 마음을 말합니다. 피조물의 한계를 인정하지 못하고 주인이 되어 살아가려는 마음입니다. 그런 사람은 "오만한 길"을 갑니다. 그 마음은 만족을 알지 못하고 분수를 인정하지 않습니다. 놀라운 일을 이루어 자신이 어떤 존재인지를 증명하고 싶어 합니다.

"이제"는 하나님을 제대로 만나고 그분 안에서 자신의 한계를 깨달은 이후를 말합니다. '겸손'은 자신을 낮추어 보는 것이 아닙니다. 창조주 하나님 앞에서 피조물인 자신의 한계를 인식하는 것입니다. 자신이 아니라 하나님이 모든 것을 다스리신다는 사실을 깨닫고 그분께 자신을 맡기는 것이 믿음입니다. 그 믿음에 이르면 분수에 넘치는 일을 꿈꾸지 않습니다. 세상 사람들은 크고 높고 비싼 것을 좋아하지만, 믿음의 사람은 그런 것에 마음 빼앗기지 않습니다. 그 사람에게는 하나님이 주시는 것이 가장 크고 높고 좋습니다. 그 사람에게 가장 놀라운 일은 하나님의 뜻을 이루는 것입니다.

그런 믿음으로 사는 사람은 어머니 품에 안겨 있는 "젖 뗀 아이"(2절)와 같습니다. 젖 뗀 아이가 어머니 품에 안겨 있는 이유는 한 가지뿐입니다. 어머니와 친밀함을 누리려는 것입니다. 그 아이에게는 다른 욕심이 없습니다. 그에게는 어머니가 세상의 전부이기 때문입니다. 마찬가지로 하나님을 참되게 얻은 사람에게는 다른 욕심이 없습니다. 하나님이 세상의 전부이기 때문입니다.

시인은 자신의 고백이 이스라엘 백성 모두의 고백이 되기를 소망하면서 "이스라엘아, 이제부터 영원히 오직 주님만을 의지하여라"(3절)라고 권합니다.

묵상

우리가 믿는 하나님이 단일신이 아니라 삼위일체 하나님이라는 사실은 매우 중요합니다. 하나님의 본성은 관계에 있다는 뜻입니다. 성부와 성자와 성령, 삼위 하나님이 친밀한 관계 안에서 하나가 되어 우주의 운행과 역사의 흐름을 이끌어 가십니다. 그렇기에 믿음은 관계입니다. 예수 그리스도의 복음을 통해 삼위 하나님을 바로 만나고 그 하나님 안에서 자신을 새롭게 발견하고 그 하나님과의 관계 안에서 살아가는 것이 믿음입니다. 사도 요한은 그것을 "사귐"(코이노니아)이라고 부릅니다(요일 1:3). 사귐은 지속적인 관계 안에서 친밀해지는 인격적 소통을 가리킵니다. 인격적 사귐은 서로를 닮아 가게 하고 이심전심으로 통하게 합니다.

인간이 하나님과 나누는 사귐에 대한 가장 아름다운 이미지가 "어머니 품에 안긴 젖 뗀 아이"입니다. 하나님이 어떤 분이시며 우리에 대한 그분의 사랑이 어떠한지를 제대로 안다면, 우리의 가장 강한 열망은 그분 안에 머물러 있는 것입니다. 그분의 품을 생각하고 그 사랑에 머물러 쉬는 일입니다. 우리의 예배, 기도, 말씀 묵상 그리고 찬양은 그분의 품 안에서 친밀함을 누리려는 노력입니다. 하나님은 우리가 그분과 함께 있는 것을 좋아하는 것을 가장 기뻐하십니다.

그분 안에 머물러 안식과 만족을 얻고 나면 우리가 몸부림쳐 찾던 것이 온전히 채워졌다는 사실을 발견합니다. 그렇게 하기 전까지 인간은 무엇인가를 얻고 성취하여 만족을 얻으려 합니다. 하지만 손에 쥐어지는 것이 많고 사회적으로 이룬 것이 많아질수록, 내적 공허감은 더 커지고 깊어집니다. 다윗은 이 진실을 체험상 알고 있었습니다. 그가 바른 마음으로 하나님의 뜻을 위해 일할 수 있었던 것은 하나님 안에서 안식과 만족을 얻고 나서의 일입니다. 그 이후로 그는 자신의 허한 마음을 채우기 위해서가 아니라 이미 베풀어 주신 하나님의 은혜에 보답하기 위해 살았습니다.

그래서 그는 다른 사람들도 헛된 몸부림을 멈추고 먼저 하나님 안에서 만족과 안식을 얻고 누리라고 권합니다.

시편 132편 | **영원한 나라, 영원한 시민권**

> ¹⁷여기에서 나는, 다윗의 자손 가운데서 한 사람을 뽑아서 큰 왕이 되게 하고, 내가 기름 부어 세운 왕의 통치가 지속되게 하겠다. ¹⁸그의 원수들은 수치를 당하게 하지만, 그의 면류관만은 그의 머리 위에서 빛나게 해 주겠다. (17-18절)

해설

열세 번째 순례자의 노래는 시온 성전에 대한 하나님의 언약을 담고 있습니다. 먼저, 시인은 법궤와 성전에 대해 다윗이 가졌던 뜨거운 사랑을 회상합니다(1-5절). 그는 하나님을 위해 성전을 지어 드리고 싶었습니다. 그것이 그의 간절한 바람이었으나 하나님은 허락하지 않으셨습니다.

"법궤가 있다는 말을 에브라다에서 듣고, 야알의 들에서 그것을 찾았다"(6절)는 말은 사무엘상 6장에 나오는 이야기를 가리킵니다. 법궤는 하나님의 임재를 상징하는 거룩한 물건입니다. 성전이 성전일 수 있는 것은 법궤 때문입니다. 솔로몬왕이 성전을 짓고 지성소에 법궤를 모셔 들였을 때 하나님의 영광이 성전에 가득했습니다(왕상 8장). 시인은 그 장면을 상상하면서 주님이 성전에 임재하셔서 백성들의 예배와 기도를 받아 주시기를 기도합니다(8-10절).

이어서 시인은 하나님이 다윗에게 주신 언약을 회상합니다(11-18절). 그것은 하나님을 위해 성전을 지어 드리겠다는 다윗에게 예언자 나단을 통해 주신 언약입니다(삼하 7:8-16). 시인은 하나님이 그 언약을 지키셔서 이스라엘 백성에게 축복을 허락하시고 다윗의 왕권을 영원토록 지속시켜 주시기를 기도합니다.

하지만 솔로몬왕 이후로 이스라엘이 남북으로 갈라지고, 후에 북왕국 이스라엘과 남왕국 유다가 차례로 멸망합니다. 이스라엘 백성은 하나님이 다윗에게 주신 언약 즉 "네 집과 네 나라가 내 앞에서 영원히 이어 갈 것이며, 네 왕위가 영원히 튼튼하게 서 있을 것이다"(삼하 7:16)라는 약속이 깨어진 줄 알았습니다. 수백 년이 흐른 뒤, 예수 그리스도가 오신 후에야 그 약속은 "기름 부어 세운 왕"(17절) 즉 영원한 메시아에 대한 약속임을 깨달았습니다. 그분은 다윗에게서 나온 "뿔"(17절, 개역개정)입니다.

묵상

순례길에 오른 시인은 시온에 있는 성전을 바라보고 있습니다. 실은 성전이 아니라 그 성전이 상징하는 하나님 나라를 바라보는 것입니다. 그는 또한 다윗의 혈통을 이은 왕을 위해 하나님의 축복을 기도합니다. 하지만 그 왕은 한시적인 도구일 뿐입니다. 결국 모든 것을 다스리시는 분은 하나님이십니다. 그 하나님이 다윗의 후손 중에서 구원자를 일으키실 것입니다. 그분은 하나님으로부터 영원한 통치권을 받으실 분입니다(단 7:13-14). 옛날 순례자들이 성전을 바라보며 영원한 나라를 마음에 그렸던 것처럼, 오늘 우리는 예수 그리스도께서 다시 나타나셔서 이루실 새 하늘과 새 땅을 마음에 그립니다.

이런 점에서 믿는 사람들은 모두 이중 국적자입니다. 이 땅의 시민이면서 동시에 하늘나라의 시민입니다. 바울 사도가 말한 대로 우리에게는 이 땅의 시민권보다 하늘나라의 시민권이 더 중요합니다(빌 3:20). 이 땅의 시민권은 한시적으로 유효하지만, 하나님 나라의 시민권은 영원히 유효합니다. 우리의 충성심은 궁극적으로 하나님 나라에 있습니다. 이 땅의 나라에서 요구하는 것이 하나님 나라에서 요구하는 것과 상충되면 우리는 하나님 나라의 요구를 따릅니다. 우리가 섬길 왕은 오직 하나님이시기 때문입니다.

그 영원한 나라를 바라보며 오늘 이 땅에서 한시적인 의무와 책임과 충성을 나누며 살아가는 것이 우리의 과제입니다. 우리 믿는 이들은 자신이 속한 나라를 사랑하고 충성하지만, 국수주의적인 애국주의는 배격합니다. 우리는 법률상으로는 한 나라의 국민이지만, 세계 모든 나라와 국민을 하나님 안에서 형제자매 된 사람들로 보기 때문입니다.

시편 133편 | **하나됨의 축복**

> 그 얼마나 아름답고 즐거운가! 형제자매가 어울려서 함께 사는 모습!
> (1절)

해설

열네 번째 순례자의 노래는 믿음의 공동체에 대한 노래입니다. "형제자매가 어울려서 함께 사는 모습"(1절)은 믿음의 가정을 의미할 수도 있지만, 이스라엘 백성 전체를 의미할 수도 있습니다. 그렇게 보면 이 노래는 솔로몬 이후 남북으로 갈라졌고 그 이후로도 계속하여 갈등과 싸움을 이어 오고 있던 이스라엘 민족을 위한 기도라 할 수 있습니다. 온 민족이 하나님에 대한 믿음 안에서 서로를 형제자매로 여기고 한마음 한뜻이 되어 살아가는 모습을 상상하면서 기도하는 것입니다.

시인은 여기서 두 가지 비유를 사용하여 민족과 국가의 하나됨이 얼마나 큰 축복인지를 설명합니다. 먼저, 아론을 제사장으로 세울 때 그의 머리에 부었던 기름을 비유로 듭니다(출 29:7). 제사장 예복을 입고 앉아 있는 아론의 머리에 기름이 부어졌을 때, 그 기름이 아론의 수염을 타고 흘러서 옷깃까지 내려가는 모습을 상상합니다. 그다음, 헤르몬산의 이슬이 흘러 시온산까지 적시는 모습을 비유로 듭니다. 헤르몬산은 시온산으로부터 북쪽으로 약 160킬로 정도 떨어져 있었습니다. 따라서 헤르몬산에 내린 이슬이 시온산을 적신다는 상상은 엄청난 과장입니다. 이 과장법을 통해 시인은 민족과 국가의 하나됨에 대한 하나님의 축복이 얼마나 풍성한지를 강조합니다.

그 복은 곧 "영생"(3절)입니다. 구약 시대 이스라엘 사람들은 "영생"을 죽고 나서 이어지는 영원한 생명으로 이해하지 않았습니다. 그들이 생각했던 영생은 이 땅에서의 안전한 삶이었습니다. 민족과 국가가 하나 되어 평화를 이루면 이 땅에서 오래도록 안전하게 사는 축복을 누리게 된다는 뜻입니다.

묵상

시인이 이스라엘 백성을 위해 드렸던 기도를 우리나라를 위해 올립니다. 모든 백성이 서로를 형제자매로 생각하여 한마음 한뜻이 되어 살아가게 되기를 기도합니다. 극단적인 이념 대결로 갈려 서로를 '빨갱이'나 '적폐 세력'으로 규정하고 헐뜯고 싸우는 일이 줄어들기를 기도합니다. 그래야만 언젠가 북한이 개방될 때 남과 북이 서로를 형제자매로 여기고 하나가 되어 살아갈 수 있습니다. 그렇게 된다면 시인이 상상했던 그 축복이 우리나라에 흘러넘치게 될 것입니다.

그 변화가 처음 시작되어야 하는 곳이 믿음의 가정, 믿음의 공동체(교회)입니다. 믿음의 가정과 믿음의 공동체는 헤르몬산이 되어 하늘에서 내리는 축복의 이슬을 받아 건조한 시온산까지 흘러내려 보낼 수 있어야 합니다. 믿음의 가정이 분열되고 믿음의 공동체가 갈라진다면 나라와 민족이 하나 되는 것은 요원한 일입니다. 이 시편의 기도가 내 가정과 내 교회에서부터 이루어지기를 기도합니다. 그 화해와 일치의 덕목이 세상으로 퍼져 나가기를 기도합니다.

그러기 위해서는 내가 먼저 변화되어야 합니다. 나의 기준에 근거하여 다른 사람들을 평가하고 편을 가르는 타락한 본성에 휘둘리지 않도록 경계해야 합니다. "다른 것이 틀린 것은 아니다"라는 말이 있습니다. 나와 다른 생각과 행동을 하는 사람을 만났을 때 그 다름을 존중하고 품도록 힘써야 합니다. 그 다름이 틀렸다는 확신이 들 때에도 혐오하거나 배척하지 않도록 조심해야 합니다. 자신의 신념과 가치관을 지키면서도 그 사람을 참고 품어 주어야 합니다. 관용의 미덕은 기독교 신앙에서도 매우 중요합니다.

시편 134편 | **가장 우선하는 일**

¹밤에 주님의 집에 서 있는 주님의 모든 종들아, 주님을 송축하여라. ²성소를 바라보면서, 너희의 손을 들고 주님을 송축하여라. ³하늘과 땅을 지으신 주님께서 시온에서 너희에게 복을 내려 주시기를!
(1-3절)

해설

마지막 순례자의 시편은 오랜 순례 여정을 마치고 성전에 도착한 사람의 심경을 그리고 있습니다.

"주님의 집"(1절)은 성전을 의미하고 "주님의 모든 종들"은 성전 제사를 위해 섬기는 레위인들(제사장들과 다른 레위 지파 사람들)을 가리킵니다. 그들은 낮 동안 제사를 위해 일할 뿐 아니라 밤에도 순번을 짜서 성전을 지킵니다. 시인은 그들에게 "성소를 바라보면서, 너희의 손을 들고 주님을 송축하여라"(2절)라고 노래합니다. 그들이 성전에서 행하는 모든 일은 하나님을 높이기 위함입니다. 제사는 '일'이 아니라 '예배'임을 기억하라는 뜻입니다.

그러면서 시인은 "하늘과 땅을 지으신 주님께서"(3절) 그들에게 복 내려 주시기를 기도합니다. 이스라엘 백성이 가나안에 정착할 때 레위 지파는 땅을 분배받지 못했습니다. 그들은 오직 성막(성전)에서 드리는 제사를 위해 섬겨야 했기 때문입니다. 그들의 생계는 다른 열한 지파가 책임져야 했습니다. 시인은 자신이 언제든 성전에 와서 제사드릴 수 있는 것은 레위 지파 사람들의 헌신 덕분임을 기억하면서 그들을 위해 축복 기도를 올립니다.

묵상

시인은 성전이 영적으로 가장 위험한 자리가 될 수 있다는 것을 알았습니다. 매일 성전에서 일하다 보면 자신이 거룩한 장소에서 거룩한 일을 하고 있다는 사실을 망각하고 모든 것을 '일'로 대하게 됩니다. 그는 세상에서 가장 거룩한 곳에 서 있지만 거룩하지 않게 살아가는 것입니다. 그래서 시인은 레위인들에게 성소를 바라보면서 주님을 송축하라고 권합니다. 그들의 가장 우선적인 책임은 제사를 '돕는 것'이 아니라 '제사하는 것'입니다. 그렇게 하지 않으면 그들은 매너리즘에 빠져서 가장 거룩한 일을 밥벌이로 전락시켜 버릴 것입니다. 매너리즘에 빠진 제사 행위는 하나님께는 역겨운 것이고 사람에게는 공허한 것이 되어 버립니다.

목회자에게 가장 큰 위험은 목회를 '일'로 대하는 것입니다. 자신이 해야 하는 모든 일이 하나님의 영광을 위해 올리는 예배라는 사실을 잊으면 예배도, 기도도, 설교도, 심방도 '일'이 됩니다. 더 심하게 타락하면 '밥벌이'가 되고 '지겨운 일'이 되며 '죽지 못해 하는 일'이 됩니다. 따라서 목회자의 자리가 영적으로 가장 위험한 자리입니다. 시인의 권면처럼, 목회자가 가장 우선시할 일은 성소를 바라보며 손을 들고 예배하는 일입니다. 바로 이 점에서 목회자는 성도들의 기도가 필요한 존재입니다.

베드로 사도는 믿는 이들은 모두 "왕과 같은 제사장들"(벧전 2:9)이라고 했고, 히브리서 저자는 우리 모두가 예수 그리스도의 은혜로 "지성소에 들어가게 되었다"(히 10:19)라고 했습니다. 영적인 의미에서 모든 그리스도인은 항상 성전에서 살아가는 레위인이 된 것입니다. 따라서 이 시편은 우리 모두에게 항상 불러 주어야 할 노래라 할 수 있습니다. 우리 모두가 가장 먼저 할 일은 손을 들고 하나님을 송축하는 것이어야 합니다. 그럴 때 우리가 행하는 모든 일은 영원에 잇대어질 것입니다.

시편 135편 | ## 예배하는 그것을 닮는다

> 우상을 만든 자들과 우상을 의지하는 자들은 누구나 우상과 같이 될 것이다. (18절)

해설

이것은 찬양시입니다. 시인은 서두(1-3절)에서 네 번이나 "찬송하여라"라는 말을 반복합니다. 또한 시인은 마지막(19-20절)에서도 "송축하라"는 말을 네 번 반복합니다. "송축하라"는 말은 영어로 'bless'라고 번역합니다. 우리 어법에서 축복은 하나님이 인간에게 하시는 것으로 인식되어 있지만, 히브리 사람들은 인간도 하나님을 축복할 수 있으며 해야 한다고 믿었습니다.

계속하여 시인은 하나님을 찬송하고 축복해야 하는 이유에 대해 부연합니다. 먼저, "주님께서는 야곱을 당신의 것으로 택하시며, 이스라엘을 가장 소중한 보물로 택하셨기" 때문입니다(4절). 그 하나님은 어느 신보다 위대하신 분이며 전지전능하신 분입니다(5-7절). 그런 하나님으로부터 선택받았다는 것을 생각하면 찬양하지 않을 수 없습니다.

이어서 시인은 하나님이 이스라엘 백성을 위해 하신 일에 대해 언급합니다. 그분은 이집트에서 종살이하던 이스라엘 백성을 수많은 표적과 기사로 구원해 내셨습니다(8-9절). 그뿐 아니라 여러 민족을 몰아내시고 가나안 땅에 정착하게 해 주셨습니다(10-12절).

그러므로 이스라엘 백성이 할 일은 주님의 이름을 높이는 것입니다(13-14절). 사람들은 하나님을 떠나 우상을 좇아가지만 모든 우상은 헛된 것입니다. "우상을 만든 자들과 우상을 의지하는 자들은 누구나 우상과 같이 될 것"(18절)입니다. 그러므로 이스라엘의 모든 백성은 제사장들과 레위인들과 함께 주님을 찬양해야 합니다(19-20절). 시인은 자신들이 시온에서 드리는 찬송을 받아 달라는 기도로 시를 끝냅니다(21절).

묵상

"사람은 예배하는 대상을 닮아 간다"는 말은 진리입니다. 시인은 "우상을 만든 자들과 우상을 의지하는 자들은 누구나 우상과 같이 될 것이다"(18절)라고 말합니다. 무엇인가를 예배한다는 말은 그것을 최고의 가치로 둔다는 뜻입니다. 어떤 것을 최고의 가치로 두고 그것을 예배하다 보면 저절로 그것을 닮아 가게 되어 있습니다. 금이나 돌로 새긴 우상만이 아닙니다. 돈이든 쾌락이든 성공이든 하나님 자리에 세워 둔 것은 모두 우상입니다. 그런 것을 인생의 최고 가치로 두고 살면 그 사람의 인성과 성품과 인생이 그것에 의해 규정되어 버립니다.

하나님을 예배하는 것은 그분을 닮아 가는 것입니다. 그분이 어떤 분이신지, 그분이 어떤 일을 하셨는지, 그분이 어떤 일을 하고 계신지를 묵상하고 찬양하며 축복하다 보면, 그분을 사랑하고 흠모하게 되고, 사랑하고 흠모하다 보면 그분의 성품이 우리에게 전이됩니다. 그렇게 하여 우리는 "하나님의 성품에 참여하는 사람"(벧후 1:4)이 되어 갑니다. 하나님의 성품에 참여하는 것은 나 아닌 다른 사람이 되는 것이 아니라 가장 나다운 사람이 되는 것입니다. 우리는 하나님을 떠남으로 인해 본래의 나를 잃어버렸습니다. 하나님께로 돌아갈 때 우리는 진정한 나를 찾게 되고 진정한 나로 살게 됩니다.

이것이 찬양의 신비한 능력입니다. 만물의 영장인 인간의 찬양을 받으실 존재는 오직 하나님뿐입니다. 그리고 인간을 인간답게 하고 더 높은 차원으로 끌어 올리실 수 있는 분도 하나님밖에 없습니다. 그렇기에 우리는 그분을 찬양하는 것이고, 그 찬양 속에서 우리는 그분을 향해 나아갑니다.

시편 136편 | **그저 감사할 따름!**

우리가 낮아졌을 때에, 우리를 기억하여 주신 분께 감사하여라. 그 인자하심이 영원하다. (23절)

해설

이 시편은 하나님의 인자하심을 찬양하는 노래입니다. "감사하여라"라는 말과 "그 인자하심이 영원하다"는 말이 매 절마다(26회) 반복되고 있습니다. 예배 중에 집례자가 감사해야 할 이유를 말하면, 회중이 "그 인자하심이 영원하다"고 화답했을 것입니다. "인자"는 히브리어 '헤세드'의 번역입니다. 히브리어 '헤세드'는 헬라어의 '아가페'처럼 하나님에게만 가능한, 무조건적이고 영원한 사랑을 의미합니다.

먼저 시인은 하나님의 선하심과 인자하심이 영원하시다는 사실로 인해 그분께 감사하라고 청합니다(1-3절). 과거에 잡신을 섬겨 본 사람들은 그것이 얼마나 고마운 일인지를 압니다. 신들의 변덕스러운 기분을 맞추기 위해 애쓰지 않아도 되기 때문입니다. 하나님의 선하심과 인자하심이 영원하다는 사실을 알고 나서야 비로소 평안과 안식을 얻습니다.

이어서 시인은 창조주 하나님이 하신 일들을 조목조목 나열하면서 감사하라고 초청합니다(4-9절). 모든 작품은 작가의 성품을 반영합니다. 위대한 작품을 보면서 그 작가에 대해 생각하고 감사하는 것처럼, 우리는 우주 만물을 보면서 하나님께 감사를 드립니다. 이렇게 아름다운 세상을 삶의 터전으로 만들어 주신 것은 감당할 수 없는 은혜입니다.

다음으로 시인은 출애굽과 가나안 정착 과정에서 하나님이 하신 일들을 나열하면서 감사하라고 초청합니다(10-22절). 하나님은 우주 만물을 지어 놓고 멀찌감치 떨어져서 관망하시는 분이 아닙니다. 우주의 운행과 역사의 흐름에 참여하시고 만들어 가십니다. 이스라엘은 그분의 구원 역사의 도구로 택함받았다는 사실로 인해 감사를 드려야 마땅합니다. 그분은 당신의 백성을 지켜 주시고 인도해 주십니다(23-26절).

묵상

바울 사도는 "이 세상 창조 때로부터, 하나님의 보이지 않는 속성, 곧 그분의 영원하신 능력과 신성은, 사람이 그 지으신 만물을 보고서 깨닫게 되어 있습니다. 그러므로 사람들은 핑계를 댈 수가 없습니다"(롬 1:20)라고 했습니다. 온 우주의 운행과 질서를 보아도 그렇고, 인류 역사의 흐름을 보아도 그렇습니다. 하나님이 모든 것을 지으시고 운행하시고 이끄시는 것이 분명합니다.

바울 사도가 말한 대로, 마음이 어두워져서 그것을 알아보지 못하는 사람도 있고, 하나님을 부정할 구실만 찾는 사람들도 있습니다. 하지만 하나님이 주신 마음으로 자연과 인간 사회를 본다면, 하나님의 손길을 발견하게 되고 그분의 음성을 들을 수 있습니다.

그분의 음성을 듣고 그분의 손길을 느낄 때, 우리는 이 모든 것이 하나님의 변함없는, 영원한, 진실한 사랑에서 나오는 것이라는 사실을 깨닫습니다. 온 우주가 창조된 것도, 오늘까지 운행되는 것도, 인류 역사가 시작된 것도, 그 역사 가운데서 행해 오신 일도 그리고 오늘 내가 이 말씀을 읽는 것도 모두 그분의 영원한 사랑 때문에 일어난 일입니다. 그런데 온 우주의 창조주에게서 그런 사랑을 받을 자격이 나에게는 없습니다. 그렇기에 그 인자하심 앞에서 우리는 고개 숙여 감사할 뿐입니다.

시편 137편 | 바빌론 강가에서

⁴우리가 어찌 이방 땅에서 주님의 노래를 부를 수 있으랴. ⁵예루살렘아, 내가 너를 잊는다면, 내 오른손아, 너는 말라비틀어져 버려라. ⁶내가 너를 기억하지 않는다면, 내가 너 예루살렘을 내가 가장 기뻐하는 것보다도 더 기뻐하지 않는다면, 내 혀야, 너는 내 입천장에 붙어 버려라. (4-6절)

해설

이 시편은 보니 엠(Boney M)의 "바빌론 강가에서"(Rivers of Babylon)라는 노래로 잘 알려져 있습니다. 시인은 지금 바빌론에 포로로 잡혀가 있는 유대인들 사이에 살고 있습니다. 시인은 "우리"라는 인칭 대명사를 사용하여 개인적 고난이 아니라 유대인들의 집단적 심정을 노래합니다.

그들은 "바빌론의 강변 곳곳에 앉아서, 시온을 생각하면서 울었[습니다]."(1절) 폐허가 되어 버린 예루살렘과 성전을 두고 울며 기도했다는 뜻입니다. "그 강변 버드나무 가지에 우리의 수금을 걸어 두었다"(2절)는 말은 더 이상 찬송을 부르지 않았다는 뜻입니다.

그런데 그들을 "사로잡아 온 자들", 그들을 "짓밟아 끌고 온 자들"(3절)은 "시온의 노래"를 불러 자신들의 흥을 돋우어 달라고 명령합니다. "시온의 노래"는 시편 46, 47편처럼 하나님의 성전을 찬양하는 노래를 말합니다. 그 노래를 부르라고 명령한 이유는 멸망당한 이스라엘의 운명을 두고 조롱하기 위함입니다.

그렇기 때문에 그들은 시온의 노래를 부를 수 없습니다(4절). 시온을 생각하지 않기 때문이 아닙니다. 그들은 자나 깨나 시온만을 생각하며 눈물 흘려 기도하는 사람들입니다(5-6절). 그들을 짓밟아 끌고 온 자들 앞에서 시온의 노래를 부르는 것은 하나님을 조롱거리로 만드는 일이기 때문입니다.

이 지점에서 시인은 바빌론에 대한 심판을 하나님께 호소합니다. 예루살렘이 바빌론에 의해 함락되던 날에 그들이 했던 악한 말과 행동을 기억하면서 그들도 동일한 심판을 받게 되기를 기도합니다(7-9절). "네 어린아이들을 바위에다가 메어치는 사람에게 복이 있을 것이다"(9절)라는 저주는 악담이 아니라 바빌론 침략자들이 예루살렘에서 얼마나 악한 만행을 저질렀는지를 고발하는 말입니다. 그 악한 행위를 기억해 달라는 호소입니다.

묵상

하나님을 믿고 사랑하는 사람에게 가장 마음 아픈 일은 자신으로 인해 하나님이 모욕당하는 일입니다. 믿지 않는 사람들이 믿는 사람들의 불행을 두고 "하나님이 어디에 있느냐?", "하나님 믿더니 꼴 좀 보라!"라고 빈정거릴 때, 우리는 참기 힘든 모욕감을 느낍니다. 내가 모욕당하는 것은 견딜 만합니다. 하지만 나로 인해 존귀하신 하나님이 모욕당하는 것은 견디기 어렵습니다. 그렇기에 시인은 이렇게 간절히 하나님의 징계를 간구하고 있는 것입니다. 하나님을 우습게 여기고 모독하는 사람들에게 하나님이 살아 계시다는 사실을 보게 해 달라고 기도하는 것입니다.

불행한 일을 당하여 "하나님이 어디에 있느냐?"고 질문하는 사람이 자기 자신일 때가 있습니다. 어느 정도의 불행에 대해서는 "다들 당하는 일인데…"라고 생각하기도 하고, "내 탓입니다"라고 기도하기도 합니다. 하지만 정도 이상의 불행을 당하거나 당하는 불행이 오래도록 지속될 때면 하나님의 존재에 대해 의심하고 그분의 사랑에 대해 의문을 품게 됩니다. "내가 무슨 잘못을 했기에 이토록 나를 못살게 굽니까?"라고 저항하게 됩니다. 그런 의문에 사로잡히면 하나님에 대한 믿음이 식고, 냉담함이 계속되면 결국 믿음을 떠나게 됩니다.

아삽은 "하나님의 성소에 들어가서야"(시 73:17) 그 의문과 불신에서 벗어나게 되었다고 고백합니다. 눈을 들어 세상을 보면 의문투성이입니다. 성소에 들어가 눈을 감고 세상을 바라보면 그 의문이 하나씩 종적을 감춥니다. 현실의 문제들을 머리로는 다 이해할 수는 없지만 그 모든 것이 하나님의 다스림 아래 있고 그분이 때를 따라 아름답게 하실 것을 믿기 때문입니다.

시편 138편 | # 높은 분이지만 낮은 자를 보시는 하나님

> 주님께서는 높은 분이시지만, 낮은 자를 굽어보시며, 멀리서도 오만한 자를 다 알아보십니다. (6절)

해설

"다윗의 노래"라는 표제가 붙어 있는 이 시편은 하나님의 "인자하심"('헤세드')을 찬양합니다. 시인은 곤경에 처하여 하나님께 부르짖었고(3절) 하나님은 그에게 응답하셔서 힘을 북돋아 주셨습니다. 이 경험을 통해 시인은 하나님의 인자하심과 진실하심(2절)을 확인했고, 그로 인해 그분의 이름을 찬양합니다. "신들 앞에서"(1절)라는 말은 "스스로 신으로 자처하는 모든 존재 앞에서"라는 뜻으로 볼 수 있습니다. 시인은 이 세상에 찬양과 경배를 받으실 분은 하나님밖에 없음을 확인합니다.

4절에서의 "왕"은 왕이나 되는 것처럼 교만하게 사는 사람들(6절, "오만한 자")을 가리킵니다. 인간에게 주어지는 힘은 어떤 것이든 스스로를 왕으로 여기게 만들고 하나님을 부정하게 만듭니다. 시인은 하나님을 부정하고 조롱하던 모든 이들이 주님의 말씀을 듣고 주님께 감사드리는 날이 올 것을 믿음 안에서 내다봅니다. 미래에 일어날 일을 마치 지금 일어나는 것처럼 표현하고 있는 것입니다(4-5절). "믿음은 바라는 것들의 확신이요, 보이지 않는 것들의 증거"(히 11:1)이기 때문입니다.

주님은 "높은 분이시지만, 낮은 자를 굽어보시는"(6절) 분입니다. 그런 하나님이시기에 시인이 고난을 당할 때 손을 내밀어 구원하여 주십니다(7절). 그런 경험을 반추하면서 시인은 하나님의 인자하심을 찬양하며

이스라엘을 영영 버리지 말아 달라고 기도를 올립니다(7-8절).

묵상

우리 하나님은 "높은 분이시지만, 낮은 자를 굽어보시는 분"입니다. 만일 그분이 낮기만 하시다면 우리가 의지할 만하지 못합니다. 높고 크신 분이기에 그분은 신뢰의 대상이 되십니다. 하지만 그분이 높기만 하시다면, 우리의 의지처가 되지 못합니다. 온 우주의 창조자에게 우리는 피었다 지는 꽃만도 못한 존재들이기 때문입니다. 그분이 전능하지만 무능한 자를 돌아보시고, 전지하지만 무지한 자들을 살피시며, 흠이 없으시지만 흠 많은 자들을 긍휼히 여기시기에 우리는 그분을 바라보고 그분을 의지하며 그분께 기도하는 것입니다.

우리는 이런 하나님을 믿고 의지합니다. 그렇기 때문에 우리도 하나님처럼 내가 처한 자리보다 낮은 곳을 보고 살핍니다. 나보다 더 나은 사람에게 줄을 대어 신분 상승을 꾀하는 일에 관심이 없습니다. 우리 하나님처럼 나도 나보다 더 낮은 자리에 있는 사람에게 눈길을 돌리고 살피며 손길을 뻗습니다. 이렇게 하여 하나님이 나에게 베푸신 은혜가 나를 통해 다른 사람에게 흘러나가는 것이 가장 큰 기쁨입니다.

잠시 눈을 감고 내 주변을 돌아봅니다. "고난의 길 한복판"(7절)을 걷고 있는 사람이 있는지를 생각해 봅니다. 주님이 나에게 인자하심과 진실하심을 베풀어 주셨으니, 그 인자하심과 진실하심이 나를 통해 그에게 흘러가게 되기를 기도합니다. 그 바람이 작은 실천으로 이어지게 되기를 기도합니다.

시편 139편 | 하나님 묵상

¹⁷하나님, 주님의 생각이 어찌 그리도 심오한지요? 그 수가 어찌 그렇게도 많은지요? ¹⁸내가 세려고 하면 모래보다 더 많습니다. 깨어나 보면 나는 여전히 주님과 함께 있습니다. (17-18절)

해설

이 시편은 가장 많은 사람들에게 사랑받는 애송시입니다. 내용은 정연하게 네 부분으로 나뉩니다.

먼저, 1-6절에서 시인은 자신을 속속들이, 환히 알고 계시는 하나님에 대해 고백합니다. 내가 나에 대해 알지 못하는 부분까지 하나님은 다 알고 계시며 보고 계십니다. 둘째로, 7-12절에서 시인은 하나님의 임재가 닿지 않는 곳이 없다는 사실을 고백합니다. 하나님은 시인의 가장 내밀한 비밀까지 알고 계신 분인 동시에 온 우주에 충만하신 분입니다. 온 우주가 그분 안에 있기 때문입니다.

셋째로, 13-18절에서 시인은 앞에서 고백한 하나님에 관한 두 가지 진실을 묵상하며 하나님을 찬양합니다. 온 우주의 크기에 비하면 티끌만도 못한 자신이 그토록 크신 분, 전지전능하시고 무소부재하신 하나님께 지음받았다는 사실, 그분께서 자신을 구원하셨다는 사실은 생각할수록 감격스러운 일입니다. 하나님이 어떤 분이신지 그리고 그분이 어떻게 일을 이루어 가시는지를 묵상하다 보면 시간의 흐름을 잊습니다.

마지막으로, 시인은 악한 사람들에 대한 심판을 호소합니다(19-24절). 전지하신 능력으로 자신의 사정을 살피시고 전능의 능력으로 판단하고 심판해 달라고 구하는 것입니다. 악한 사람들은 "피 흘리게 하기를 좋아하는 자들"(19절)이며 "주님을 모욕하는 말을 하며, 주님의 이름을 거슬러 악한 말을 합니다"(20절). 시인은 하나님이 자신을 "샅샅이 살펴보시고", "철저히 시험해 보시고"(23절) 판단해 주시기를 구합니다. 자신은 악을 미워하며 살아왔지만 원수들이 자신에게 악을 행하는 이유가 자신에게 있을지도 모르기 때문입니다.

묵상

하나님이 어떤 분이신지를 묵상하는 것은 감미로운 일입니다. 그분의 높으심은 한이 없고 그분의 크심은 끝이 없습니다. 그분의 빛나심은 상상을 뛰어넘고, 그분의 능력에는 한계가 없습니다. 그분에게는 알려지지 않은 것이 없고, 그분에게는 미치지 못하는 것이 없습니다. 온 우주를 품고 계시는 그분은 또한 가장 작은 원자의 속까지 들여다보십니다. 그래서 바울 사도는 "하나님은 모든 것의 아버지시요, 모든 것 위에 계시고 모든 것을 통하여 계시고 모든 것 안에 계시는 분이십니다"(엡 4:6)라고 했습니다.

  실은 이 모든 표현도 그분의 실상에 미치지 못합니다. 그분의 실상은 인간의 언어로는 제대로 표현할 수 없습니다. 그래서 그분에 대해 묵상하다 보면 마침내 입을 다물고 감탄할 따름입니다. 욥처럼 자신의 주장을 모두 거두어들이고 "티끌과 잿더미 위에 앉아서"(욥 42:6) 회개할 따름입니다.

  온 우주의 크기에 비하면 나는 티끌만도 못합니다. 우주의 오랜 역사에 비하면 내 인생은 하루살이만도 못합니다. 그렇다면, 하나님의 크기에 비하면 나는 얼마나 작은 존재이겠습니까? 하나님의 영원에 비하면 백 년도 채 되지 않는 내 인생은 얼마나 짧습니까? 그런데 그 하나님이 내 이름을 아시고 내 마음을 살피시고 내 신음 소리를 들으신다는 것입니다. 도무지 믿어지지 않는 일입니다. 그렇기에 그 진실 앞에서 우리는 엎드려 기도하고 찬양합니다. 그분에게 잇대지 않으면 내 인생은 한낱 연기에 지나지 않는다는 사실을 인정하고 고백합니다.

시편 140편 | ## 뱀처럼 벼린 혀

²그들은 속으로 악을 계획하고, 날마다 전쟁을 준비하러 모입니다. ³뱀처럼 날카롭게 혀를 벼린 그들은, 입술 아래에는 독사의 독을 품고 있습니다. (셀라) (2-3절)

해설

이 시편은 "악인" 혹은 "포악한 자"(1절)로부터 자신을 보호해 달라는 기도입니다. 그들이 사용하는 무기는 공격적인 언어입니다. 그들은 "뱀처럼 날카롭게 혀를 벼린" 사람들이며 "입술 아래에는 독사의 독을 품고 있습니다"(3절). 그들은 "혀를 놀려 남을 모함하는 사람"이며 "폭력을 놀이 삼는 자들"(11절)입니다. 그들은 "속으로 악을 계획하고, 날마다 전쟁을 준비하러 모입니다"(2절). 그들은 "몰래 덫과 올가미를 놓고, 길목에는 그물을 치고, 나를 빠뜨리려고 함정을 팠습니다"(5절).

이런 상황에서 시인은 악인과 동일한 방식으로 대응하지 않고 하나님께 나아갑니다. 과거에 주님은 그의 기도를 들어주시고 "전쟁을 하는 날에" 머리에 "투구를 씌워"(7절) 보호해 주셨기 때문입니다. 시인은 악인들이 원하는 대로 일이 이루어지지 않게 해 달라고 기도합니다(8-9절). 그들이 도모한 악이 오히려 그들에게 쏟아지게 해 달라고 구합니다(10-11절).

이렇게 기도하는 이유는 "주님이 고난받는 사람을 변호해 주시고, 가난한 사람에게 공의를 베푸시는 분임을"(12절) 알기 때문입니다. 시인은 "분명히 의인은 주님의 이름에 찬양을 돌리고, 정직한 사람은 주님 앞에서 살 것입니다"(13절)라고 고백하면서 기도를 마칩니다.

묵상

언어는 치유하는 약으로 사용되기도 하고 생명을 해치는 칼로 사용되기도 합니다. 마음 담긴 축복의 말은 듣는 사람의 마음에 위안과 용기와 소망을 주지만, 뱀처럼 날카롭게 벼린 혀는 듣는 사람의 마음에 깊은 상처를 남깁니다. 육신에 난 상처는 시간이 지나면 아물고 흉터만 남습니다. 하지만 마음에 난 상처는 잘 아물지 않습니다. 아문 것 같다가도 다시 곪아 터지는 것이 마음에 난 상처입니다. 때로 마음에 난 상처는 스스로 목숨을 끊게 만듭니다. 말로 누군가의 마음에 상처를 내는 것은 그의 손에 칼을 쥐어 주는 결과가 되기도 합니다.

말하기 전에 세 번 생각하라는 금언이 있습니다. 현대적 표현으로는 언어 사용에 철저한 '자기 검열'을 하라는 뜻입니다. 요즈음에는 속에서 나오는 감정을 여과 없이 말로 쏟아 내는 것을 잘하는 일로 여깁니다. 그로 인해 주고받는 언어에 야만과 혐오의 비루함이 점점 짙어지고 있습니다. 상대방을 거침없이 조롱하고 모욕하고 혐오하는 '언어 전쟁'이 아무렇지도 않게 벌어지고 있습니다.

이런 시대이기에 우리는 더욱 우리 입에 파수꾼을 세우고 "나쁜 말은 입 밖에 내지 말고, 덕을 세우는 데에 필요한 말이 있으면, 적절한 때에 해서, 듣는 사람에게 은혜가 되게"(엡 4:29) 해야 할 것입니다. 현대 과학은 살리는 말과 죽이는 말이 실제로 듣는 사람의 뇌에 영향을 미쳐 그 사람을 살리기도 하고 죽이기도 한다는 사실을 밝혀냈습니다. 따라서 살리는 말을 하는 것은 하나님이 기뻐하시는 일이며 우리 자신에게 복된 일이고 이웃에게 평화를 전하는 일이 됩니다.

시편 141편 | 유혹에 직면할 때

> ³주님, 내 입술 언저리에 파수꾼을 세우시고, 내 입 앞에는 문지기를 세워 주십시오. ⁴내 마음이 악한 일에 기울어지지 않게 해 주십시오. 악한 일을 하는 자들과 어울려서, 악한 일을 하지 않게 도와주십시오. 그들의 진수성찬을 먹지 않게 해 주십시오. (3-4절)

해설

이 시편은 이스라엘 역사와 기독교 역사 속에서 '저녁 기도'로 사용되어 왔습니다. 2절에 "손을 위로 들고서 드리는 기도는 저녁 제물로 받아 주십시오"라고 되어 있기 때문입니다. 시인은 지금 성전에서 제사드릴 수 없는 상황에 처해 있습니다. 그렇기 때문에 그의 기도를 분향처럼 올리고 저녁 제물처럼 올리고 있는 것입니다.

시인은 악한 사람들로부터의 유혹에 직면해 있습니다. 그들은 "진수성찬"(4절)으로 꼬드기기도 하고 위협하기도 하면서 자신들의 악행에 가담하도록 그를 흔듭니다. 그래서 시인은 하나님께 "내 입술 언저리에 파수꾼을 세우시고, 내 입 앞에는 문지기를 세워 주십시오"(3절)라고 기도합니다. 악인들과 어울려 악한 말을 입에 올리는 일이 없기를 기도하는 것입니다. 또한 "악한 일을 하는 자들과 어울려서, 악한 일을 하지 않게 도와주십시오"(4절)라고 기도하기도 합니다.

시인은 악인들에게 인정받고 대접받기보다는 의로운 사람에게 책망받고 꾸짖음받기를 기도합니다(5절). 그에게 중요한 것은 이 세상에서 인정받고 대접받는 것이 아니라 하나님의 뜻에 머물러 사는 것이기 때문입니다. 악한 사람들에 대해서 시인은 "나는 언제나 그들의 악행을 고발하는 기도를 드리겠습니다"(5절)라고 기도합니다. 그 기도는 악으로부터 자신을 지키기 위한 기도입니다. 지금은 비록 악인들이 번성하는 것 같지만 결국 그들은 "돌부리에 걸려서 넘어질"(6절) 것입니다. 그때가 되면 사람들은 시인이 옳았다는 사실을 인정하게 될 것입니다.

7절은 번역하기에 까다로운 구절입니다. 새번역은 "맷돌이 땅에 부딪쳐서 깨지듯이 그들의 해골이 부서져서, 스올 어귀에 흩어질 것입니다"라고 했지만, 개역개정은 "사람이 밭 갈아 흙을 부스러뜨림같이 우리의 해골이 스올 입구에 흩어졌도다"라고 했습니다. 새번역은 악인들의 심판에 대한 말로 해석했고, 개역개정은 의인들이 이 세상에서 받는 고난에 대한 말로 해석했습니다.

8-10절에서 시인은 하나님에 대한 탄원 기도로 돌아옵니다. 악인들의 유혹과 박해로부터 가장 안전한 길은 하나님께로 피하는 것입니다. 시인은 악인들의 함정과 계략으로부터 자신을 지켜 주시고 그들이 자기가 친 덫에 걸려 넘어지게 해 달라고 기도합니다.

묵상

믿는 사람에게 가장 위험한 것은 사람들로부터 인정받기를 원하는 욕구입니다. 이 세상에서 믿는 사람으로 살아간다는 것은 소수자로 산다는 뜻입니다. 믿지 않는 사람들과는 다른 가치관과 인생관을 가지고 살아간다는 뜻입니다. 그렇기 때문에 때로 혹은 자주 믿지 않는 사람들과는 다른 선택을 하게 되어 있습니다. 불의한 일, 악한 일, 부정한 일들 앞에서 믿는 사람은 '아니오'라고 말할 수 있어야 합니다.

세상은 그렇게 말하고 행동하는 사람들을 싫어합니다. "좋은 게 좋은 거"라면서 자신들의 악행에 가담해 주기를 바랍니다. 그렇게 만들기 위해 때로는 위협을 가하기도 하고 때로는 융숭하게 대접하기도 합니다.

믿는 사람에게도 인정받고 싶은 욕구가 있기에 눈 질끈 감고 그들의 악행에 가담하고 싶은 마음이 들기도 합니다. 그렇게 하는 것이 마음 편하고 사람들로부터 환영을 받기 때문입니다.

이때가 믿는 사람에게는 영적 위기입니다. 이런저런 핑계를 대면서 죄악에 손을 담그기 쉽기 때문입니다. 이러한 위기에 당도할 때, 시인처럼 하나님 앞에 나아가 자신의 연약한 마음을 쏟아 놓고 유혹에 넘어가지 않도록 지켜 주시기를 구해야 합니다. 우리는 언제든 넘어질 수 있는 연약한 존재들이기 때문입니다.

시편 142편 | **영혼이 감옥에 갇힐 때**

주님, 내가 주님께 부르짖습니다. "주님은 나의 피난처, 사람 사는 세상에서 내가 받은 분깃은 주님뿐"이라고 하였습니다. (5절)

해설

표제는 이 시가 "다윗이 굴에 있을 때에 지은 마스길, 기도"라고 소개합니다. 사무엘상 21-22장에 보면, 다윗이 사울의 집요한 추적을 피하여 블레셋에 망명했다가 아둘람 동굴로 피하는 이야기가 나옵니다. 따라서 이 시편은 다윗처럼 더 이상 피할 곳이 없을 만큼 절박한 상황에 몰렸을 때 드릴 만한 기도입니다.

이 시편은 두 부분으로 나뉩니다. 먼저, 1-4절에서 다윗은 "나는" 혹은 "내"라는 일인칭 대명사를 거듭 사용하여 자신의 처지를 설명합니다. 지금 다윗은 그를 해치려는 사람들에게 쫓겨 더 이상 피할 곳이 없습니다. 사방팔방 가로막혀서 위로 솟아오르는 수밖에 없는 상황에서 다윗은 하나님만 바라봅니다.

5-7절에서 다윗은 하나님께 구원을 호소합니다. 앞에서 "아무리 둘러보아도 나를 도울 사람이 없고, 내가 피할 곳이 없고"(4절)라고 했던 다윗은 5절에서 "주님은 나의 피난처"라고 고백합니다. 이 세상에서 그는 아무것도 가지지 못했지만, "사람 사는 세상에서 내가 받은 분깃은 주님뿐"(5절)이라고 고백합니다. 이처럼 그에게는 하나님만이 유일한 희망으로 남아 있습니다.

마지막으로 다윗은 "내 영혼을 감옥에서 끌어내 주셔서, 주님의 이름을 찬양하게 해 주십시오."(7절)라고 기도합니다. 그는 외부 상황으로 인해 마치 영혼이 감옥에 갇힌 것 같은 구속감에 짓눌려 있습니다. 그로 인해 그는 찬양과 감사를 잃어버리고 낙심해 있습니다. 원수들에게 쫓기는 상황도 문제지만, 그 상황으로 인해 영혼이 감옥에 갇힌 것처럼 짓눌려 있음을 더 안타깝게 느낀 것입니다. 그는 주님이 자신을 돕는 사람들을 보내 주시리라고 기대하며 기도합니다.

묵상

기록에 의하면, 이 시편은 아시시의 성 프란체스코가 임종 직전에 기도로 올린 시편입니다. 인생 여정에서 이 기도가 절실하게 와닿는 상황은 언제든 오게 마련입니다. 육신적으로 죽음의 문턱에 이르렀을 때에도 그렇지만, 죽을 것 같은 두려움에 짓눌릴 때에도 이 시편은 큰 힘이 됩니다. 이 기도는 자신의 목을 조여 오는 상황에서 눈을 돌려 하나님을 바라보게 합니다. 그럴 때 절망의 무게가 가벼워지는 것을 느낍니다. 그가 믿는 하나님은 그가 당면한 상황보다 더 크신 분이기 때문입니다.

어려운 상황에 처하면 영혼까지 함께 짓눌리게 됩니다. 육신과 영혼은 서로 긴밀하게 영향을 미치기 때문입니다. 그런 상황에 처할 때마다 다윗은 "내 영혼아, 네가 어찌하여 그렇게 낙심하며, 어찌하여 그렇게 괴로워하느냐? 너는 하나님을 기다려라"(시 42:5)라고 스스로에게 타이르곤 했습니다. 영혼이 어둠의 감옥으로부터 해방되어 하나님의 이름을 찬양할 때, 그 찬양이 어두운 상황을 변모시키는 기적을 경험하게 됩니다. 영혼이 짓눌림에서 벗어날 때 기도자는 눈을 떠서 현실을 마주할 수 있습니다.

시편 143편 | 기억하고 생각하라

> ⁵내가 옛날을 기억하고, 주님의 그 모든 행적을 돌이켜보며, 주님께서 손수 이루신 일들을 깊이깊이 생각합니다. ⁶내가 주님을 바라보며, 내 두 손을 펴 들고 기도합니다. 메마른 땅처럼 목마른 내 영혼이 주님을 그리워합니다. (셀라) (5-6절)

해설

이 시편은 일곱 편의 '참회시'(6, 32, 38, 51, 102, 130, 143편) 중 하나입니다. 지금 다윗은 원수들의 공격으로 생사의 기로에 서 있습니다(3-4절). 그는 그런 상황에 처하게 된 것이 자신의 죄 때문이라고 받아들입니다.

그 상황에서 그는 하나님의 은혜를 구합니다. 하지만 그분의 은혜를 구할 자격이 자신에게는 있지 않습니다. 그가 의지할 것은 오직 "주님의 진실하심과 주님의 의로우심"(1절)입니다. 자신은 세상 모든 사람이 그렇듯이 죄에 깊이 물든 존재일 뿐입니다. 그가 바랄 것은 하나님의 성품에서 나오는 자비뿐입니다(2절).

불행의 깊은 구덩이에 내던져진 것 같은 상황에서 다윗은 과거에 주님이 이루신 일들을 "기억하고", "깊이깊이 생각합니다"(5절). 당신의 백성이 죄를 짓고 고난을 당하여 부르짖으면 하나님은 구원의 손길을 내밀어 주셨습니다. 그것을 기억하니 하나님의 구원을 구할 용기가 생겨납니다. 그래서 그는 "두 손을 펴 들고"(6절) "무덤으로 내려가는 자들처럼"(7절) 된 상태에서 구원해 주셔서 "아침마다 주님의 변함없는 사랑의 말씀을 듣게 해"(8절) 달라고 간구합니다.

다윗은 "주님은 나의 하나님"(10절)이시며 "나는 주님의 종"(12절)이라고 고백하면서 오직 주님께만 의지하겠다고 말합니다(9절). 하나님은 당신의 "이름을 위하여" 자신을 살리시고, 당신의 "의로우심으로" 자신을 고난에서 건져 주실 것이기 때문입니다(11절).

묵상

우리가 거룩하고 의롭게 살려는 이유는 하나님 앞에서 어떤 자격을 얻기 위함이 아닙니다. 우리가 의를 아무리 많이 쌓아 올린다 해도 하나님 앞에서는 아무것도 아닙니다. 우리의 존재는 속속들이 죄로 물들어 있기 때문에 우리가 쌓아 올리는 의는 우리를 변화시키지 못합니다. 우리가 하나님 앞에 나아가 설 수 있는 까닭은 우리가 자격이 있기 때문이 아니라 오직 그분의 사랑 때문입니다. 예수 그리스도의 십자가는 더할 수 없이 확실하게, 더할 수 없이 뜨겁게, 더할 수 없이 진하게 그 사랑을 보여 주셨습니다. 그 사랑에 의지하여 우리는 하나님 앞에 나아가 '아빠'라고 부릅니다. 그리고 그분의 이름을 불러 도움을 청합니다.

살다 보면, 그분의 한결같은 사랑이 의심될 때가 있습니다. 정말 하나님이 계신지, 계시다면 정말 나를 사랑하시는지, 사랑하신다면 나를 도우실 능력이 있으신지 의심스러울 때가 있습니다. 다윗이 지금 그런 상황에 처해 있습니다. 그때 우리가 할 일은 다윗처럼 "옛날을 기억하고, 주님의 그 모든 행적을 돌이켜보며, 주님께서 손수 이루신 일들을 깊이 깊이 생각하는"(5절) 것입니다. 그렇게 하면 하나님이 살아 계시다는 것, 그분이 우리를 사랑하신다는 것 그리고 그분의 전능하신 손길이 우리를 구하실 것이라는 사실을 믿을 수 있습니다. 그 믿음으로 우리는 절망의 질곡에서 헤어나 하나님의 손을 잡습니다.

시편 144편 | ## 보고 싶은 지도자

> ³주님, 사람이 무엇이기에 그렇게 생각하여 주십니까? ⁴인생이 무엇이기에 이토록 생각하여 주십니까? 사람은 한낱 숨결과 같고, 그의 일생은 사라지는 그림자와 같습니다. (3-4절)

해설

표제에 "다윗의 시"로 되어 있는 이 시편은 '제왕시'라 불립니다. 왕이 드리는 기도 혹은 왕을 위한 기도라는 뜻입니다. "왕들에게 승리를 안겨 주신 주님, 주님의 종 다윗을 무서운 칼에서 건져 주신 주님, 외적의 손에서 나를 끌어내셔서 건져 주십시오"(10-11절)라고 기도한 것을 보면, 다윗이 드린 기도가 후대의 왕들에게 전해져 전쟁을 앞둔 때나 국가적인 행사에서 드려졌음을 알 수 있습니다.

왕은 여러 가지 비유로 하나님에 대한 믿음을 고백합니다(1-2절). "반석", "요새", "산성", "구원자", "방패", "피난처"(2절)는 모두 전쟁 상황에서 나온 비유입니다. 고대 국가들의 전쟁 장면을 상상해 보면, 이 비유들이 전해 주는 의미가 어느 정도 느껴질 것입니다. 왕은 비록 전쟁에 잘 훈련되었지만, 전쟁의 성패는 하나님께 달려 있음을 압니다. 그래서 왕은 사람이 "한낱 숨결" 같고 "사라지는 그림자" 같다고 고백합니다(4절). 그렇게 하찮은 인간에게 하나님이 관심을 가져 주시는 것이 그저 감사할 따름입니다(3절).

이어서 왕은 하나님께 외적의 손에서 구해 주시기를 기도합니다(5-7절). 지금은 외적의 "거센 물결"(7절) 같은 공격으로 인해 위기에 빠져 있습니다. 그들의 입과 손은 거짓과 속임수로 가득합니다(8, 11절). 왕은 전쟁에서 승리한 후에 하나님께 새 노래를 불러 찬양드리겠다고 약속하면서(9절) 다윗을 건져 주신 것처럼 자신도 구해 주시기를 구합니다(11절).

왕이 하나님께 구원을 간구하는 이유는 백성의 안위 때문입니다. 그래서 왕은, 하나님의 은혜로 자신의 백성이 누릴 복에 대해 노래합니다(12-15절). "주님을 자기의 하나님으로 섬기는 백성"(15절)은 그분의 돌보심 아래에서 평안과 복을 누릴 것입니다. 여기서 왕은 하나님께, 지금 당면한 외적의 공격으로부터 구원해 주시어 백성이 평안과 복을 계속 누리게 해 주시기를 구하고 있는 것입니다.

묵상

한 공동체에 지도자로 세움받은 사람은 공동체를 섬기도록 부름받은 사람입니다. 지도자에게 권력과 권세가 주어지는 이유는 그 사람 자신의 이익을 위한 것이 아니라 공동체의 구성원을 위해 섬기도록 하기 위해서입니다. 한 가정의 가장도, 한 조직의 수장도, 한 사회의 지도자도, 한 나라의 지도자도 마찬가지입니다. 크든 작든 모든 권세는 공동체의 구성원을 위해 사용하도록 하나님이 맡겨 주신 것입니다.

인간이 만든 가장 수준 높은 정치 제도로 인정받고 있는 민주주의는 권력을 '싸워 얻을 대상'이나 '싸워 지킬 대상'으로 변질시키는 부작용을 낳았습니다. 공동체 구성원을 위해 봉사하겠다는 마음으로 권력을 추구하는 사람은 찾아보기 어렵습니다. 자신에게 주어진 권세와 권력을 공동체 구성원을 위해 섬기는 모습은 더더욱 찾아보기 어렵습니다. 선출직 정치인의 관심사는 옳고 그름을 따지고 정의를 추구하는 데 있지 않습니다. 자신의 정치적 생명을 연장하고 권력으로 자신의 욕망을 이루는 데만 관심이 있는 것 같습니다.

하나님 앞에 겸손하게 머리 숙이고 백성의 안위를 위해 기도하고 헌신하는 지도자를 보고 싶습니다. 자신에게 주어진 권세와 권력을 낮아지고 섬기고 희생하는 일에 사용하는 진실한 지도자를 보고 싶습니다. 그런 지도자를 허락해 주시기를 간절히 기도하며, 나 역시 그렇게 살기를 다짐합니다. 나에게도 작은 권세가 주어져 있기 때문입니다.

| 시편 145편 | **하나님이 찬양받으셔야 하는 이유** |

> ⁸주님은 은혜롭고 자비로우시며, 노하기를 더디 하시며, 인자하심이 크시다. ⁹주님은 모든 만물을 은혜로 맞아 주시며, 지으신 모든 피조물에게 긍휼을 베푸신다. (8-9절)

해설

이 시편은 히브리어 알파벳의 순서를 따라 지어진 '이합체시'입니다. 이렇게 지어진 시편이 모두 일곱 편(25, 34, 37, 111, 112, 119, 145편)입니다. 내용상 이것은 전형적인 '찬양시'입니다. 시편으로서는 145편이 마지막 시입니다. 5권의 결론이자 시편 전체의 결론인 셈입니다. 시편 전체를 다윗의 찬양시로 마무리 짓는 것은 매우 적절해 보입니다.

다윗은 먼저 "영원토록"(1절) 그리고 "날마다"(2절) 하나님을 송축하겠다고 고백합니다. 주님은 그럴 만한 분이시기 때문입니다(3절). "주님의 찬란하고 영광스러운 위엄"(5절)을 자신의 마음속에 새기고(5절), 사람들에게 알리고(6-7절) 후손에게 전하겠다고 고백합니다(4절).

이어서 다윗은 하나님의 성품에 대해 묘사합니다. 주님을 찬송하는 것은 그분이 하시는 일 때문만이 아닙니다. 그분의 "은혜롭고 자비로우시며, 노하기를 더디 하시며, 인자하심이 크신"(8절) 성품 때문이기도 합니다. 그분은 모든 피조물에게 그렇게 대하십니다(9절). 그래서 모든 피조물과 모든 성도들이 주님을 찬양합니다(10절). 주님을 믿는 사람들은 하나님이 어떤 분이시고 어떤 일을 행하셨는지를 모든 사람에게 알리고 싶어 합니다(11-12절). "주님의 나라는 영원한 나라이며, 주님의 다스림은 영원무궁"(13절)하기 때문입니다.

주님은 "넘어지는 사람"과 "짓눌린 사람"(14절)은 누구나 가리지 않고 붙드시고 일으켜 주십니다. 주님은 만물을 먹이시고 입히시며(15절), 만물의 모든 필요를 채우십니다(16절). "주님이 하시는 그 모든 일은 의롭다. 주님은 모든 일을 사랑으로 하신다"(17절)는 고백은 하나님의 성품과 행사에 대한 최고의 표현이라고 할 수 있습니다. 그런 하나님이 당신을 의지하고 부르짖는 사람을 주목하시고 돌보아 주십니다(18-20절).

그것을 알기에 그분을 찬양하지 않을 수 없습니다. 육체를 가진 사람이라면 누구나 그분을 영원히 찬양하게 될 것입니다(21절).

묵상

하나님을 찬양한다는 말은 그분이 어떤 분이신지를 인정하고 고백한다는 뜻입니다. '찬양시'는 '고백시'라고 불러도 좋을 것입니다. 이 경우, 고백은 죄에 대한 고백이 아니라 하나님에 대한 믿음과 사랑의 고백을 의미합니다. 그분이 어떤 분이신지를 알아보고 그것을 인정하는 것입니다. 그럴 때 하나님은 기뻐하십니다. 당신을 알아주었기 때문이 아닙니다. 당신이 어떤 분이신지를 아는 것이 우리에게 필요한 모든 지혜의 근원이기 때문입니다. 우리가 진정한 찬양을 올릴 때, 하나님은 "이제야 네가 제대로 살게 되겠구나!" 하고 안심하십니다.

다윗은 두 가지 측면에서 하나님을 찬양하는 이유에 대해 말합니다. 하나는 그분이 하시는 일에서 위엄과 영광을 보기 때문입니다. 우주를 운행하시고 모든 생명을 다스리시는 그분의 손길을 볼 때 우리는 숨 막힐 정도로 경이로움에 사로잡힙니다. 다른 하나는 그분의 성품입니다. 그분이 행하시는 모든 일은 그분의 사랑에서 나옵니다. 그분의 영광과 위엄만을 본다면 우리는 그 앞에서 두려워 떨 수밖에 없습니다. 하지만 그분은 모든 만물을 사랑하십니다.

　예수 그리스도는 그 사랑을 우리에게 증명하기 위해 보내신 분입니다. 십자가를 통해 우리는 더 이상 의심할 수 없는 그분의 사랑을 경험합니다. 그 사랑 때문에 우리는 담대히 그분의 보좌 앞으로 나아가 "아빠"라고 부릅니다.

| 시편 146편 | **하나님의 하향성** |

> ⁷억눌린 사람을 위해 공의로 재판하시며, 굶주린 사람에게 먹을 것을 주시며, 감옥에 갇힌 죄수를 석방시켜 주시며 ⁸눈먼 사람에게 눈을 뜨게 해 주시고, 낮은 곳에 있는 사람을 일으켜 세우시는 분이시다. 주님은 의인을 사랑하시고, ⁹나그네를 지켜 주시고, 고아와 과부를 도와주시지만 악인의 길은 멸망으로 이끄신다. (7-9절)

해설

146-150편은 시편에 붙어 있는 하나의 부록과 같습니다. 각 시편은 "할렐루야"(주님을 찬양하여라)라는 말로 시작하고 끝납니다. 또한 찬양의 이유가 개인(146편)에서 공동체(147편)로 그리고 온 창조 세계(148-150편)로 확대됩니다. 결국 우리의 모든 기도와 찬송은 하나님을 찬양하는 것으로 완성된다는 의미입니다.

시인은 먼저 자기 자신에게 하나님을 찬양하라고 말합니다(1절). 그는 평생토록, 살아 있는 한 하나님을 찬양하기로 결단했기 때문입니다(2절). 그런 다음 시인은 "너희"(3절)를 향해 말합니다. 자신을 포함하여 이 시편을 읽거나 듣는 모든 사람을 염두에 두고 있습니다. 그는 권력자를 의지하지 말라고 말합니다. 권력을 가지고 호령할 때는 대단해 보여도 호흡이 끊어지면 자취도 없이 사라져 버리는 것이 인간이기 때문입니다(3-4절). 우리가 희망을 걸 대상은 오직 하나님뿐입니다(5절). 그분은 하늘과 땅과 바다의 모든 것을 지으신 분입니다(6절).

그렇게 크고 높으신 분이 이 땅에서는 작고 낮은 사람들("억눌린 사람, 굶주린 사람, 감옥에 갇힌 죄수, 눈먼 사람, 낮은 곳에 있는 사람, 나그네, 고아와 과부")을 돌아보십니다(7-9절). 인간들은 이런 사람들을 천시하고 외면하고 멀리하려 합니다. 그것이 세상의 원리입니다. 하지만 하나님은 그런 사람들을 먼저 찾아가십니다. 그것이 하나님이 다스리시는 방법입니다(10절).

그것이 우리가 하나님을 사랑하는 이유이고, 그분만을 의지하는 이유이며, 평생토록 살아 있는 한 그분을 찬양하는 이유입니다.

묵상

하나님이 어떤 분이신지 제대로 알면 그분 앞에서 경이로움에 사로잡혀 넋을 잃을 수밖에 없습니다. 그 위엄과 영광은 그분이 지으신 세상 만물을 통해 드러납니다. 우주 만물을 창조하시고 운행하시는 그분의 솜씨는 신비하고 경이롭고 영광스럽습니다. 과연 그분은 능하지 못한 일이 없으시고, 알지 못하는 것이 없으시며, 계시지 않은 곳이 없으시고, 아무도 닿을 수 없도록 높으시며, 아무도 볼 수 없도록 빛나십니다.

그런 분이 가장 높은 곳을 떠나 가장 낮은 곳으로 오셨습니다. 빛의 근원이신 그분이 어둠 가운데 임하셨습니다. 전능하신 그분이 가장 약한 모습으로 오셨습니다. 권세 있는 자들을 외면하시고 그들에게 억압받는 사람들을 찾아오셨습니다. 부자들과 함께하기를 마다하시고 가난한 이들을 찾으셨습니다. 명망가들이 아니라 이름 없는 자들을 찾아오셨습니다. 인간은 상승을 지향하지만, 하나님은 낮은 곳을 지향하십니다. 그로 인해 우리는 하나님을 사랑하고 감사하며 찬양합니다.

이 시편을 읽고 묵상하면서 예수 그리스도를 바라봅니다. 그분이 육신을 입고 우리 가운데 오신 것은 하나님의 하향성이 만들어 내신 일입니다. 그 방향성을 따라 주님은 한없이 낮아져 섬기시다가 결국 십자가에 달려 죽으셨습니다. 그렇기에 그분의 이야기는 기쁨의 소식(복음)이며, 그렇기에 우리는 하나님을 찬양하는 것입니다.

| 시편 147편 | **찬양하는 이유** |

> 할렐루야, 우리의 하나님께 찬양함이 얼마나 좋은 일이며, 하나님께 찬송함이 그 얼마나 아름답고 마땅한 일인가! (1절)

해설

이 시편은 피조 세계를 주관하시고 역사를 다스리시는 하나님께 찬양을 올립니다. 이 시편은 3연으로 뚜렷이 나뉩니다.

1연(1-6절)은 하나님을 찬양하는 것이 "좋은 일이며 아름답고 마땅한 일"이라는 사실을 언급함으로 시작합니다(1절). 그분은 온 우주를 창조하시고 다스리시며(4-5절), 예루살렘을 세우시고 흩어진 이스라엘 백성을 모으시고(2절), 병들고 고통받은 사람들을 돌보시고 악인을 징계하시기 때문입니다(3, 6절). 가장 위대하신 하나님이 낮고 천한 사람들을 살피시고 도우십니다.

2연(7-11절)은 주님께 감사의 노래를 불러 드리라는 명령으로 시작합니다(7절). 그분은 계절과 기후의 변화를 통해 모든 생명을 먹이시고 돌보시며(8-9절), 강하고 능한 사람들이 아니라 당신을 경외하고 의지하는 사람들을 좋아하시기 때문입니다(10-11절).

3연(12-20절)은 예루살렘과 시온을 향해 하나님을 찬양하라고 명합니다(12절). 주님이 예루살렘 도성을 지키시고 그 주민들에게 평화와 번영을 주셨기 때문입니다(13-14절). 그것은 그분의 말씀으로 하신 일입니다. 하나님의 말씀은 한순간에 세상을 얼어붙게 만들 수도 있고 풀리게 할 수도 있습니다(15-18절). 주님은 그 말씀을 이스라엘 백성에게 계시하셨습니다. 이는 오직 이스라엘 백성에게만 주어진 특전입니다(19-20절). 그러므로 이스라엘 백성은 마땅히 하나님을 찬양해야 합니다.

묵상

뉴욕에서 조르주 루오(George Rouault)의 작품전을 본 적이 있습니다. 주로 예수 그리스도의 얼굴을 그린 작품들을 보면서 감탄해 마지않았습니다. '루오는 어떤 사람이었기에 이런 작품을 남길 수 있었나?' 싶어서 그의 생애에 대한 글을 찾아 읽었습니다. 그에 대해 알수록 그를 더 좋아하게 되었습니다. 전원 교향곡이나 운명 교향곡 같은 연주를 듣고 나면 베토벤에 대한 존경심이 샘솟습니다. 감명 깊은 문학 작품을 읽고 나면 그 작가를 좋아하게 되고 존경하게 됩니다. 이렇듯, 하나님이 우리에게 주신 '심미안'은 우리로 하여금 귀하고 아름다운 것을 알아보게 하고 그 대상을 높이게 만듭니다.

우리가 좋아하고 존경하고 찬양할 궁극적인 대상은 하나님이십니다. 그분이 행하신 일을 통해 그분이 어떤 분이신지를 알게 되면, 우리는 마땅히 찬양할 수밖에 없습니다. 하나님에 대한 찬양은 의무나 형식이 아닙니다. 그분의 영광과 사랑에 압도되어 솟아나는 것입니다. 피조 세계를 창조하시고 다스리시는 그분의 손길, 역사를 이루어 가시는 그분의 섭리 그리고 안개와도 같이 덧없는 인생에게 베푸는 그분의 은혜를 안다면, 그분 앞에 엎드려 경배와 찬양을 드리지 않을 수 없습니다. 그 경배와 찬양을 통해 우리는 비루한 세상에서 솟아나 그분의 거룩하심에 참여합니다.

| 시편 148편 | **우주적 찬양** |

> 너희가 주님의 명을 따라서 창조되었으니, 너희는 그 이름을 찬양하여라. (5절)

해설

앞의 시편은 하나님을 찬양해야 하는 이유에 대해 노래했는데, 이번에는 하나님 찬양에 참여해야 하는 범위에 대해 노래합니다. 이 시편은 크게 두 부분으로 나뉩니다.

1-6절에서 시인은 하늘과 하늘에 있는 모든 존재에게 하나님을 찬양하라고 말합니다. "하늘 위의 하늘"(4절)이라는 표현은, 시인이 요즈음 과학자들이 말하는 다중 우주(multiverse)를 알고 있었던 것 같다는 느낌을 줍니다. 시인은 광활한 우주의 전모를 다 알지 못하지만, 그 모든 것이 하나님에 의해 창조되었고 그분의 다스림이 그곳까지 미친다는 사실을 꿰뚫어 알고 있습니다. 따라서 하늘과 하늘에 있는 모든 것이 하나님을 찬양해야 마땅합니다. 피조물은 마땅히 자신을 지으신 창조주를 찬양해야 합니다.

7-14절에서 시인은 눈길을 땅으로 돌립니다. 땅 위에 사는 모든 생물뿐 아니라 산과 들과 강들에게까지도 하나님을 찬양하라고 말합니다. 여기서도 시인은 자신이 다 알지 못하는 피조물들을 모두 포함시키기 위해 "바다의 괴물들과 바다의 심연아"(7절)라고 말합니다. 높고 낮은 모든 사람, 남녀노소 가릴 것 없이 하나님을 찬양해야 하기 때문입니다.

묵상

오늘 우리는 광활한 우주의 미세한 부분만을 알고 있습니다. 지금까지 알려진 우주가 하나뿐인지, 아니면 그런 우주가 수없이 많은지 아직은 알지 못합니다. 우주 과학자들에 의하면, 우주는 지금도 계속 팽창하고 있다고 합니다. 그 광활한 우주 안에 우리와 같은 지적인 생명체가 살고 있는지에 대해서도 알지 못합니다. 어떤 사람들은 지금 우리가 '신'이라고 생각하는 존재가 실은 외계 생명체라고 추정하기도 합니다. 외계 생명체를 신으로 섬기는 종교가 생겨난 지도 상당한 시간이 지났습니다. 실로, 우주는 신비의 공간입니다.

생명체에 대해 우리가 아는 것도 너무도 미미합니다. 첨단 과학 문명을 자랑하던 인류는 코로나 바이러스로 인해 3년 동안 갇혀 지내야 했습니다. 최고 성능의 현미경으로 보는 미생물의 정체에 대해서 우리는 거의 무지하다 할 수 있습니다. 과학 문명의 힘으로 우주를 정복하겠다고 공언해 온 인류는 미세 생명체에게 습격당할 수 있습니다. 코로나 팬데믹은 인류에게 망각하지 말아야 할 중요한 교훈을 주었는데, 그 교훈을 얼마나 오래 기억할지 궁금합니다.

시인은 이 모든 것이 하나님의 피조물이며 그분의 다스림 아래 있다고 선언합니다. 온 우주와 세상의 모든 생명체는 각자 그들만의 방법으로 하나님을 찬양하고 있습니다. 우리에게는 재앙이고 위협으로 보이는 일들도 모두 그분의 다스림 아래 있습니다. 그렇기에 우리는 재앙 가운데서도 하나님을 향한 우주적 찬양에 참여하는 것입니다.

| 시편 149편 | **찬양, 두 날 가진 칼** |

> 성도들의 입에는 하나님께 드릴 찬양이 가득하고, 그 손에는 두 날을 가진 칼이 들려 있어. (6절)

해설

이스라엘은 창조주 하나님을 왕으로 모신 민족입니다. 그 사실만으로도 그들은 기뻐하고 즐거워할 이유가 충분합니다(2절). 그래서 시인은 온갖 악기를 동원하고 춤을 추면서 찬양하라고 말합니다(3절). "새 노래"(1절)는 "새로 지은 노래"라는 뜻이 아니라 살아 있는 감정을 담아 부르는 노래를 뜻합니다.

    이스라엘은 "눌림받는 약한 사람"(4절)과 같습니다. 하지만 하나님은 그들을 기뻐하십니다. 그들이 창조주를 알아보고 찬양하기 때문입니다. 세상 사람들은 그들을 무시하지만, 하나님은 그들 편에 서십니다. 그로 인해 그들은 승리의 영광을 누립니다. 그래서 시인은 잠자리에 들어서도 기뻐하며 노래하라고 말합니다(5절).

    찬양하는 사람은 "두 날을 가진 칼"을 가진 사람입니다(6절). 강철로 만든 무기에 비하면 찬양은 무력하기 짝이 없습니다. 하지만 찬양하는 사람이야말로 진실로 강한 사람입니다. 찬양은 전쟁의 주인이신 하나님의 편에 서는 일이기 때문입니다. 칼이나 총은 찬양하는 사람의 육신은 해칠 수 있어도 그의 영혼은 결코 정복할 수 없습니다(7-9절).

묵상

노래를 부르는 행동에는 여러 가지 유익이 있습니다. 심리적인 유익도 있고 육체적인 건강에도 도움을 줍니다. 일반 노래가 그렇다면, 하나님을 높이는 찬양은 더욱 그렇습니다. 찬양은 일반 노래와는 차원이 다릅니다. 그것은 우리 영혼의 깊은 곳에서 솟아나는 것이며, 하나님을 향해 드리는 것입니다. 마음 다한 찬양을 통해 우리의 영혼은 하나님을 향해 솟아오릅니다. 침체되었던 마음에 생명력이 들어차고, 어두웠던 마음에 빛이 찾아듭니다. 깨어졌던 소망이 회복되고, 흐려졌던 믿음이 명료해집니다. 찬양은 죽어 있던 사람을 살려 내는 것 같은 마력을 가집니다.

때로 찬양은 놀라운 기적을 만들어 내기도 합니다. 바울과 실라가 빌립보의 감옥에 갇혀 있을 때, 한밤중에 그들이 "기도하면서 하나님을 찬양하는 노래를 부르고 있는데"(행 16:25) 갑자기 지진 같은 것이 일어나서 옥문이 열리는 기적이 일어납니다. 바울과 실라는 그런 일이 일어나리라고 예상하지 않았습니다. 그들도 찬양에 그런 능력이 있을지 상상하지 못했을 것입니다. 그 사건을 통해 바울 사도는, 찬양하는 사람의 손에는 두 날을 가진 칼이 들려 있다는 시편 149편의 말씀이 단순한 비유가 아니라는 사실을 알게 되었을 것입니다.

실로 찬양은 믿는 이들에게 주어진 가장 강력한 무기입니다. 우리의 육신과 정신을 위협하는 모든 질병에 대한 가장 효력 있는 백신은 찬양이요, 가장 좋은 치료약도 찬양입니다.

| 시편 150편 | ## 처음도, 마지막도, 할렐루야!

숨 쉬는 사람마다 주님을 찬양하여라. 할렐루야. (6절)

해설

이것은 시편 전체를 마감하는 시편입니다. 하나님을 향해 드리는 모든 기도는 찬양 즉 '할렐루야'(주님을 찬양하라)로 마쳐야 한다는 뜻입니다.

시인은 "주님의 성소에서"(1절) 하나님을 찬양하라고 말합니다. 성소에서 찬양하는 것은 "하늘 웅장한 창공에서" 찬양하는 것과 마찬가지입니다. 성소는 '땅에 내려앉은 하늘'이기 때문입니다. 이어서 시인은 하나님을 찬양해야 하는 두 가지 이유를 제시합니다. 하나는 그분이 행하신 "위대한 일" 때문이고, 다른 하나는 그분의 존재 자체("주님은 더없이 위대하시니") 때문입니다(2절).

하나님의 위대하심에 걸맞은 찬양을 드리기 위해서는 모든 악기를 동원해야 합니다(3-5절). 사실, 그렇게 한다 해도 인간이 드리는 찬양은 하나님의 위엄에 미치지 못합니다. 그렇기 때문에 더욱 마음을 다하고 정성을 다하여 그분을 찬양해야 합니다. 그분은 우리의 최선을 원하시기 때문입니다.

마지막으로 시인은 "숨 쉬는 사람마다 주님을 찬양하여라"(6절)는 말로 끝냅니다. 이것은 시편 150편 전체를 마무리 짓는 결론입니다.

묵상

환상이나 임사체험을 통해 하나님 나라를 힐끔 보고 온 사람들의 증언이 일치하는 지점이 있습니다. 그곳에는 말로 표현할 수 없는 음악이 배경 음악처럼 들리고 모든 존재가 하나님을 찬양하고 있다는 것입니다. 그것은 하나님 나라에 대한 성경의 묘사와 일치합니다. 하나님 나라를 한마디로 말한다면 '찬양이 영원히 지속되고 있는 곳 혹은 상태'라고 할 수 있습니다. 우리가 이 땅에서 하나님을 찬양하는 것은 하나님 나라에서 영원히 지속되고 있는 우주적 찬양에 참여하는 것입니다.

하나님이 어떤 분이신지 제대로 안다면 그리고 그분이 하신 일이 무엇인지를 제대로 보았다면 모든 일을 멈추고 일어나 그분을 찬양하지 않을 수 없습니다. 하나님 앞에서 우리는 때로 탄식하고, 때로 간구하고, 때로 항의합니다. 하지만 모든 기도의 끝은 찬양입니다. 그분이 어떤 분이신지를 제대로 인식하는 순간, 우리의 모든 탄식과 간구와 항의는 찬양으로 바뀝니다. 그분이 하나님이시고 내가 그분 안에 있다면, 결국 모든 것이 그분 뜻대로 이루어질 것입니다. 그분의 뜻이 우리에게 가장 복되기 때문입니다.

그래서 결론은 "할렐루야!"입니다. 할렐루야!

시편의 사람

시편을 벗 삼아 매일 소리 내어 읽고 묵상하는 것은 거룩한 영적 습관입니다. 그것은 우리의 빡빡한 일정에 커다란 숨구멍을 내는 일이며, 메마른 일상에 정원을 만드는 일이고, 광야에서 식탁을 대하는 일입니다. 흩어진 마음을 모아 하나님을 향하게 하고, 그분 안에 뿌리내리게 합니다. 정지할 줄 모르고 흔들리던 눈동자와 허둥대던 팔다리는 제자리를 찾고 방향을 잡습니다. 이렇듯, 시편 음송과 묵상은 우리의 존재를 하나님 안에 든든히 서게 하는 닻과 같습니다.

시편을 벗 삼아 매일 읽고 묵상하다 보면, 시편이 우리의 존재와 성품과 행동을 변화시키는 것을 경험합니다. 시편 음송과 묵상은 하나님으로 하여금 우리 자신을 빚으시도록 내어 맡기는 과정입니다. 진심으로 드리는 기도만큼 그 사람에게 깊은 영향을 끼치는 것은 없습니다. 매일 시편을 읽고 기도하다 보면, 부지불식간에 시편형 인간으로 변화되어 갑니다.

그들이 사는 법

첫째, 시편의 사람은 무엇보다 먼저 영적 갈망을 느끼고 응답하는 사람입니다. 그는 자신이 세포 덩어리에 불과하다고 생각하지 않습니다. 하나님께 지음받은 존재이기에 하나님과 연결되어 살아가야만 하는 존재라고 믿습니다. 하나님 없이 사는 것이 자신에게 일어날 수 있는 가장 큰 재앙이며, 그분의 사랑 안에 머무는 것이 가장 큰 복이라고 믿습니다. 물질세계 속에서 육신을 만지며 살아가는 존재이지만 자신이 어디에서 왔고 어떻게 살아야 할 존재인지를 잊지 않습니다.

둘째, 시편의 사람은 기도와 찬양과 묵상을 매일 영적 양식으로 삼습니다. 육신적 필요보다 영적 필요가 더 앞서고 더 중요하다는 사실을 잊지 않습니다. 매일 충분한 시간을 성별하여 하나님 앞에 머뭅니다. 그때그때의 영적 필요를 따라, 때로 찬송하고 때로 부르짖고 때로 잠잠히 거합니다. 매일 홀로 자신만의 성소를 만들 뿐 아니라 정기적으로 다른 이들과 연합하여 예배를 드립니다. 하나님의 위엄에 합당한 예배를 드리기 위해 모든 노력을 다합니다. 하나님은 최선을 기대하신다는 사실을 알기 때문입니다. 이런 활동은 하나님을 더 깊이 경험하게 해 주고, 그 경험은 하나님을 더욱 찾게 만듭니다.

셋째, 그러한 영적 활동은 기도하는 사람의 시야를 열어 주어 자신을 에워싼 세상을 보게 하고 그 세상을 주관하시는 하나님을 보게 합니다. 그는 자신의 개인적 문제로 인해 하나님 앞에 나아가지만, 하나님과의 깊은 교제를 통해 자신의 문제가 그리 중요한 것이 아님을 깨닫습니다. 세상의 중심은 자신이 아니라 하나님이시고, 중요한 것은 자신의 문제가 아니라 하나님의 뜻과 계획임을 깨닫습니다. 하나님 앞에 잠잠히 머물 때라야 하나님 나라가 보이고 그분이 이끌어 가시는 구원 계획이 보입니다. 그 거대한 그림을 보고 눈을 떠서 현실을 살아갑니다. 시편의 사람은 이렇듯 하나님의 눈으로 현실을 보고 살아갑니다.

넷째, 시편의 사람은 이 땅에서 하나님 나라를 기준으로 살아가기를 힘씁니다. 개인적 차원에서는, 하나님의 성품을 닮아 살기를 힘씁니다.

거짓과 속임이 출세의 비결이 된 세상에서 정직을 기준으로 살아갑니다. 부정한 욕망을 따라 죄악을 즐기던 삶을 청산하고 거룩한 열망을 따라 변화되기를 힘씁니다. 하나님 자리에 앉아 교만을 부리는 사람들 가운데서 겸손히 살아갑니다. 사회적으로는, 하나님의 정의가 이루어지도록 자신을 도구로 내어 드립니다. 물질적 이익을 계산하면서 저울추를 속이는 세상에서 손해를 보더라도 정의를 택합니다. 기울어진 운동장에서 어떻게든 유리한 지점을 점령하기 위해 애쓰기보다는 운동장의 기울기를 바로잡기 위해 노력하면서 낮은 자리에서 고군분투하는 사람들과 연대합니다.

다섯째, 이렇게 사는 까닭에 시편의 사람은 고난을 자초합니다. 악다구니로 싸워서 자신의 이익을 지키려 하지 않습니다. 하나님이 바로잡아 주실 것을 믿고 기꺼이 물러날 줄 압니다. 하나님의 뜻을 위해 혹은 다른 사람의 이익을 위해 자신의 이익을 양보합니다. 세상은 거룩하게 사는 사람을 칭찬하는 것이 아니라 조롱하고 모욕합니다. 시편의 사람은 그것을 고스란히 견딥니다. 불의한 세상에서 의를 도모하려 하면 배척당하고 박해받습니다. 시편의 사람은 고난을 무릅쓰고 의를 행합니다. 그래서 "가난한 자", "비천한 자", "고난당하는 자", "밀려난 자", "박해받는 자"가 시편의 사람을 부르는 별명이 되었습니다.

여섯째, 그렇기 때문에 시편의 사람은 자주 갈등하고 번민하고 절규합니다. 죄성에 물든 이 세상에서 거룩하게 사는 것은 매일의 싸움이기 때문입니다. 시편의 사람은 매일, 매 순간 "이것이냐, 저것이냐?"는 선택 앞에 섭니다. 그럴 때 그는 고민하고 갈등합니다. 그것이 그로 하여금 하나님 앞에 나아가 부르짖게 만드는 원인이 됩니다. 시편의 사람이 부르짖는 이유는 더 많은 복을 받기 위함이 아닙니다. 하나님을 지치게 밀어

붙여 자신이 얻으려는 것을 얻어 내려는 노력이 아닙니다. 현실 세상에서 하나님의 부름을 따라 사는 것이 때로 너무 어렵기 때문입니다. 앞을 알 수 없는 어둠 속에서 하나님의 응답을 기다리면서 부르짖습니다.

일곱째, 그럼에도 불구하고 시편의 사람은 세상이 알지 못하는 평안을 누립니다. 그는 현실적인 문제로 인해 때로 흔들리고 때로 번민하지만 결국 하나님이 모든 것을 다스리시고 바로잡으실 것을 믿습니다. 하나님은 멀고 현실은 가깝습니다. 하나님은 보이지 않고 폭력은 눈앞에 있습니다. 그러니 현실의 폭력 앞에서 머뭇거리고 흔들리는 것은 당연합니다. 게다가 때로 하나님의 응답은 너무 더디게 오는 것 같습니다. 하나님이 안 계신 것 같을 때도 있고, 하나님이 세상사와 인생사에서 손을 떼신 것 같을 때도 있습니다. 그럴 때, 시편의 사람은 하나님 앞에 더 오래 머물러 앉습니다. 그분의 임재 안에 들어가 머문 다음에야 비로소 그분이 모든 것을 다스리고 계신다는 믿음이 회복됩니다. 그때 시편의 사람은 살고 죽는 것을 넘어서는 평안을 누립니다. 그 평안의 능력으로 다시 현실을 대면합니다.

그렇게 살았던 사람들

"우리 중에 시편의 사람으로 살았던 사람이 있었습니까?"라고 묻는다면, 예수 그리스도, 아우구스티누스 그리고 디트리히 본회퍼를 꼽겠습니다.

예수 그리스도

예수 그리스도는 하나님의 아들이었으니 우리와 급이 다르다고 생각하기 쉽습니다. 하지만 그분은 우리와 같은 인성을 가지고 계셨습니다. 한 인간으로서 예수님은 늘 시편을 음송하고 묵상하셨을 것입니다. 그것을 어떻게 아느냐고요? 신실한 유대인들은 시편 전체를 외우고 암송하는 것을 가장 큰 기쁨이요 자랑으로 여겼기 때문입니다. 또한 그분의 말씀에는 자주 시편의 메아리가 울리기 때문입니다. 십자가에 달려 죽으시면서 남기신 일곱 가지 말씀 중 두 가지 즉 "엘리 엘리 라마 사박다니"(마 27:46)는 시편 22:1의 인용이고, "아버지, 내 영혼을 아버지 손에 맡깁니다"(눅 23:46)는 시편 31:5의 인용입니다.

'팔복'(마 5:3-12)은 시편의 사람으로서 예수님을 가장 선명하게 보여 줍니다. 팔복은 제자됨에 대한 선언입니다. 산상설교 전체의 맥락에서 보면 맞는 해석입니다. 하지만 팔복은 시편의 사람으로서 예수님 자신의 존재와 삶을 그리고 있습니다. 말하자면, 팔복은 '시로 쓴 예수님의 자서전'이라 할 수 있습니다. '팔복'은 그 문학 양식과 표현과 언어와 사상에서 시편과 매우 닮았습니다. 시편에서 기도로 간구한 하나님의 구원이 예수님을 통해 응답되었습니다. 그 구원을 이루기 위해 예수님은 배척과 모욕과 박해를 당하고 십자가에 달려 죽으셨습니다. 시편의 사람들이 겪었던 고난의 절대치를 예수님이 겪으셨습니다.

앞에서 저는 모든 시편을 예수 그리스도에 대한 예언이라고 보는 것을 '과잉 해석'이라고 했습니다. 시편들 중에 오실 메시아에 대해 명시적으로 예언하는 것들이 있지만, 절대 다수는 그렇지 않습니다. 하지만 그것과는 다른 의미에서 시편은 예수 그리스도를 향하고 있습니다. 시편의 모든 기도가 갈망하는 것들이 예수 그리스도 안에서 이루어졌기 때문이며, 시편의 기도자들의 이루려고 했던 의를 예수님이 온전히 이루셨기 때문입니다.

예수 그리스도는 시편 묵상이 형성할 수 있는 인간형의 완전한 모습을 보여 준다 할 수 있습니다. 그런 점에서 시편은 예수 그리스도 안에서 완성되었습니다. 그래서 저는 "시편은 가장 참된 의미에서 예수 그리스도의 기도서입니다"라고 한 본회퍼의 말에 공감합니다.

아우구스티누스

히포의 주교 아우구스티누스는 『고백록』으로 유명합니다. 『고백록』 1-9권에서 그는 자신의 과거에 대해 말하고 10권에서는 현재의 자신에 대해 고백합니다. 11-13권은 시간과 영원에 대한 생각을 기록한 것입니다. 따라서 자신의 신앙에 대한 고백은 1-10권까지라고 할 수 있습니다.

그는 이 고백의 첫 문장을 시편 145:3("주님은 위대하시니, 그지없이 찬양 받으실 분이시다. 그 위대하심은 측량할 길이 없다")로 시작하고, 마지막을 시편 22:26("가난한 사람들도 '여러분들의 마음이 늘 유쾌하길 빕니다!' 하면서 축배를 들고, 배불리 먹을 수 있을 것이다. 주님을 찾는 사람은 누구나 주님을 찬양할 것이다")로 마무리합니다. 그뿐 아니라, 연이은 그의 고백에는 시편의 메아리가 끊임없이 울려 퍼집니다. 그는 신실한 유대인들이 그랬듯이 시편 전체를 암기하고 있던 것처럼 보입니다. 자신의 이야기를 풀어 가면서 시편의 구절과 표현과 단어와 이미지를 자유자재로 사용하기 때문입니다. 『고백록』 전체가 대하 시편처럼 느껴지는 이유가 여기에 있습니다.

아우구스티누스의 친구이자 그의 전기를 쓴 포시디우스는 그의 임종 과정에 대해 전해 줍니다. 마지막이 가까이 온 것을 느끼자 아우구스티누스는 다윗의 시편 중 회개시들을 종이에 적어서 벽에 붙여 두게 했습니다. 그는 침상에 누워 벽에 붙어 있는 시편을 눈으로 읽으며 계속 눈물을 흘렸다고 합니다. 아우구스티누스는 살아 있는 동안에 그랬듯이 죽음의 문턱에서도 시편을 붙들고 살았습니다. 그는 예수님처럼 시편의 기도를 드리면서 하나님의 품으로 나아갔던 것입니다.

디트리히 본회퍼

디트리히 본회퍼는 20세기가 낳은 최고의 신학자이며 예수 그리스도의 삶에 가장 가까웠던 인물입니다. 그는 나치 정권의 폭력에 의해 젊은 나이에 요절했고 적은 수의 저작만 남겼지만, 그의 삶과 죽음은 더 많은 말을 해 오며 더 강력한 영향력을 끼쳐 왔습니다.

그 역시 시편의 사람이었습니다. 그가 남긴 몇 안 되는 저작 중 『본회퍼의 시편 이해』(홍성사)는 가장 사랑받는 고전 중 하나가 되었습니다. 『성도의 공동생활』(복있는사람)에서도 시편 묵상이 믿음의 공동체에 얼마나 중요한지를 피력하고 있습니다. 그는 시편의 가치를 알았던 사람이었기에 시편을 음송하고 묵상하기를 힘썼습니다. 그가 미국에서의 안전한 삶을 내려놓고 죽음을 각오하고 독일로 귀환한 것은 그가 시편의 사람이었기 때문이라 할 수 있습니다.

시편의 사람이 된다는 것은 이 세상에서 복을 누리는 것이 아닙니다. 오히려 이 세상에서 고난을 자초하는 삶으로 이끌리게 되어 있습니다. 그럼에도 그 삶을 사모하는 것은 그것이 이 땅에서 하늘을 살고 죽어서 하늘에 이르는 삶이기 때문입니다. 또한 그것이 나를 살리고 나를 통해 이웃을 살리는 일이라고 믿기 때문입니다. 이런 까닭에 믿음의 사람이라면 시편의 사람이 되고 그렇게 살기를 소망합니다. 그래서 오늘도, 내일도 시편 음송과 묵상으로 하루를 열고 시편의 사람으로 살다가 시편의 사람으로 죽기를 소망합니다.

시편의 공동체

시편에 수록된 기도문들은 대부분 개인의 기도로 시작되었습니다. 개인의 기도들이 공동체에 알려지고 그 안에서 읽히는 과정에서 선별되었습니다. 선별된 기도문들은 수 세기 동안 공동체 안에서 사용되면서 다듬어졌습니다. 그런 과정에서 더욱 깊어지고 풍요로워졌습니다. 공동체의 필요를 위해 기도문들이 만들어지기도 했습니다. 할렐시(113-118편)나 순례자의 노래(120-132편) 같은 것이 그 예입니다. 하지만 이 기도문들도 세대를 이어 가면서 더욱 다듬어지고 깊어지고 풍요로워졌습니다. 말하자면, 시편은 이스라엘의 집단 영성의 산물이라 할 수 있습니다.

시편이 150편으로 확정되고 다섯 권으로 편집된 것은 포로기로 추정됩니다. 그 시기에 이미 시편의 모든 기도는 공동체의 기도가 되었습니다. 시편 전체는 공동체의 예배를 위해 편집되었고, 성경으로서 권위를 인정받은 후에는 공동체의 예배 안에서 더욱 견고하게 자리 잡았을 것입니다. 그 이후로 시편은 이스라엘의 믿음의 공동체를 형성하는 강력한 도구가 되었습니다. 이스라엘의 믿음의 공동체가 시편을 결정했는데, 이제는 시편이 이스라엘의 영성을 결정하게 된 것입니다.

믿음의 공동체로서 이스라엘은 실패했습니다. 하나님이 율법을 주시면서 이스라엘이 '제사장 공동체'가 되어 모든 민족을 하나님 앞으로 인도하라 하셨는데, 그 사명에 실패했습니다. 거기에는 여러 가지 이유가 있겠지만, 개인적으로 그리고 공동체적으로 시편을 돈독하게 읽고 묵상하고 살아 내지 못한 것이 중요한 이유라 할 수 있습니다. 예수 그리스도께서 메시아로서 당신의 사명을 다할 수 있었던 것은 온전히 시편의 사람으로 사셨기 때문입니다. 하나님의 다스림에 자신을 온전히 맡기고 십자가에 달려 죽으시기까지 자신을 낮추신 것은 시편의 이상을 삶으로 살아 낸 것입니다.

시편은 오늘의 그리스도인들에게 시편의 공동체가 되기를 요청합니다. 시편을 개인적 묵상의 대상으로만 삼는 것은 시편의 중요한 기능을 제한하는 일입니다. 오늘날 교회가 사회로부터 신뢰를 얻지 못하는 이유는 시편의 공동체가 되지 못했기 때문이라 할 수 있습니다. 시편의 공동체는 사람, 돈, 권력 등 물리적 힘을 추구하지 않습니다. 오히려 그런 것들을 경계합니다. 그것들이 하나님을 철저하게 의지하지 못하게 한다는 사실을 알기 때문입니다. 시편의 공동체는 낮은 자리에 처하여 연약한 사람들과 함께합니다. 우는 자들과 함께 울고, 고통받는 자들과 함께 아파합니다. 그렇게 할 때 하나님은 그분의 일을 하십니다.

시편의 공동체가 되기 위해 믿음의 공동체가 모일 때마다 시편을 함께 낭송하는 것은 매우 중요한 일입니다. 과거 우리나라에서는 전통 예배 순서에 '성시 교독'이 있어서 시편의 일부를 교독해 왔습니다. 미국의 주류 교회에서는 시편 교독을 가장 중요한 예배 요소로 여겨 왔습니다. 그런데 찬양 중심의 현대 예배에서 이 순서가 완전히 사라져 버렸습니다. 찬양을 부르는 것이 그 대신이라고 주장할 수는 있지만, 현대 찬양의 가사는 그 깊이와 높이와 넓이가 시편의 가사와 비교가 되지 않습니다. 현대 예배 중심의 복음주의권 교회의 영성 문제가 여기에서 기인하는 것인지도 모르겠습니다.

공동체의 예배에 시편이 울려 퍼지게 해야 합니다. 디트리히 본회퍼는 소위 은혜로운 시편만을 골라서 낭송하지 말고 시편의 순서대로 전체를 읽으라고 권면합니다. 사실, 공동체로 모여 저주시를 교독하는 것은 다소 혼란스럽고 불편한 일입니다. 하지만 편집자들이 그 시편을 포함한 이유가 있습니다. 그것까지 읽고 묵상해야만 시편의 공동체가 될 수 있습니다. 이런 의미에서 시편 교독이 예배의 중요한 순서로 회복되는 것이 필요합니다. 예배자들이 시편 교독의 의미를 알고 마음 다해 참여하도록 인도해야 합니다.

이렇게 개인적으로 시편을 음송하고 묵상하기를 계속하고, 공동체로 모여 한목소리로 시편을 계속 교독한다면, 우리 각자가 시편의 사람으로 변모하고 우리가 속한 공동체가 시편의 공동체로 성숙할 가능성이 훨씬 높아질 것입니다. 그것은 가장 먼저 하나님이 기뻐하실 일이고, 우리 자신에게 복된 일이며, 세상에 일어날 가장 좋은 일이 될 것입니다.

시편의 사람

초판 발행_ 2024년 1월 16일
초판 3쇄_ 2024년 6월 10일

지은이_ 김영봉
펴낸이_ 정모세

펴낸곳_ 한국기독학생회출판부
등록번호_ 제2001-000198호.(1978.6.1)
주소_ 04031 서울시 마포구 동교로 156-10
대표 전화_ (02)337-2257 팩스_ (02)337-2258
영업 전화_ (02)338-2282 팩스_ 080-915-1515
홈페이지_ http://www.ivp.co.kr 이메일_ ivp@ivp.co.kr
ISBN 978-89-328-2212-9

ⓒ 김영봉 2024

책값은 뒤표지에 있습니다.
무단 전재와 복제를 금합니다.